ZIVILPROZESSRECHT I

Hemmer/Wüst/Tyroller

Juristisches Repetitorium hemmer

KURSORTE IM ÜBERBLICK

AUGSBURG
Wüst
Mergentheimer Str. 44
97082 Würzburg
Tel.: (0931) 79 78 230
Fax: (0931) 79 78 234
Mail: augsburg@hemmer.de

BAYREUTH
Daxhammer/d´Alquen
Parkweg 7
97944 Boxberg
Tel.: (07930) 99 23 38
Fax: (07930) 99 22 51
Mail: bayreuth@hemmer.de

BERLIN-DAHLEM
Gast
Schumannstraße 18
10117 Berlin
Tel.: (030) 240 45 738
Fax: (030) 240 47 671
Mail: mitte@hemmer-berlin.de

BERLIN-MITTE
Gast
Schumannstraße 18
10117 Berlin
Tel.: (030) 240 45 738
Fax: (030) 240 47 671
Mail: mitte@hemmer-berlin.de

BIELEFELD
Lück
Salzstr. 14/15
48143 Münster
Tel.: (0251) 67 49 89 70
Fax.: (0251) 67 49 89 71
Mail: bielefeld@hemmer.de

BOCHUM
Schlömer/Sperl
Salzstr. 14/15
48143 Münster
Tel.: (0251) 67 49 89 70
Fax.: (0251) 67 49 89 71
Mail: bochum@hemmer.de

BONN
Ronneberg/Christensen/Clobes
Leonardusstr. 24c
53175 Bonn
Tel.: (0228) 23 90 71
Fax: (0228) 23 90 71
Mail: bonn@hemmer.de

BREMEN
Kulke/Hermann
Mergentheimer Str. 44
97082 Würzburg
Tel.: (0931) 79 78 257
Fax: (0931) 79 78 240
Mail: bremen@hemmer.de

DRESDEN
Stock
Zweinaundorfer Str. 2
04318 Leipzig
Tel.: (0341) 6 88 44 90
Fax: (0341) 6 88 44 96
Mail: dresden@hemmer.de

DÜSSELDORF
Ronneberg/Christensen/Clobes
Leonardusstr. 24c
53175 Bonn
Tel.: (0228) 23 90 71
Fax: (0228) 23 90 71
Mail: duesseldorf@hemmer.de

ERLANGEN
Grieger/Tyroller
Mergentheimer Str. 44
97082 Würzburg
Tel.: (0931) 79 78 230
Fax: (0931) 79 78 234
Mail: erlangen@hemmer.de

FRANKFURT/M.
Geron
Dreifaltigkeitsweg 49
53489 Sinzig
Tel.: (02642) 61 44
Fax: (02642) 61 44
Mail: frankfurt.main@hemmer.de

FRANKFURT/O.
Gast
Schumannstraße 18
10117 Berlin
Tel.: (030) 240 45 738
Fax: (030) 240 47 671
Mail: mitte@hemmer-berlin.de

FREIBURG
Behler/Rausch
Rohrbacher Str. 3
69115 Heidelberg
Tel.: (06221) 65 33 66
Fax: (06221) 65 33 30
Mail: freiburg@hemmer.de

GIEßEN
Sperl
Parkweg 7
97944 Boxberg
Tel.: (07930) 99 23 38
Fax: (07930) 99 22 51
Mail: giessen@hemmer.de

GÖTTINGEN
Schlömer/Sperl
Kirchhofgärten 22
74635 Kupferzell
Tel.: (07944) 94 11 05
Fax: (07944) 94 11 08
Mail: goettingen@hemmer.de

GREIFSWALD
Burke/Lück
Buchbinderstr. 17
18055 Rostock
Tel.: (0381) 3 77 74 00
Fax: (0381) 3 77 74 01
Mail: greifswald@hemmer.de

HALLE
Luke
Grimmaische Str. 2-4
04109 Leipzig
Tel.: (0177) 815 80 35
Fax: (0341) 4 62 68 79
Mail: halle@hemmer.de

HAMBURG
Schlömer/Sperl
Steinhöft 5-7
20459 Hamburg
Tel.: (040) 317 669 17
Fax: (040) 317 669 20
Mail: hamburg@hemmer.de

HANNOVER
Daxhammer/Sperl
Matzenhecke 23
97204 Höchberg
Tel.: (0931) 400 337
Fax: (0931) 404 3109
Mail: hannover@hemmer.de

HEIDELBERG
Behler/Rausch
Rohrbacher Str. 3
69115 Heidelberg
Tel.: (06221) 65 33 66
Fax: (06221) 65 33 30
Mail: heidelberg@hemmer.de

JENA
Hemmer/Wüst
Mergentheimer Str. 44
97082 Würzburg
Tel.: (0931) 79 78 257
Fax: (0931) 79 78 240
Mail: jena@hemmer.de

KIEL
Schlömer/Sperl
Kirchhofgärten 22
74635 Kupferzell
Tel.: (07944) 94 11 05
Fax: (07944) 94 11 08
Mail: kiel@hemmer.de

KÖLN
Ronneberg/Christensen/Clobes
Leonardusstr. 24c
53175 Bonn
Tel.: (0228) 23 90 71
Fax: (0228) 23 90 71
Mail: koeln@hemmer.de

KONSTANZ
Guldin/Kaiser
Hindenburgstr. 15
78467 Konstanz
Tel.: (07531) 69 63 63
Fax: (07531) 69 63 64
Mail: konstanz@hemmer.de

LEIPZIG
Luke
Grimmaische Str. 2-4
04109 Leipzig
Tel.: (0177) 815 80 35
Fax: (0341) 4 62 68 79
Mail: leipzig@hemmer.de

MAINZ
Geron
Dreifaltigkeitsweg 49
53489 Sinzig
Tel.: (02642) 61 44
Fax: (02642) 61 44
Mail: mainz@hemmer.de

MANNHEIM
Behler/Rausch
Rohrbacher Str. 3
69115 Heidelberg
Tel.: (06221) 65 33 66
Fax: (06221) 65 33 30
Mail: mannheim@hemmer.de

MARBURG
Sperl
Parkweg 7
97944 Boxberg
Tel.: (07930) 99 23 38
Fax: (07930) 99 22 51
Mail: marburg@hemmer.de

MÜNCHEN
Wüst
Mergentheimer Str. 44
97082 Würzburg
Tel.: (0931) 79 78 230
Fax: (0931) 79 78 234
Mail: muenchen@hemmer.de

MÜNSTER
Schlömer/Sperl
Salzstr. 14/15
48143 Münster
Tel.: (0251) 67 49 89 70
Fax.: (0251) 67 49 89 71
Mail: muenster@hemmer.de

OSNABRÜCK
Fethke
Liebknechtstr. 35
99086 Erfurt
Tel.: (0541) 18 55 21 79
Fax.: ---
Mail: osnabrueck@hemmer.de

PASSAU
Köhn/Rath
Mergentheimer Str. 44
97082 Würzburg
Tel.: (0931) 79 78 230
Fax: (0931) 79 78 234
Mail: passau@hemmer.de

POTSDAM
Gast
Schumannstraße 18
10117 Berlin
Tel.: (030) 240 45 738
Fax: (030) 240 47 671
Mail: mitte@hemmer-berlin.de

REGENSBURG
Daxhammer/d´Alquen
Parkweg 7
97944 Boxberg
Tel.: (07930) 99 23 38
Fax: (07930) 99 22 51
Mail: regensburg@hemmer.de

ROSTOCK
Burke/Lück
Buchbinderstr. 17
18055 Rostock
Tel.: (0381) 3777 400
Fax: (0381) 3777 401
Mail: rostock@hemmer.de

SAARBRÜCKEN
Bold
Preslesstraße 2
66987 Thaleischweiler-Fröschen
Tel.: (06334) 98 42 83
Fax: (06334) 98 42 83
Mail: saarbruecken@hemmer.de

TRIER
Geron
Dreifaltigkeitsweg 49
53489 Sinzig
Tel.: (02642) 61 44
Fax: (02642) 61 44
Mail: trier@hemmer.de

TÜBINGEN
Guldin/Kaiser
Hindenburgstr. 15
78465 Konstanz
Tel.: (07531) 69 63 63
Fax: (07531) 69 63 64
Mail: tuebingen@hemmer.de

WÜRZBURG
- ZENTRALE -
Mergentheimer Str. 44
97082 Würzburg
Tel.: (0931) 79 78 230
Fax: (0931) 79 78 234
Mail: wuerzburg@hemmer.de

VORBEREITUNG AUF DAS ZWEITE STAATSEXAMEN

ASSESSORKURSORTE IM ÜBERBLICK

BAYERN
WÜRZBURG/MÜNCHEN/NÜRNBERG/REGENSBURG/POSTVERSAND

RA I. Gold
Mergentheimer Str. 44
97082 Würzburg
Tel.: (0931) 79 78 2-50
Fax: (0931) 79 78 2-51
Mail: assessor@hemmer.de

BADEN-WÜRTTEMBERG
KONSTANZ/TÜBINGEN/STUTTGART/POSTVERSAND

Rae F. Guldin/B. Kaiser
Hindenburgstr. 15
78467 Konstanz
Tel.: (07531) 69 63 63
Fax: (07531) 69 63 64
Mail: konstanz@hemmer.de

HEIDELBERG/FREIBURG

RAe Behler/Rausch
Rohrbacherstr. 3
69115 Heidelberg
Tel.: (06221) 65 33 66
Fax: (06221) 65 33 30
Mail: heidelberg@hemmer.de

BERLIN/POTSDAM/BRANDENBURG
BERLIN

RA L. Gast
Schumannstr. 18
10117 Berlin
Tel.: (030) 24 04 57 38
Fax: (030) 24 04 76 71
Mail: mitte@hemmer-berlin.de

BREMEN/HAMBURG
HAMBURG/POSTVERSAND

Rae M. Sperl/Clobes/Dr.Schlömer
Kirchhofgärten 22
74635 Kupferzell
Tel.: (07944) 94 11 05
Fax: (07944) 94 11 08
Mail: assessor-nord@hemmer.de

HESSEN
FRANKFURT

RA A. Geron
Dreifaltigkeitsweg 49
53489 Sinzig
Tel.: (02642) 61 44
Fax: (02642) 61 44
Mail: frankfurt.main@hemmer.de

MECKLENBURG-VORPOMMERN
POSTVERSAND

Ludger Burke/Johannes Lück
Buchbinderstr. 17
18055 Rostock
Tel.: (0381) 37 77 40 0
Fax: (0381) 37 77 40 1
Mail: rostock@hemmer.de

RHEINLAND-PFALZ
POSTVERSAND

RA A. Geron
Dreifaltigkeitsweg 49
53489 Sinzig
Tel.: (02642) 61 44
Fax: (02642) 61 44
Mail: trier@hemmer.de

NIEDERSACHSEN
HANNOVER

RAe M. Sperl/Dr. Schlömer
Steinhöft 5 - 7
20459 Hamburg
Tel.: (040) 317 669 17
Fax: (040) 317 669 20
Mail: assessor-nord@hemmer.de

HANNOVER POSTVERSAND

RAe M. Sperl/Clobes/Dr. Schlömer
Kirchhofgärten 22
74635 Kupferzell
Tel.: (07944) 94 11 05
Fax: (07944) 94 11 08
Mail: assessor-nord@hemmer.de

NORDRHEIN-WESTFALEN
KÖLN/BONN/DORTMUND/DÜSSELDORF/POSTVERSAND

Dr. A. Ronneberg
Leonardusstr. 24c
53175 Bonn
Tel.: (0228) 23 90 71
Fax: (0228) 23 90 71
Mail: muenster@hemmer.de

SCHLESWIG-HOLSTEIN
POSTVERSAND

RAe M. Sperl/Clobes/Dr. Schlömer
Kirchhofgärten 22
74635 Kupferzell
Tel.: (07944) 94 11 05
Fax: (07944) 94 11 08
Mail: assessor-nord@hemmer.de

THÜRINGEN
POSTVERSAND

RA Stock, RA Hunger & Kollegen
Zweinaundorfer Str. 2
04318 Leipzig
Tel.: (0341) 6 88 44 90 oder -93
Fax: (0341) 6 88 44 96
Mail: dresden@hemmer.de

SACHSEN
DRESDEN/LEIPZIG/POSTVERSAND

RA Stock, RA Hunger & Kollegen
Zweinaundorfer Str. 2
04318 Leipzig
Tel.: (0341) 6 88 44 90 oder -93
Fax: (0341) 6 88 44 96
Mail: dresden@hemmer.de

SACHSEN-ANHALT
POSTVERSAND

RA Stock, RA Hunger & Kollegen
Zweinaundorfer Str. 2
04318 Leipzig
Tel.: (0341) 6 88 44 90 oder -93
Fax: (0341) 6 88 44 96
Mail: dresden@hemmer.de

ZIVILPROZESSRECHT I

Hemmer/Wüst/Tyroller

Hemmer/Wüst Verlagsgesellschaft

Hemmer/Wüst/Tyroller, Zivilprozessrecht I

ISBN 978-3-86193-313-7

12. Auflage 2014

gedruckt auf chlorfrei gebleichtem Papier
von Schleunungdruck GmbH, Marktheidenfeld

§ 1 DIE GRUNDSÄTZE DES ZIVILPROZESSUALEN VERFAHRENS 1

I. Bedeutung in der Fallbearbeitung 1

II. Dispositionsgrundsatz (= Verfügungsgrundsatz) 1

    1. Begriff 1

    2. Ausprägungen des Dispositionsgrundsatzes im Einzelnen...........................2

        a) Dispositionsgrundsatz bei Verfahrensbeginn, insbesondere Bedeutung der gestellten Anträge 2

        b) Dispositionsgrundsatz bei Verfahrensbeendigung 2

        c) Dispositionsgrundsatz bei Änderung des Verfahrens- gegenstandes 3

    3. Ausnahmen vom Dispositionsgrundsatz...3

    4. Dispositionsgrundsatz und richterliche Hinweispflicht 3

III. Verhandlungsgrundsatz (oder Beibringungsgrundsatz)..................................4

    1. Begriff 4

    2. Bedeutung des Verhandlungsgrundsatzes im Einzelnen 4

        a) Tatsachenvortrag 4

        b) Tatsachenbeweis...5

    3. Ausnahmen vom Verhandlungsgrundsatz...5

        a) Ausnahmen hinsichtlich Tatsachenvortrag und Tatsachenbeweis...........5

        b) Ausnahmen hinsichtlich Tatsachenbeweis 5

    4. Verhandlungsgrundsatz und richterliche Hinweispflicht 5

    5. Verhandlungsgrundsatz und Wahrheitspflicht der Parteien 6

        a) Wahrheitspflicht im Allgemeinen 6

        b) Lehre von der allgemeinen prozessualen Aufklärungspflicht 6

    6. Verhandlungsgrundsatz und Prüfung von Amts wegen 7

IV. Sonstige Verfahrensgrundsätze...7

    1. Anspruch auf rechtliches Gehör 7

    2. Grundsatz der Mündlichkeit 9

    3. Grundsatz der Unmittelbarkeit 10

    4. Grundsatz der Öffentlichkeit 10

    5. Beschleunigungsgrundsatz (= Konzentrationsmaxime) 11

§ 2 DER ABLAUF DES VERFAHRENS IM ÜBERBLICK 12

I. Vorüberlegungen des Klägers 12

    1. Beratungshilfe und Prozesskostenhilfe..12

    2. Besondere Verfahrensarten..12

II. Erhebung der Klage 12

    1. Grundformen des Rechtsschutzes 13

        a) Leistungsklage 13

        b) Feststellungsklage 13

        c) Gestaltungsklage...14

    2. Einreichung der Klageschrift 16

        a) Muss-Inhalt...16

            aa) Bezeichnung der Parteien, § 253 II Nr. 1 ZPO 16

            bb) Bezeichnung des Gerichts, § 253 II Nr. 1 ZPO 16

            cc) Bestimmter Antrag, § 253 II Nr. 2 ZPO 16

            dd) Ausnahmen von dem Erfordernis eines bestimmten Antrags 17

            ee) Bestimmte Angabe des Anspruchsgrundes, § 253 II Nr. 2 ZPO 18

            ff) Unterschrift..19

        b) Soll-Inhalt 22

    3. Zustellung der Klageschrift 22

    4. Bedeutung von Anhängigkeit und Rechtshängigkeit 23

        a) Materiell-rechtliche Wirkungen der Rechtshängigkeit 23

        b) Prozessrechtliche Wirkungen der Rechtshängigkeit 25

aa) Prozesshindernis, § 261 III Nr. 1 ZPO 25
bb) Fortdauer der Zuständigkeit, § 261 III Nr. 2 ZPO 25

III. Streitgegenstand 25
1. Bedeutung des Streitgegenstandes in der Fallbearbeitung 25
2. Bestimmung des Streitgegenstandes 26
a) Bei Leistungsklagen und Gestaltungsklagen 26
b) Besonderheit bei Feststellungsklagen 27

IV. Vorbereitung des Haupttermins 28
1. Früher erster Termin, § 275 ZPO 28
2. Schriftliches Vorverfahren, § 276 ZPO 29

V. Haupttermin 29
1. Güteverhandlung 29
2. Aufruf zur Sache und mündliche Verhandlung, §§ 220 I, 279 ZPO 29
3. Streitige Verhandlung und anschließende Beweisaufnahme, § 279 II ZPO 30
4. Entscheidungsreife 30

VI. Entscheidung, Rechtsbehelfe und Zwangsvollstreckung 31
1. Entscheidung 31
2. Rechtsbehelfe 31
3. Zwangsvollstreckung 31

§ 3 DIE ZULÄSSIGKEIT DER KLAGE 32

I. Allgemeines 32
1. Unterscheidung zwischen „echten" und „unechten" Prozessvoraussetzungen 32
2. Unterscheidung zwischen Prozessvoraussetzungen und Prozesshindernissen 32
3. Prüfung der Zulässigkeit 33
a) Prüfungsreihenfolge innerhalb der Prozessvoraussetzungen 33
b) Prüfungsvorrang der Prozessvoraussetzungen? 33
c) Entscheidung über die Zulässigkeit 34

II. Gerichtsbezogene Prozessvoraussetzungen 34
1. Deutsche Gerichtsbarkeit 34
2. Eröffnung des ordentlichen Rechtsweges in Zivilsachen 34
3. Zuständigkeit des Gerichts 35
a) Sachliche Zuständigkeit 35
b) Örtliche Zuständigkeit 36
aa) Allgemeines 36
bb) Einige wichtige Gerichtsstände im Einzelnen 37
cc) Verweisung nach § 281 ZPO 40
dd) Fall zur örtlichen Zuständigkeit 40
c) Funktionelle Zuständigkeit 42
d) Instanzielle Zuständigkeit 42
e) Sonderproblem: Gewillkürte Zuständigkeit (§ 38 ZPO) und rügelose
Verhandlung (§ 39 ZPO) 42
aa) Gewillkürte Zuständigkeit – Prorogation, § 38 ZPO 42
bb) Zuständigkeit infolge rügelosen Einlassens 44

III. Parteibezogene Prozessvoraussetzungen 45
1. Parteibegriff 45
2. Parteifähigkeit 46
a) Parteifähig sind 47
b) Nicht parteifähig sind 48
aa) Firma des Einzelkaufmanns 48
bb) Nachlass 48
c) Fehlen der Parteifähigkeit 48

3. Prozessfähigkeit und gesetzliche Vertretung Prozessunfähiger 49
    a) Prozessfähigkeit..49
    b) Gesetzliche Vertretung Prozessunfähiger 50
4. Prozessführungsbefugnis und Prozessstandschaft..51
    a) Prozessführungsbefugnis 51
    b) Prozessstandschaft..51
        aa) Gesetzliche Prozessstandschaft..51
        bb) Gewillkürte Prozessstandschaft..55
5. Postulationsfähigkeit 56

IV. Streitgegenstandsbezogene Prozessvoraussetzungen 57
1. Wirksame und ordnungsgemäße Klageerhebung..57
2. Vorrang eines Einigungsversuchs vor einer Gütestelle – Das sog.
    „Schlichtungsverfahren" 58
3. Fehlende anderweitige Rechtshängigkeit..59
4. Fehlende rechtskräftige Entscheidung 60
5. Allgemeines Rechtsschutzbedürfnis 60

V. Besondere Prozessvoraussetzungen 61
1. Feststellungsklage, § 256 I ZPO 61
2. Klage auf zukünftige Leistung, §§ 257 - 259 ZPO 62

§ 4 DIE PROZESSFÜHRUNGSMÖGLICHKEITEN DER PARTEIEN 63

I. Lehre von den Prozesshandlungen 63
1. Begriff 63
2. Arten 63
    a) Bewirkungs- und Erwirkungshandlungen 63
    b) Prozess- und Sachanträge 63
    c) Prozessverträge 64
3. Anwendbare Vorschriften 64
    a) Prozesshandlungsvoraussetzungen 64
    b) Bedingungen und Befristungen..64
    c) Anfechtung, Widerruf, Rücknahme 65

II. Prozessbeendigende Prozesshandlungen 66
1. Klagerücknahme gem. § 269 ZPO 66
    a) Einführung 66
    b) Voraussetzungen einer wirksamen Klagerücknahme 66
        aa) Wirksame Erklärung der Klagerücknahme durch den Kläger 67
        bb) Wirksame Erklärung der Einwilligung durch den Beklagten............68
    c) Wirkungen einer wirksamen Klagerücknahme..69
        aa) Prozessrechtliche Wirkungen..69
        bb) Zulässigkeit einer erneuten Klage 70
        cc) Materiell-rechtliche Wirkungen..70
        dd) Streit über die Wirksamkeit der Klagerücknahme 71
    d) Klagerücknahmeversprechen 71
2. Anerkenntnis, § 307 ZPO..72
    a) Einführung 72
    b) Voraussetzungen für den Erlass eines Anerkenntnisurteils 72
        aa) Wirksame Erklärung des Anerkenntnisses durch den Beklagten.....73
        bb) Erfüllung der Prozessvoraussetzungen 74
        cc) Erlass von Amts wegen 74
    c) Wirkungen des Anerkenntnisurteils 74
3. Verzicht, § 306 ZPO..75
    a) Einführung 75
    b) Voraussetzungen für den Erlass eines Verzichtsurteils 76
        aa) Wirksame Erklärung des Verzichts durch den Kläger 76
        bb) Erfüllung der Prozessvoraussetzungen 76
        cc) Antrag des Beklagten 76
    c) Wirkungen des Verzichtsurteils 76

4. Übereinstimmende beiderseitige Erledigterklärung, § 91a ZPO 77
   a) Einführung 77
   b) Wirksamkeitsvoraussetzungen 78
      aa) Wirksame übereinstimmende Erledigterklärung 78
      bb) Tatsächliche Erledigung der Hauptsache? 79
   c) Wirkungen der Entscheidung 79
      aa) Entscheidung 79
      bb) Wirkungen 80
   d) Rechtsnatur 81
5. Prozessvergleich 81
   a) Einführung 81
   b) Rechtsnatur 82
   c) Parteien und Inhalt des Prozessvergleichs 82
   d) Wirksamkeitsvoraussetzungen 83
      aa) Materiell-rechtliche Voraussetzungen 83
      bb) Prozessrechtliche Voraussetzungen 84
      cc) Widerrufsvorbehalt 84
   e) Wirkungen 84
   f) Unwirksame Prozessvergleiche 85
   g) Klagerücknahmeversprechen 86

III. Prozesshandlungen, die den Streitgegenstand betreffen 87

1. Klagehäufung 87
   a) Objektive Klagehäufung, § 260 ZPO 87
      aa) Begriff 87
      bb) Entstehung 88
      cc) Arten 88
      dd) Verbindungsvoraussetzungen 89
      ee) Zulässigkeitsprüfung und Rechtsfolgen 90
   b) Subjektive Klagehäufung 91
2. Klageänderung 91
   a) Einführung 91
   b) Voraussetzungen einer wirksamen Klageänderung 92
      aa) Wirksame Erklärung der Klageänderung 92
      bb) Vorliegen einer Klageänderung 92
      cc) Einwilligung des Beklagten oder Sachdienlichkeit 94
   c) Streit über die Zulässigkeit der Klageänderung 95
3. Einseitige Erledigterklärung 95
   a) Einführung 95
   b) Vom Gericht durchzuführende Prüfung 98
      aa) Zulässigkeit der geänderten Klage 98
      bb) Begründetheit der Erledigungsfeststellungsklage 99
   c) Wirkung der Entscheidung 106
      aa) Begründetheit 106
      bb) Unbegründetheit 106

IV. Prozesshandlungen, die der selbstständigen und unselbstständigen Verteidigung des Beklagten dienen 108

1. Überblick über die Verteidigungsmöglichkeiten des Beklagten 108
2. Prozessaufrechnung 108
   a) Einführung 108
   b) Prozessaufrechnung in der Fallbearbeitung 109
   c) Rechtshängigkeit der Aufrechnungsforderung? 111
   d) Rechtskraftwirkung, § 322 II ZPO 111
   e) Unterschiedliche Entscheidungsreife von Haupt- und Aufrechnungsforderung 112
   f) Aufrechnung und Rechtsweg 112
3. Widerklage 113
   a) Einführung 113
   b) Zulässigkeit der Widerklage 114
      aa) Besonderer Gerichtsstand 114
      bb) Prozessuale Bedeutung der Konnexität 115
      cc) Rechtshängigkeit der Klage 116
      dd) Zuständigkeitsbegründung durch rügelose Einlassung 116

ee) Parteiidentität 116

ff) Verbindungsverbot 116

c) Besondere Fälle der Widerklage 118

aa) Aufrechnung und Widerklage 118

bb) Possessorische Klage und petitorische Widerklage 118

cc) Eventualwiderklage 119

dd) Sachliche Zuständigkeit bei Widerklage 119

V. Sanktionen bei mangelnder Prozessführung 123

1. Versäumnisverfahren 123

a) Versäumnisverfahren gegen den Beklagten 123

aa) Antrag auf Erlass eines Versäumnisurteils 124

bb) Säumnis des Beklagten 124

cc) Zulässigkeit der Klage 127

dd) Schlüssigkeit der Klage, § 331 II HS 1 ZPO 128

b) Wirkung der Entscheidungen des Gerichts 129

aa) Zurückweisung des Antrags durch Beschluss 129

bb) Vertagung der Verhandlung 130

cc) Abweisung der Klage durch Prozess- oder Sachurteil 130

dd) Versäumnisurteil 130

c) Einspruch gegen Versäumnisurteil 130

aa) Zulässigkeit des Einspruchs 131

bb) Wirkung der Entscheidungen des Gerichts 136

cc) Zweites Versäumnisurteil 138

d) Sonstige Säumnisverfahren 141

aa) Versäumnisverfahren gegen den Kläger 142

bb) Versäumnisverfahren gegen den Beklagten im schriftlichen Vorverfahren,
§ 331 III ZPO 143

cc) Entscheidung nach Lage der Akten, § 331a ZPO 144

dd) Verfahren bei Säumnis beider Parteien 145

2. Präklusion 145

a) Einführung 145

b) Tatbestände des § 296 ZPO 146

aa) § 296 I ZPO 146

bb) § 296 II ZPO 148

cc) § 296 III ZPO 149

c) Sonderproblem: Sog. „Flucht in die Säumnis- bzw. Widerklage" 149

§ 5 DIE BETEILIGUNG MEHRERER AM RECHTSSTREIT 151

I. Streitgenossenschaft 151

1. Einfache Streitgenossenschaft 151

a) Entstehung 151

b) Zulässigkeitsvoraussetzungen 152

aa) §§ 59, 60 ZPO 152

bb) § 260 ZPO 153

c) Rechtsfolgen 154

aa) Getrennte Verhandlung 154

bb) Gemeinsame Verhandlung 154

2. Notwendige Streitgenossenschaft 155

a) Materiell-rechtlich notwendige Streitgenossenschaft, § 62 I Alt. 2 ZPO 156

aa) Aktivprozesse mehrerer Berechtigter 156

bb) Passivprozesse gegen mehrere Verpflichtete 157

cc) Gestaltungsklagen 158

b) Prozessrechtlich notwendige Streitgenossenschaft, § 62 I Alt. 1 ZPO 159

aa) Rechtskrafterstreckung bei aufeinander folgenden Prozessen 159

bb) Unteilbarkeit des Streitgegenstands 160

c) Wirkungen der notwendigen Streitgenossenschaft 161

aa) Gesetzliche Regelung 161

bb) Weitere Einschränkungen der Selbstständigkeit 161

II. Parteiänderung 162

    1. Einführung 162

    2. Gewillkürter Parteiwechsel 162

        a) Voraussetzungen 162

        b) Prozessuale Folgen 164

    3. Gewillkürte Parteierweiterung 165

        a) Voraussetzungen 165

        b) Prozessuale Folgen 166

    4. Gesetzlich geregelte Fälle der Parteiänderung 166

III. Nebenparteien 167

    1. Nebenintervention 167

        a) Einführung 167

        b) Zulässigkeitsvoraussetzungen 167

        c) Stellung des Nebenintervenienten 168

        d) Nebeninterventionswirkung 168

    2. Streitverkündung 169

§ 6 TATSACHENVORTRAG UND BEWEIS 172

I. Darlegungslast 172

II. Beweisbedürftigkeit 172

    1. Entscheidungserhebliche Tatsachen 172

    2. Bestrittene Tatsachen 172

        a) Zugestandene Tatsachen 173

        b) Qualifiziertes Bestreiten 173

        c) Schlichtes Bestreiten 173

    3. Offenkundige Tatsachen 173

III. Beweisführungslast 174

IV. Beweiserhebung 174

    1. Beweisverfahren 174

    2. Beweisarten 174

        a) Strengbeweis 174

        b) Freibeweis 174

        c) Glaubhaftmachung 175

    3. Beweismittel 175

        a) Augenscheinsbeweis, §§ 371 - 372a ZPO 175

        b) Zeugenbeweis, §§ 373 - 401 ZPO 175

        c) Sachverständigenbeweis, §§ 402 - 414 ZPO 175

        d) Urkundenbeweis, §§ 415 - 444 ZPO 176

        e) Parteivernehmung, §§ 445 - 455 ZPO 176

    4. Beweiswürdigung, § 286 ZPO 177

        a) Beweismaß 177

        b) Prinzip der freien Beweiswürdigung 177

        c) Hauptbeweis und Gegenbeweis 177

        d) Verwertbarkeit von unzulässigen Videoaufzeichnungen 177

V. Non-liquet und Feststellungslast 178

VI. Sonderprobleme des Beweisrechts 179

    1. Beweislastumkehr 179

    2. Gesetzliche Vermutungen 179

    3. Anscheinsbeweis bzw. „prima-facie-Beweis" 180

    4. Vertiefungshinweise 180

§ 7 DIE ENTSCHEIDUNG..**181**

    I. Urteil...181

        1. Urteilsarten...181

        2. Urteilsmodalitäten 183

        3. Urteilswirkungen 183

    II. Sonstige Entscheidungen 184

§ 8 RECHTSKRAFT..**185**

    I. Einführung..185

    II. Formelle Rechtskraft 186

    III. Materielle Rechtskraft 186

        1. Feststellungswirkung der materiellen Rechtskraft 186

            a) Prozesshindernde Wirkung der materiellen Rechtskraft 186

            b) Prozessvorgreifliche Wirkung der materiellen Rechtskraft 187

        2. Objektive Grenzen der materiellen Rechtskraft..187

            a) Grundregel 187

                aa) Begrenzung der materiellen Rechtskraft auf Entscheidung über den Streitgegenstand 187

                bb) Urteilsgründe als Hilfsmittel zur Bestimmung des Streitgegenstandes 190

                cc) Sog. kontradiktorisches Gegenteil 190

                dd) Rechtskraftwirkung d. klageabweisenden Versäumnisurteils 191

            b) Ausnahmen 191

                aa) Entscheidung über das Nichtbestehen einer aufgerechneten Gegenforderung 191

                bb) Ausgleichszusammenhänge 191

            c) Die Teilklage..192

            d) Erweiterung der objektiven Grenzen der materiellen Rechtskraft 195

                aa) Zwischenfeststellungsklage 195

                bb) Nebenintervention und Streitverkündung 197

         3. Subjektive Grenzen der materiellen Rechtskraft 198

            a) Rechtskraftwirkung für und gegen die Parteien...................................198

            b) Rechtskraftwirkung für und gegen die Rechtsnachfolger der Parteien 198

                aa) Rechtsnachfolge 198

                bb) Rechtskraftwirkung für den Rechtsnachfolger.............................199

                cc) Rechtskraftwirkung gegen den Rechtsnachfolger 199

            c) Rechtskrafterstreckung auf Dritte in sonstigen Fällen 201

                aa) Gesetzliche Prozessstandschaft...201

                bb) Gewillkürte Prozessstandschaft...202

                cc) Rechtskrafterstreckung auf den Nacherben 202

                dd) Rechtskrafterstreckung auf alle 202

                ee) Rechtskrafterstreckung infolge materiell-rechtlicher Abhängigkeit.......202

            d) Erweiterung der subjektiven Grenzen der materiellen Rechtskraft 203

         4. Zeitliche Grenzen der materiellen Rechtskraft 204

§ 9 RECHTSBEHELFE...**205**

    I. Rechtsmittel (Devolutiv- und Suspensiveffekt)..205

        1. Berufung..205

            a) Zulässigkeit der Berufung 205

                 aa) Statthaftigkeit 205

                bb) Form und Begründung 206

                cc) Frist...207

                dd) Beschwer 207

                ee) Verzicht und Rücknahme 209

            b) Begründetheit der Berufung 210

                aa) Verfahren 210

                bb) Entscheidung 211

c) Sonderprobleme 213
    aa) Meistbegünstigungsprinzip 213
    bb) Anschlussberufung 213
    cc) Klageänderung, Aufrechnungserklärung, Widerklage, § 533 ZPO 214
2. Revision 214
  a) Zulässigkeit 215
    aa) Statthaftigkeit 215
    bb) Zulassung der Revision; Rechtsbehelf gegen die Nichtzulassung 215
    cc) Form und Frist 215
  b) Begründetheit 216
3. Beschwerde 216
  a) Sofortige Beschwerde, § 567 ZPO 217
  b) Rechtsbeschwerde, § 574 ZPO 217
4. Anhörungsrüge, § 321a ZPO 218

II. Sonstige Rechtsbehelfe (Durchbrechung der materiellen Rechtskraft) 219
1. Abänderungsklage 219
  a) Einführung 219
  b) Zulässigkeit der Abänderungsklage 220
    aa) Gegenstand: Urteil, Vergleich oder Urkunde 220
    bb) Behauptung einer nachträglichen, wesentlichen Veränderung 221
  c) Begründetheit 221
    aa) Wesentliche Veränderung der maßgeblichen Verhältnisse 221
    bb) Nachträgliche Veränderung 222
  d) Entscheidung 222
  e) Verhältnis zur Vollstreckungsgegenklage 223
2. Wiederaufnahme des Verfahrens 223
3. Klage nach § 826 BGB 224
  a) Einführung 224
  b) Voraussetzungen 224
    aa) Sittenwidrige Urteilserschleichung oder Urteilsausnutzung 224
    bb) Einschränkungen 224
  c) Bedenken 225

§ 10 BESONDERE VERFAHRENSARTEN 226

I. Mahnverfahren 226
1. Einführung 226
2. Zulässigkeit des Mahnverfahrens 226
3. Überblick über den Gang des Mahnverfahrens 226
4. Rechtshängigkeit im Mahnverfahren 229

II. Einstweilige Verfügung 230
1. Systematische Einordnung der einstweiligen Verfügung 230
2. Sinn und Zweck der einstweiligen Verfügung 230
3. Prüfung durch das Gericht 230
  a) Zulässigkeit 230
  b) Begründetheit 231
4. Arten der einstweiligen Verfügung 231

III. Sonstige besondere Verfahrensarten 232
1. Urkunden-, Wechsel- und Scheckprozess, §§ 592 - 605a ZPO 232
2. Verfahren in Familiensachen, §§ 111 ff. FamFG 232
3. Ehesachen 233
4. Andere Familiensachen 234
  a) Familienstreitsachen 234
  b) Sonstige Familiensachen 234

Kommentare:

Stein/Jonas	Zivilprozessordnung
Thomas/Putzo	Zivilprozessordnung
Zöller	Zivilprozessordnung
Baumbach/Lauterbach/ Albers/Hartmann	Zivilprozessordnung

Lehrbücher:

Arens/Lüke	Zivilprozessrecht
Jauernig	Zivilprozessrecht
Knöringer	Die Assessorklausur im Zivilprozess
Musielak	Grundkurs ZPO
Rosenberg/Schwab/Gottwald	Zivilprozessrecht

Weitere Nachweise (insbesondere auf Aufsätze) in den Fußnoten.

Zivilprozessrecht I mit der hemmer-Methode

Wer in vier Jahren sein Studium abschließen will, kann sich einen Irrtum in Bezug auf Stoffauswahl und -aneignung nicht leisten. Hoffen Sie nicht auf leichte Rezepte und den einfachen Rechtsprechungsfall. Hüten Sie sich vor Übervereinfachung beim Lernen. Stellen Sie deswegen frühzeitig die Weichen richtig.

Die Grundmaxime der ZPO, der Ablauf des Streitverfahrens, die allgemeinen und besonderen Prozessvoraussetzungen sowie Versäumnisurteil, Erledigung, Streitverkündigung und Berufung sind Gegenstand des Skripts **ZPO I** (sog. Erkenntnisverfahren). Im Rahmen der ZPO sind insbesondere die Vorschriften relevant, die mit materiell-rechtlichen Problemen verknüpft werden können. ZPO-Probleme werden nur dann richtig erfasst, und damit auch für die Klausur handhabbar, wenn man den praktischen Hintergrund verstanden hat.

Die **hemmer-Methode** vermittelt Ihnen die **erste richtige Einordnung** und das **Problembewusstsein**, welches Sie brauchen, um an einer Klausur bzw. dem Ersteller nicht vorbeizuschreiben. Häufig ist dem Studenten nicht klar, warum er schlechte Klausuren schreibt. Wir geben Ihnen **gezielte Tipps**! Vertrauen Sie auf unsere **Expertenkniffe**.

Durch die ständige Diskussion mit unseren Kursteilnehmern ist uns als erfahrenen Repetitoren klar geworden, welche **Probleme** der Student hat, sein **Wissen anzuwenden**. Wir haben aber auch von unseren Kursteilnehmern profitiert und von ihnen erfahren, welche **Argumentationsketten** in der Prüfung zum Erfolg geführt haben.

Die **hemmer-Methode** gibt **jahrelange Erfahrung** weiter, erspart Ihnen viele schmerzliche Irrtümer, setzt richtungsweisende Maßstäbe und begleitet Sie als **Gebrauchsanweisung** in Ihrer Ausbildung:

1. Grundwissen:

Die **Grundwissenskripten** sind für den Studenten in den ersten Semestern gedacht. In den Theoriebänden Grundwissen werden leicht verständlich und kurz die wichtigsten Rechtsinstitute vorgestellt und das notwendige Grundwissen vermittelt. Die Skripten werden durch den jeweiligen Band unserer **Reihe „Die wichtigsten Fälle"** ergänzt.

2. Basics:

Das Grundwerk für Studium und Examen. Es schafft schnell **Einordnungswissen** und mittels der hemmer-Methode richtiges Problembewusstsein für Klausur und Hausarbeit. Wichtig ist, **wann und wie** Wissen in der Klausur angewendet wird.

3. Skriptenreihe:

Vertiefendes Prüfungswissen: Über 1.000 Klausuren wurden auf ihre „essentials" abgeklopft.

Anwendungsorientiert werden die für die Prüfung nötigen Zusammenhänge umfassend aufgezeigt und wiederkehrende Argumentationsketten eingeübt.

Gleichzeitig wird durch die **hemmer-Methode** auf **anspruchsvollem Niveau** vermittelt, nach welchen Kriterien Prüfungsfälle beurteilt werden. Mit dem Verstehen wächst die Zustimmung zu Ihrem Studium. Spaß und Motivation beim Lernen entstehen erst durch Verständnis.

Lernen Sie, durch Verstehen am juristischen Sprachspiel teilzunehmen. Wir schaffen den „background", mit dem Sie die innere Struktur von Klausur und Hausarbeit erkennen: **„Problem erkannt, Gefahr gebannt"**. Profitieren Sie von unserem **strategischen Wissen**. Wir werden Sie mit unserem know-how auf das Anforderungsprofil einstimmen, das Sie in Klausur und Hausarbeit erwartet. Die Theoriebände Grundwissen, die Basics, die Skriptenreihe und der Hauptkurs sind als **modernes, offenes und flexibles Lernsystem** aufeinander abgestimmt und ergänzen sich ideal. Die **studentenfreundliche Preisgestaltung** ermöglicht den **Erwerb als Gesamtwerk**.

4. Hauptkurs:

Schulung am examenstypischen Fall mit der Assoziationsmethode. Trainieren Sie unter professioneller Anleitung, was Sie im Examen erwartet und wie Sie bestmöglich mit dem Examensfall umgehen.

Nur wer die Dramaturgie eines Falles verstanden hat, ist in Klausur und Hausarbeit auf der sicheren Seite! Häufig hören wir von unseren Kursteilnehmern: **„Erst jetzt hat Jura richtig Spaß gemacht"**.

Die Ergebnisse unserer Kursteilnehmer geben uns Recht. Maßstab ist der Erfolg. Die Examensergebnisse zeigen, dass unsere Kursteilnehmer überdurchschnittlich abschneiden.

Die Examensergebnisse unserer Kursteilnehmer können auch Ansporn für Sie sein, intelligent zu lernen: Wer nur auf vier Punkte lernt, landet leicht bei drei.
Lassen Sie sich aber nicht von diesen Supernoten verschrecken, sehen Sie dieses Niveau als Ansporn für Ihre Ausbildung.

Wir hoffen, als Repetitoren mit unserem Gesamtangebot bei der Konkretisierung des Rechts mitzuwirken und wünschen Ihnen **viel Spaß beim Durcharbeiten** unserer Skripten.

Wir würden uns freuen, mit Ihnen als Hauptkursteilnehmer mit der **hemmer-Methode** gemeinsam Verständnis an der Juristerei zu trainieren. Nur wer erlernt, was ihn im Examen erwartet, lernt richtig!

So leicht ist es, uns kennenzulernen: Probehören ist jederzeit in den jeweiligen Kursorten möglich.

Karl-Edmund Hemmer & Achim Wüst

§ 1 DIE GRUNDSÄTZE DES ZIVILPROZESSUALEN VERFAHRENS

I. Bedeutung in der Fallbearbeitung

grundlegende Wertungen erkennen

In einer Examensklausur mit dem Thema „Die Maximen der ZPO" kapitulierte eine Vielzahl der Kandidaten bereits beim Anblick der Aufgabenstellung.

Viele Studenten lernen Verfahrensgrundsätze nämlich lediglich auswendig oder beschäftigen sich überhaupt nicht mit ihnen, weil sie sogleich zu den „eigentlichen" Problemen vordringen wollen.

In den Verfahrensgrundsätzen kommen jedoch in allgemeiner Form diejenigen Wertungen zum Ausdruck, die den einzelnen Verfahrensvorschriften zugrunde liegen.

hemmer-Methode: Die Lösung einer Vielzahl der „eigentlichen" Probleme lässt sich so auf die allgemeinen Verfahrensgrundsätze zurückführen.

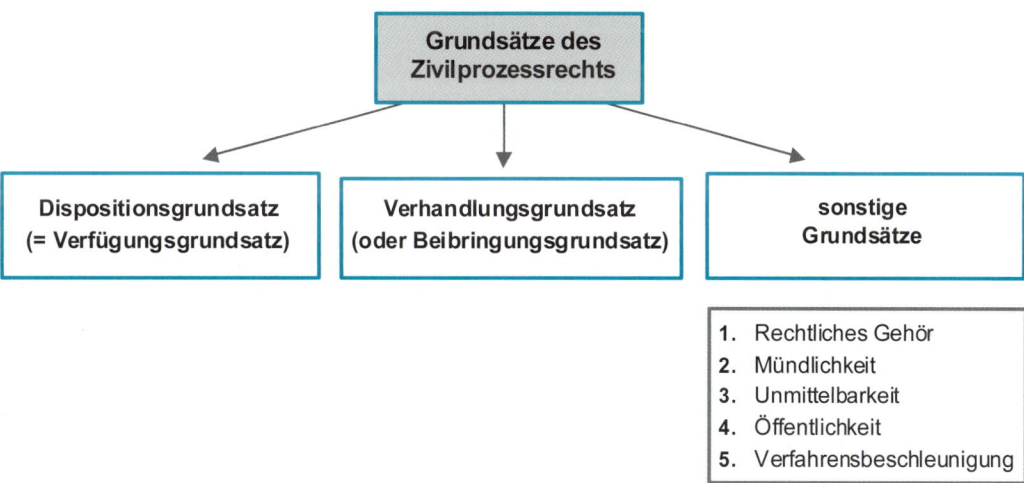

hemmer-Methode: Beschäftigen Sie sich zunächst mit den allgemeinen Verfahrensgrundsätzen. Erlernen Sie dann die „eigentlichen" Probleme nicht isoliert, sondern behalten Sie immer den Zusammenhang mit dem jeweiligen allgemeinen Grundsatz im Auge!
Nur wer es versteht, auch unbekannte Probleme mit Hilfe allgemeiner Grundsätze einer Lösung zuzuführen, schreibt die gute Klausur! Er muss auch vor Themenklausuren keine Angst haben, weil ihm mehr einfällt als die bloß auswendig gelernte Definition für die eine oder andere „Maxime der ZPO"!

II. Dispositionsgrundsatz (= Verfügungsgrundsatz)

1. Begriff

Parteiherrschaft

Im zivilprozessualen Verfahren ist es grundsätzlich Sache der Parteien, das Verfahren zu beginnen, es zu beenden und den Gegenstand eines begonnenen Verfahrens zu verändern - sog. Herrschaft der Parteien über den Verfahrensgegenstand, also Herrschaft über den Rechtsstreit im Ganzen.

1

2

„Prozessuales Pendant zur Privatautonomie"

Dieser für den Zivilprozess charakteristische Grundsatz wird als Dispositionsgrundsatz bezeichnet und stellt letztlich die prozessuale Seite der Privatautonomie dar:

So wie die materielle Rechtsordnung es dem Einzelnen gestattet, seine privatrechtlichen Beziehungen durch Vereinbarung mit anderen zu regeln, überlässt sie es dem Einzelnen, seine privaten Rechte entweder durchzusetzen oder hierauf zu verzichten.

Gegensatz:
Offizialgrundsatz

Den Gegensatz zum Dispositionsgrundsatz, verstanden als Herrschaft der Parteien über den Verfahrensgegenstand, bildet der Offizialgrundsatz, verstanden als Herrschaft des Staates über den Verfahrensgegenstand. Der Offizialgrundsatz gilt im Strafprozess, § 152 I StPO. Das Anklage„monopol" liegt beim Staat.

3

2. Ausprägungen des Dispositionsgrundsatzes im Einzelnen

a) Dispositionsgrundsatz bei Verfahrensbeginn, insbesondere Bedeutung der gestellten Anträge

Verfahrensbeginn

Grundsätzlich obliegt es dem Einzelnen, ein Verfahren zu beginnen. Dies geschieht in der Regel durch Erhebung einer Klage („keine Klage ohne Kläger").[1]

4

Streitgegenstand

Durch Stellung eines bestimmten Antrags sowie durch die bestimmte Angabe des Grundes des erhobenen Anspruchs in der Klageschrift, § 253 II Nr. 2 ZPO, bestimmt die klagende Partei den Gegenstand des Verfahrens, den sog. Streitgegenstand.[2]

5

Bindung an den Antrag

Der gestellte Antrag ist für das weitere Verfahren von erheblicher Bedeutung. Das Gericht ist an den Antrag gebunden, § 308 I ZPO. Dies bedeutet, dass das Gericht weder über den Antrag hinausgehen noch etwas qualitativ anderes als beantragt zusprechen oder aberkennen darf. Das Gericht darf lediglich hinter dem gestellten Antrag zurückbleiben.

6

Antragsmaxime in Rechtsmittelverfahren

Der gestellte Antrag und damit der Dispositionsgrundsatz haben auch im Rechtsmittelverfahren Bedeutung: So ist in der Rechtsmittelbegründung ein bestimmter Antrag zu stellen, §§ 520 III S. 2 Nr. 1, 551 III S. 1 Nr. 1 ZPO. Auch im Rechtsmittelverfahren ist das Gericht an die gestellten Anträge gebunden, §§ 528 S. 1, 557 I ZPO.

7

b) Dispositionsgrundsatz bei Verfahrensbeendigung

Verfahrensbeendigung

Auch die Möglichkeit der Parteien, ein bereits begonnenes Verfahren vor Erlass eines Urteils zu beenden, ist Ausdruck der Dispositionsmaxime.

8

Der Prozess kann vor Erlass eines Urteils durch Klagerücknahme, beiderseitige Erledigterklärung sowie durch einen Prozessvergleich beendet werden.[3] Diese Rechtsinstitute bilden ein System, das es gestattet, die unterschiedlichen Interessen der Parteien an der Beendigung bzw. am Fortgang des Verfahrens angemessen zum Ausgleich zu bringen.

---

1   Vgl. dazu Rn. 60 ff.
2   Vgl. dazu Rn. 117 ff.
3   Vgl. dazu Rn. 255 ff.

> **hemmer-Methode:** Beachten Sie, dass Anerkenntnis und Verzicht das Verfahren nicht beenden. In diesen Fällen ergeht jeweils ein Sachurteil, nämlich ein Verzichtsurteil gem. § 306 ZPO oder ein Anerkenntnisurteil gem. § 307 ZPO.

c) Dispositionsgrundsatz bei Änderung des Verfahrensgegenstandes

Änderung des Streitgegenstandes

Unter bestimmten Voraussetzungen hat die klagende Partei die Möglichkeit, den von ihr in der Klageschrift bestimmten Streitgegenstand während des Verfahrens zu ändern.[4] Auch dies ist Ausdruck des Dispositionsgrundsatzes.

9

3. Ausnahmen vom Dispositionsgrundsatz

Ausnahmen

Die sehr seltenen Ausnahmen vom Dispositionsgrundsatz betreffen im Wesentlichen die Befugnis des Gerichts, in seiner Entscheidung auch über die gestellten Anträge hinauszugehen:

10

In den Fällen der §§ 308 II, 308a I S. 1, 708 f., 721 I S. 1 ZPO trifft das Gericht von Amts wegen eine Entscheidung, ohne dass es eines entsprechenden Antrags bedarf.

Daneben ist der Dispositionsgrundsatz auch dort eingeschränkt, wo der Wille der Parteien dem öffentlichen Interesse unterzuordnen ist. Dies ist z.B. im Ehe- und Kindschaftsrecht der Fall, welches aber seit dem 01.09.2009 nicht mehr in der ZPO, sondern im FamFG geregelt ist.[5]

4. Dispositionsgrundsatz und richterliche Hinweispflicht

Hinweispflicht des Gerichts

Das Gericht muss auf die Stellung sachdienlicher Anträge hinwirken und auf übersehene rechtliche Gesichtspunkte hinweisen, § 139 ZPO.

11

Grundsatz des rechtlichen Gehörs

Diese richterliche Hinweispflicht soll sicherstellen, dass Gesetz und Recht verwirklicht werden und stellt eine Ausprägung des Grundsatzes des rechtlichen Gehörs dar. Kommt das Gericht seiner Hinweispflicht nicht nach, so kann dies zur Aufhebung des Urteils führen.

12

Grenze: Dispositionsgrundsatz

Bei der Bestimmung der Reichweite der richterlichen Hinweispflicht muss aber der Dispositionsgrundsatz berücksichtigt werden, der durch die richterliche Hinweispflicht nicht eingeschränkt wird.

13

richterliche Neutralität

Maßstab für die im Einzelfall schwierige Abgrenzung ist die Verpflichtung des Richters zur Neutralität. Parteilichkeit führt zur Befangenheit nach § 42 II ZPO.

14

Das Gericht muss einen Hinweis geben, wenn es erkennt, dass eine Partei das offensichtlich angestrebte Ziel mit dem gewählten Weg nicht erreichen kann. Das Gericht darf hingegen keinen Hinweis geben, durch den einer Partei erst ein für sie günstiges Ziel aufgezeigt wird.[6]

> ***Bsp.:*** *Das Gericht muss den Kläger auf die Möglichkeit einer Klagerücknahme hinweisen, wenn die Klage nach seiner Überzeugung keine Aussicht auf Erfolg hat. Kommt das Gericht hingegen zu dem Ergebnis, dass der Kläger mehr beanspruchen kann, als er mit seiner Klage geltend macht, so darf es keine Erweiterung des Klageantrags anregen.*

---

4   Vgl. dazu Rn. 328 ff.

5   Einen Fall der Verfahrenseröffnung von Amts wegen beinhalten z.B. die § 1316 BGB, § 631 III ZPO.

6   Jauernig, § 25 VII 7.

keine Bindung an richterlichen Hinweis

Dass der Dispositionsgrundsatz durch die richterliche Hinweispflicht nicht angetastet wird, bedeutet schließlich auch, dass es den Parteien freisteht, ob sie einem richterlichen Hinweis nachkommen wollen.

15

> **hemmer-Methode:** Das Spannungsverhältnis von richterlicher Hinweis- und Neutralitätspflicht kann i.R.e. Ablehnungsantrags gegen den Richter wegen Besorgnis der Befangenheit Prüfungsgegenstand sein. Verschaffen Sie sich einen kurzen Überblick über die §§ 41 ff. ZPO. Zentrale Vorschrift für die Begründetheit des Antrags ist § 42 II ZPO.

III. Verhandlungsgrundsatz (oder Beibringungsgrundsatz)

1. Begriff

Beibringung des Tatsachenmaterials durch Parteien

Im Zivilprozess ist es grundsätzlich Sache der Parteien, diejenigen Tatsachen vorzutragen und zu beweisen, die das Gericht seiner Entscheidung zugrunde legen soll - entsprechend dem römisch-rechtlichen Grundsatz: „Da mihi facta, dabo tibi ius" - sog. Herrschaft der Parteien über das Verfahren. Dieser das zivilprozessuale Verfahren prägende Grundsatz wird als Verhandlungsgrundsatz oder Beibringungsgrundsatz bezeichnet.

16

> **hemmer-Methode:** Rechtsausführungen „schuldet" der Kläger nicht. Denn das Recht kennt das Gericht („jura novit curia").[7]

Gegensatz:
Untersuchungsgrundsatz im Straf- und Verwaltungsverfahren

Den Gegensatz zum Verhandlungsgrundsatz bildet der Untersuchungsgrundsatz (oder Amtsermittlungsgrundsatz), unter dessen Geltung es dem Gericht obliegt, für die Beschaffung und den Beweis der entscheidungserheblichen Tatsachen zu sorgen.

17

Der Untersuchungsgrundsatz gilt beispielsweise im Strafprozess, §§ 155 II, 244 II StPO, im Verwaltungsprozess, § 86 I VwGO und im arbeitsgerichtlichen Beschlussverfahren, § 83 I S. 1 ArbGG.

> **hemmer-Methode:** Lernen Sie in Zusammenhängen! Sehen Sie die für eine Verfahrensart geltenden Verfahrensgrundsätze nicht isoliert, sondern behalten Sie stets den in einer anderen Verfahrensart geltenden gegenteiligen Grundsatz und den Grund für die bestehenden Unterschiede im Auge: Der Untersuchungsgrundsatz gilt, wenn an der Tatsachenaufklärung ein öffentliches Interesse besteht.

2. Bedeutung des Verhandlungsgrundsatzes im Einzelnen

a) Tatsachenvortrag

Darlegungslast

Unter Geltung des Verhandlungsgrundsatzes darf das Gericht nur die von den Parteien vorgetragenen Tatsachen bei seiner Entscheidung berücksichtigen. Daraus folgt, dass die Parteien sämtliche ihnen günstige Umstände in der mündlichen Verhandlung vorlegen müssen - sog. Darlegungslast.

18

> **hemmer-Methode:** Privates Wissen darf der Richter- anders als u.U. der Staatsanwalt – nicht verwerten! Eine Ausnahme macht § 291 ZPO bei den offenkundigen Tatsachen.

---

7   Vgl. dazu Rn. 98.

Von den Tatsachen zu unterscheiden sind die Rechtsnormen und die sog. Erfahrungssätze, für die der Verhandlungsgrundsatz nicht gilt.

b) Tatsachenbeweis

Beweislast

19

Die Parteien bestimmen unter Geltung des Verhandlungsgrundsatzes auch, welche der von ihnen vorgetragenen Tatsachen von der jeweils beweisbelasteten Partei bewiesen werden müssen. An dieser Stelle soll der Hinweis genügen, dass nur die zwischen den Parteien streitigen Tatsachen bewiesen werden müssen, vgl. Rn. 492.

Den Parteien obliegt es ferner, die zum Beweis der strittigen Tatsachen dienenden Beweismittel zu benennen.

3. Ausnahmen vom Verhandlungsgrundsatz

a) Ausnahmen hinsichtlich Tatsachenvortrag und Tatsachenbeweis

familienrechtliche Streitigkeiten

20

Insbesondere in familienrechtlichen Rechtsstreitigkeiten, die seit dem 01.09.2009 nicht mehr in der ZPO, sondern im FamFG geregelt sind, kann der Verhandlungsgrundsatz sowohl hinsichtlich des Tatsachenvortrags als auch hinsichtlich des Tatsachenbeweises durch den Untersuchungsgrundsatz ersetzt werden, §§ 127, 113 IV, 177 I FamFG.

Der Gesetzgeber hat der Ermittlung von Tatsachen in diesen Verfahren ein besonderes öffentliches Interesse beigemessen.

b) Ausnahmen hinsichtlich Tatsachenbeweis

z.T. Beweisaufnahme auch v.A.w.

21

Weitergehend ist der Verhandlungsgrundsatz im Rahmen der Beweisaufnahme durchbrochen.

Der Tatsachenbeweis durch Augenschein, Sachverständige, Urkunden und Parteivernehmung kann nicht nur von den Parteien angetreten werden, §§ 371, 402 ZPO i.V.m. §§ 373, 403, 424 S. 1 Nr. 2, 445 I, 447 ZPO.

22

Gem. §§ 144 I, 142 I, 143, 448 ZPO kann auch das Gericht eine solche Beweisaufnahme anordnen. Nach §§ 142 I S. 1 Alt. 2, 144 I S. 2 Alt. 2 ZPO kann sich die Anordnung auch gegen einen Dritten richten. Insoweit gilt also der Untersuchungsgrundsatz. Nur für den Zeugenbeweis als dem unsichersten Beweismittel fehlt es an einer entsprechenden Vorschrift; hier gilt also der Verhandlungsgrundsatz uneingeschränkt.

hemmer-Methode: Haben Sie die genannten Vorschriften gelesen? In einer mündlichen Prüfung wurden die Kandidaten gefragt, wem die in § 373 ZPO geforderte Benennung der Zeugen und Bezeichnung der Tatsachen obliege. Zum Entsetzen des Prüfers waren sich (fast) alle Kandidaten einig, dies sei Aufgabe des Gerichts(!). Bei Kenntnis des Verhandlungsgrundsatzes wäre wohl keiner von ihnen zu diesem Ergebnis gelangt.

4. Verhandlungsgrundsatz und richterliche Hinweispflicht

richterliche Hinweispflicht

23

Auch der Verhandlungsgrundsatz wird durch die richterliche Hinweispflicht gem. § 139 ZPO nicht eingeschränkt.

hemmer-Methode: Zur richterlichen Hinweispflicht vgl. Rn. 35!

Wie beim Dispositionsgrundsatz besteht also auch hier ein Spannungsverhältnis zwischen Hinweispflicht einerseits und Neutralitätspflicht andererseits.[8]

5. Verhandlungsgrundsatz und Wahrheitspflicht der Parteien

Grenze: Wahrheitspflicht der Parteien

§ 138 I ZPO verpflichtet die Parteien zur vollständigen und wahrheitsgemäßen Abgabe ihrer Erklärungen über Tatsachen.

24

⇨ Grenze des Verhandlungsgrundsatzes

Die Freiheit der Parteien, die der Verhandlungsgrundsatz mit sich bringt, findet also ihre Grenze an der Verpflichtung zur Wahrheit.

a) Wahrheitspflicht im Allgemeinen

§ 138 I ZPO: subjektive Wahrhaftigkeit und Vollständigkeit

In § 138 I ZPO kommt in erster Linie die Pflicht zur subjektiven Wahrhaftigkeit und Vollständigkeit zum Ausdruck: Den Parteien, denen nach dem Verhandlungsgrundsatz die Einführung der Tatsachen in den Prozess obliegt, ist es danach verboten, wider besseres Wissen Tatsachenbehauptungen aufzustellen oder mit einer Tatsachenbehauptung zusammenhängende Tatsachen zu unterdrücken.

25

Dieses Verbot erstreckt sich auch auf Angaben „ins Blaue hinein".

keine Pflicht zur objektiven Wahrhaftigkeit

Bei Vorliegen greifbarer Anhaltspunkte für die Wahrheit einer Tatsache dürfen die Parteien jedoch Behauptungen aufstellen, über deren Wahrheit sie sich nicht sicher sind. Eine Pflicht zur objektiven Wahrhaftigkeit besteht also nicht.

26

Verstoß:
§ 263 StGB, § 580 Nr. 4 ZPO

Erkennbar unwahres Vorbringen der Parteien darf das Gericht bei der Beweiswürdigung nicht berücksichtigen. Führt ein Verstoß gegen die Wahrheitspflicht zu einem fehlerhaften Urteil und wird die obsiegende Partei später wegen Prozessbetrugs gemäß § 263 StGB verurteilt, so besteht die Möglichkeit einer Restitutionsklage gem. § 580 Nr. 4 ZPO.

27

b) Lehre von der allgemeinen prozessualen Aufklärungspflicht

Vorbringen ungünstiger Tatsachen

Umstritten ist, ob die Parteien darüber hinaus verpflichtet sind, ihnen bekannte, für den Gegner günstige Tatsachen vorzutragen.

28

keine allgemeine Pflicht

Gegen eine solche allgemeine prozessuale Aufklärungs- und Mitwirkungspflicht spricht, dass eine Partei hierdurch gezwungen würde, der Gegenpartei zum Erfolg zu verhelfen. Der Verhandlungsgrundsatz würde insoweit durch den Untersuchungsgrundsatz ersetzt.

29

Maßstab:
Aufklärungspflichten, § 242 BGB

Nach überwiegender Ansicht ist zur Lösung des Problems auf das materielle Recht zurückzugreifen, das neben ausdrücklich geregelten Auskunftsansprüchen eine Reihe weiterer, aus dem Grundsatz von Treu und Glauben gemäß § 242 BGB entwickelte Aufklärungspflichten enthält.[9]

30

---

8   Vgl. Rn. 10 ff.

9   BGH, NJW 1990, 3151; Arens, Rn. 23; a.A. Schlosser, Rn. 160b.

6. Verhandlungsgrundsatz und Prüfung von Amts wegen

Prüfung von Amts wegen, insbes. Prozessvoraussetzungen

In der Mitte zwischen Verhandlungsgrundsatz und Untersuchungsgrundsatz steht die sog. Prüfung von Amts wegen. Diese gilt gem. § 56 I ZPO insbesondere hinsichtlich der Prozessvoraussetzungen, also für die Prüfung der Zulässigkeit der Klage.[10] Die Vorschrift gilt nach allg. Meinung auch für dort nicht genannte Prozessvoraussetzungen.

31

Prüfungspflicht

Die Gemeinsamkeit von Untersuchungsgrundsatz und Prüfung von Amts wegen besteht darin, dass das Gericht die von den Parteien für das Vorliegen einer Prozessvoraussetzung vorgetragenen Tatsachen nicht unbesehen seiner Entscheidung zugrunde legen darf. Es muss vielmehr auf Anhaltspunkte hin, die das Fehlen einer Prozessvoraussetzung vermuten lassen, deren Vorliegen prüfen.

32

keine Erforschungspflicht, aber Hinweispflicht

Ergeben sich diesbezüglich Zweifel, so findet jedoch keine Tatsachenermittlung durch das Gericht statt. Vielmehr hat das Gericht die Parteien auf seine Zweifel hinzuweisen, § 139 III ZPO. Es obliegt dann den Parteien, die Zweifel des Gerichts durch Erbringung des entsprechenden Beweises auszuräumen. Insoweit gilt also der Verhandlungsgrundsatz.

33

IV. Sonstige Verfahrensgrundsätze

1. Anspruch auf rechtliches Gehör

Art. 103 I GG

Gemäß Art. 103 I GG hat jedermann vor Gericht Anspruch auf rechtliches Gehör.

34

Äußerungsmöglichkeit der Parteien

Für den Zivilprozess bedeutet dies, dass jede Partei vor einer Entscheidung die Möglichkeit erhalten muss, den eigenen Standpunkt in tatsächlicher und rechtlicher Hinsicht darzulegen und zum Standpunkt des Gegners Stellung zu nehmen.

35

Ausfluss von Art. 103 I GG ist auch die richterliche Hinweispflicht des § 139 ZPO

Die richterlichen **Hinweispflichten in § 139 ZPO** dienen der Vermeidung von Überraschungsentscheidungen und konkretisieren damit den Anspruch der Parteien auf rechtliches Gehör. Diese in Art. 103 I GG normierte Gewährleistung stellt eine Ausprägung des Rechtsstaatsgedankens für das gerichtliche Verfahren dar. Rechtliche Hinweise müssen danach unter Berücksichtigung der Parteien in ihrer konkreten Situation so erteilt werden, dass es diesen auch tatsächlich möglich ist, vor einer Entscheidung zu Wort zu kommen, um Einfluss auf das Verfahren und sein Ergebnis nehmen zu können, sie also nicht gehindert werden, rechtzeitig ihren Sachvortrag zu ergänzen.

Dem Gewährleistungsgehalt von Art. 103 I GG entnimmt der BGH in ständiger Rechtsprechung daher, dass eine in erster Instanz siegreiche Partei darauf vertrauen darf, vom Berufungsgericht rechtzeitig einen Hinweis zu erhalten, wenn dieses in einem entscheidungserheblichen Punkt der Beurteilung der Vorinstanz nicht folgen will und aufgrund seiner abweichenden Ansicht eine Ergänzung des Vorbringens oder einen Beweisantritt für erforderlich hält.[11]

Das gilt auch für von Amts wegen zu berücksichtigende Punkte, für die § 139 III ZPO ausdrücklich eine Hinweispflicht vorsieht.

---

10 Vgl. auch §§ 88 II, 341 I, 522 I S. 1, 552 I S. 1, 572 II S. 1, 589 ZPO.
11 BGH, NJW-RR 2002, 1436 ff.; BGH, NJW 1981, 1378 ff.

In den Anwendungsbereich dieser Vorschrift fallen auch Bedenken gegen die ordnungsgemäße gesetzliche Vertretung einer Partei im Prozess.[12]

VU, Präklusion

Dass eine Partei von dieser Möglichkeit auch tatsächlich Gebrauch macht, ist nicht erforderlich. Mit Art. 103 I GG grundsätzlich vereinbar sind deshalb Vorschriften, die eine Entscheidung zu Lasten der Partei ermöglichen, die das ihr gewährte rechtliche Gehör nicht wahrgenommen hat, z.B. die Vorschriften über das Versäumnisverfahren, §§ 330 ff. ZPO[13], und die Präklusion, § 296 ZPO.[14]

36

Grenze: Zweckvereitelung

Ein Verstoß gegen Art. 103 I GG liegt auch dann nicht vor, wenn die Gewährung rechtlichen Gehörs vor einer Entscheidung unterbleibt, weil durch eine Anhörung der Zweck der jeweiligen Entscheidung vereitelt würde, vgl. z.B. §§ 702 II, 834 ZPO. Der Betroffene hat in diesen Fällen stets die Möglichkeit, die bereits erlassene Entscheidung überprüfen zu lassen.

37

spezialgesetzliche Verankerung

Die ZPO enthält eine Reihe von Vorschriften, die die Gewährung rechtlichen Gehörs sicherstellen sollen und damit eine Ausprägung des Anspruchs auf rechtliches Gehör auf einfachgesetzlicher Ebene darstellen, z.B. §§ 99 II S. 3, 118 I, 136 III, 139, 141, 225 II ZPO.

38

Verletzung begründet Verfahrensmangel

Eine Verletzung des Rechts auf rechtliches Gehör stellt einen Verfahrensmangel dar, der vom Betroffenen durch Rechtsmittel geltend gemacht werden kann. Im Rechtsmittelverfahren ist die betroffene Entscheidung aufzuheben, wenn diese auf dem Verfahrensmangel beruht.[15]

39

hemmer-Methode: Grundsätzlich beeinträchtigen auch schwerste Verfahrensmängel nicht die Wirksamkeit des Urteils. Eine Ausnahme wird nur dann gemacht, wenn unter Verstoß gegen die Dispositionsmaxime ein Urteil ergeht, obwohl keine Klage erhoben wurde bzw. eine solche wirksam zurückgenommen wurde.

u.U. Verfassungsbeschwerde

Da der Anspruch auf rechtliches Gehör ein grundrechtsgleiches Recht darstellt, kommt nach Erschöpfung des Rechtswegs ferner eine Verfassungsbeschwerde in Betracht, Art. 93 I Nr. 4a GG, §§ 13 Nr. 8a, 90 ff. BVerfGG.

40

Problematisch sind insoweit Fälle ohne echte verfassungsrechtliche Relevanz, in denen die Verfassungsbeschwerde nur deshalb in Betracht kommt, weil gegen eine Entscheidung keine Rechtsmittel gegeben sind, z.B. mangels Erreichens der Berufungssumme oder Nichtzulassung der Berufung durch das erstinstanzliche Gericht, § 511 II ZPO.

Wie der dadurch bewirkten Überlastung der Verfassungsgerichtsbarkeit begegnet werden kann, war früher umstritten, da es nur bzgl. der Revision eine Nichtzulassungsbeschwerde gibt, vgl. § 544 ZPO.

Diese Streitfrage ist mittlerweile geklärt. Seit 01.01.2002 regelt § 321a I Nr. 1 ZPO, dass im Fall der Unzulässigkeit der Berufung nach § 511 II ZPO auf Rüge das erstinstanzliche Verfahren fortzusetzen ist (sog. Anhörungsrüge).[16]

---

12 Vgl. hierzu zuletzt BGH, NJW-RR 2006, 937 ff.

13 Vgl. dazu Rn. 387 ff.

14 Vgl. dazu Rn. 428 ff.

15 Einzelfälle bei Th/P, Einl. I, Rn. 19; lesen Sie auch einmal § 547 ZPO, der die absoluten Revisionsgründe aufzählt.

16 Vgl. dazu Musielak, Neue Fragen im Zivilverfahrensrecht, in JuS 2002, 1203 ff.

hemmer-Methode: Einzelheiten zur Anhörungsrüge finden Sie im Kapitel zu den Rechtsbehelfen ab Rn. 612a.

2. Grundsatz der Mündlichkeit

Ausgangspunkt: Mündlichkeit

Für jeden Prozess stellt sich die Frage, in welcher Form die Tatsachen, die Grundlage der Entscheidung sein sollen, in den Prozess eingeführt werden müssen. Der Gesetzgeber geht für den Zivilprozess davon aus, dass Grundlage der Entscheidung nur sein kann, was Gegenstand der mündlichen Verhandlung gewesen ist. Dies kommt in §§ 128 I, 137 ZPO zum Ausdruck, wonach die Parteien über den Rechtsstreit mündlich verhandeln und eine Bezugnahme auf Schriftstücke nur ausnahmsweise zulässig ist.

41

Dieser Grundsatz der Mündlichkeit beruht auf der Vorstellung, dass ein vom Gericht geleitetes Gespräch zwischen den Parteien oftmals eine effektivere Erledigung des Rechtsstreits ermöglicht als der bloße Austausch von schriftlichem Vortrag. Aus diesem Grund und um die Prozesswirtschaftlichkeit zu fördern kann das Gericht gem. § 128a ZPO im Einverständnis mit den Parteien Teile einer Verhandlung mittels Videokonferenz durchführen. Dadurch soll ein Ausgleich zwischen den sich widersprechenden Grundsätzen der mündlichen Verhandlung und der Kostenminderung erreicht werden. Das Mündlichkeitsprinzip ist jedoch aus verschiedenen Gründen mit schriftlichen Elementen kombiniert oder durch diese ersetzt:

vorbereitende Schriftsätze

a) So setzt die Erledigung des Rechtsstreits in einer mündlichen Verhandlung voraus, dass Gericht und Parteien bereits mit dem Streitstoff vertraut sind. Zu diesem Zwecke bestimmen die §§ 128, 272 I ZPO die umfassende Vorbereitung der mündlichen Verhandlung durch Schriftsätze.

42

hemmer-Methode: Vorbereitende Schriftsätze sind Schriftsätze, durch welche die mündliche Verhandlung vorbereitet und ihre Durchführung erleichtert werden soll.
Den Gegensatz zu den vorbereitenden Schriftsätzen bilden die bestimmenden Schriftsätze. Diesen kommt unmittelbar prozessgestaltende Wirkung zu, indem sie ein Verfahren einleiten, verändern, beenden oder den Eintritt der Rechtskraft hindern.

Das Gericht kann den Umfang dieser schriftlichen Vorbereitung dem jeweiligen Streitstoff anpassen, indem es entweder einen frühen ersten Termin zur mündlichen Verhandlung bestimmt oder ein schriftliches Vorverfahren veranlasst, §§ 272 II, 275, 276 ZPO.[17]

Die Schnittstelle dieser schriftlichen Vorbereitung zum Mündlichkeitsprinzip bilden die §§ 137 III, 297 II ZPO. Nach diesen Vorschriften kann auf schriftlichen Vortrag Bezug genommen und dieser so zum Gegenstand der mündlichen Verhandlung gemacht werden. Dies geht allerdings wiederum nur in der mündlichen Verhandlung!

Schriftformerfordernis für bestimmte Prozesshandlungen

b) Bestimmte Prozesshandlungen sind für den weiteren Ablauf des Verfahrens von so überragender Bedeutung, dass diese schriftlich vorgenommen werden müssen. Dies gilt beispielsweise für die Klageerhebung (§ 253 V ZPO, beachte aber §§ 261 II, 496 ZPO) sowie für die Einlegung eines Rechtsmittels (§§ 519 I, 549 I S. 1 ZPO) und dessen Begründung (§§ 520 III S. 1, 551 II S. 1 ZPO).

43

Entscheidung allein aufgrund schriftlichen Vortrags

c) Unter bestimmten Voraussetzungen kann das Gericht eine Entscheidung ohne mündliche Verhandlung auf der Grundlage des schriftlichen Vortrags erlassen:

44

---

17   Vgl. dazu Rn. 126 ff.

⇨ gem. § 128 II ZPO mit Zustimmung der Parteien, die sich nur auf die jeweils nächste Entscheidung bezieht (z.B. Beweisbeschluss, Teilurteil, Endurteil)

⇨ gem. § 495a ZPO im Verfahren nach billigem Ermessen vor dem Amtsgericht

⇨ gem. §§ 522 I S. 3, 552 II ZPO über die Zulässigkeit von Berufung und Revision sowie gem. § 572 IV ZPO über eine Beschwerde

⇨ gem. §§ 331 III, 307 II ZPO Versäumnis- und Anerkenntnisurteil im schriftlichen Vorverfahren

⇨ gem. §§ 251a, 331a ZPO Entscheidung nach Aktenlage von Amts wegen bei Säumnis beider Parteien oder auf Antrag einer Partei bei Säumnis der anderen

3. Grundsatz der Unmittelbarkeit

Zweck:
eigene Überzeugungsbildung

Die zur Entscheidung berufenen Personen sollen sich selbst einen Eindruck von den der Entscheidung zugrundezulegenden Tatsachen machen, ohne hierbei auf eine Mittelsperson zurückgreifen zu müssen. Die Verhandlung des gesamten Rechtsstreits muss deshalb vor dem Gericht stattfinden, das über den Rechtsstreit entscheidet.   **45**

Ausprägung in §§ 128 I, 355 I ZPO

Dieser sog. Unmittelbarkeitsgrundsatz kommt zum Ausdruck in den §§ 128 I, 355 I S. 1 ZPO, wonach mündliche Verhandlung und Beweisaufnahme vor dem erkennenden Gericht bzw. dem Prozessgericht erfolgen müssen. Nur die Beweisaufnahme darf in besonderen Fällen einem beauftragten oder ersuchten Richter übertragen werden, §§ 355 I S. 2, 361, 362, 372 II, 375, 402, 431, 434, 479 ZPO.   **46**

§ 309 ZPO:
letzte mündliche Verhandlung

Auch § 309 ZPO, wonach das Urteil nur von den Richtern erlassen werden darf, die in der zugrundeliegenden Verhandlung anwesend waren, ist Ausdruck des Unmittelbarkeitsgrundsatzes. Maßgebend ist insoweit die letzte mündliche Verhandlung. Nur diese liegt dem Urteil zugrunde.   **47**

Soweit vor der letzten mündlichen Verhandlung ein Wechsel in der Besetzung des Gerichts erfolgt, muss ein neu eingetretener Richter Kenntnis von dem bisherigen Prozessstoff erlangen. Dies geschieht entweder durch Wiederholung des bisherigen Tatsachenvortrags oder durch Bezugnahme auf diesen. Eine bereits durchgeführte Beweisaufnahme kann anhand des Protokolls gewürdigt werden.[18]

4. Grundsatz der Öffentlichkeit

§ 169 S. 1 GVG

Soweit vor dem erkennenden Gericht mündlich verhandelt wird, gilt der Grundsatz der Öffentlichkeit, § 169 S. 1 GVG. Er bildet die Grundlage für das Vertrauen des Einzelnen in die Unabhängigkeit der Gerichte und spielt naturgemäß im Strafprozess eine größere Rolle als im Zivilprozess. § 169 S. 2 GVG verbietet eine Erweiterung der Öffentlichkeit durch Fernseh-, Rundfunk- und Filmaufnahmen.   **48**

Ausnahmen:
§§ 170 ff. GVG

Zum Schutz bestimmter Rechtsgüter enthalten die §§ 170 ff. GVG obligatorische und fakultative Ausnahmen vom Grundsatz der Öffentlichkeit. Die Verkündung des Urteils erfolgt aber in jedem Fall öffentlich, § 173 GVG.   **49**

---

18   Arens, Rn. 32.

Verletzung absoluter Revisionsgrund	Eine Verletzung des Öffentlichkeitsgrundsatzes stellt einen absoluten Revisionsgrund dar, § 547 Nr. 5 ZPO.	**50**

hemmer-Methode: Der Erste Senat hat[19] die Verfassungsbeschwerde der n-tv GmbH & Co KG gegen das Verbot von Fernsehaufnahmen während der Gerichtsverhandlung zurückgewiesen: Die Informationsfreiheit nach Art. 5 I GG schützt den Zugang zu allgemein zugänglichen Informationsquellen.
Sie beinhaltet nicht das Recht auf die Eröffnung einer Informationsquelle. Ein solcher Anspruch folgt auch nicht aus der Rundfunkfreiheit nach Art. 5 I S. 2 GG. Der jeweils Berechtigte kann vielmehr selbst darüber bestimmen, ob, in welchem Umfang und unter welchen Bedingungen er eine Information allgemein zugänglich machen möchte.
Erst dann, wenn eine Informationsquelle allgemein zugänglich ist und nur in dem vom Berechtigten gewählten Umfang, falle der Zugang auch des Rundfunkveranstalters zu diesen Informationen in den Schutzbereich des Art. 5 I S. 1 GG. Legt der Staat die Art der Zugänglichkeit von staatlichen Vorgängen und damit zugleich das Ausmaß der Öffnung dieser Informationsquelle fest, so wird in diesem Umfang der Schutzbereich der Informationsfreiheit eröffnet. Haben die Medien Zugang zwecks Berichterstattung, aber in rechtlich einwandfreier Weise unter Ausschluss der Aufnahme und Verbreitung von Ton- und Fernsehrundfunkaufnahmen, liegt in dieser Begrenzung kein Grundrechtseingriff. Wird eine Informationsquelle mit Einschränkungen – etwa hinsichtlich Funk- und Fernsehaufnahmen – eröffnet, hängt die Verfassungsmäßigkeit der einschränkenden Norm davon ab, ob eine solche Beschränkung vom Recht zur Bestimmung des Zugangs gedeckt ist, ohne dass sie sich zusätzlich an Art. 5 II GG messen lassen müsste. Wenn der Zugang zur Informationsquelle weiter oder gar unbeschränkt hätte eröffnet werden müssen, kann dies vom Träger des Grundrechts gerichtlich geltend gemacht werden.
Der Gesetzgeber hat im Rahmen seiner Befugnis zur Ausgestaltung des Gerichtsverfahrens die öffentliche Zugänglichkeit von Gerichtsverhandlungen geregelt. Durch § 169 GVG hat er von seinem Bestimmungsrecht in der Weise Gebrauch gemacht, dass der allgemeine Zugang nur für diejenigen eröffnet ist, die der Gerichtsverhandlung in dem dafür vorgesehenen Raum folgen wollen. § 169 S. 2 GVG ist mit dem Grundgesetz vereinbar.

5. Beschleunigungsgrundsatz (= Konzentrationsmaxime)

Funktionsfähigkeit der Zivilrechtspflege	Das Gesetz enthält eine Fülle von Regelungen, durch die eine zügige Erledigung des einzelnen Rechtsstreits und damit die Funktionsfähigkeit der Zivilrechtspflege insgesamt gewährleistet werden sollen.	**51**
Vorbereitung der mündlichen Verhandlung	Hierzu zählt beispielsweise die bereits oben genannte umfassende Vorbereitung des Termins zur mündlichen Verhandlung durch Schriftsätze.	**52**
VU, Präklusion	Den Mittelpunkt der der Beschleunigung des Verfahrens dienenden Regelungen bilden die Vorschriften über das Versäumnisverfahren (§§ 330 ff. ZPO sowie über die Zurückweisung verspäteten Vorbringens, die sog. Präklusion (§ 296 ZPO).[20] Diese Regelungen enthalten Sanktionen zu Lasten derjenigen Partei, die einen Rechtsstreit nicht ordnungsgemäß führt und dadurch seine Erledigung verzögert.	**53**

---

19   BVerfG, DVBl. 2001, 456 ff.

20   Vgl. Rn. 387 ff. und 428 ff.

§ 2 DER ABLAUF DES VERFAHRENS IM ÜBERBLICK

I. Vorüberlegungen des Klägers

1. Beratungshilfe und Prozesskostenhilfe

Erfolgsprognose

Angenommen, jemand hätte ein Darlehen gewährt, das der Empfänger trotz Fälligkeit und mehrfacher Aufforderung nicht zurückzahlt.   **54**

Bevor der Gläubiger gerichtliche Schritte einleitet, wird er sich darüber Gedanken machen, ob diese hinreichende Aussicht auf Erfolg haben. Er wird deshalb den Rat eines Rechtsanwalts suchen, soweit er nicht selbst die zur Beurteilung erforderlichen, juristischen Kenntnisse besitzt.

In Verfahren vor den Landgerichten, vor Gerichten eines höheren Rechtszugs ist er sogar gezwungen, sich durch einen Rechtsanwalt vertreten zu lassen, § 78 I ZPO.

finanzielle Unterstützung:

Verfügt der Gläubiger nicht selbst über die finanziellen Mittel, die für die Beratung durch einen Rechtsanwalt und die Durchführung des Prozesses erforderlich sind, so hat er unter bestimmten Voraussetzungen einen Anspruch auf finanzielle Unterstützung.   **55**

Beratungshilfe

Für die Wahrnehmung von Rechten außerhalb eines gerichtlichen Verfahrens wird diese finanzielle Unterstützung in Form der Beratungshilfe gewährt. Voraussetzungen, Umfang und Bewilligungsverfahren sind im Beratungshilfegesetz geregelt.   **56**

Prozesskostenhilfe

Für die Durchführung des gerichtlichen Verfahrens selbst kann die mittellose Partei Prozesskostenhilfe erhalten. Voraussetzungen und Bewilligungsverfahren sind in den §§ 114 ff. ZPO geregelt. Verschaffen Sie sich einen kurzen Überblick über die Vorschriften der §§ 114, 117, 118, 119, 121, 122 ZPO.   **57**

2. Besondere Verfahrensarten

Ziel:
Vollstreckungstitel

Besteht über die Erfolgsaussichten gerichtlicher Schritte hinreichend Klarheit und ist deren Finanzierung sichergestellt, so muss entschieden werden, auf welchem Wege der Gläubiger schnell und kostengünstig einen vollstreckbaren Titel gegen den Schuldner erhalten kann.   **58**

besondere Verfahrensarten

Das Gesetz stellt unter bestimmten Voraussetzungen besondere Verfahrensarten zur Verfügung, die eine schnellere oder kostengünstigere Entscheidung ermöglichen. Hierzu zählen: **59**

a) das Mahnverfahren, §§ 688 ff. ZPO, vgl. Rn. 641 ff.

b) der Urkunden-, Wechsel- und Scheckprozess, §§ 592 ff., vgl. Rn. 667 ff.

c) die einstweilige Verfügung, §§ 935 ff. ZPO, vgl. Rn. 656 ff.

II. Erhebung der Klage

Regelfall:
Klage vor Landgericht

Kommt keine dieser besonderen Verfahrensarten in Betracht, so ist vom Regelfall eines erstinstanzlichen Verfahrens vor dem Landgericht oder dem Amtsgericht auszugehen.   **60**

Dieses beginnt mit der Klageerhebung, also mit der Zustellung einer vom Kläger bei Gericht eingereichten Klageschrift an den Beklagten, § 253 I ZPO.

1. Grundformen des Rechtsschutzes

Klagearten

In der Klageschrift muss der Kläger darlegen, worüber das Gericht entscheiden soll. Entsprechend dem vom Kläger mit seiner Klage verfolgten Rechtsschutzziel müssen verschiedene Klagearten unterschieden werden.

61

Die drei Grundformen des Rechtsschutzes sind Leistungs-, Feststellungs- und Gestaltungsklage.

a) Leistungsklage

Leistungsklage

Die Leistungsklage dient der Durchsetzung von materiell-rechtlichen Ansprüchen.[21] Die Möglichkeit, materiell-rechtliche Ansprüche gerichtlich durchzusetzen, hat der Gesetzgeber als selbstverständlich vorausgesetzt und die Leistungsklage deshalb nicht in einer eigenen Vorschrift geregelt.

62

jeder materiell-rechtliche Anspruch

Gegenstand einer Leistungsklage kann jeder materiell-rechtliche Anspruch sein, also jedes Recht, von einem anderen ein Tun, Unterlassen oder Dulden zu verlangen, § 194 BGB. Hierzu zählt auch der Anspruch auf Abgabe einer Willenserklärung.

63

Rechtsschutzziel: Erfüllung des Anspruchs

Rechtsschutzziel des Klägers ist die Verurteilung des Beklagten zur Erfüllung des geltend gemachten Anspruchs, wozu dessen Bestehen vorgreiflich zu prüfen ist.

64

Ergebnis: Urteil als Grundlage der ZV

Kommt das Gericht zu dem Ergebnis, dass der Anspruch besteht und durchsetzbar ist, so wird es in einem Leistungsurteil den Beklagten zur Erfüllung dieses Anspruchs verurteilen. Dieses Leistungsurteil ist dann als Vollstreckungstitel i.S.v. § 704 ZPO taugliche Grundlage der zwangsweisen Durchsetzung des Anspruchs im Wege der Zwangsvollstreckung.

65

b) Feststellungsklage[22]

pos. und neg. Feststellungsklage

Die Feststellungsklage dient der Feststellung des Bestehens oder Nichtbestehens eines Rechtsverhältnisses, sog. positive oder negative Feststellungsklage, § 256 I ZPO.

66

Rechtsverhältnis:

Der mögliche Gegenstand einer Feststellungsklage ist weiter als der einer Leistungsklage: Der Begriff des Rechtsverhältnisses umfasst jede rechtlich geregelte Beziehung zwischen Personen oder zwischen einer Person und einem Gegenstand, also nicht nur materiell-rechtliche Ansprüche.[23]

67

konkret

Das Rechtsverhältnis muss sich stets aus einem konkreten Sachverhalt ergeben. Mit der Feststellungsklage kann also nicht die Klärung abstrakter Rechtsfragen begehrt werden.[24]

68

---

21   Th/P, vor § 253 ZPO, Rn. 3.

22   Vgl. auch Rn. 238 f.

23   Th/P, vor § 253 ZPO, Rn. 4.

24   Th/P, § 256 ZPO, Rn. 11.

gegenwärtig	Ferner muss es sich um ein gegenwärtiges Rechtsverhältnis handeln. Die das Rechtsverhältnis begründenden Tatsachen müssen also bereits zum Zeitpunkt der Klageerhebung vorliegen. Unschädlich ist es, wenn bestimmte Rechtsfolgen aus dem Rechtsverhältnis erst in der Zukunft eintreten.[25]	**69**
auch Beziehung zu Dritten	Nicht erforderlich ist, dass das Rechtsverhältnis gerade zwischen den Parteien des Rechtsstreits besteht. Auch ein Rechtsverhältnis zwischen einer Partei und einem Dritten kommt als Gegenstand einer Feststellungsklage in Betracht.[26]	**70**
Abzugrenzen von bloßen Tatsachen	Das Rechtsverhältnis ist abzugrenzen von bloßen Tatsachen. Diese können, von der Feststellung der Echtheit oder Unechtheit einer Urkunde abgesehen, nicht Gegenstand einer Feststellungsklage sein.	**71**
Rechtsschutzziel: Minus zur Leistungsklage	Anders als der Gegenstand ist das Rechtsschutzziel einer Feststellungsklage enger als das einer Leistungsklage: Auch mit der Leistungsklage begehrt der Kläger inzident die Feststellung, dass ein bestimmter materiell-rechtlicher Anspruch besteht. Er begehrt aber darüber hinaus die Verurteilung des Beklagten zur Erfüllung des Anspruchs. Leistungsurteile können daher vollstreckt werden.	**72**
Subsidiarität	Die positive Feststellungsklage ist deshalb grundsätzlich subsidiär zur Leistungsklage:[27] Besteht die Möglichkeit, einen Anspruch im Wege der Leistungsklage geltend zu machen, so fehlt dem Kläger für die bloße Feststellung, dass dieser Anspruch besteht, das rechtliche Interesse.[28]	**73**
Ausnahme: FK gegen ö.-r. Körperschaft	Eine Ausnahme von diesem Grundsatz gilt für die Feststellung von Ansprüchen gegenüber Körperschaften des öffentlichen Rechts: Man geht davon aus, dass ein zu Lasten des Fiskus ergehendes Feststellungsurteil ausreicht, um diesen zur Erfüllung eines Anspruchs zu veranlassen.	**74**
kein vollstreckbarer Inhalt	Das auf eine Feststellungsklage hin ergehende Feststellungsurteil stellt nur fest, ob das streitgegenständliche Rechtsverhältnis besteht oder nicht. Ein Feststellungsurteil weist also hinsichtlich der Hauptsache keinen vollstreckungsfähigen Inhalt auf.[29]	**75**
LK abweisendes Urteil = Feststellungsurteil	Auch bei dem Urteil, durch das eine Leistungsklage abgewiesen wird, handelt es sich um ein Feststellungsurteil: Dieses stellt fest, dass der vom Kläger geltend gemachte Anspruch nicht besteht und ist deshalb in der Hauptsache nicht vollstreckungsfähig.	**76**

c) Gestaltungsklage

Einwirkung auf Rechtsverhältnis	Die Gestaltungsklage dient der Veränderung eines bestehenden Rechtsverhältnisses durch Urteil.	**77**
numerus clausus der Gestaltungsklagen	Eine Gestaltungsklage ist nur statthaft, wenn das Gesetz eine solche Veränderung von einem Gestaltungsurteil abhängig macht. Im Gegensatz zu der unbeschränkten Vielzahl von Ansprüchen bzw. Rechtsverhältnissen, die Gegenstand einer Leistungs- bzw. Feststellungsklage sein können, besteht also im Bereich der Gestaltungsklagen ein numerus clausus.[30]	**78**

---

25 Th/P, § 256 ZPO, Rn. 8.

26 Th/P, § 256 ZPO, Rn. 9.

27 Th/P, § 256 ZPO, Rn. 18.

28 Vgl. Rn. 236.

29 Th/P, vor § 253 ZPO, Rn. 4. Nur die Entscheidung über die Kosten des Rechtsstreits kann vollstreckt werden. Hierfür benötigt man aber als Titel einen Kostenfestsetzungsbeschluss gem. §§ 103 ff., 794 I Nr. 2 ZPO.

30 Th/P, vor § 253 ZPO, Rn. 5, 7.

gesetzliche Einschränkung der Privatautonomie	Einem Teil der gesetzlich geregelten Gestaltungsklagen ist gemeinsam, dass der Gesetzgeber der Veränderung eines Rechtsverhältnisses durch die jeweils beteiligten Rechtssubjekte mittels Rechtsgeschäfts eine Absage erteilt hat, sei es im Interesse der Rechtssicherheit, sei es, weil die bestehende Rechtslage nicht zur Disposition der Beteiligten steht:

79

> ⇨ §§ 131 I Nr. 4, 133, 161 II HGB - Auflösung einer Personenhandelsgesellschaft (vgl. aber § 723 BGB)
>
> ⇨ §§ 140 I, 161 II HGB - Ausschluss eines Gesellschafters aus einer Personenhandelsgesellschaft (vgl. aber § 737 BGB)
>
> ⇨ §§ 117, 161 II HGB - Entziehung der Geschäftsführungsbefugnis
>
> ⇨ §§ 127, 161 II HGB - Entziehung der Vertretungsmacht
>
> ⇨ § 61 GmbHG - Auflösung einer Gesellschaft mit beschränkter Haftung
>
> ⇨ § 1564 BGB - Ehescheidung
>
> ⇨ §§ 2340 I, 2342 I, II BGB - Erbunwürdigkeitserklärung

Konfliktbereinigung

In anderen Fällen haben Parteien, die über die Veränderung einer Rechtslage keine Einigung erzielen können, die Möglichkeit, eine Entscheidung durch das Gericht herbeizuführen:

80

> ⇨ § 574a II S. 1 BGB - Fortsetzung eines Mietverhältnisses über Wohnraum nach Widerspruch
>
> ⇨ § 917 I S. 2 BGB - Bestimmung der Richtung und des Benutzungsrechts eines Notwegs
>
> ⇨ §§ 315 III S. 2, 319 I S. 2 BGB - Bestimmung einer vertraglichen Leistung
>
> ⇨ § 343 I S. 1 BGB - Herabsetzung einer unverhältnismäßig hohen Vertragsstrafe

proz. Gestaltungsklagen

Schließlich gibt es im Bereich des Zwangsvollstreckungsrechts die sog. prozessualen Gestaltungsklagen, mit denen der Kläger erreichen kann, dass eine Zwangsvollstreckungsmaßnahme für unzulässig erklärt wird:

81

> ⇨ § 771 ZPO - Drittwiderspruchsklage
>
> ⇨ § 767 ZPO - Vollstreckungsgegenklage

unmittelbar rechtsgestaltende Wirkung

Kommt das Gericht zu dem Ergebnis, dass die Voraussetzungen vorliegen, unter denen das Gesetz die Veränderung eines bestehenden Rechtsverhältnisses zulässt, so ergeht ein Gestaltungsurteil. Mit dessen Rechtskraft tritt die Veränderung des Rechtsverhältnisses ein.[31] Auch ein Gestaltungsurteil weist also hinsichtlich der Hauptsache keinen vollstreckungsfähigen Inhalt auf. Eine Ausnahme gilt bei den prozessualen Gestaltungsklagen.

82

hemmer-Methode: Vgl. dazu ausführlich Hemmer/Wüst, ZPO II.

---

31 Th/P, vor § 253 ZPO, Rn. 6.

2. Einreichung der Klageschrift

grundsätzlich Schriftform

Gem. § 253 V ZPO muss der Kläger die Klageschrift schriftlich bei dem zuständigen Gericht einreichen. Beim Verfahren vor dem Amtsgericht ist auch mündliche Klageerhebung zu Protokoll der Geschäftsstelle möglich, § 496 ZPO.

83

Hinsichtlich des Inhalts der Klageschrift ist zwischen Muss- und Soll-Inhalt zu unterscheiden.

a) Muss-Inhalt

aa) Bezeichnung der Parteien, § 253 II Nr. 1 ZPO

Parteien

Durch die Parteibezeichnung wird festgelegt, wer im Verfahren Kläger und wer Beklagter ist.

84

Die unrichtige Bezeichnung der Parteien ist unerheblich, wenn sich durch Auslegung ermitteln lässt, wer Partei sein soll.[32]

bb) Bezeichnung des Gerichts, § 253 II Nr. 1 ZPO

Gericht

Der Kläger muss angeben, welches Gericht sachlich und örtlich zuständig sein soll.[33]

85

Nicht erforderlich ist die Bezeichnung des gerichtsintern zuständigen Organs, also der funktionellen Zuständigkeit. Eine Ausnahme besteht hinsichtlich der Kammer für Handelssachen, § 96 I GVG mit der Verweisungsmöglichkeit auf Antrag, § 98 I, III GVG.

cc) Bestimmter Antrag, § 253 II Nr. 2 ZPO

Bestimmter Antrag:

Das Erfordernis eines bestimmten Antrags erlangt in mehrfacher Hinsicht Bedeutung:

86

– *Streitgegenstand*

(1) Zusammen mit der bestimmten Angabe des Grundes des erhobenen Anspruchs wird durch den Antrag der **Streitgegenstand** des Verfahrens festgelegt.[34]

– *Bindungswirkung*

(2) Das Gericht ist bei seiner Entscheidung **an den Antrag gebunden**, darf also nicht über diesen hinausgehen oder dem Kläger etwas qualitativ anderes zusprechen als beantragt, § 308 I S. 1 ZPO.

hemmer-Methode: Natürlich kann das Gericht hinter dem Antrag zurückbleiben, also ein Weniger zusprechen.

– *ZV - Grundlage*

(3) Bei Leistungsklagen hat der Antrag darüber hinaus Bedeutung für die Zwangsvollstreckung. Der Antrag muss so bestimmt gefasst sein, dass aufgrund des gegen den Beklagten ergehenden Leistungsurteils eine Vollstreckung ohne weiteres möglich ist.

Der prozessuale Bestimmtheitsgrundsatz gem. § 253 II Nr. 2 ZPO, wonach der Kläger einen „bestimmten Antrag" zu stellen hat, schließt es nicht aus, dass Antrag und Titel unbestimmt sind.

---

32   Vgl. Rn. 177 ff.
33   Vgl. Rn. 151 ff. und 156 ff.
34   Vgl. Rn. 117 ff.

Denn dem Bestimmtheitsgrundsatz wird auch dann noch genügt, wenn die notwendigen Angaben „leicht und eindeutig" feststellbar sind.

Das bedeutet für die Beantragung von Verzugs- und Prozesszinsen gem. §§ 288, 291 BGB, dass die Zinsen „ohne weiteres" berechnet werden können.[35] Die Aufnahme des Diskont- oder nunmehr des Basiszinssatzes ist zulässig.[36]

Denn der Gerichtsvollzieher kann bei Vollstreckungstiteln auf Zahlung von Zinsen in Höhe eines Hundertsatzes über dem jeweiligen Diskont die beizutreibende Zinssumme ohne weiteres berechnen, weil er Höhe und Zeitpunkt der Wirksamkeit des neuen Zinssatzes leicht und eindeutig feststellen kann. Dieses Ergebnis bestätigt auch ein Blick in die jüngere Rechtsprechung.[37]

Klageantrag und Tenor können sich insofern auf den Zinsbeginn und die Aufnahme des Gesetzeswortlauts von § 288 I BGB beschränken.

> *Bsp.: „Die Beklagte wird verurteilt, an den Kläger 10.000,- € nebst Zinsen in Höhe von fünf Prozentpunkten über dem Basissatz nach § 1 des Diskontsatz-Überleitungs-Gesetzes vom 09.06.1998 ab Verzugsbeginn (Rechtshängigkeit) zu zahlen."[38]*

dd) Ausnahmen von dem Erfordernis eines bestimmten Antrags

Informationsdefizit des Klägers

Ist der Kläger nicht in der Lage, einen hinreichend bestimmten Antrag zu stellen, weil er die dafür erforderlichen Informationen nicht besitzt, so entfällt unter bestimmten Voraussetzungen das Erfordernis eines hinreichend bestimmten Antrags. 87

Auskunftsanspruch

(1) Ausdrücklich geregelt ist dies für den Fall, dass der Beklagte die notwendigen Informationen besitzt und der Kläger gegen ihn einen materiell-rechtlichen Auskunftsanspruch hat. 88

> **hemmer-Methode: Vielen Kandidaten sind materiell-rechtliche Auskunftsansprüche nicht bekannt. Nutzen Sie die Gelegenheit, sich anhand der Kommentierung im Palandt zu § 261 BGB einen kurzen Überblick über diesen Themenbereich zu verschaffen.**
> **Neben den ausdrücklich geregelten Auskunftsansprüchen besteht eine Vielzahl weiterer Auskunftsansprüche, die die Rechtsprechung aus dem Grundsatz von Treu und Glauben gemäß § 242 BGB entwickelt hat!**
> **Die §§ 259 - 261 BGB betreffen nur die Art und Weise der Auskunftserteilung und einer ggf. abzugebenden eidesstattlichen Versicherung.**

evtl. LK auf Auskunftserteilung

Verweigert der Beklagte die Erteilung der Auskunft, so hat der Kläger die Möglichkeit, zunächst seinen Anspruch auf Auskunft sowie ggf. auf Abgabe einer eidesstattlichen Versicherung gerichtlich geltend zu machen, um dann mit Hilfe der so erlangten Information erneut Klage zu erheben. 89

---

35 BGHZ 122, 16 (22) = NJW 1993, 1801.

36 <u>Vertiefungshinweis für Referendare:</u> Beachten Sie auch, dass der Arbeitnehmer nach Ansicht des Großen Senats des BAG bei einer Lohnzahlungsklage auch Zinsen aus der geschuldeten Bruttovergütung verlangen kann, vgl. BAG (GS), NZA 2001, 1195 ff.

37 BGH, NJW 2000, 3558.

38 Vgl. dazu Treber, „Die prozessuale Behandlung des gesetzlichen Verzugszinses nach dem Gesetz zur Beschleunigung fälliger Zahlungen", NZA 2001, 187 ff.

Stufenklage

Das Gesetz gestattet dem Kläger jedoch, diese Klagen miteinander zu verbinden und dabei hinsichtlich des eigentlichen Anspruchs zunächst von einem bestimmten Antrag abzusehen, sog. **Stufenklage, § 254 ZPO.** Der Kläger kann auf diese Weise Kosten einsparen und erreicht, dass der zunächst unbestimmte Antrag bereits zum Zeitpunkt der Erhebung der Stufenklage rechtshängig wird. Dies ist insbesondere wichtig wegen der Hemmung der Verjährung nach § 204 I Nr. 1 BGB!   **90**

objektive Klagenhäufung

Da im Falle einer Stufenklage mehrere Ansprüche in einer Klage verbunden werden, müssen die Voraussetzungen für eine objektive Klagenhäufung gemäß § 260 ZPO erfüllt sein.[39]   **91**

Stufenverhältnis

Über die jeweils nächste Stufe der Klage darf erst entschieden werden, wenn die vorhergehende Stufe z.B. durch Teilurteil oder übereinstimmende Erledigterklärung abgeschlossen ist.[40]   **92**

Hat der Kläger die für die Geltendmachung des eigentlichen Anspruchs erforderliche Information erhalten, so muss er den bislang unbestimmten Antrag nun genau beziffern.

§ 287 ZPO: Bestimmung durch Gericht

(2) § 287 ZPO gestattet dem Gericht, unter bestimmten Voraussetzungen über die Höhe einer Forderung nach freier Überzeugung zu entscheiden, also eine Schätzung vorzunehmen. So gewährt beispielsweise § 253 II BGB dem Kläger einen Anspruch auf billige Entschädigung in Geld („Schmerzensgeld").   **93**

Mitteilung der Tatsachengrundlagen

In diesen Fällen wäre es widersinnig, vom Kläger eine exakte Bezifferung seines Anspruchs zu verlangen. Auch hier besteht deshalb eine Ausnahme vom Erfordernis eines bestimmten Antrags. Eine ordnungsgemäße Klageschrift setzt jedoch voraus, dass der Kläger alle zur Ermittlung der Forderungshöhe notwendigen Tatsachen angibt.[41]   **94**

> **hemmer-Methode: Ein weiteres Beispiel ist die Klage auf Zahlung einer Abfindung gem. § 10 KschG.**

ee) Bestimmte Angabe des Anspruchsgrundes, § 253 II Nr. 2 ZPO

Anspruchsgrund

Neben einem bestimmten Antrag muss der Kläger den Grund des erhobenen Anspruchs angeben, also den Sachverhalt darlegen, aus dem er den geltend gemachten, prozessualen Anspruch herleitet.   **95**

str.: Umfang mitzuteilender Tatsachen

Umstritten ist der für diesen Tatsachenvortrag erforderliche Bestimmtheitsgrad.[42] Nach einer Ansicht reicht es aus, wenn der Anspruch durch die Angaben individualisiert ist, also von anderen Ansprüchen unterschieden werden kann. Nach anderer Ansicht muss der Kläger hingegen alle Tatsachen angeben, die zur Rechtfertigung des erhobenen Anspruchs erforderlich sind. Gegen letztere Ansicht spricht, dass die Rechtfertigung des erhobenen Anspruchs erst eine Frage der Begründetheit ist.   **96**

> *Bsp.: Verlangt der Kläger vom Beklagten Zahlung von 10.000,- €, so muss er etwa darlegen, dass diese als Rückzahlung eines Darlehens geschuldet seien. Kommen mehrere Darlehensverträge in Betracht, so muss er auch angeben, um welchen Vertrag es sich handelt. Der Kläger muss jedoch nicht darlegen, dass das Darlehen wegen Zeitablaufs oder Kündigung fällig ist.*

---

39   Vgl. Rn. 316 ff.
40   Th/P, § 254 ZPO, Rn. 6.
41   Th/P, § 253 ZPO, Rn. 12.
42   Zöller, § 253 ZPO, Rn. 12; Musielak, Rn. 57.

kaum praktische Bedeutung	In der Praxis ist dieser Meinungsstreit weitgehend ohne Bedeutung: Der Kläger gibt in der Klageschrift schon deshalb alle anspruchsbegründenden Tatsachen an, um die Zurückweisung eines verspäteten Vorbringens gem. §§ 282 I, II, 296 II ZPO zu vermeiden.[43]

97

rechtliche Qualifizierung nicht nötig	Eine rechtliche Qualifizierung des geltend gemachten Anspruchs ist in keinem Fall erforderlich; es gilt der Grundsatz „iura novit curia".

98

Da bereits durch den Antrag festgelegt ist, welche Entscheidung der Kläger begehrt, hat das Erfordernis der bestimmten Angabe des Gegenstandes gem. § 253 II Nr. 2 ZPO daneben keine Bedeutung mehr.[44]

ff) Unterschrift

Unterschriftserfordernis	Die Klageschrift muss in Anwaltsprozessen vom Anwalt, in anderen Prozessen vom Kläger eigenhändig unterschrieben sein.[45]

99

§ 130 Nr. 6 ZPO	§ 130 Nr. 6 ZPO, auf den § 253 IV ZPO verweist, enthält allerdings nur eine Soll-Vorschrift. § 130 ZPO betrifft aber unmittelbar nur sog. vorbereitende Schriftsätze.

100

vorbereitende Schriftsätze	Vorbereitende Schriftsätze sind Schriftsätze, durch welche die mündliche Verhandlung vorbereitet und ihre Durchführung erleichtert werden soll.

Bestimmende Schriftsätze	Den Gegensatz zu den vorbereitenden Schriftsätzen bilden die bestimmenden Schriftsätze. Diesen kommt unmittelbar prozessgestaltende Wirkung zu, indem sie ein Verfahren einleiten, verändern, beenden oder den Eintritt der Rechtskraft hindern.

Bei bestimmenden Schriftsätzen ist die eigenhändige Unterschrift ein als zwingend anerkanntes Gebot der Rechtssicherheit.

100a

§ 130 Nr. 6 ZPO ist insoweit als **Muss-Vorschrift** zu lesen[46]

hemmer-Methode: Allerdings genügt gem. § 130 Nr. 6 HS 2 ZPO auch die Wiedergabe der Unterschrift in Kopie.[47] Voraussetzung ist insoweit lediglich, dass das jeweilige Schriftstück dem Gericht unmittelbar übermittelt wird und zweifelsfrei erkennbar ist, von welcher Person es stammt.
Dies geschieht bei Telegramm und Fernschreiben durch die maschinenschriftliche Wiedergabe der vom Absender geleisteten Unterschrift, beim Telefax durch die Wiedergabe des Schriftbildes auf der Telekopie.
Hierin unterscheidet sich die prozessual notwendige Schriftform ganz entscheidend von der materiell-gesetzlichen Schriftform. Bei dieser genügt im Umkehrschluss zu § 127 II S. 1 BGB der Zugang einer kopierten Unterschrift gerade nicht.

---

43 Vgl. Rn. 428 ff.

44 Musielak, Rn. 61.

45 Th/P, § 129 ZPO, Rn. 6 ff.

46 Th/P, § 129 ZPO, Rn. 6 ff.

47 Der Wortlaut des § 130 Nr. 6 HS 2 ZPO beruht auf der Neufassung durch Art. 2 Nr. 1 des Gesetzes zur Anpassung der Formvorschriften des Privatrechts und anderer Vorschriften an den modernen Rechtsgeschäftsverkehr vom 13. Juli 2001 (BGBl. I S. 1542).

Die Unterschrift ist grundsätzlich Wirksamkeitserfordernis. Sie soll:

⇨ die Identifizierung des Urhebers der schriftlichen Prozesshandlung ermöglichen und　　　　　　　　　　　　　*100b*

⇨ dessen unbedingten Willen zum Ausdruck bringen, die volle Verantwortung für den Inhalt des Schriftsatzes zu übernehmen und diesen bei Gericht einzureichen.[48]

Für den Anwaltsprozess bedeutet dies, dass die Klage von einem dazu Bevollmächtigten und bei dem Prozessgericht zugelassenen Rechtsanwalt zwar nicht selbst verfasst, aber nach eigenverantwortlicher Prüfung genehmigt und unterschrieben sein muss.[49]　　*100c*

Sonderproblem: Anwaltliche Blanko-unterschrift

Ein mittels Blankounterschrift des Rechtsanwalts weisungsgemäß erstellter bestimmender Schriftsatz erfüllt die gesetzlichen Formerfordernisse nur dann, wenn der Rechtsanwalt den Inhalt des Schriftsatzes so genau festgelegt hat, dass er dessen eigenverantwortliche Prüfung bestätigen kann.

An einer solchen Festlegung fehlt es, wenn der Entwurf einer Berufungsbegründung nach stichwortartig fixierten Vorgaben des Rechtsanwalts durch einen Referendar inhaltlich überarbeitet wird, ohne dass der Rechtsanwalt die endgültige Fassung der Berufungsbegründung kennt.[50]

Kopie reicht

§ 130 Nr. 6 HS 2 ZPO fordert bei Übermittlung durch einen Telefax-Dienst (Telekopie) „die Wiedergabe der Unterschrift in der Kopie". Das Unterschriftserfordernis steht damit einer Übermittlung der Klageschrift und anderer bestimmender Schriftsätze mittels Telegramms, Fernschreibens oder Telefax nicht entgegen.[51]　　*101*

Voraussetzung ist insoweit, dass das jeweilige Schriftstück dem Gericht unmittelbar übermittelt wird und zweifelsfrei erkennbar ist, von welcher Person es stammt. Dies geschieht bei Telegramm und Fernschreiben durch die maschinenschriftliche Wiedergabe der vom Absender geleisteten Unterschrift, bei Telefax durch die Wiedergabe des Schriftbildes auf der Telekopie.

Computerfax mit eingescannter Unterschrift reicht aus

Schon vor der Erweiterung des § 130 Nr. 6 ZPO um den 2. Halbsatz hat der Gemeinsame Senat der obersten Gerichtshöfe des Bundes (GmS-OGB) am 5. April 2000 entschieden, dass in Prozessen mit Vertretungszwang bestimmende Schriftsätze formwirksam durch elektronische Übertragung einer Textdatei mit eingescannter Unterschrift auf ein Faxgerät des Gerichts durch ein sog. Computer-Fax übermittelt werden können.[52]　　*102*

Die Rechtsprechung trägt damit dem technischen Fortschritt auf dem Gebiet der Telekommunikation Rechnung, wenn sie die Übermittlung bestimmender Schriftsätze auch durch elektronische Übertragung einer Textdatei mit eingescannter Unterschrift auf ein Faxgerät des Gerichts zulässt.

Der alleinige Zweck der Schriftform, die Rechtssicherheit und insbesondere die Verlässlichkeit der Eingabe zu gewährleisten, kann auch im Falle einer derartigen elektronischen Übermittlung gewahrt werden. Die Person des Erklärenden ist in der Regel dadurch eindeutig bestimmt, dass seine Unterschrift eingescannt ist.

48　Das letztgenannte Erfordernis soll sicherstellen, dass es sich bei dem Schriftstück nicht nur um einen Entwurf handelt, sondern dass es mit Wissen und Willen des Berechtigten dem Gericht zugeleitet worden ist.

49　BGH, NJW-RR 1998, 574 f.; BGH NJW 2003, 2028.

50　Lesen Sie hierzu BGH, **Life&Law 2006, Heft 2, 95 ff.** = NJW 2005, 2709 f. **Unser Service-Angebot an Sie: kostenlos hemmer-club-Mitglied werden (www.hemmer-club.de) und Entscheidungen der Life&Law lesen und downloaden.**

51　Zöller, § 130 ZPO, Rn. 9 ff.

52　BGH, **Life&Law 2000, 626 ff.** = NJW 2000, 2340 f. = BGHZ 144, 160 ff.

Auch der Wille, einen solchen Schriftsatz dem Gericht zuzuleiten, kann in aller Regel nicht ernsthaft bezweifelt werden.

hemmer-Methode: In einem absolut nicht mehr nachvollziehbaren Urteil vom 10.10.2006 hat der BGH entschieden, dass eine eingescannte Unterschrift des Prozessbevollmächtigten in einem bestimmenden Schriftsatz nicht den Formerfordernissen des § 130 Nr. 6 ZPO genügt, wenn der Schriftsatz mit Hilfe eines normalen Faxgerätes und nicht unmittelbar aus dem Computer versandt wurde.[53]

Auf eine eigenhändige Unterzeichnung könne nur verzichtet werden, wenn die technischen Gegebenheiten einen solchen Verzicht erforderlich machen. Das sei nach Ansicht des XI. Senats nicht der Fall, wenn ein bestimmender Schriftsatz mittels eines normalen Telefaxgerätes übermittelt wird. Denn der ausgedruckt vorliegende, per Fax zu übermittelnde Schriftsatz, könne von dem Rechtsanwalt ohne weiteres unterschrieben werden. Eine technische Notwendigkeit des Verzichts auf das Unterschriftserfordernis besteht also nicht.

Die unterschiedliche rechtliche Behandlung beider Fälle - Übermittlung per Computerfax oder mit Hilfe eines normalen Faxgerätes - sei nach absolut unzutreffender Ansicht des XI. Senats des BGH auch sachlich berechtigt: Anders als bei einer eigenhändigen Unterschrift sei bei einer eingescannten Unterschrift nicht gewährleistet, dass der Rechtsanwalt die Verantwortung für die Rechtsmittelbegründungsschrift übernimmt und es sich nicht lediglich um einen vom Rechtsanwalt nicht geprüften Entwurf handelt.

Reicht auch ein Computerfax ohne eingescannte Unterschrift?

Fraglich ist aber, **ob** diese großzügige Rechtsprechung zur Wahrung der prozessualen Schriftform auch auf ein **Computerfax ohne eingescannte Unterschrift** übertragen werden kann. *102a*

Nach BGH genügt das nicht

Der BGH hat dies (wie die Vorinstanz) zu Recht abgelehnt.[54]

Würde auf das Erfordernis einer zumindest eingescannten Unterschrift verzichtet, so wäre das Unterschriftserfordernis für das Computer-Fax hinfällig, aber auch bei herkömmlich übermittelten Schriftsätzen kaum mehr zu rechtfertigen.

Hierfür spricht insbesondere auch die Neufassung des § 130 Nr. 6 HS 2 ZPO. Nach der Begründung des Regierungsentwurfs zu diesem Gesetz[55] ist eine Korrektur der Rechtsprechung zum Unterschriftserfordernis nicht beabsichtigt.

Dies sei im Hinblick auf die Entscheidung des Gemeinsamen Senats der obersten Gerichtshöfe des Bundes vom 5. April 2000 auch nicht geboten.

Der Gesetzgeber hat in der Neufassung des § 130 Nr. 6 HS 2 ZPO in Kenntnis dieser Rechtsprechung und der technischen Entwicklung für den Fall der Übermittlung eines Schriftsatzes durch ein Telefax ausdrücklich „die Wiedergabe der Unterschrift in der Kopie" verlangt.

Da die Unterschrift beim Computer-Fax ohne nennenswerte Schwierigkeiten eingescannt werden kann, besteht auch kein überzeugender Grund dafür, darauf entgegen dem Gesetzeswortlaut zu verzichten.

Elektronisches Dokument (E-Mail) wahrt nicht die für bestimmende Schriftsätze vorgeschriebene Form

Dass ein elektronisches Dokument die Form gem. § 130 ZPO nicht wahrt, folgt bereits aus der gesetzlichen Systematik. Die Vorschrift des § 130a ZPO wäre nicht erforderlich, wenn das elektronische Dokument bereits von § 130 ZPO erfasst wäre. Es handelt sich bei § 130a ZPO vielmehr um eine „Option zur Schriftform".[56]

53 Lesen Sie zu dieser Fehlentscheidung BGH, **Life&Law 2007, Heft 4, 285**.

54 BGH, **Life&Law 2005, 525 ff.** = NJW 2005, 2086 ff.

55 BT-Drucks. 14/4987, S. 23.

56 BGH, **Life&Law 2009, Heft 5, 353 f.** = NJW-RR 2009, 357.

§ 130a ZPO soll die Möglichkeit einer elektronischen Übermittlung erst begründen

Die Einreichung eines elektronischen Dokuments gilt gem. § 130a ZPO als erfolgt, sobald die für den Empfang bestimmte Einrichtung des Gerichts es aufgezeichnet hat, wobei es für die Bearbeitung durch das Gericht geeignet sein muss, § 130a I S. 1 ZPO (bei § 130 Nr. 6 ZPO ist demgegenüber der Ausdruck erforderlich, weil vorher noch keine Kopie i.S.d. § 130 Nr. 6 ZPO vorliegt).

Digitale Signatur bei bestimmenden Schriftsätzen zwingend

Gem. § 130a I S. 2 ZPO sollen Schriftsätze mit einer elektronischen Signatur versehen sein. Hierbei handelt es sich für bestimmende Schriftsätze nicht nur um eine bloße Ordnungsvorschrift, sondern um eine „Mussvorschrift".[57]

Problematisch ist, dass die Gerichte nicht per se verpflichtet sind, entsprechende Einrichtungen vorzuhalten. Der Gesetzgeber überlässt den Landesregierungen selbst die Bestimmung des Zeitpunkts, ab dem eine Einreichung in elektronischer Form möglich ist, § 130a II ZPO.

b) Soll-Inhalt

Wert des Streitgegenstandes

Hängt die sachliche Zuständigkeit des Gerichts vom Wert des Streitgegenstandes ab, §§ 23 Nr. 1, 71 I GVG, so soll dieser Wert angegeben werden, wenn der Streitgegenstand nicht in einer bestimmten Geldsumme besteht, § 253 III ZPO.

103

§ 253 IV ZPO verweist insbesondere auf die Sollvorschrift des § 130 ZPO. Soweit die dort aufgeführten Angaben nach den vorstehenden Ausführungen zwingend erforderlich sind, hat die Vorschrift keine Bedeutung.

3. Zustellung der Klageschrift

Einlauf bei Geschäftsstelle

Die bei der Einlaufstelle des Gerichts eingereichte Klageschrift gelangt zunächst zu der Geschäftsstelle, die den Vorgang verwaltungsmäßig erfasst.

104

Zustellung an Gegner v.A.w.

Anschließend wird die Klageschrift dem Beklagten durch das Gericht unverzüglich von Amts wegen zugestellt, §§ 271 I, 270 I, 166 ff. ZPO. Mit Zustellung der Klageschrift ist die Klage erhoben, § 253 I ZPO.

105

Für die Zustellung auf Betreiben, gelten die Vorschriften der §§ 166 ff. ZPO über die Zustellung von Amts wegen subsidiär, vgl. § 191 ZPO. Am häufigsten ist in der Praxis die Postzustellung gem. §§ 168 I S. 2, 176 I ZPO.

Von besonderer Examensrelevanz ist erfahrungsgemäß die Ersatzzustellung gem. §§ 178 bis 181 ZPO[58], sowie die Möglichkeit der Heilung von Zustellungsmängeln gem. § 189 ZPO.

---

57   BGH, NJW 2010, 2134 ff. = **juris**byhemmer.

58   Zur Ersatzzustellung durch Niederlegung gem. § 181 ZPO, vgl. auch BGH, **Life&Law 2001, 396** (zu § 182 ZPO a.F. ≈ § 181 ZPO n.F.)

4. Bedeutung von Anhängigkeit und Rechtshängigkeit

Unterscheide:
Anhängigkeit und Rechtshängigkeit

Der Zeitpunkt der Einreichung der Klageschrift bei Gericht wird als Anhängigkeit bezeichnet, der Zeitpunkt ihrer Zustellung an den Beklagten als Rechtshängigkeit, §§ 261 I, 253 I ZPO.   106

Rechtshängigkeit und Anhängigkeit sind sowohl in materiell-rechtlicher als auch in prozessrechtlicher Hinsicht von entscheidender Bedeutung.

a) Materiell-rechtliche Wirkungen der Rechtshängigkeit

Rechtshängigkeit ⇨ Klageerhebung

Das materielle Recht knüpft in zahlreichen Vorschriften besondere Rechtsfolgen an den Zeitpunkt der Rechtshängigkeit. § 262 ZPO stellt klar, dass dieser Zeitpunkt nach den prozessrechtlichen Vorschriften bestimmt wird, also regelmäßig auf den Zeitpunkt der Klageerhebung abzustellen ist.   107

Bedeutung

Wichtige Vorschriften im materiellen Recht sind die §§ 204 I Nr. 1, 286 I S. 2, 291, 292, 818 IV, 864 I, 987, 989, 994 II, 996, 2023 BGB.   108

Verjährung, § 204 I Nr. 1 BGB

Eine Besonderheit gilt hinsichtlich der Hemmung der Verjährung, für die § 204 I Nr. 1BGB grundsätzlich auf den Zeitpunkt der Rechtshängigkeit bzw. auf die Zustellung des Mahnbescheids (§ 204 I Nr. 3 BGB) abstellt.   109

Der Anspruch, den der Kläger/Anspruchssteller vor Eintritt der Verjährung durch Klageeinreichung/Mahnbescheidsverfahren geltend macht, könnte danach zum Zeitpunkt der Zustellung bereits verjährt sein. Dieses Ergebnis wäre unbillig, weil der Kläger auf die Zeitspanne zwischen Einreichung und Zustellung der Klageschrift/des Mahnbescheids nur bedingt Einfluss nehmen kann und außerdem Fristen bis zum letzten Tag ausschöpfen darf.

Vorverlagerung, § 167 ZPO	Hier kommt dem Kläger die Regelung in § 167 ZPO zugute, wonach die Wirkung der Zustellung auf den Zeitpunkt der Einreichung der Klageschrift, also auf die Anhängigkeit vorverlegt wird.[59] **110**
Grund: *Einflusssphäre*	Die Vorschrift soll nur die Nachteile vermeiden, die dem Kläger ohne eine solche Vorverlegung durch Verzögerungen im Zustellbetrieb der Gerichte drohen würden. **111**

Die Zustellung erfolgt daher **nicht „demnächst" i.S.v. § 167 ZPO**, wenn

1.) der Kläger durch sein nachlässiges Verhalten zu einer

2.) nicht nur ganz geringfügigen Verzögerung der Zustellung beigetragen hat.

> **hemmer-Methode: Beide Voraussetzungen müssen kumulativ vorliegen, damit eine Zustellung nicht mehr demnächst i.S.d. § 167 ZPO erfolgt.**

> ***Bsp.:*** *Die fehlende Unterzeichnung der Klageschrift hat als echte Prozessvoraussetzung zur Folge, dass die Klageschrift nicht zugestellt werden darf.[60] Das Gericht wird den Kläger auf das Fehlen der Unterschrift hinweisen und ihm Gelegenheit geben, diese nachzuholen. Die dadurch verursachte Verzögerung der Zustellung kann zu Lasten des Klägers gehen, wenn sie nicht ganz unerheblich ist. Ein weiterer Fall der vom Kläger verschuldeten Verzögerung ist die Nichtzahlung des geforderten Gerichtskostenvorschusses, § 12 I S. 1 GKG.*

Fehler des Gerichts gehen grds. nicht zu Lasten des Klägers	Verzögerungen im Zustellungsverfahren, die durch eine fehlerhafte Sachbearbeitung des Gerichts verursacht sind, sind dem Kläger grundsätzlich nicht zuzurechnen.
	Hat dieser alle von ihm geforderten Mitwirkungshandlungen für eine ordnungsgemäße Klagezustellung erbracht, so sind er und sein Prozessbevollmächtigter im Weiteren nicht mehr gehalten, das gerichtliche Vorgehen zu kontrollieren und durch Nachfragen auf die beschleunigte Zustellung hinzuwirken.
Fehlender Gerichtskostenvorschuss	Etwas anderes gilt dann, wenn das Gericht den Gerichtskostenvorschuss nicht anfordert und der Kläger eine längere Zeit verstreichen lässt, ohne sich nach den Umständen zu erkundigen. Die Zustellung erfolgt dann nicht mehr demnächst.
Ungenügende Angaben	Gleiches kann bei Zustellung des Mahnbescheids gelten, wenn der Antragsteller zunächst keine vollständigen Angaben macht und es zu einer längeren Verzögerung kommt, ohne dass sich der Antragsteller nach den Gründen der Verzögerung erkundigt.[61]
Verzögerung bis vierzehn Tage	Eine nicht nur ganz geringfügige Verzögerung liegt nach ständiger Rechtsprechung in der Regel vor, wenn die Zustellung um mehr als zwei Wochen verzögert wurde. Zur Berechnung dieser Verzögerung ist auf den Zeitpunkt des Fristablaufs, nicht auf den der Einreichung der Klageschrift/des Mahnantrages abzustellen. **112**
Bei Mahnbescheid ein Monat	Mittlerweile hat der BGH seine Rechtsprechung zumindest im Hinblick auf die Zustellung eines Mahnbescheides geändert. Wegen der Wertung des § 691 II ZPO soll eine Zustellung „demnächst" immer dann vorliegen, wenn innerhalb eines Monats richtig zugestellt wird.[62]

---

59   Th/P, § 167 ZPO, Rn. 10 ff.

60   Vgl. Rn. 231.

61   Vgl. hierzu zuletzt BGH, **Life&Law 2006, Heft 11, 753 ff.** = NJW 2006, 3206 ff.

62   BGH, **Life&Law 2002, 740 ff.**

Bei der Berechnung der Zeitdauer der Verzögerung ist auf die Zeitspanne abzustellen, um die sich der ohnehin erforderliche Zeitraum für die Zustellung der Klage als Folge der Nachlässigkeit des Klägers verzögert.[63]

enger Anwendungsbereich

§ 167 ZPO ist eine eng begrenzte Ausnahmevorschrift und kann deshalb auf andere Wirkungen der Rechtshängigkeit nicht entsprechend angewendet werden.   *113*

b) Prozessrechtliche Wirkungen der Rechtshängigkeit

aa) Prozesshindernis, § 261 III Nr. 1 ZPO

Prozesshindernis

Während der Dauer der Rechtshängigkeit kann eine Klage mit demselben Streitgegenstand nicht nochmals erhoben werden, § 261 III Nr. 1 ZPO. Eine trotzdem erhobene Klage muss als unzulässig abgewiesen werden. Die fehlende anderweitige Rechtshängigkeit ist also in späteren Verfahren eine negative Prozessvoraussetzung.[64]   *114*

bb) Fortdauer der Zuständigkeit, § 261 III Nr. 2 ZPO

perpetuatio fori

Das sachlich und örtlich zuständige Gericht bleibt zuständig, wenn sich die zuständigkeitsbegründenden Umstände nach Rechtshängigkeit verändern, § 261 III Nr. 2 ZPO, sog. „perpetuatio fori".   *115*

anders: Änderung des Streitgegenstands, bzw. vor AG, § 506 ZPO

Dies gilt jedoch nur, solange der Streitgegenstand identisch bleibt. Klageänderung oder Widerklage können also trotz § 261 III Nr. 2 ZPO zur Unzuständigkeit des Gerichts führen.[65] Eine Ausnahme gilt ferner für Verfahren vor den Amtsgerichten, § 506 ZPO.   *116*

III. Streitgegenstand

Klageerhebung determinierend

Mit Erhebung der Klage steht der Streitgegenstand fest, von dem bereits an mehreren Stellen die Rede gewesen ist. Wie dieser Streitgegenstand im Einzelfall zu bestimmen ist, soll nun geklärt werden.   *117*

Allgemein:
„Gegenstand eines gerichtlichen Verfahrens"

Der Gegenstand eines gerichtlichen Verfahrens wird im Zivilprozess als Streitgegenstand bezeichnet. Auch üblich ist die Bezeichnung als „prozessualer" Anspruch (§§ 253 II, 260, 306 f., 322 I ZPO), der jedoch keinesfalls mit dem des materiell-rechtlichen Anspruchs i.S.d. § 194 I BGB verwechselt werden darf.   *118*

1. Bedeutung des Streitgegenstandes in der Fallbearbeitung

Bedeutung für Fallbearbeitung

Zunächst soll verdeutlicht werden, an welchen verschiedenen Stationen der Fallbearbeitung die Frage nach dem Streitgegenstand erheblich werden kann: *119*

– Zulässigkeit der Klage

a) Im Rahmen der **Zulässigkeit der Klage** beim Rechtsweg, bei der Zuständigkeit des Gerichts (insbesondere bei der Frage des Streitwertes, § 2 ZPO) und insbesondere bei der Frage nach der anderweitigen Rechtshängigkeit, § 261 III Nr. 1 ZPO, bzw. im Rahmen der materiellen Rechtskraft (§ 322 I ZPO), die einem neuen Prozess entgegensteht, soweit bereits über den durch Klage oder Widerklage erhobenen prozessualen Anspruch entschieden worden ist.

---

63   **BGH, Life&Law 2011, Heft 6, 395 ff.** = BGH, NJW 2011, 1227 ff. = **juris**byhemmer.

64   Vgl. Rn. 233 f.

65   Vgl. auch Rn. 150.

– Klagehäufung

b) Im Rahmen einer **objektiven Klagehäufung (§ 260 ZPO)**, wenn mehrere Streitgegenstände in einem einheitlichen Verfahren verbunden werden sollen.

– Klageänderung

c) I.R.e. **Klageänderung (§§ 263 f. ZPO)**, wenn anstelle eines rechtshängigen prozessualen Anspruchs ein anderer erhoben wird.

2. Bestimmung des Streitgegenstandes[66]

a) Bei Leistungsklagen und Gestaltungsklagen

> *Fall: A klagt gegen B auf Schadensersatz nach §§ 280 I, II, 286 BGB. Die Klage wird jedoch mangels Verzugseintritts rechtskräftig abgewiesen. Ist eine zweite Klage des A auf Schadensersatz mit der Begründung zulässig, die erforderliche Mahnung habe schon vor dem ersten Prozess vorgelegen?*

drei Theorien

Eine zweite Klage wäre wegen entgegenstehender Rechtskraft gem. § 322 I ZPO schon unzulässig, wenn es sich um denselben Streitgegenstand handelte, vgl. Rn. 119. Zur Bestimmung des Streitgegenstandes werden im wesentlichen drei Theorien vertreten:[67]   **120**

– eingliedriger SG-Begriff: Antrag

(1) Die **Theorie vom eingliedrigen Streitgegenstandsbegriff** lässt nur den Inhalt des Klageantrags maßgebend sein. Demnach läge im Fall derselbe Streitgegenstand vor, da der Klageantrag in beiden Fällen auf Zahlung einer bestimmten Summe lautet.   **121**

Die Schwäche dieser Theorie besteht jedoch darin, dass ein gleichlautender Antrag bei Leistungsklagen in aller Regel vorliegt.

Damit würden selbst zwei Rückzahlungsansprüche aus zwei miteinander in keinerlei Verbindung stehenden Darlehensverträgen einen (!) Streitgegenstand bilden, obwohl es sich nur rein zufällig um dieselben Anspruchsgrundlagen handelt.

Dementsprechend soll der vorgetragene Lebenssachverhalt auch der Individualisierung des Klageantrags dienen, nicht aber sein Bestimmungselement sein. Das widerspricht jedoch dem Wortlaut des § 253 II Nr. 2 ZPO, der zur Bestimmung des Klageantrags in der Klageschrift auch den „Grund des erhobenen Anspruchs" verlangt.

– zweigliedriger SG-Begriff: Antrag + Lebenssachverhalt

(2) Überzeugender ist deshalb die **Theorie vom zweigliedrigen Streitgegenstandsbegriff**, wonach für seine Bestimmung   **122**

⇨ sowohl der vom Kläger in der Klageschrift gestellte **Antrag**,

⇨ als auch der hierzu vorgetragene **Lebenssachverhalt** maßgebend ist.

Ein identischer Lebenssachverhalt liegt danach dann vor, wenn die einzelnen Tatsachen, die einen Antrag rechtfertigen sollen, einen einheitlichen Lebensvorgang darstellen, was unter Zugrundelegung der Verkehrsauffassung und der natürlichen Betrachtungsweise zu beurteilen ist. Dies wäre im Fall ohne Zweifel zu bejahen.

– materiell-rechtliche Theorie

(3) Vereinzelt wird das Streitgegenstandsproblem vom prozessualen in den materiell-rechtlichen Bereich verlagert: Danach soll zwar der Streitgegenstand mit dem materiellen Anspruch identisch sein. Ein materieller Anspruch soll dann aber auf mehrere Anspruchsgrundlagen gestützt werden können (z.B. § 280 I BGB und § 823 I BGB aufgrund ein und desselben schädigenden Verhaltens).   **123**

---

66   Vgl. dazu JuS 1992, 680 ff.

67   Guter Überblick bei Musielak, Rn. 126-129.

Dagegen und für die Selbstständigkeit einzelner konkurrierender Anspruchsgrundlagen spricht aber, dass es nicht einzusehen ist, wie ein und derselbe materiell-rechtliche Anspruch z.B. verschiedenen Verjährungsregeln unterworfen sein kann. Zudem bringt sie keine Vorteile gegenüber oben (2), da auch sie auf die Heranziehung des den Anspruchsgrundlagen zugrundeliegenden Lebenssachverhalts nicht verzichten kann.

Lebenssachverhalt bei „Kaufpreis- forderung + Wechsel"

Schwierig kann jedoch auch bei Anwendung des herrschenden zweigliedrigen Streitgegenstandsbegriffs bisweilen die Frage nach dem Lebenssachverhalt sein:

124

> *Fall: A verklagt B auf Zahlung und beruft sich dabei auf einen Anspruch auf Kaufpreiszahlung und auf einen erfüllungshalber für die Kaufpreisfor- derung gegebenen Wechsel. Liegen zwei Streitgegenstände und damit eine objektive Klagehäufung (§ 260 ZPO) vor, wenn*
>
> *a) Abschluss des Kaufvertrags und Begebung des Wechsels im Abstand von drei Monaten erfolgt sind?*
>
> *b) beides unmittelbar hintereinander geschehen ist?*

Bei Variante a) kann man noch problemlos von verschiedenen Lebens- sachverhalten sprechen. Schwer fällt dies wegen des engen räumlich- zeitlichen Zusammenhangs aber in Variante b). Es empfiehlt sich somit von einem einheitlichen Lebenssachverhalt nur dort zu sprechen, wo die zur Begründung einer Anspruchsgrundlage vorgetragenen Tatsachen auch zur Begründung einer anderen Anspruchsgrundlage dienen.[68]

Im obigen Beispielsfall kann A jedoch entweder Tatsachen vortragen, die zur Begründung eines Kaufpreisanspruchs dienen oder alternativ andere Tatsachen, die eine Wechselforderung begründen. Es liegen dann sozu- sagen zwei ihrem ganzen Sinngehalt nach unterschiedliche Lebenssach- verhalte vor.

Im Fall handelt es sich also in beiden Varianten um eine objektive Klage- häufung.

Das Gleiche gilt, falls statt eines Wechsels ein Scheck oder ein abs- traktes Schuldanerkenntnis i.S.d. §§ 780 f. BGB vorliegt.

hemmer-Methode: Auf all dies ist natürlich nur einzugehen, wenn es sich nicht schon um zwei inhaltlich verschiedene Anträge handelt. Dann liegen unstreitig auch zwei verschiedene Streitgegenstände vor, ohne dass die Frage des Lebenssachverhalts überhaupt aufzuwerfen ist. Bsp.: Zahlungsantrag und Herausgabeantrag.

Dasselbe gilt auch, wenn sich die Anträge schon deswegen unter- scheiden, weil es sich um verschiedene Rechtsschutzformen han- delt, mag auch die natürliche Betrachtungsweise zu einem einheitli- chen Lebenssachverhalt führen. Beispiel: Die Umstellung von einem Feststellungsantrag, dass der Kaufvertrag wirksam abgeschlossen worden ist, auf einen Leistungsantrag hinsichtlich einer darauf beru- henden Kaufpreisforderung, ist eine Klageänderung gem. § 263 ZPO.

b) Besonderheit bei Feststellungsklagen

Antrag allein entscheidend

Wird Klage auf Feststellung des Bestehens oder Nichtbestehens eines absoluten Rechts erhoben, so bestimmt sich der Streitgegen- stand allein nach dem Antrag (z.B. Eigentum an einer bestimmten Sache).[69]

125

---

68 Th/P, Einl. II, Rn. 32; Arens, Rn. 163.

69 Zöller, Einl., Rn. 77.

Aus dem zugrundeliegenden Lebenssachverhalt kann sich nur der Erwerbsgrund ergeben (Ersitzung, Erbschaft, etc.), der die Art des festzustellenden Rechts nicht berührt. Das Eigentum des Klägers ist in dem einen oder anderen Fall kein verschiedenes.

IV. Vorbereitung des Haupttermins

hemmer-Methode: Im Referendarexamen wird diese Phase des Verfahrens kaum Gegenstand von Klausuren sein, da stets unstreitige Sachverhalte ausgegeben werden.
Dann aber erschöpft sich die Fallbearbeitung in der Erörterung von Rechtsfragen. Nutzen Sie trotzdem die Gelegenheit, sich einen kurzen Überblick zu verschaffen für den Fall, dass Sie in der mündlichen Prüfung einem langjährigen Praktiker begegnen.

zwei Alternativen:

Neben der Zustellung der Klageschrift an den Beklagten nach § 271 I, II ZPO ist der weitere Verfahrensverlauf davon abhängig, für welche der beiden in § 272 II ZPO genannten Alternativen sich der Vorsitzende zur umfassenden Vorbereitung des Termins zur mündlichen Verhandlung (§ 272 I ZPO) entscheidet. Zur Auswahl stehen Bestimmung eines frühen ersten Termins zur mündlichen Verhandlung nach § 275 ZPO oder Veranlassung eines schriftlichen Vorverfahrens nach § 276 ZPO. Der Gesetzgeber hat diese beiden Möglichkeiten aus Gründen der Verfahrensbeschleunigung in die ZPO aufgenommen.   **126**

je nach Lage des Einzelfalls

Dabei wird sich ein früher erster Termin für die Klärung bloßer Rechtsfragen und für solche Sachverhalte anbieten, in denen gerade eine mündliche Verhandlung zur weiteren Sachverhaltsaufklärung hilfreich erscheint.   **127**

Zudem kann der Sachverhalt auch Anhaltspunkte für die Möglichkeit einer gütlichen Einigung ergeben oder es sich im Parteienprozess vor dem Amtsgericht um schriftlich ungewandte Parteien handeln. Häufig empfiehlt sich, den frühen ersten Termin bereits als Haupttermin i.S.v. § 278 ZPO anzuberaumen, wenn die Sache in einem einzigen Termin zur Entscheidungsreife gebracht werden kann.

1. Früher erster Termin, § 275 ZPO

früher erster Termin, § 275 ZPO

Hat sich der Vorsitzende für einen frühen ersten Termin entschieden, so erfolgt unverzügliche Terminbestimmung auf den frühesten Zeitpunkt, der möglich ist, §§ 216 II, 272 III ZPO.   **128**

Nach § 274 II ZPO ist dabei der Beklagte gleichzeitig mit Zustellung der Klageschrift zu laden. Zudem wird dem Beklagten eine Frist zur Klageerwiderung gesetzt, oder er wird aufgefordert, etwaige Verteidigungsmittel unverzüglich mitzuteilen, § 275 I S. 1 u. 2 ZPO. Im Fall des § 275 I S. 1 ZPO kann dem Kläger zudem eine Frist zur schriftlichen Stellungnahme auf die Klageerwiderung gem. § 275 IV ZPO gesetzt werden.

Die Klageerwiderung kann Anlass sein, bisher unterbliebene vorbereitende Maßnahmen nach § 273 ZPO zu ergreifen.

Das Gericht kann einen Beweisbeschluss sogar schon vor der mündlichen Verhandlung erlassen und ausführen, vgl. § 358a ZPO.

2. Schriftliches Vorverfahren, § 276 ZPO

schriftliches Vorverfahren

Beim schriftlichen Vorverfahren wird der Beklagte zur Anzeige der Verteidigungsbereitschaft binnen einer Notfrist von zwei Wochen nach Zustellung der Klageschrift aufgefordert und ihm eine Frist von mindestens weiteren zwei Wochen zur Klageerwiderung gesetzt, § 276 I S. 1 u. 2 ZPO.

129

Wenn der Beklagte auf die Klage erwidert, so kann dem Kläger eine Frist zur schriftlichen Stellungnahme auf die Klageerwiderung gesetzt werden, § 276 III ZPO. Darüber hinaus erfolgt unverzügliche Terminbestimmung, § 216 II ZPO.

evtl. Versäumnisurteil (§ 331 III ZPO) oder Anerkenntnisurteil (§ 307 II ZPO)

Zeigt der Beklagte allerdings nicht innerhalb der Notfrist seine Verteidigungsbereitschaft an, wird auf Antrag des Klägers ein **Versäumnisurteil** erlassen, wenn die Voraussetzungen dafür erfüllt sind, **§ 331 III ZPO**.[70] In dieser Phase des Verfahrens besteht ferner die Möglichkeit eines **Anerkenntnisurteils**, **§ 307 II ZPO**.

V. Haupttermin

hemmer-Methode: Auch aus diesem Verfahrensstadium dürften Ihnen im Referendarexamen keine Klausurfälle begegnen. Ein kurzer Überblick mag aber auch hier für eine mündliche Prüfung von Nutzen sein.

1. Güteverhandlung

Güteversuch, § 278 ZPO

Der mündlichen Verhandlung soll ein Güteversuch vorausgehen, um eine gütliche Beilegung des Streites zu fördern, § 278 II S. 1. Hierdurch wird die Verpflichtung des Gerichts gem. § 278 I ZPO, in jeder Lage des Verfahrens eine gütliche Einigung zu fördern, institutionalisiert.

130

Eine Güteverhandlung braucht nur dann nicht stattzufinden, wenn ein außergerichtlicher Versuch bereits fehlgeschlagen ist oder eine Güteverhandlung erkennbar aussichtslos erscheint, § 278 I S. 1 HS 2 ZPO.

Zu der Güteverhandlung soll das persönliche Erscheinen der Parteien angeordnet werden, § 278 III S. 1 ZPO. Folgen beide Parteien dieser Anordnung nicht, wird das Ruhen des Verfahrens angeordnet, § 278 IV ZPO.

2. Aufruf zur Sache und mündliche Verhandlung, §§ 220 I, 279 ZPO

Ist der Güteversuch gescheitert, soll sich die mündliche Verhandlung unmittelbar anschließen oder andernfalls ist unverzüglich ein Termin zu bestimmen, § 279 I ZPO. Dabei wird nach Aufruf zur Sache und – soweit noch nicht in der Güteverhandlung erfolgter - Einführung in den Sach- und Streitstand zunächst geklärt, was in der Hauptverhandlung noch bewältigt werden muss. Streitiges wird von Unstreitigem getrennt; das Gericht wird mit den Parteien den Sachverhalt unter tatsächlichen und rechtlichen Gesichtspunkten erörtern.

130a

Es wird dahin wirken, dass die Parteien sich rechtzeitig und vollständig zu allen erheblichen Tatsachen erklären und dass sie sachdienliche Anträge stellen, § 139 I ZPO. Dabei kommt mit der Neufassung der ZPO dem Gericht eine deutlich umfassende Pflicht zur materiellen Prozessleitung zu.[71]

---

70   Vgl. Rn. 387 ff.
71   Vgl. B/L/A/H § 139 ZPO, Rn. 20 ff.

3. Streitige Verhandlung und anschließende Beweisaufnahme, § 279 II ZPO

Antragstellung, streitige Verhandlung

Mit dem Stellen der Sachanträge durch die Prozessparteien gem. § 137 I ZPO beginnt die eigentliche streitige Verhandlung. Der Vorsitzende, der die mündliche Verhandlung leitet, § 136 I ZPO, hat dabei für eine erschöpfende Erörterung der Sache zu sorgen, § 136 III ZPO.

131

Die anschließende sofortige Beweisaufnahme erfolgt in der Regel durch das Prozessgericht selbst, § 355 ZPO.

4. Entscheidungsreife

Stuhlurteil oder Verkündungstermin

Bei Entscheidungsreife des Rechtsstreits, § 300 I ZPO, wird die mündliche Verhandlung vom Vorsitzenden geschlossen, § 136 IV ZPO. Das Urteil wird noch im selben Termin, sog. „Stuhlurteil", oder in einem sofort anzuberaumenden Verkündungstermin verkündet, § 310 ZPO.

132

Tritt Entscheidungsreife bereits in einem frühen ersten Termin nach § 275 I ZPO ein, so ist er mit dem Haupttermin nach § 279 ZPO gleichzusetzen; demzufolge können auch schon dort Anträge gestellt werden.

133

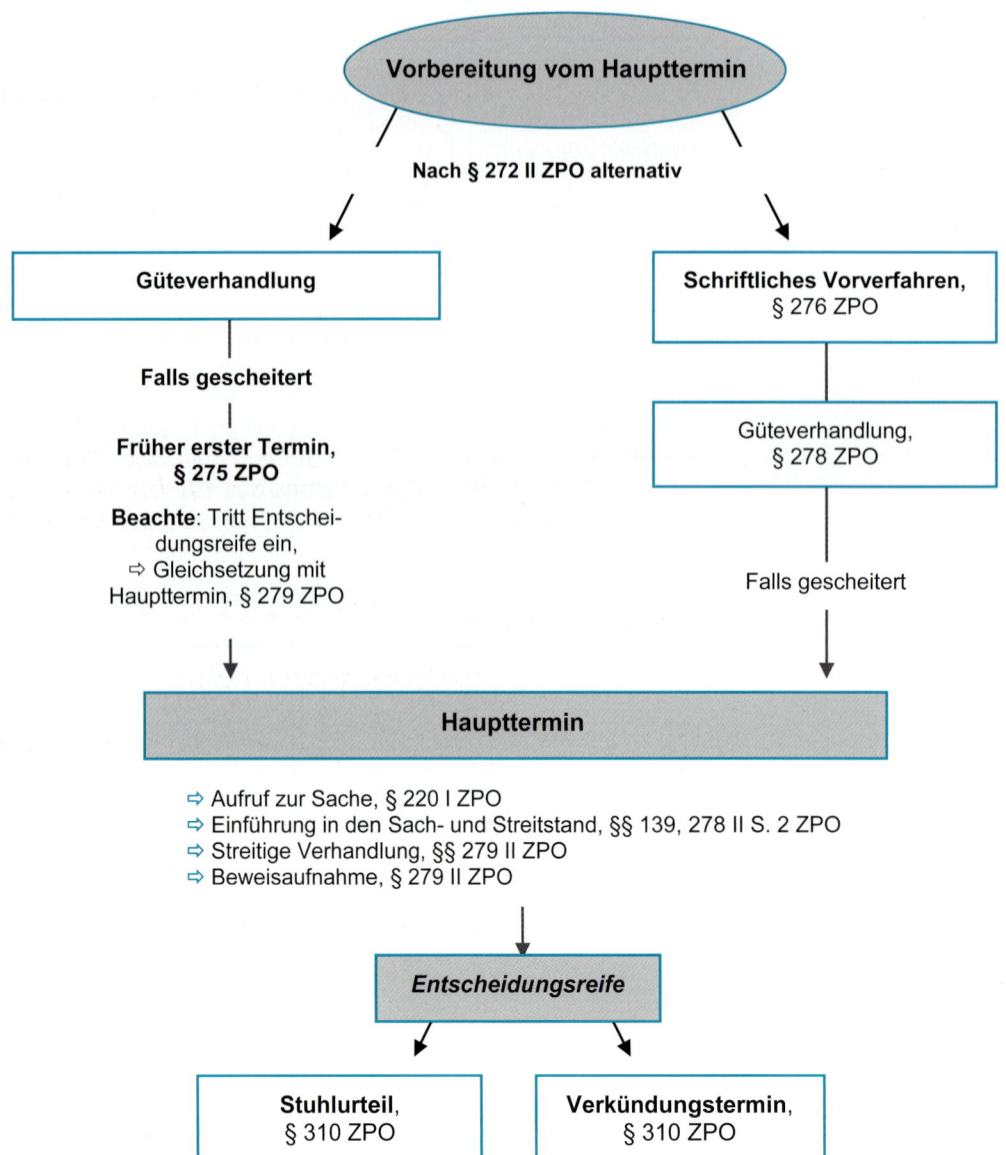

VI. Entscheidung, Rechtsbehelfe und Zwangsvollstreckung

1. Entscheidung

Pflicht zur Entscheidung

Der Grundsatz der richterlichen Entscheidungspflicht ist Folge des grundgesetzlich garantierten Anspruchs des Bürgers gegen den Staat auf Ausübung der Rechtspflege, des sog. Justizgewährungsanspruchs.

134

hemmer-Methode: Das Verfahrensstadium der Entscheidung eignet sich neben dem Rechtsmittelverfahren am besten für einen Klausurfall im Ersten Staatsexamen, da sich dort hervorragend prozessuale und materielle Rechtsprobleme verbinden lassen. Ist in einer Examensklausur nach der vom Gericht zu treffenden Entscheidung gefragt, so ist zu prüfen, ob die Klage zulässig und begründet ist.
Zentraler Prüfungspunkt des Prozessrechts ist dabei die Zulässigkeit einer Klage, der im Folgenden ein eigener Abschnitt gewidmet ist. Im Rahmen der Begründetheit ist dann zu prüfen, ob der vom Kläger geltend gemachte Anspruch besteht oder nicht.

2. Rechtsbehelfe

Überprüfung im Rechtsbehelfsverfahren

Durch Einrichtung von Rechtsbehelfen hat der Gesetzgeber dem Einzelnen die Möglichkeit gegeben, möglicherweise unrichtige Entscheidungen überprüfen zu lassen.[72]

135

3. Zwangsvollstreckung

zwangsweise Durchsetzung des Anspruchs

Das Zwangsvollstreckungsverfahren hat die Aufgabe, Leistungsansprüche zwangsweise mit staatlichen Hilfsmitteln durchzusetzen, falls die unterlegene Partei dem Urteil nicht freiwillig Folge leistet, vgl. Skript ZPO II.

136

---

72 Vgl. Rn. 568 ff.

§ 3 DIE ZULÄSSIGKEIT DER KLAGE

I. Allgemeines

Zulässigkeit erster Prüfungspunkt

Bevor das Gericht über die Begründetheit einer Klage entscheidet, also über das Bestehen des vom Kläger geltend gemachten prozessualen Anspruchs, muss es prüfen, ob die Klage zulässig ist, ob also die Prozessvoraussetzungen vorliegen. **137**

Über die Zulässigkeit der Klage kann gem. § 280 ZPO auch abgesondert verhandelt und durch Zwischenurteil entschieden werden.[73]

> **hemmer-Methode:** Insbesondere die Prüfung der Zulässigkeit einer Klage bietet sich im Ersten Staatsexamen als prozessualer Bestandteil einer Klausur an. Eine Zulässigkeitsprüfung kann zum einen im Rahmen eines „prozessualen Anhangs" erforderlich sein. In diesen Fällen ist es nicht entscheidend, ob die Zulässigkeit im Ergebnis bejaht wird oder nicht. Ist jedoch nach den Erfolgsaussichten einer Klage gefragt, sind also Zulässigkeit und Begründetheit einer Klage zu prüfen, so gilt wie bei öffentlich-rechtlichen Klausuren: Die Klage wird in der Regel nach dem Willen des Klausurerstellers grundsätzlich nicht an der Zulässigkeit scheitern, da andernfalls die Begründetheitsprüfung in ein Hilfsgutachten verlagert würde.

1. Unterscheidung zwischen „echten" und „unechten" Prozessvoraussetzungen[74]

echte Prozessvoraussetzungen

Bereits nach Einreichung einer Klageschrift bei Gericht können so schwerwiegende Gründe zutage treten, dass jeder weitere Fortgang des Verfahrens als überflüssig erscheint. In diesen Fällen des **Fehlens einer echten Prozessvoraussetzung** (deutsche Gerichtsbarkeit, wirksame Klageerhebung, offensichtliche Partei- oder Prozessunfähigkeit, fehlende Zahlung des Gerichtskostenvorschusses, § 12 I S. 1 GKG), **darf** die **Klageschrift** dem Beklagten schon **nicht zugestellt und kein Termin anberaumt werden**, mit der Folge, dass es zu einem Prozess im eigentlichen Sinne gar nicht kommt. **138**

> **hemmer-Methode:** Es ergeht eine sog. a limine[75] - Abweisung d. Klage.

unechte Prozessvoraussetzung

Fehlt es dagegen an einer der übrigen, **unechten Prozessvoraussetzungen**, findet das Verfahren zunächst den oben dargestellten Fortgang. Allerdings kommt dann eine Abweisung der Klage als unzulässig ohne Einstieg in die Begründetheitsprüfung in Betracht. Das Urteil, durch das eine **Klage als unzulässig abgewiesen** wird, wird als **Prozessurteil** (im Gegensatz zum Sachurteil) bezeichnet.[76] Für die unechten Prozessvoraussetzungen üblich ist deshalb auch der Begriff der Sachurteilsvoraussetzungen. **139**

2. Unterscheidung zwischen Prozessvoraussetzungen und Prozesshindernissen

Prozessvoraussetzungen v.A.w. zu prüfen

Die Prozessvoraussetzungen, die spätestens zum Schluss der mündlichen Verhandlung (arg.: allgemeiner Grundsatz in § 296a ZPO) vorliegen müssen, sind in jeder Lage des Verfahrens von Amts wegen zu prüfen. **140**

---

73   Vgl. Rn. 144a.

74   Musielak, Rn. 98.

75   Latein; auf Deutsch heißt dies „an der Schwelle", „an der Schranke".

76   Th/P, vor § 300 ZPO, Rn. 5.

Das wird zwar ausdrücklich in § 56 I ZPO nur für einige Prozessvoraussetzungen angeordnet, gilt aber auch darüber hinaus für alle anderen, da deren Einhaltung im öffentlichen Interesse geboten ist.[77]

hemmer-Methode: Der Grundsatz der Amtsprüfung darf nicht mit dem im Verwaltungsprozess geltenden Untersuchungsgrundsatz verwechselt werden. Im Rahmen der Zulässigkeitsprüfung im Zivilprozess beschränkt sich die Tätigkeit des Gerichts darauf, die gegen die Zulässigkeit sprechenden Tatsachen in den Prozess einzuführen, auf Bedenken aufmerksam zu machen und die Parteien zur Nachweisbeschaffung aufzufordern. Im Übrigen gilt der Verhandlungsgrundsatz, vgl. Rn. 16 ff.

Prozesshindernisse nur auf Rüge

Als Prozesshindernisse werden demgegenüber Zulässigkeitsvoraussetzungen bezeichnet, die nur im Interesse einer Partei liegen und nur auf deren Rüge hin zu beachten sind, vgl. §§ 282 III, 296 III ZPO:[78]

141

> ⇨ Einrede mangelnder Sicherheit wegen der Prozesskosten, § 110 ZPO mit der Folge des § 113 ZPO
>
> ⇨ Einrede mangelnder Kostenerstattung bei vorheriger Klagerücknahme, § 269 VI ZPO
>
> ⇨ Einrede der Schiedsgerichtsklausel, § 1032 ZPO
>
> ⇨ Einrede des Klagerücknahmeversprechens (vgl. Rn. 272 und Rn. 314)

3. Prüfung der Zulässigkeit

a) Prüfungsreihenfolge innerhalb der Prozessvoraussetzungen

keine strikte Prüfungsreihenfolge

Bei der Prüfung der einzelnen Prozessvoraussetzungen ist eine zwingende Reihenfolge nicht einzuhalten.

142

hemmer-Methode: Demonstrieren Sie bei Prüfung der Zulässigkeit Problembewusstsein und sprechen Sie wirklich nur die Prozessvoraussetzungen an, über deren Vorliegen dem Sachverhalt nach ernsthaft gezweifelt werden kann. Ein geistloses Herunterbeten der gesamten Litanei verärgert den Korrektor!

b) Prüfungsvorrang der Prozessvoraussetzungen?

Zulässigkeit vor Begründetheit

Nach ganz h.M. darf ein Sachurteil über Fragen der Begründetheit erst ergehen, wenn zuvor die Zulässigkeit geprüft und bejaht worden ist.[79] Eine Abweisung als „jedenfalls unbegründet" ist wegen der unterschiedlichen Rechtskraftwirkung[80] verfahrensfehlerhaft.[81]

143

Ausnahme: offensichtliche Unbegründetheit und fragliches RSB

Eine Ausnahme wird allerdings beim Rechtsschutzbedürfnis zugelassen, falls dieses sehr zweifelhaft erscheint, die Unbegründetheit der Klage aber offensichtlich ist. Das Erfordernis eines Rechtsschutzbedürfnisses soll nämlich die Arbeitsbelastung der Gerichte gerade mindern.

144

---

77 Th/P, vor § 253 ZPO, Rn. 10, 12; vgl. dazu bereits Rn. 31!
78 Th/P, vor § 253 ZPO, Rn. 10.
79 Th/P, vor § 253 ZPO, Rn. 8.
80 Vgl. dazu Rn. 530 ff.
81 Vgl. BGH, NJW 2000, 3718.

Es wäre deshalb widersinnig, auf einer langwierigen Prüfung zu bestehen, wenn ohnehin feststeht, dass die Klage unbegründet ist.

In diesen Fällen darf also dahingestellt bleiben, ob das Rechtsschutzbedürfnis vorliegt. Die Klage ist als unbegründet abzuweisen.[82]

> **hemmer-Methode:** Im Übrigen ist der Prüfungsvorrang stets zu beachten. Dies gilt insbesondere bei klageabweisenden Urteilen, da sich die materielle Rechtskraft eines Prozessurteils auf den konkreten Zulässigkeitsmangel, aufgrund dessen die Klage als unzulässig abgewiesen wurde, beschränkt. Die materielle Rechtskraft eines klageabweisenden Sachurteils würde aber auch Fragen der Begründetheit umfassen, vgl. Rn. 534 ff.

c) Entscheidung über die Zulässigkeit

Zwischen-, Prozess- oder Sachurteil

Über die Zulässigkeit der Klage kann nach einer abgesonderten Verhandlung durch selbstständig anfechtbares Zwischenurteil gem. § 280 I, II ZPO oder in den Gründen des Endurteils entschieden werden.   *144a*

Hält das Gericht die Klage für unzulässig, weist es sie in Form eines sog. Prozessurteils ab. Dieses stellt auch hinsichtlich der Rechtsmittel ein Endurteil dar. Anderenfalls entscheidet es über die Zulässigkeit der Klage erst im Rahmen eines auch über die Begründetheit des Anspruchs entscheidenden Sachurteils.   *145*

II. Gerichtsbezogene Prozessvoraussetzungen

1. Deutsche Gerichtsbarkeit

dt. Gerichtsbarkeit, §§ 18 ff. GVG, regelmäßig unproblematisch

Die deutsche Gerichtsbarkeit ist in §§ 18 - 20 GVG geregelt und erfasst grundsätzlich alle Personen, die sich auf deutschem Staatsgebiet befinden (Ausnahme: sog. Exterritoriale). Fehlt die deutsche Gerichtsbarkeit offensichtlich, so handelt es sich um eine „echte" Prozessvoraussetzung.[83] Auf sie ist regelmäßig nicht einzugehen.   *146*

2. Eröffnung des ordentlichen Rechtsweges in Zivilsachen

> **hemmer-Methode:** Einen eigenen Zivilrechtsweg gibt es nicht, da sowohl in Straf- als auch in Zivilsachen der sog. „ordentliche Rechtsweg" eröffnet ist.

„Zivilrechtsweg", § 13 GVG

Die Zulässigkeit des „Zivilrechtswegs" bestimmt sich nach § 13 GVG. Maßgebend für das Vorliegen einer Zivilrechtsstreitigkeit ist die wahre Natur des Rechtsverhältnisses, aus dem der Klageanspruch hergeleitet wird. Der durch den Tatsachenvortrag des Klägers bestimmte Streitgegenstand muss eine unmittelbare Rechtsfolge des Zivilrechts sein (modifizierte Subjektstheorie).[84]   *147*

Darüber hinaus existiert eine Rechtswegzuständigkeit kraft besonderer gesetzlicher Zuweisung, vgl. § 40 II VwGO, Art. 34 GG.

---

82   Schlosser, Rn.303 m.w.N.; a.A. Jauernig, § 33 V 4.

83   Vgl. Rn. 138.

84   Th/P, § 13 GVG, Rn. 7.

bei Fehlen: *Verweisungsbeschluss*	Fehlt die Zivilrechtswegzuständigkeit, so erfolgt keine Abweisung der Klage als unzulässig, sondern von Amts wegen eine bindende Verweisung an das zuständige Gericht des zulässigen Rechtswegs, § 17a II S. 1 u.3 GVG (Grundsatz der Priorität).

Ebenso bindend für andere Gerichte entscheidet das Zivilgericht über die eigene Rechtswegzuständigkeit, § 17a I GVG (Grundsatz der Kompetenzautonomie). |

3. Zuständigkeit des Gerichts

§ 261 III Nr. 2 perpetuatio fori	Bei Zuständigkeitsfragen ist stets § 261 III Nr. 2 ZPO zu beachten: Für die Zuständigkeit des Gerichts als Prozessvoraussetzung ist also nur der Zeitpunkt des Eintritts der Rechtshängigkeit, nicht der Schluss der letzten mündlichen Verhandlung maßgeblich, sog. „perpetuatio fori".	*149*
nicht bei Änderung des SG	Zu beachten ist, dass § 261 III Nr. 2 ZPO nicht gilt, wenn der Streitgegenstand durch Klageänderung oder Widerklage verändert wird und dadurch die Zuständigkeit entfällt.[85]	*150*

hemmer-Methode: Beachten Sie auch § 513 II ZPO, wonach die Berufung nicht darauf gestützt werden kann, dass das Gericht des ersten Rechtszuges seine Zuständigkeit zu Unrecht angenommen hat.

a) Sachliche Zuständigkeit

erstinstanzliche Zuständigkeit	Die sachliche Zuständigkeit behandelt die Frage, welches Gericht innerhalb derselben Gerichtsbarkeit in erster Instanz einen Rechtsstreit zu entscheiden hat.	*151*
LG oder AG	Innerhalb des ordentlichen Rechtsweges für Zivilsachen ist die sachliche Zuständigkeit zwischen Amtsgericht und Landgericht aufgeteilt, § 1 ZPO i.V.m. §§ 23 ff., 71 GVG. Nach diesen Vorschriften liegt die sachliche Grundzuständigkeit bei den Landgerichten, § 71 GVG, während die Zuständigkeit des Amtsgerichts enumerativ in §§ 23, 23a GVG aufgezählt ist.

Die Amtsgerichte sind hiernach insbesondere zuständig für: | *152* |

> ⇨ streitwertabhängige Streitigkeiten bis einschließlich 5.000,- €, § 23 Nr. 1 GVG
>
> ⇨ Mietrechtsstreitigkeiten über Wohnraum, § 23 Nr. 2a GVG
>
> ⇨ Familiensachen, § 23a GVG

hemmer-Methode: Beachten Sie hinsichtlich der Mietrechtsstreitigkeiten die Divergenz zwischen § 23 Nr. 2a GVG und § 29a ZPO! Während § 23 Nr. 2a GVG nur Mietverhältnisse über Wohnraum erfasst, gilt § 29a ZPO für alle Miet- und Pachtverhältnisse, nimmt aber in § 29a II ZPO wiederum ausdrücklich Wohnraum i.S.d. § 549 II Nr. 1 - 3 BGB aus!

---

85   Th/P, § 261 ZPO, Rn. 17; vgl. Rn. 116.

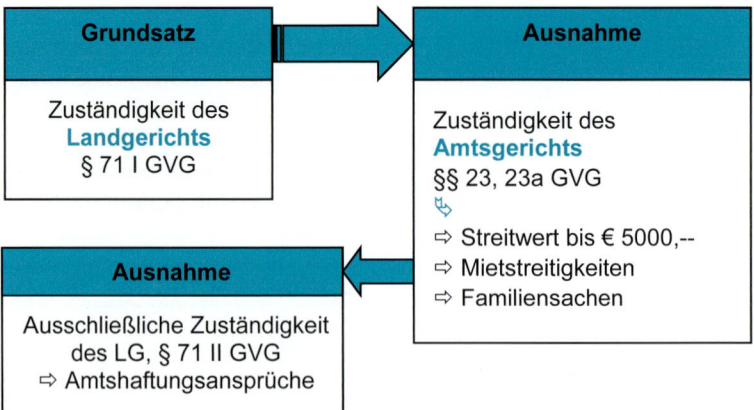

| Unterscheide: gesetzliche Geschäftsverteilung | Die sachliche Zuständigkeit ist von der bloßen gesetzlichen Geschäftsverteilung innerhalb derselben sachlichen Zuständigkeit abzugrenzen.[86] | 153 |

Unterscheide:
gesetzliche Geschäftsverteilung

Die sachliche Zuständigkeit ist von der bloßen gesetzlichen Geschäftsverteilung innerhalb derselben sachlichen Zuständigkeit abzugrenzen.[86]

153

AG - FamGerichte, § 23b GVG

So werden gem. § 23b GVG innerhalb der Zuständigkeit der Amtsgerichte besondere Spruchkörper, die Familiengerichte, eingerichtet. Das Präsidium des Amtsgerichts ist hier zwar bei der Geschäftsverteilung gesetzlich gebunden, bei einer Fehlleitung kommt es aber nicht zu einer förmlichen Verweisung gem. § 281 I ZPO, sondern nur zu einer formlosen Abgabe.

154

LG - KfH, §§ 93 ff. GVG

Auch die bei den Landgerichten gebildeten Kammern für Handelssachen, §§ 93 ff. GVG, stellen einen Fall der gesetzlichen Geschäftsverteilung dar. Dort existieren jedoch eigenständige Verweisungsvorschriften, §§ 97, 98 GVG.

155

b) Örtliche Zuständigkeit

aa) Allgemeines

§§ 12 ff. ZPO + Spezialgesetze

Die örtliche Zuständigkeit behandelt die Frage, welches sachlich zuständige Gericht sich wegen seiner räumlichen Beziehung zum Rechtsstreit mit diesem zu befassen hat. Die örtliche Zuständigkeit ist insbesondere in den §§ 12 - 34 ZPO geregelt, darüber hinaus in einigen Spezialgesetzen, z.B. § 6 UKlaG, § 20 StVG, § 48 VVG.

156

Das Gesetz unterscheidet im Rahmen der örtlichen Zuständigkeit zwischen allgemeinen, besonderen und ausschließlichen Gerichtsständen:

allg. Gerichtsstand

(1) Von einem allgemeinen Gerichtsstand spricht man, wenn in ihm grundsätzlich alle Ansprüche gegen eine Person geltend gemacht werden können, sofern nicht für eine Klage ein ausschließlicher Gerichtsstand begründet ist, § 12 ZPO. Allgemeine Gerichtsstände sind in §§ 13 - 19 ZPO geregelt.

157

86 Th/P, vor § 1 ZPO, Rn. 9.

bes. Gerichtsstand

(2) Ein besonderer Gerichtsstand ist hingegen auf die Geltendmachung bestimmter Ansprüche beschränkt, vgl. §§ 20 - 23a, 25 - 29; 29b - 32, 33 f., 35a ZPO.

158

ausschließlicher Gerichtsstand

(3) Ein ausschließlicher Gerichtsstand geht allen anderen, nicht ausschließlichen Gerichtsständen vor, § 12 ZPO, und ist nur dann begründet, wenn dies gesetzlich ausdrücklich bestimmt ist, vgl. §§ 24, 29a, 32a, 802 ZPO, § 122 FamFG.

159

Unter mehreren allgemeinen oder besonderen Gerichtsständen hat der Kläger die Wahl, § 35 ZPO.

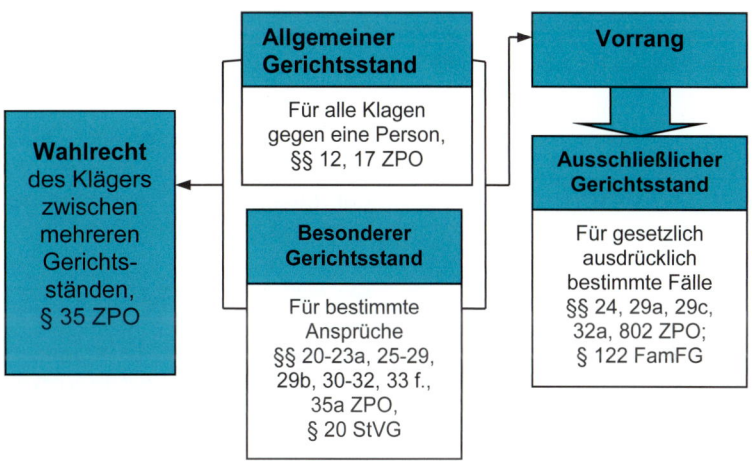

---

bb) Einige wichtige Gerichtsstände im Einzelnen

---

(1) Allgemeine Gerichtsstände

Unterscheide: § 13 ZPO: natürl. Personen, § 17 ZPO: jur. Personen

Bei den allgemeinen Gerichtsständen ist zwischen natürlichen und juristischen Personen zu unterscheiden.

160

Für natürliche Personen gilt insbesondere § 13 ZPO mit der Maßgeblichkeit des Wohnsitzes (§§ 7 - 11 BGB kommentieren!), für juristische Personen § 17 ZPO mit der Maßgeblichkeit des Verwaltungssitzes.

hemmer-Methode: Beachten Sie, dass nach Anerkennung der Parteifähigkeit der BGB-Gesellschaft durch den BGH (vgl. NJW 2001, 1056 ff. kommentiert in Life&Law 2001, 216 ff.) § 17 ZPO auch auf die GbR (§ 705 BGB) angewendet werden muss.

Beachte: Der allgemeine Gerichtsstand bestimmt sich immer nach dem Beklagten, wie § 12 ZPO mit der Formulierung „gegen sie zu erhebenden" zum Ausdruck bringt. Dies wird dadurch gerechtigt, dass der Beklagte gegen seinen Willen in einen Rechtsstreit hineingezogen wird.

(2) Besondere Gerichtsstände

bes. Gerichtsstände: §§ 27, 29, 32, 33 ZPO

⇨ **§ 27 ZPO** ist insbesondere bei Ansprüchen aus §§ 2018 ff. BGB zu beachten.

    161

⇨ **§ 29 I ZPO** begründet einen besonderen Gerichtsstand des Leistungs- oder Erfüllungsortes i.S.d. §§ 269, 270 IV BGB. Im Rahmen von § 29 ZPO ist zu beachten:

    161a

Der Leistungsort ist für jede einzelne aus einem Vertrag fließende Verpflichtung selbstständig zu bestimmen.[87]

Ein vereinbarter Erfüllungsort, der materiell-rechtlich wegen § 269 I BGB Vorrang genießt, wirkt nur unter den Voraussetzungen des § 29 II ZPO gerichtsstandsbegründend. Damit soll ein Gleichlauf mit der Prorogationsvorschrift des § 38 I ZPO geschaffen werden.[88]

§ 29 ZPO gilt schließlich auch für Ansprüche aus §§ 280 I S. 1, 241 II, 311 II, 122, 179 BGB, obwohl dort gerade kein Vertrag vorliegen muss. Der Erfüllungsort bestimmt sich dann nach der beabsichtigten Hauptverpflichtung.[89]

§ 29c ZPO

⇨ **§ 29c ZPO** regelt einen weiteren besonderen Gerichtsstand.

    161b

hemmer-Methode: Für Klagen des Verbrauchers handelt es sich um einen besonderen, für Klagen gegen den Verbraucher um einen ausschließlichen Gerichtsstand, vgl. § 29c I S. 2 ZPO.
Beachten Sie bitte, dass § 29c ZPO nicht voraussetzt, dass auch tatsächlich ein Widerrufsrecht besteht.[90]

Rechtslage bis 12.06.2014

§ 29c ZPO regelte bis 12.06.2014 einen besonderen Gerichtsstand für Haustürgeschäfte i.S.d. § 312 BGB.

Die Anwendung des § 29c ZPO erstreckt sich auf auch auf alle Folgeansprüche aus Haustürgeschäften. Dies gilt namentlich für Ansprüche, die sich aus der Schlechterfüllung solcher Geschäfte oder aus Verschulden bei Vertragsschluss ergeben. Selbst deliktische Ansprüche (z.B. aus § 826 BGB) können an diesem Gerichtsstand geltend gemacht werden, wenn sie ihre Ursache in dem Haustürgeschäft haben.[91]

Rechtslage ab 13.06.2014

Durch Gesetz zur Umsetzung der Verbraucherrechterichtlinie[92] wird das Widerrufsrecht bei Haustürgeschäften (§ 312 BGB a.F.) grundlegende geändert.

Gemäß §§ 312g, 312b BGB n.F. besteht künftig das Widerrufsrecht bei außerhalb von Geschäftsräumen geschlossenen Verträgen.

Anders als § 312 BGB a.F. über Haustürgeschäfte knüpft § 312b I BGB n.F. - Ausnahme von Nr. 4 - nicht mehr ausschließlich an das Vorliegen bestimmter, besonders gefährlicher Situationen, wie z.B. Verhandlungen am Arbeitsplatz oder in einer Privatwohnung an.

---

87   Th/P, § 29 ZPO, Rn. 5.

88   Vgl. Rn. 172 ff.

89   Th/P, § 29 ZPO, Rn. 3.

90   Vgl. LG Landshut in NJW 2003, 1197.

91   Vgl. BGH, NJW 2003, 1190, 1191 (lesen!)

92   Gesetz zur Umsetzung der Verbraucherrechterichtlinie und zur Änderung des Gesetzes zur Regelung der Wohnungsvermittlung im Deutschen Bundestag beschlossen, beschlossen am 20.09.2013. Dieses Gesetz dient der Umsetzung der Richtlinie 2011/83/EU des Europäischen Parlaments und des Rates vom 25. Oktober 2011 über die Rechte der Verbraucher, zur Abänderung der Richtlinie 93/13/EWG des Rates und der Richtlinie 1999/44/EG des Europäischen Parlaments und des Rates sowie zur Aufhebung der Richtlinie 85/577/EWG des Rates und der Richtlinie 97/7/EG des Europäischen Parlaments und des Rates. Lesen Sie dazu auch den Beitrag „Das Problem-Zivilrecht", Gesetz zur Umsetzung der Verbraucherrechterichtlinie und zur Änderung des Gesetzes zur Regelung der Wohnungsvermittlung, in **Life&Law 2014, Heft 4 und Heft 6**.

§ 312b BGB n.F. stellt nur noch allgemein darauf ab, ob der Vertrag außerhalb der Geschäftsräume des Unternehmers verhandelt oder geschlossen wurde. Die Vorschrift ist damit weiter als § 312 BGB a.F.

Aus diesem Grund musste auch in § 29c ZPO mit Wirkung zum 13.06.2014 eine sprachliche Anpassung erfolgen.

In § 29c I S. 1 ZPO n.F. werden die Wörter

„Haustürgeschäften (§ 312 des Bürgerlichen Gesetzbuchs)"

durch die Wörter

„außerhalb von Geschäftsräumen geschlossenen Verträgen (§ 312b des Bürgerlichen Gesetzbuchs)"

ersetzt.

⇨ **§ 32 ZPO** gilt nicht nur für unerlaubte Handlungen i.S.d. §§ 823 ff. BGB, sondern auch für Ansprüche aus Gefährdungshaftung und Haftungsansprüche aus §§ 12, 1004, 1065, 1227 BGB.[93] Bei Ansprüchen aus dem StVG ist zusätzlich **§ 20 StVG** zu beachten. *161c*

Maßgebend für den Gerichtsbezirk ist dabei der Ort, an dem eines der wesentlichen Tatbestandsmerkmale des fraglichen Anspruchs realisiert wurde (Tatort) bzw. der Erfolg eingetreten ist („Erfolgs"ort).[94]

hemmer-Methode: Im Rahmen von § 32 ZPO taucht das Problem der sog. „doppelrelevanten" Tatsachen auf: Die örtliche Zuständigkeit nach § 32 ZPO ist nur gegeben, wenn im jeweiligen Gerichtsbezirk eine unerlaubte Handlung begangen wurde. Dies ist aber erst eine Frage der Begründetheit. Verlagern Sie in diesem Fall nicht die Begründetheitsprüfung in die Zulässigkeit. Zur Zuständigkeitsbegründung des § 32 ZPO genügt es, dass der Kläger schlüssig Tatsachen behauptet, aus denen sich möglicherweise das Vorliegen einer unerlaubten Handlung ergibt.[95]

⇨ **§ 33 ZPO** ist im Rahmen der Widerklage darzustellen.[96] *161d*

(3) Ausschließliche Gerichtsstände

ausschließliche Gerichtsstände: §§ 29a, 24, 802 ZPO

⇨ Für Miet- und Pachtverhältnisse gilt § 29a ZPO. Beachten Sie nochmals die Unterschiede zu § 23 Nr. 2a GVG.[97] *162*

⇨ Bei Grundstücksstreitigkeiten ist § 24 ZPO zu beachten: Dabei muss es sich um Ansprüche aus dem Eigentum, einer dinglichen Belastung oder aus dem Besitz handeln.[98] Ein Anspruch aus § 433 I BGB auf Übereignung fällt nicht darunter. Hierfür gilt vielmehr nur der besondere Gerichtsstand des § 29 ZPO.

hemmer-Methode: Verwechseln Sie hier nicht § 29 ZPO mit § 26 ZPO. § 26 ZPO meint mit persönlichen Klagen gegen den Grundstückseigentümer z.B. den Anspruch auf Verwendungsersatz gem. §§ 994 ff. BGB bzw. auf Zustimmung gem. § 888 BGB, aber nicht auf Erfüllung eines Vertrages. Hierfür gilt § 29 ZPO!

---

93 Zöller, § 32 ZPO, Rn. 4 ff.
94 Th/P, § 32 Rn. 7.
95 R/S/G, § 36 II 8; Zöller, § 12 ZPO, Rn. 14.
96 Vgl. Rn. 368 ff.
97 Vgl. Rn. 152.
98 Th/P, § 24 ZPO, Rn. 3 - 6.

⇨ Für **Klagen** des Unternehmers **gegen einen Verbraucher** handelt es sich bei § 29c ZPO, der grds. einen besonderen Gerichtsstand begründet, um einen ausschließlichen Gerichtsstand, § 29c I S. 2 ZPO, vgl. schon Rn. 161.

⇨ § 802 ZPO erklärt sämtliche Gerichtsstände für Klagen i.R.d. Zwangsvollstreckung, wie z.B. § 766 ZPO (Vollstreckungserinnerung), § 767 ZPO (Vollstreckungsgegenklage), § 771 ZPO (Drittwiderspruchsklage) für ausschließlich.

hemmer-Methode: Die eigentliche Klausurrelevanz erlangen die ausschließlichen Gerichtsstände i.R.d. Prorogationsverbotes nach § 40 II S. 1 Nr. 2 ZPO. Denken Sie daher immer bei Gerichtsstandsvereinbarungen an einen möglichen ausschließlichen Gerichtsstand als Unwirksamkeitsgrund.

cc) Verweisung nach § 281 ZPO

§ 281 ZPO: bei Unzuständigkeit auf Antrag Verweisungsbeschluss

Bei fehlender sachlicher oder örtlicher Zuständigkeit müsste die Klage eigentlich durch Prozessurteil als unzulässig abgewiesen werden.   163

Um dies zu verhindern, kann auf Antrag des Klägers das unzuständige Gericht sich für unzuständig erklären und den Rechtsstreit an das zuständige Gericht durch förmlichen Beschluss verweisen, § 281 I S. 1 ZPO.

hemmer-Methode: Beachten Sie bitte, dass im Verwaltungsprozess gem. § 83 VwGO im Fall der sachlichen und/oder örtlichen Unzuständigkeit die §§ 17 bis 17b GVG zur Anwendung kommen. Damit wird anders als in der ZPO bei Unzuständigkeit gem. § 83 VwGO i.V.m. § 17a II S. 1 GVG von Amts wegen an das zuständige Verwaltungsgericht verwiesen.
Dieser Unterschied ist deshalb gerechtfertigt, da sich im Verwaltungsprozess der Bürger gegen den Staat wehrt und daher der Rechtsschutz effektiver ausgestaltet ist.

Der Beschluss ist unanfechtbar und für das zuständige Gericht bindend, § 281 II S. 2 u. S. 4 ZPO.

hemmer-Methode: Achtung! Dies gibt dem Gericht aber nicht die Möglichkeit „arbeitserleichternder" Verweisungen. An willkürliche Verweisungsbeschlüsse ist kein Gericht gebunden.[99] Vom Gericht, das nun die Arbeit hat, wird geprüft, ob es sich um eine derartige Willkürverweisung handelt.

Fortwirkung bisheriger Prozesshandlungen

Da der Rechtsstreit mit Eingang der Akten bei dem Gericht, an das verwiesen wurde, anhängig wird, § 281 II S. 3 ZPO, findet keine Unterbrechung statt, sodass bisherige Prozesshandlungen fortwirken und alle Fristen gewahrt bleiben.[100]   164

dd) Fall zur örtlichen Zuständigkeit

Übungsfall

Die K-Bank finanzierte dem B den Kauf eines Neuwagens. Weil B seinen Rückzahlungsverpflichtungen in Höhe von 25.000,- € nicht nachkam, erhob K Klage vor dem Landgericht München auf Rückzahlung des ausbezahlten Betrags mit folgender Begründung: 165

1) K habe gegen B einen vertraglichen Rückzahlungsanspruch aus § 488 I S. 2 BGB.

---

99   Th/P, § 281 ZPO, Rn. 14.
100 Th/P, § 281 ZPO, Rn. 15.

2) B habe die K während der Vertragsverhandlungen arglistig und mit Schädigungsvorsatz i.S.d. § 826 BGB über seine Kreditwürdigkeit getäuscht.

K hat ihren Sitz in Regensburg, B seinen Wohnsitz in Stuttgart, die Vertragsverhandlungen fanden in München statt.

Im Rahmen der Entscheidungsfindung kommen die Richter zu dem Ergebnis, dass zwar ein vertraglicher Rückzahlungsanspruch besteht, dem B aber kein Schädigungsvorsatz nachgewiesen werden kann.

Wie ist zu entscheiden, wenn B zu Beginn der mündlichen Verhandlung die Unzuständigkeit des Landgerichts München gerügt hat?

Eine Zuständigkeit infolge allgemeinen Gerichtsstands des B entfällt, da sich dieser in Stuttgart befindet, §§ 12, 13 ZPO. Allerdings besteht eine örtliche Zuständigkeit nach § 32 ZPO, soweit es um die unerlaubte Handlung nach § 826 BGB geht: Die Vertragsverhandlungen fanden in München statt, nach dem Tatsachenvortrag der K soll dort eine vorsätzliche sittenwidrige Schädigung begangen worden sein. Dies gilt aber nicht ohne weiteres für den Rückzahlungsanspruch aus § 488 I S. 2 BGB. *166*

Hier könnte vielmehr der Gerichtsstand des vertraglichen Erfüllungsortes nach § 29 I ZPO eingreifen. Erfüllungsort für Geldschulden ist i.d.R. der Wohnsitz des Schuldners zur Zeit der Entstehung des Schuldverhältnisses, §§ 269 I, 270 IV BGB, also nicht München, sondern Stuttgart.

Dies führt zu dem Ergebnis, dass trotz Vorliegens desselben Streitgegenstands das Landgericht München für § 826 BGB örtlich zuständig ist und die Klage insoweit als unbegründet abweisen müsste. Für § 488 I S. 2 BGB, der als erfüllt angesehen wird, müsste es die Klage mangels örtlicher Zuständigkeit als unzulässig abweisen:

1. Nach früherer Rechtsprechung des BGH bedarf dieses Ergebnis keiner Korrektur.[101] Dies wird mit dem Hinweis begründet, in diesen Fällen sei es eben am besten, im allgemeinen Gerichtsstand zu klagen. Ausnahmsweise sollen hier aber zwei Streitgegenstände vorliegen, damit im vorliegenden Fall die Rechtskraft eines abweisenden Urteils einer erneuten Klage aus § 488 I S. 2 BGB vor dem nach §§ 12, 13 ZPO zuständigen Gericht nicht entgegenstünde. *167*

2. Eine andere Auffassung wendet § 281 I ZPO analog an und ermöglicht auf Antrag der K eine Verweisung hinsichtlich § 488 I S. 2 BGB an das zuständige Gericht.[102] Dies hätte gegenüber (1) zwar den Vorteil, dass K nicht erneut Klage erheben müsste, setzt aber genauso eine Aufspaltung eines einheitlichen Streitgegenstands voraus. *168*

3. Eine dritte seit längerem im Vordringen befindliche Ansicht will im Hinblick auf den Rechtsgedanken des § 17 II GVG eine Zuständigkeit nach § 32 ZPO auch für vertragliche Ansprüche kraft Sachzusammenhangs begründen.[103] *169*

Dies hat gegenüber (1) und (2) den entscheidenden **prozessökonomischen Vorteil**, dass nur ein Gericht mit der Angelegenheit befasst wird.

Dieser Ansicht hat sich nun der BGH mit Beschluss vom 10.12.2002 ausdrücklich angeschlossen. Nach § 17 II GVG entscheidet das Gericht des zulässigen Rechtsweges den Rechtsstreit **unter allen in Betracht kommenden Gesichtspunkten**. Zweck der Norm ist es zu verhindern, dass sich verschiedene Gerichte mit demselben Streitgegenstand befassen. Der darin zum Ausdruck kommende Rechtsgedanke muss im Zusammenhang mit der örtlichen Zuständigkeit ebenfalls zur Anwendung kommen.

Ist damit – wie hier – lediglich ein einheitlicher Streitgegenstand zu beurteilen, führt eine Klage im Gerichtsstand der unerlaubten Handlung dazu, dass über alle rechtlichen Gesichtspunkte entschieden wird.

---

101 BGH, NJW 1986, 2436.

102 Jauernig, § 12 II.

103 Zöller, § 12 ZPO, Rn. 20 f.; § 32 ZPO, Rn. 20; Th/P vor §12 ZPO, Rn. 8; BayObLG, NJW-RR 1996, 508.

hemmer-Methode: Diese Entscheidung des BGH ist seit langem erwartet worden und von ihrer Bedeutung für das Examen nicht zu unterschätzen. Wir empfehlen Ihnen, diese Entscheidung unbedingt durchzulesen. Abgedruckt ist der Beschluss des BGH in Life&Law 2003, 329 ff. = NJW 2003, 828 ff.

Ergebnis: Das Landgericht München wird der Klage der K unter dem Gesichtspunkt des § 488 I S. 2 BGB stattgeben.

c) Funktionelle Zuständigkeit

Zuständigkeit des Rechtspflegeorgans

Die Frage der funktionellen Zuständigkeit bezieht sich darauf, welches Rechtspflegeorgan innerhalb eines sachlich zuständigen Gerichts tätig werden muss.[104]

170

Rechtspflegeorgane sind beispielsweise der Vorsitzende, das gesamte Richterkollegium, der Rechtspfleger oder der Urkundsbeamte der Geschäftsstelle, die in unterschiedlichen „Funktionen" an der Erledigung ein und desselben Rechtsstreits mitwirken. Die funktionelle Zuständigkeit spielt in der Fallbearbeitung regelmäßig keine Rolle.

hemmer-Methode: Eine wichtige Änderung im Rahmen der funktionellen Zuständigkeit hat es bei den Landgerichten gegeben. Der originäre Einzelrichter gem. § 348 I S. 1 ZPO hat jetzt Vorrang vor dem Kollegium und dem oligatorischen Einzelrichter. Ab Klageeingang hat der Einzelrichter als „Kammer kraft Amtes" diese zunächst allein zu bearbeiten, es sei denn, es liegt ein Fall der § 348 I oder III ZPO vor.

d) Instanzielle Zuständigkeit

Rechtsmittelzuständigkeit

Die instanzielle Zuständigkeit betrifft die Zuständigkeit der Rechtsmittelgerichte und ist daher im Zusammenhang mit den Rechtsmitteln darzustellen.[105]

171

e) Sonderproblem: Gewillkürte Zuständigkeit (§ 38 ZPO) und rügelose Verhandlung (§ 39 ZPO)

aa) Gewillkürte Zuständigkeit – Prorogation, § 38 ZPO

Prorogation bzgl. sachlicher und örtlicher Zuständigkeit

Im Bereich der örtlichen und sachlichen Zuständigkeit besteht unter bestimmten Voraussetzungen die Möglichkeit, das zuständige Gericht durch Parteivereinbarung zu bestimmen, sog. Prorogation, § 38 ZPO.

172

Sachliche und örtliche Zuständigkeit sind also dispositive Prozessvoraussetzungen. Im Gegensatz zu den Prozesshindernissen müssen sie zwar von Amts wegen berücksichtigt werden, sind aber der Parteivereinbarung zugänglich.[106] Allerdings bestehen insoweit strenge und unverzichtbare Beschränkungen, um den Missbrauch von Machtstellungen, insbesondere durch die Verwendung von AGBen, zu verhindern.

Sachlich prorogiert werden kann aber nur ein Gericht, das auch ohne Prorogation in dieser Instanz zuständig sein kann. So kann z.B. statt Amtsgericht die Zuständigkeit des Landgerichts prorogiert werden, aber nicht die des OLG!

---

104 Th/P, vor § 1 ZPO, Rn. 2.

105 Vgl. Rn. 569 ff.

106 Schlosser, Rn. 287 ff.

Rechtsnatur: *Prozessvertrag*	Eine Gerichtsstandsvereinbarung gem. § 38 ZPO stellt nach überwiegender Auffassung einen Prozessvertrag dar, da sie im Hinblick auf einen Rechtsstreit abgeschlossen wird und ihre Hauptwirkung auf prozessualem Gebiet entfaltet.[107]

173

Im Versäumnisverfahren (§§ 330 ff. ZPO; vgl. dazu Rn. 387 ff.) gilt eine Prorogation entgegen dem Grundsatz in § 331 I S. 1 ZPO nicht als zugestanden. Dies ist in § 331 I S. 2 ZPO ausdrücklich so geregelt. Daraus folgt, dass der Kläger schlüssige Tatsachen i.S.d. § 38 ZPO behaupten und das Gericht von dessen Wahrheit überzeugen muss, vgl. § 286 ZPO.

Prüfungsaufbau:	Ob durch eine Gerichtsstandsvereinbarung wirksam die Zuständigkeit eines Gerichts begründet wurde, ist wie folgt zu prüfen:

174

(1) Liegt eine der folgenden Voraussetzungen alternativ vor?

§ 38 I ZPO	**(a)** Gehören die Vertragsparteien zu dem in § 38 I ZPO genannten Personenkreis (v.a. Kaufleute)? Auf das Vorliegen eines Handelsgeschäfts kommt es hierbei nicht an!
§ 38 II ZPO	**(b)** Hat eine der Vertragsparteien im Inland keinen allgemeinen Gerichtsstand, § 38 II S. 1 ZPO (selten!), oder wurde bei Vorliegen eines allgemeinen Gerichtsstands einer der bereits begründeten allgemeinen oder besonderen Gerichtsstände ausgewählt, § 38 II S. 3 ZPO? Hier ist streng auf das Formerfordernis des § 38 II S. 2 ZPO zu achten!
§ 38 III ZPO	**(c)** Wurde die Vereinbarung nach dem Entstehen der Streitigkeit geschlossen, § 38 III Nr. 1 ZPO (Nr. 2 betrifft nur einen seltenen Ausnahmefall!)? Die Parteien müssen sich also über einen bestimmten Punkt des Hauptvertrags uneins geworden sein.

Hier ist streng auf einen ausdrücklichen und schriftlichen Abschluss zu achten!

Diese Zeitschranke bewirkt, dass die Gerichtsstandsvereinbarung nicht gleichzeitig mit dem Hauptvertrag, vielmehr nur gesondert abgeschlossen werden kann.

hemmer-Methode: Mit Entstehen der Streitigkeit ist aber nicht erst die Klageerhebung gemeint, sondern die außergerichtliche Meinungsverschiedenheit. Bei Streitigkeiten aus einem Vertrag ist somit der frühestmögliche Zeitpunkt der nach Abschluss des Hauptvertrags, aber schon vor dem der Rechtshängigkeit!

(2) Wurde einer der drei Prüfungspunkte bejaht, müssen außerdem kumulativ vorliegen:

§ 40 I ZPO	**(a)** Bezieht sich die Vereinbarung auf ein bestimmtes Rechtsverhältnis, § 40 I ZPO? Dies bedeutet Abgrenzbarkeit.
§ 40 II S. 1 Nr. 1 ZPO	**(b)** Handelt es sich um eine Streitigkeit über vermögensrechtliche oder nichtvermögensrechtliche Ansprüche, die den Amtsgerichten ohne Rücksicht auf den Wert des Streitgegenstandes zugewiesen sind, § 40 II S. 1 Nr. 1 ZPO?
§ 40 II S. 1 Nr. 2 ZPO	**(c)** Ist für die Klage kein ausschließlicher Gerichtsstand begründet, § 40 II S. 1 Nr. 2 ZPO?

---

107   Th/P, vor § 38 ZPO, Rn. 2; vgl. unten Rn. 247 f.

Zuständigkeit des Gerichts bei Streit um die Wirksamkeit des die Prorogation beinhaltenden Vertrages

(3) Ein interessantes Problem entsteht, wenn der die Prorogation enthaltende Vertrag nichtig ist, z.B. weil er angefochten wurde. Fraglich ist in diesen Fällen, welches Gericht für einen Rechtsstreit zuständig ist. Nach zutreffender Ansicht ist dabei zu differenzieren:

174a

⇨ *Rechtsstreit aus dem angefochtenen Vertrag → Prorogation bleibt wirksam*

(a) Geht es um einen Rechtsstreit aus dem angefochtenen Vertrag, so soll die Prorogation wirksam bleiben. Zuständig ist also das prorogierte Gericht (die Prorogationsvereinbarung ist unabhängig von der Wirksamkeit des Rechtsgeschäfts, in dessen Rahmen die Prorogation geschlossen wurde. Sie soll gerade für den Fall gelten, dass über das Rechtsgeschäft gestritten wird. Entgegen § 139 BGB bleibt die Prorogation wirksam.

➢ *Bei Streit um Wirksamkeit der Prorogation gilt die Prorogation nicht*

(b) Wird dagegen nur über die Wirksamkeit der Prorogation selbst gestritten, so ist für diesen Rechtsstreit natürlich nicht das prorogierte Gericht zuständig![108]

---

bb) Zuständigkeit infolge rügelosen Einlassens

§ 39 ZPO: rügeloses Einlassen

Ist das angerufene Gericht sachlich oder örtlich unzuständig und auch eine Gerichtsstandsvereinbarung unzulässig oder nicht wirksam, so kann die Zuständigkeit durch rügeloses Verhandeln zur Sache zu Beginn der mündlichen Verhandlung begründet werden, § 39 S. 1 ZPO. Dies gilt nicht in den Fällen des § 40 II S. 1 ZPO, vgl. § 40 II S. 2 ZPO.

175

Rügeloses Einlassen, § 39 ZPO

- Vermögensrechtliche Streitigkeit
- Kein ausschließlicher Gerichtsstand
  - ↳ § 40 II S. 2 i.V.m. S. 1 ZPO
- Verhandeln zur Hauptsache ⇨ Erklärungen tatsächlichen oder rechtlichen Inhalts zum Streitgegenstand (Antragstellung)

Landgericht	**Amtsgericht**
Keine Belehrung erforderlich	Belehrung über Fiktion erforderlich, § 504 ZPO

Mündliche Verhandlung beginnt mit Antragstellung, § 137 I ZPO

Zur Hauptsache wird mündlich verhandelt, sobald die Anträge gestellt worden sind, § 137 I ZPO.[109]

> **hemmer-Methode:** Kommentieren Sie sich – soweit dies nach Ihrer Prüfungsordnung zulässig ist - schon jetzt § 39 ZPO als Spezialvorschrift neben § 296 III ZPO.[110] Die Zuständigkeitsfiktion tritt ohne Rücksicht auf ein Verschulden ein und kann keinesfalls durch nachträgliche Rüge beseitigt werden. Etwas anderes gilt aber im Verfahren vor den Amtsgerichten, wenn eine Belehrung nach § 504 ZPO unterblieben ist, § 39 S. 2 ZPO. Dann ist auch bei verspäteter Rüge noch eine Verweisung nach § 281 I ZPO möglich.

Übungsfall

Fall: *Zur Sicherung eines Darlehens bestellte der Nürnberger Kleiderfabrikant B dem Münchner Stofflieferant K eine Grundschuld in Höhe von 80.000,- € an seinem in Augsburg liegenden Grundstück. Beide Parteien vereinbarten gleichzeitig für Streitigkeiten aus Darlehen und Grundschuld die Zuständigkeit des Landgerichts Nürnberg.*

176

---

108 Vgl. Th/P § 38 ZPO, Rn. 30.
109 Th/P, § 39 ZPO, Rn. 6 f.
110 Vgl. Rn. 437.

Als B das Darlehen nicht zurückzahlen kann, verklagt ihn K vor dem Landgericht Nürnberg aus der Grundschuld.

1. Ist die Klage zulässig?

2. Abwandlung: Wie ist zu entscheiden, wenn keine Zuständigkeitsvereinbarung vorliegt, B aber auf die Klage des K vor dem Landgericht Nürnberg zur Sache verhandelt?

1. Fraglich ist hier die örtliche Zuständigkeit des LG Nürnberg. Da B seinen Wohnsitz in Nürnberg hat, ist dort sein allgemeiner Gerichtsstand, §§ 12, 13 ZPO. Hier besteht aber außerdem ein ausschließlicher Gerichtsstand für die Klage aus der Grundschuld gem. § 24 ZPO beim LG Augsburg.

Bestehen mehrere Gerichtsstände, so hat der Kläger grundsätzlich die Wahl, wo er Klage erheben will, § 35 ZPO. Etwas anderes gilt aber, wenn für eine Klage ein ausschließlicher Gerichtsstand vorliegt, hier § 24 ZPO. Ein Wahlrecht des K entfällt.

Ein an sich unzuständiges Gericht kann aber durch eine Gerichtsstandsvereinbarung zuständig werden, § 38 I ZPO. Hier liegen zwar die Voraussetzungen des § 38 I ZPO vor, denn sowohl B als auch K sind Kaufleute, § 1 I, II HGB. Einer wirksamen Prorogation steht aber § 40 II S. 1 ZPO entgegen, da es sich bei § 24 ZPO um einen ausschließlichen Gerichtsstand handelt.

Das LG Nürnberg ist damit örtlich unzuständig. Die Klage ist unzulässig und durch Prozessurteil abzuweisen.

2. Auch ohne Gerichtsstandsvereinbarung kann ein an sich unzuständiges Gericht örtlich zuständig werden, wenn die Parteien zur Hauptsache mündlich verhandeln, ohne dass der Beklagte die Unzuständigkeit rügt, § 39 ZPO. Jedoch ist auch diese Zuständigkeitsfiktion nicht möglich, wenn ein ausschließlicher Gerichtsstand besteht, § 40 II S. 2 ZPO.

Die Klage ist also auch in der Abwandlung wegen örtlicher Unzuständigkeit des angegangenen Gerichts als unzulässig abzuweisen.

III. Parteibezogene Prozessvoraussetzungen

1. Parteibegriff

formeller Parteibegriff

Im Zivilprozess gilt ein rein formeller Parteibegriff. Partei ist derjenige, der für sich vom Gericht Rechtsschutz begehrt (Kläger) und gegen den dieser Rechtsschutz begehrt wird (Beklagter).

177

hemmer-Methode: Verwechseln Sie die nur formell zu bestimmende Parteistellung keinesfalls mit der Aktiv- oder Passivlegitimation, die eine Frage der Begründetheit darstellt. Wird eine Klage deshalb abgewiesen, weil der in der Klageschrift benannte Beklagte nicht Anspruchsverpflichteter des geltend gemachten Rechts ist, kann dies nicht zu einem nachträglichen Wegfall seiner Parteistellung führen!

Auslegung möglich

Die Bestimmung der Parteien ist objektiv durch Auslegung der Angaben in der Klageschrift vorzunehmen, sog. Auslegung der Parteibezeichnung analog §§ 133, 157 BGB.[111]

hemmer-Methode: Interessant ist der in NJW-RR 2004, 510 f. nachzulesende Fall des BGH, in dem eine Baufirma K-Wohnbau (Rechtsform: Einzelfirma) als K-Wohnbau-GmbH verklagt wurde. Auch hier hat der BGH trotz unterschiedlicher Rechtsform eine Auslegung zugelassen, wonach die Einzelfirma K-Wohnbau richtige Beklagte sei.[112]

---

111 Th/P, vor § 50 ZPO, Rn. 2 - 4; ein sehr lehrreicher Fall zur Abgrenzung zwischen der nicht auslegungsfähigen Identitätsverwechselung (Fall 3 ZPO I) und der unter gewissen Umständen berichtigungsfähigen unrichtigen Parteibezeichnung (z.B. wird die Müller Bau OHG als Müller Bau KG bezeichnet) findet sich in JuS 1987, 828 mit Anm. von K. Schmidt.

112 Das Urteil ist zusammenfassend besprochen von Deubner in JuS 2004, 775 f.

Fall: A erhebt Klage gegen B auf Schadensersatz wegen eines Unfall-schadens. Die Klageschrift wird versehentlich dem C zugestellt. In der mündlichen Verhandlung stellt sich heraus, dass tatsächlich C den Unfall verursacht hat. Wer ist Beklagter dieses Verfahrens?[113]

B ist in der Klageschrift als Beklagter bezeichnet, auf seine fehlende Passivlegitimation kommt es erst in der Begründetheit an.   *178*

Unerheblich ist die versehentliche Zustellung an C, da gegen diesen ausweislich der Klageschrift kein Rechtsschutz begehrt wird.   *179*

Möglicherweise kann aber die Parteibezeichnung nachträglich berichtigt werden.[114] Dies ist jedoch nur bei einer irrtümlichen Falschbezeichnung zulässig, nicht aber bei einem Irrtum über die Identität des in Wahrheit Anspruchsverpflichteten. Hier bezeichnete A aber genau die Person, die er - irrtümlich - für anspruchsverpflichtet hielt.   *180*

Demnach ist B beklagte Partei. Da sich in der mündlichen Verhandlung die Passivlegitimation des erschienenen C herausstellt, besteht die Möglichkeit eines gewillkürten Parteiwechsels.[115]

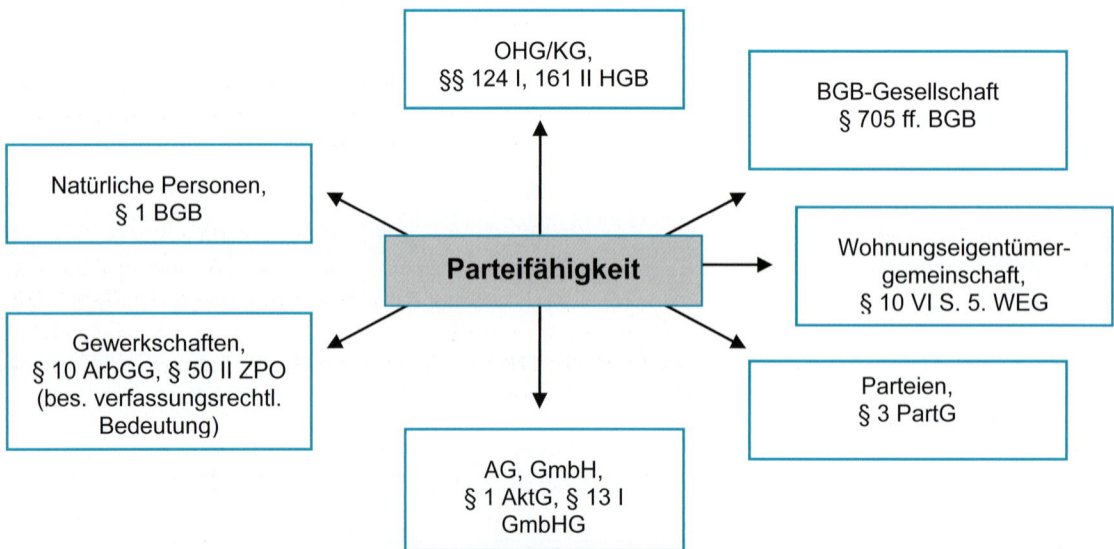

2. Parteifähigkeit

Parteifähigkeit, § 50 ZPO

Nach der Feststellung, wer Partei ist, stellt sich die Frage, ob sie Partei sein kann. Die Parteifähigkeit ist in § 50 ZPO geregelt und folgt dem Grundsatz der Identität von prozessualer Parteifähigkeit und materieller Rechtsfähigkeit.   *181*

Ist schon bei Einreichung der Klageschrift offensichtlich, dass es an der Parteifähigkeit des Klägers fehlt, handelt es sich um eine „echte" Prozessvoraussetzung.[116]

Für den Streit über die Parteifähigkeit gilt die Partei als parteifähig.[117]

---

113   Th/P, vor § 50 ZPO, Rn. 5 f.; Musielak, Rn. 188 - 190.

114   Vgl. dazu BGH, NJW 1987, 1946 (lehrreich!).

115   Vgl. Rn. 470 ff.

116   Vgl. Rn. 138.

117   Th/P, § 50 ZPO, Rn. 11.

a) Parteifähig sind

Beispiele Parteifähigkeit

⇨ **alle natürlichen und juristischen Personen, §§ 1, 21 ff. BGB; § 1 AktG; § 13 I GmbHG**   *182*

⇨ **Personenhandelsgesellschaften OHG und KG, §§ 124 I, 161 II HGB**

⇨ **Parteien gem. § 3 PartG**

⇨ **Arbeitgeberverbände und Gewerkschaften, § 10 ArbGG**, deren Aussage wegen der besonderen, verfassungsrechtlich garantierten Bedeutung auch in der ordentlichen Gerichtsbarkeit gilt.[118]

⇨ **Gesellschaft des bürgerlichen Rechts (GbR), § 705 BGB**

Mit Entscheidung vom 29.01.2001[119] hat der BGH die Rechtsfähigkeit der GbR ausdrücklich anerkannt. Zugleich hat sich der BGH damit konsequenterweise für die Parteifähigkeit ausgesprochen.   *183*

Im zweiten Leitsatz dieser Entscheidung heißt es ausdrücklich, dass die GbR im Zivilprozess aktiv und passiv parteifähig sei. Dies ist konsequent, da parteifähig ist, wer rechtsfähig ist, § 50 I ZPO. Wenn die GbR rechtsfähig ist, muss sie also auch parteifähig sein.

Klägerin damit nur noch GbR

Mit der Anerkennung der Rechts- und Parteifähigkeit der Außengesellschaft bürgerlichen Rechts (GbR) kann nur noch die GbR selbst - soweit Gesamthandforderungen geltend zu machen sind - Klägerin sein. Denn nicht die einzelnen Gesellschafter, sondern die GbR ist materiell Rechtsinhaberin.

Gewillkürte Prozessstandschaft (wohl) nicht mehr zulässig

Für die Zulässigkeit einer sog. gewillkürten Prozessstandschaft, mit der Gesellschafter einer GbR mit Ermächtigung der übrigen vertretungsberechtigten Gesellschafter eine Forderung der GbR im eigenen Namen geltend machen, besteht seit der Entscheidung des BGH vom 29.01.2001 kein Bedürfnis mehr.[120]

§ 736 ZPO steht dieser Entscheidung nach Ansicht des BGH nicht entgegen, da dieser in Ausnahme zu § 124 II HGB zur Zwangsvollstreckung in das Gesellschaftsvermögen einen Titel gegen sämtliche Gesellschafter genügen lässt.

hemmer-Methode: Es ergibt sich aber eine neue Lesart des § 736 ZPO[121]: „Zur ZVS in das Gesellschaftsvermögen einer GbR ist ein gegen alle Gesellschafter ergangenes Urteil (nicht mehr erforderlich, sondern) ausreichend."

---

118 Th/P, § 50 ZPO, Rn. 5.

119 Vgl. BGH, NJW 2001, 1056 besprochen in **Life&Law 2001, 216 ff.**

120 OLG Brandenburg, Urteil vom 14.12.2005, IBR 2006, Heft 4, 203.

Vertiefungshinweis für Referendare: Haben die Gesellschafter einer GbR Klage erhoben ohne Hinweis auf ihre Stellung als Gesellschafter, weil sie der Ansicht waren, die vom BGH festgestellte Rechts- und Parteifähigkeit der GbR hindere die Einzelgesellschafter nicht daran, im eigenen Namen Ansprüche der Gesellschaft einzuklagen, dann ist das Rubrum dahin zu berichtigen, dass nicht die Gesellschafter der GbR als Klägerin aufzuführen sind, sondern die GbR selbst Klägerin ist. Lesen Sie dazu BGH, NJW-RR 2006, 42.

121 Vgl. K. Schmidt in NJW 2001, 993 ff. (997 und 1000).

⇨ **Gemeinschaft der Wohnungseigentümer, § 10 VI S. 5 WEG**

§ 27 II Nr. 3 WEG

Da die Wohnungseigentümergemeinschaft aber nicht prozessfähig ist, muss diese im Prozess gem. § 51 ZPO vertreten werden. Hierzu ist gem. § 27 II Nr. 3 WEG der Verwalter befugt.

184

⇨ **Nicht rechtsfähiger Verein, § 50 II ZPO**

Seit der Anerkennung der Rechtsfähigkeit der (Außen-)GbR[122] gilt wegen § 54 S. 1 BGB auch der nicht eingetragene Verein als parteifähig. Dies hat der BGH 2007 entschieden.[123] Der Gesetzgeber hat dies mit § 50 II ZPO umgesetzt, so dass die aktive und passive Parteifähigkeit besteht.

185

b) Nicht parteifähig sind

aa) Firma des Einzelkaufmanns

– *fehlende Parteifähigkeit: Firma*

Nach § 17 II HGB kann der ins Handelsregister eingetragene Kaufmann, soweit es um Handelsgeschäfte geht, zwar unter seiner Firma klagen und verklagt werden.

186

Träger der Rechte und Pflichten und somit Partei ist aber nicht die Firma, die kein selbstständiges Rechtsgebilde ist, sondern ihr Inhaber zu dem Zeitpunkt, in dem der Anspruch rechtshängig wurde.[124]

bb) Nachlass

– *Nachlass*

Auch der Nachlass ist nicht Partei, da er nicht rechtsfähig ist. Im Fall des Testamentsvollstreckers wird er nach h.M. auch nicht von diesem vertreten, vielmehr ist der Testamentsvollstrecker sog. Partei kraft Amtes.[125]

187

c) Fehlen der Parteifähigkeit

Parteifähigkeit = Prozessvoraussetzung

Fehlt die Parteifähigkeit während des gesamten Prozesses, so muss die Klage als unzulässig abgewiesen werden. Tritt die Parteifähigkeit während des Prozesses ein, so kann nach h.M. der zunächst bestehende Mangel durch rückwirkende Genehmigung der parteifähig gewordenen Partei geheilt werden.[126]

188

Wegfall ⇨ eventl. gewillkürter Parteiwechsel

Fällt die Parteifähigkeit während des Prozesses fort, beispielsweise nach Liquidation eines Vereins, kommt nicht ohne weiteres eine Abweisung als unzulässig in Betracht.[127] Denn u.U. ist an einen gewillkürten Parteiwechsel zu denken[128], wenn z.B. gem. § 53 BGB ein Schadensersatzanspruch gegen die Liquidatoren möglich ist.

189

oder Erledigung des Rechtsstreits

Wird der Verein aber vollständig aufgegeben (ordnungsgemäße Beendigung des Liquidationsverfahrens nach den §§ 47 ff. BGB), wird die Klage unzulässig; dann ist an das Problem der Erledigung des Rechtsstreits zu denken.[129]

190

---

122 BGH, **Life&Law 2001, 216 (218 ff.)** = NJW 2001, 1056 ff.; Hemmer/Wüst, Gesellschaftsrecht, Rn. 250 - 250e.

123 BGH, **Life&Law 2008, Heft 3, 206 f.** = NJW 2008, 69 ff. sowie Palandt § 54 BGB, Rn. 7.

124 Zöller, § 50 ZPO, Rn. 25.

125 Zöller, § 50 ZPO, Rn. 28a; vgl. Rn. 218 ff.

126 Th/P, § 50 ZPO, Rn. 10.

127 Th/P, § 50 ZPO, Rn. 14.

128 Vgl. Rn. 470 ff.

129 Vgl. Rn. 343 ff.

Dass hier nur eine vollständige Auflösung durch Abwicklung relevant sein kann, ergibt sich für die OHG aus § 156 HGB, für den rechtsfähigen Verein aus §§ 47, 49 II BGB.

hemmer-Methode: Gerade im letztgenannten Fall der Auflösung von Handelsgesellschaften oder juristischen Personen ist sehr strittig, wann und unter welchen Voraussetzungen die Parteifähigkeit verloren wird.

3. Prozessfähigkeit und gesetzliche Vertretung Prozessunfähiger

a) Prozessfähigkeit

Definition

Unter Prozessfähigkeit versteht man die Fähigkeit, einen Prozess selbst oder durch einen selbst bestellten Vertreter zu führen.[130] Im Allgemeinen ist dies wichtig im Rahmen des Anwaltsprozesses, § 78 ZPO, da sich dort auch die an sich prozessfähige Partei durch einen Rechtsanwalt vertreten lassen muss.

191

Prozessfähigkeit

Prozessfähig sind gem. §§ 51 I, 52 I ZPO i.V.m. §§ 104 ff. BGB die nach bürgerlichem Recht voll (!) Geschäftsfähigen. Eine „beschränkte" Prozessfähigkeit kann grundsätzlich nicht anerkannt werden, da ein Prozess keine Schwebezustände verträgt. Eine Ausnahme muss aber für die Fälle einer sachlich beschränkten, sog. partiellen Prozessfähigkeit gelten. Sie besteht nur für die in den §§ 112, 113 BGB, § 125 FamFG geregelten Bereiche, dann aber unbeschränkt.[131]

192

Betreuung
⇨ *Prozessunfähigkeit, § 53 ZPO*

Eine grundsätzlich prozessfähige Person ist im Fall des § 53 ZPO für den konkreten Rechtsstreit einem Prozessunfähigen gleichgestellt, falls der Rechtsstreit im Wirkungskreis des für sie bestellten Betreuers oder Pflegers liegt und von diesem auch tatsächlich geführt wird. Die Regelung soll die Rechtsunsicherheit vermeiden, die dadurch entstünde, dass in einem Prozess z.B. von Betreuer, § 1902 BGB, und Betreutem, der ohne Anordnung eines Einwilligungsvorbehalts selbst geschäftsfähig bleibt, § 1903 BGB, einander widersprechende Prozesshandlungen vorgenommen werden.[132]

Klage eines Prozessunfähigen:

Reicht ein Prozessunfähiger Klage ein, so ist zu differenzieren:

193

– *a limine - Abweisung*

(1) Ist die Prozessunfähigkeit offensichtlich, beispielsweise im Fall der Minderjährigkeit, so handelt es sich um eine echte Prozessvoraussetzung mit der Folge, dass die Klageschrift gar nicht zugestellt und kein Termin anberaumt werden darf, sog. „a limine - Abweisung".[133]

– *streitige Verhandlung über Prozessfähigkeit*

(2) Ist die Prozessfähigkeit hingegen fraglich, beispielsweise bei § 105 II BGB, so findet das Verfahren zunächst den gewohnten Fortgang; für den Streit über die Prozessfähigkeit ist der Betroffene als prozessfähig zu behandeln.[134]

194

---

130 Th/P, § 51 ZPO, Rn. 2.

131 Th/P, § 52 ZPO, Rn. 2.

132 Zöller, § 53 ZPO, Rn. 5.

133 Vgl. Rn. 138.

134 Th/P, § 52 ZPO, Rn. 7; vgl. dazu auch § 66 FGG.

Übersieht das Gericht die Prozessunfähigkeit einer Partei, so besteht neben den Rechtsmitteln (vgl. den absoluten Revisionsgrund § 547 Nr. 4 ZPO) noch die Möglichkeit einer Nichtigkeitsklage nach § 579 I Nr. 4 ZPO.[135]

b) Gesetzliche Vertretung Prozessunfähiger

gesetzliche Vertretung, § 51 ZPO

Im Falle der Prozessunfähigkeit tritt an ihre Stelle als Prozessvoraussetzung die gesetzliche Vertretung, § 51 I ZPO.

195

hemmer-Methode: Da die gesetzliche Vertretung die fehlende Prozessfähigkeit ersetzen soll, ist sie ebenfalls Prozessvoraussetzung! Dagegen handelt es sich bei der gewillkürten Vertretung, §§ 79 - 89 ZPO, grundsätzlich nur um eine Prozesshandlungsvoraussetzung, da hier Prozessfähigkeit bereits vorliegt, vgl. Rn. 249.

bürgerliches Recht maßgebend

Der gesetzliche Vertreter wird gem. § 51 I ZPO regelmäßig nach bürgerlichem Recht bestimmt: Minderjährige werden durch ihre Eltern, § 1629 BGB, den Vormund, § 1793 BGB oder den Ergänzungspfleger, § 1909 BGB vertreten.

196

hemmer-Methode: Wird ein Kind in einem Prozess durch einen Beistand vertreten, so ist die Vertretung durch den sorgeberechtigten Elternteil gem. § 173 FamFG ausgeschlossen.

Für juristische Personen und Handelsgesellschaften sind §§ 26 II, 86 BGB, § 78 I AktG, § 35 I GmbHG, §§ 125, 161 II HGB zu beachten.

Für juristische Personen des öffentlichen Rechts ergibt sich die Vertretungsmacht aus Gesetz, Verordnung oder Satzung.

hemmer-Methode: Beachten Sie i.R.d. gesetzlichen Vertretung:
Da nur die Prozessvoraussetzung der fehlenden Prozessfähigkeit ersetzt wird, ist Partei nur der Vertretene, nicht der Vertreter!
Erforderlich ist stets Prozessfähigkeit des gesetzlichen Vertreters, da er nur dann wirksam Prozesshandlungen vornehmen kann.

Fall: A hatte am 17.04. gegen B Klage erhoben. Er war damals siebzehn Jahre alt. Im Zeitpunkt der ersten mündlichen Verhandlung am 19.09. ist A mittlerweile achtzehn Jahre alt geworden.

Welche Entscheidung wird das Gericht fällen? Was kann A tun?

Im Zeitpunkt der Klageerhebung war A minderjährig, also prozessunfähig. Als Prozessvoraussetzung ist die Prozessfähigkeit in jeder Lage des Verfahrens von Amts wegen zu prüfen, § 56 I ZPO. Hier wäre also die Klage als unzulässig abzuweisen. Dem kann A dadurch entgehen, dass er, nun volljährig und damit prozessfähig geworden, seine bisherige Prozessführung, also die Klageerhebung, genehmigt, § 108 III BGB analog.[136]

197

nachträglicher Wegfall führt zu Unterbrechung

Besteht umgekehrt die Prozessfähigkeit bei Klageerhebung und fällt sie nachträglich weg, so wird die Klage nicht als unzulässig abgewiesen, sondern es kommt zur Unterbrechung oder - möglicherweise - zur Aussetzung des Verfahrens, §§ 241, 246, 249 ZPO. Der gesetzliche Vertreter führt dann den Prozess weiter.[137]

198

---

135 Th/P, § 52 ZPO, Rn. 11.
136 Zöller, § 52 ZPO, Rn. 14.
137 Th/P, § 52 ZPO, Rn. 9.

4. Prozessführungsbefugnis und Prozessstandschaft

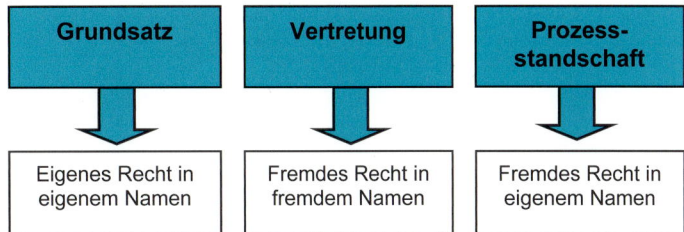

a) Prozessführungsbefugnis

Befugnis zur Geltendmachung eines Rechts in eigenem Namen

Die Prozessführungsbefugnis ist in der ZPO nicht ausdrücklich geregelt. Man versteht darunter die Befugnis, ein behauptetes Recht im eigenen Namen gerichtlich geltend zu machen.[138]

199

hemmer-Methode: Beachten Sie stets: Ob dem Kläger das behauptete Recht tatsächlich zusteht, ist eine Frage der Aktivlegitimation und damit der Begründetheit der Klage.

— *eigenes Recht*

Die Prozessführungsbefugnis ist grundsätzlich gegeben, wenn der Kläger ein behauptetes eigenes Recht im eigenen Namen geltend macht.[139] In diesen Fällen ist die Prozessführungsbefugnis in der Klausur regelmäßig nicht anzusprechen.

200

— *Recht eines Dritten*

Besonderheiten gelten nur, wenn dem materiellen Rechtsinhaber ausnahmsweise die materiell-rechtliche Verfügungsbefugnis fehlt. Die Einordnung dieser Fälle ist unter dem Stichwort Prozessstandschaft zu diskutieren.

201

b) Prozessstandschaft

Geltendmachung fremder Rechte

Grundsätzlich darf auf die Prozessführungsbefugnis nur eingegangen werden, wenn fremde Rechte in eigenem Namen als Partei geltend gemacht werden. Man spricht dann von Prozessstandschaft.[140] Sie kann sich aus Gesetz oder aus einem Rechtsgeschäft mit dem Rechtsträger ergeben.

202

aa) Gesetzliche Prozessstandschaft

gesetzliche Prozessstandschaft

In bestimmten Fällen räumt das Gesetz Personen, die nicht oder nicht allein Rechtsinhaber sind, ein Prozessführungsrecht ein.

203

Verschaffen Sie sich zunächst einen Überblick über die wichtigsten Fälle gesetzlicher Prozessstandschaft:

---

138 Th/P, § 51 ZPO, Rn. 20.

139 Th/P, § 51 ZPO, Rn. 21.

140 Th/P, a.a.O.

> ⇨ § 432 I S. 1 BGB, Prozessführungsrecht einzelner Mitgläubiger.
>
> ⇨ § 1011 BGB, Prozessführungsrecht einzelner Miteigentümer.
>
> ⇨ § 1281 BGB, Prozessführungsrecht von Pfandgläubiger und Gläubiger.
>
> ⇨ §§ 1368, 1369 III BGB, Prozessführungsrecht eines Ehegatten.
>
> ⇨ § 1422 S. 1 BGB, Prozessführungsrecht des verwaltenden Ehegatten bei Gütergemeinschaft.
>
> ⇨ §§ 2038 I S. 2 HS 2, 2039 BGB, Prozessführungsrecht eines Miterben.

Weitere Fälle gesetzlicher Prozessstandschaft sind geregelt in den § 1629 III BGB, § 3 I S. 1 UKlaG, § 836 ZPO, §171 II HGB. Wichtig ist auch § 265 II S. 1 ZPO.[141]

(1) § 432 BGB

– § 432 BGB

Im Fall der Mitgläubigerschaft des § 432 BGB ist zu beachten, dass die Vorschrift grundsätzlich auch auf sog. Gesamthandsgemeinschaften wie z.B. die BGB-Gesellschaft anwendbar ist.

204

Es müssen aber die sich aus der speziellen Regelung des Gemeinschaftsverhältnisses (§§ 705 ff. BGB) ergebenden Besonderheiten berücksichtigt werden.

Dementsprechend wird § 432 BGB von den Geschäftsführungsvorschriften der §§ 709 ff. BGB überlagert und ist beispielsweise dann unanwendbar, wenn die Geschäftsführungsbefugnis gem. § 709 BGB allen Gesellschaftern gemeinsam zusteht. Allerdings muss auch auf die Möglichkeit einer „actio pro socio" geachtet werden.[142]

(2) § 265 ZPO[143]

– § 265 ZPO bei Veräußerung des streitbefangenen Gegenstandes

Ein sehr wichtiger Fall der gesetzlichen Prozessstandschaft betrifft die Veräußerung des streitbefangenen Gegenstandes.

205

§ 265 I ZPO stellt klar, dass jede Partei befugt ist, eine streitbefangene Sache zu veräußern oder eine streitbefangene Forderung abzutreten.[144]

Verlust der Aktivlegitimation

Tritt der Kläger die von ihm geltend gemachte Forderung an einen Dritten ab oder veräußert er die streitbefangene Sache, so verliert er hierdurch seine Aktivlegitimation. Er macht also nunmehr ein fremdes Recht im eigenen Namen geltend.

206

Fortführung des Rechtsstreits in gesetzlicher Prozessstandschaft

Dass er hierzu befugt ist, ergibt sich aus § 265 II S. 1 ZPO, wonach die Abtretung auf den Prozess keinen Einfluss hat. Der veräußernde Kläger führt also in gesetzlicher Prozessstandschaft den Prozess über ein inzwischen fremdes Recht im eigenen Namen fort.[145]

207

---

141   Vgl. Rn. 205 ff.

142   Vgl. dazu ausführlich Höfler, JuS 1992, 388 ff.

143   Vgl. ausführlich hierzu d´Alquen, „Die Veräußerung der streitbefangenen Sache", Life&Law 2011, 671 ff.

144   Th/P, § 265 ZPO, Rn. 1.

145   Th/P, § 265 ZPO, Rn. 12.

Übernahmemöglichkeit für Rechts-
nachfolger

Nur wenn der Prozessgegner zustimmt, ist der Rechtsnachfolger **208**
berechtigt, den Prozess als Hauptpartei an Stelle des bisherigen
Klägers zu übernehmen, § 265 II S. 2 ZPO. Das Gleiche gilt bei der
Veräußerung von Grundstücken, vgl. § 265 I ZPO.

Ausn.: § 265 III ZPO

Eine Fortführung des Prozesses durch den veräußernden Kläger **209**
kommt jedoch nicht in Betracht, wenn ein Fall des § 265 III ZPO
vorliegt. Nach dieser Vorschrift fehlt dem Kläger die Prozessführungsbefugnis, wenn die Rechtskraft eines zu seinen Lasten ergehenden Urteils nicht gegen den Erwerber wirken würde.[146] Ob dies
der Fall ist, bestimmt sich nach § 325 I, II ZPO.[147]

> **hemmer-Methode: Beachten Sie: Die „Veräußerung der streitbefange-
> nen Sache" setzt immer einen Wechsel in der Sachlegitimation voraus
> (z.B. Eigentum, aber auch die nur tatsächliche Besitzübertragung!).
> Nicht anwendbar ist § 265 ZPO bei rein persönlichen Klagen, wie z.B.
> aus § 433 I S. 1 BGB!**
> **Darüber hinaus gilt § 265 ZPO nur ab Rechtshängigkeit. Vor Rechts-
> hängigkeit existiert für Forderungen die Sondervorschrift des § 407 II
> BGB.**
> **Zur Veräußerung des streitbefangenen Gegenstands empfehlen wir
> Ihnen zur Vertiefung den Aufsatz von Merle in JA 1983, 626 ff.**

Übungsfall

> *Fall: K ist Eigentümer einer Sache, die sich im Besitz des B befindet. K* **210**
> *erhebt gegen B Herausgabeklage nach § 985 BGB. Nach Rechtshängig-*
> *keit veräußert K die Sache nach §§ 929, 931 BGB an C, der von der*
> *Rechtshängigkeit weiß, verlangt aber unverändert Herausgabe an sich*
> *selbst. Was wird das Gericht tun?*

> K macht ab Veräußerung ein fremdes Recht in eigenem Namen geltend. **211**
> Seine Prozessführungsbefugnis ergibt sich aus § 265 II S. 1 ZPO. Sie ist
> auch nicht durch § 265 III ZPO ausgeschlossen, da wegen der Kenntnis
> des C von der Rechtshängigkeit § 325 II ZPO nicht eingreift und somit ein
> zu Lasten des K ergehendes Urteil nach der Grundregel des § 325 I ZPO
> auch gegen C wirkt. Damit ist die Klage also weiterhin zulässig.

Die h.M. verlangt jedoch bei Veräußerung durch den Kläger, dass er **212**
den Klageantrag der veränderten materiellen Rechtslage anpasst
und diesen auf Leistung an den Rechtsnachfolger umstellt, sog.
„Relevanztheorie": die Veräußerung sei eben doch nicht völlig
irrelevant.[148]

Eine solche Klageänderung gem. § 263 ZPO wird wegen der **213**
Rechtskrafterstreckung auf den Rechtsnachfolger und der daraus
resultierenden Vermeidung eines Folgeprozesses stets wegen
Sachdienlichkeit für zulässig erachtet.

Stellt der Kläger seinen Klageantrag nicht auf Leistung an den
Rechtsnachfolger um, so ist seine Klage als unbegründet abzuweisen.[149]

> Das Gericht wird K also gem. § 139 I ZPO darauf hinweisen, dass er sei- **214**
> ne Klage gegen B auf Herausgabe der Sache an C umzustellen habe.
> Kommt K diesem Hinweis nicht nach, wird die Klage als unbegründet ab-
> gewiesen.

> **hemmer-Methode: Die Relevanztheorie gilt allerdings nicht bei einer
> Veräußerung auf Beklagtenseite, da man eine am Verfahren nicht be-
> teiligte Person schlecht verurteilen kann.**

---

146 Th/P, § 265 ZPO, Rn. 19.

147 Vgl. Rn. 551 ff.

148 Th/P, § 265 ZPO, Rn. 13; a.A. R/S/G, § 102 IV 2.

149 Zöller, § 265 ZPO, Rn.6 m.w.N.

> **Allerdings besteht hier für den Kläger die Möglichkeit, eine Vollstreckungsklausel gegen den Rechtsnachfolger gem. §§ 727, 731 ZPO zu erwirken oder die Klage auf Ersatzansprüche (insbes. §§ 285, 816 I, 823 BGB) gem. § 264 Nr. 3 ZPO umzustellen!**
> **Außerdem ist auch bei § 265 ZPO immer an die Möglichkeit eines gewillkürten Parteiwechsels zu denken, vgl. Rn. 470 ff.**

Übungsfall

Fall: Wie oben, jedoch hatte der C beim Erwerb weder positive Kenntnis noch grob fahrlässige Unkenntnis von der Rechtshängigkeit. Wie ist zu entscheiden? | 215

Hier scheidet eine gesetzliche Prozessstandschaft des K gem. § 265 II ZPO aus folgendem Grund aus: Wegen Gutgläubigkeit des C, § 932 II BGB, tritt nach h.M. gem. § 325 II ZPO keine Rechtskrafterstreckung gegen C ein. Somit gilt § 265 III ZPO, der eine Ausnahmevorschrift zu § 265 II ZPO darstellt. K hat also in diesem Fall keine Prozessführungsbefugnis. | 216

Dementsprechend wäre die Klage eigentlich als unzulässig abzuweisen. Die h.M. verfährt anders. Da K mangels Prozessführungsbefugnis weiterhin ein eigenes Recht in eigenem Namen geltend mache, sei die Klage des K wegen fehlender Aktivlegitimation als unbegründet abzuweisen, falls K weiter an ihr festhält.[150] Dem K ist in dieser Situation zu empfehlen, die Klage für erledigt zu erklären.[151] | 217

(3) Partei kraft Amtes

Partei kraft Amtes

Ebenfalls um einen Fall der gesetzlichen Prozessstandschaft handelt es sich nach h.M. bei den sog. Parteien kraft Amtes:[152] | 218

> ⇨ Insolvenzverwalter (§ 80 InsO)
>
> ⇨ Testamentsvollstrecker (§§ 2205, 2212 BGB)
>
> ⇨ Nachlassverwalter (§ 1984 BGB)
>
> ⇨ Zwangsverwalter (§ 152 ZVG).

Beschränkung der PFB des Rechtsinhabers

In diesen Fällen fehlt ausnahmsweise dem materiellen Rechtsinhaber die Prozessführungsbefugnis und ist der Partei kraft Amtes zugewiesen. Dies hat den Vorteil, dass der Rechtsinhaber mangels Parteistellung als Zeuge vernommen werden kann und der Prozess nicht durch seinen Tod unterbrochen wird.[153] | 219

Anderer Auffassung ist die Vertretertheorie, die den Verwalter als gesetzlichen Vertreter des Rechtsträgers betrachtet.[154]

Da aber das Gesetz selbst in § 116 Nr. 1 ZPO und in § 2213 BGB von der Konstruktion der Partei kraft Amtes und der Lösung über die Prozessführungsbefugnis ausgeht, ist der h.M. zu folgen.

---

150 Zöller, § 265 ZPO, Rn.9; a.A. R/S/G, § 102 III 3 b).

151 Vgl. Rn. 291 ff.

152 Zöller, vor § 50 ZPO, Rn. 21.

153 Th/P, § 51 ZPO, Rn. 26.

154 R/S/G, § 40 II 1 b), d).

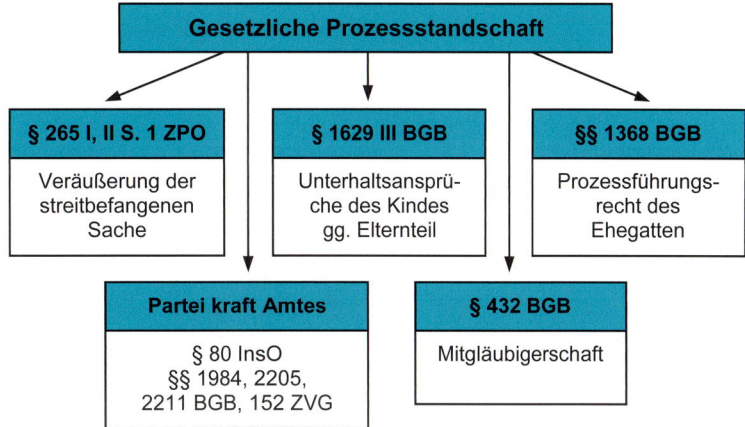

bb) Gewillkürte Prozessstandschaft

gewillkürte Prozessstandschaft: mat.-r. Gegenstück ist Einziehungsermächtigung

Bei der gewillkürten Prozessstandschaft ermächtigt der Rechtsträger einen Dritten durch Rechtsgeschäft, einen Anspruch im eigenen Namen als Partei einzuklagen.[155] Ihr materiell-rechtliches Gegenstück ist die sog. Einziehungsermächtigung nach § 185 BGB analog.

220

> **hemmer-Methode: Führen Sie sich den Unterschied zur Vertretung einerseits (im fremden Namen) und zur Abtretung andererseits (Wechsel in der Rechtszuständigkeit) nochmals vor Augen!**

Voraussetzungen:

Die gewillkürte Prozessstandschaft ist nur unter besonderen Voraussetzungen zulässig:

221

– *Zustimmung des Rechtsträgers*

(1) Zustimmung oder Ermächtigung des Rechtsträgers, § 185 I BGB analog.[156]

222

– *eigenes Interesse*

(2) Eigenes rechtsschutzwürdiges Interesse des Prozessstandschafters.[157]

223

Dieses ist zum einen gegeben, wenn die begehrte Entscheidung die eigene Rechtslage des Prozessführungsbefugten beeinflusst. Hierbei sind v.a. folgende Fallgruppen bedeutsam:

> ⇨ Forderungsabtretung aufgrund Forderungsverkauf, da der Zedent bei Übernahme einer Garantie auf den Bestand der abgetretenen Forderung haftet ⇨ der Forderungsverkäufer kann gewillkürter Prozessstandschafter sein.
>
> ⇨ Sicherungsabtretung, aufgrund der besonderen vertraglichen Beziehungen des Sicherungsgebers zum Sicherungsnehmer ⇨ der Sicherungsgeber kann gewillkürter Prozessstandschafter sein.
>
> ⇨ Drittschadensliquidation ⇨ der Verkäufer kann den Käufer ermächtigen, den rechtlich immer noch ihm selbst zustehenden Schadensersatzanspruch einzuklagen, da der Schaden ja beim Käufer liegt.

---

155 Th/P, § 51 ZPO, Rn. 31.

156 Th/P, § 51 ZPO, Rn. 33.

157 Th/P, § 51 ZPO, Rn. 34 f.

Zum anderen wird verlangt, dass in Fällen des Unterliegens des Prozessführungsbefugten der Kostenerstattungsanspruch des Prozessgegners nicht gefährdet wird. Mittellosigkeit des Ermächtigten steht einer gewillkürten Prozessstandschaft somit auch entgegen.

– Abtretbarkeit des Rechts

(3) Abtretbarkeit des Rechts oder Möglichkeit der Überlassung seiner Ausübung.[158] Letzteres ist z.B. beim dinglichen Herausgabeanspruch nach § 985 BGB der Fall.

224

Problem sog. Rückermächtigung

Schließlich ist zu beachten, dass die Regeln über die gewillkürte Prozessstandschaft im Fall der sog. Rückermächtigung entsprechend gelten. Diese liegt vor, wenn der allein (!) Prozessführungsbefugte (z.B. Insolvenzverwalter) den verfügungsbeschränkten Rechtsinhaber (z.B. Gemeinschuldner) zur Geltendmachung des eigenen Rechts ermächtigt.

225

5. Postulationsfähigkeit

Postulationsfähigkeit als Prozesshandlungsvoraussetzung

Unter Postulationsfähigkeit versteht man die Fähigkeit, vor Gericht aufzutreten und wirksam Prozesshandlungen vorzunehmen. Sie ist keine Prozessvoraussetzung, sondern lediglich Prozesshandlungsvoraussetzung.[159]

226

Der Unterschied besteht darin, dass bei Fehlen einer Prozessvoraussetzung die Klage durch Prozessurteil als unzulässig abzuweisen ist, während bei Fehlen der Postulationsfähigkeit eben die betreffende Prozesshandlung nicht wirksam vorgenommen worden ist.[160]

hemmer-Methode: In einem Fall kann das Fehlen der Postulationsfähigkeit aber mittelbar zum Fehlen einer Prozessvoraussetzung führen: Wird die Klage von einer postulationsunfähigen Person erhoben, fehlt es an der „echten" Prozessvoraussetzung der wirksamen Klageerhebung mit der Folge, dass die Klageschrift schon nicht zugestellt werden darf!

wichtig im Anwaltsprozess, §§ 78 ff. ZPO

Im Parteiprozess, also im Verfahren ohne Anwaltszwang, ist die prozessfähige Partei auch postulationsfähig. Im Anwaltsprozess muss für die Partei ein beim Prozessgericht zugelassener Rechtsanwalt als Bevollmächtigter auftreten; nur dieser ist dann postulationsfähig. Lesen Sie zur Postulationsfähigkeit die §§ 78 ff ZPO.

227

Übungsfall

Fall: Der siebzehnjährige K schließt im Rahmen eines nach § 112 BGB genehmigten Gewerbebetriebs Kaufverträge mit B und C. Da diese ihrer Zahlungsverpflichtung nicht nachkommen, bevollmächtigt K den Rechtsanwalt R, B auf Zahlung von 1.000,- € und C auf Zahlung von 15.000,- € zu verklagen. R erhebt vor dem zuständigen Amts- bzw. Landgericht ordnungsgemäß Klage. Nach Klageerhebung, aber noch vor dem ersten Termin, teilt K den Gerichten und den jeweiligen Beklagten mit, dass er die Prozessvollmacht des R widerrufen habe.

228

1. Im Termin vor dem Amtsgericht erscheint statt R nunmehr S und trägt vor, dass er K vertrete. Die Prozessvollmacht bringe er demnächst nach. B beantragt, die Klage als unzulässig abzuweisen, da das Vorliegen der Prozessvollmacht eine Prozessvoraussetzung sei. Ist diese Auffassung zutreffend?

2. Im Termin vor dem Landgericht erscheint K persönlich ohne Rechtsanwalt mit dem Hinweis, er wolle die Sache jetzt selbst in die Hand nehmen. C beantragt, die Klage wegen fehlender Postulationsfähigkeit des K als unzulässig abzuweisen.

---

158 Th/P, § 51 ZPO, Rn. 36.

159 Vgl. Rn. 249.

160 Th/P, vor § 78 ZPO, Rn.4; § 253 ZPO, Rn. 19.

1. K ist wegen §§ 51 I, 52 ZPO, § 112 BGB prozessfähig, sodass er einer Mitwirkung seines gesetzlichen Vertreters nicht bedarf. Nach § 79 ZPO können sich die Parteien im Prozess auch vertreten lassen, wobei vor dem Amtsgericht der Vertreter nicht Rechtsanwalt sein muss. Hier konnte also R aufgrund der ihm wirksam erteilten Prozessvollmacht wirksam Klage erheben. Diese Vollmacht ist später erloschen (§ 87 I ZPO), ohne dass die Erteilung einer neuen Vollmacht für S nachgewiesen wurde (§ 80 I ZPO). Hier hat B den Mangel der Prozessvollmacht gerügt (vgl. § 88 I, II ZPO).

Bei der Prozessvollmacht handelt es sich nur um eine Prozesshandlungsvoraussetzung. Dies bedeutet, dass die einmal wirksam erhobene Klage nicht dadurch unzulässig wird, dass im weiteren Verlauf des Verfahrens die Prozessvollmacht entfällt. Die Folge dieses Mangels ist allein, dass von diesem Zeitpunkt an der im Prozess auftretende vollmachtslose Vertreter keine wirksamen Prozesshandlungen mit Wirkung für und gegen die Partei mehr vornehmen kann. Die Klage wird also nicht unzulässig, sondern S wird lediglich in der Verhandlung zurückgewiesen bzw. nach Ermessen des Gerichts einstweilen zur Prozessführung zugelassen (vgl. § 89 ZPO).

2. Hier hat K Klage vor dem Landgericht erhoben. Vor dem Landgericht herrscht Anwaltszwang (§ 78 I S. 1 ZPO), d.h. die Parteien müssen sich durch einen bei einem Amts- oder Landgericht zugelassenen Rechtsanwalt vertreten lassen. K konnte also nicht selbst Klage erheben. Da der R für ihn Klage erhoben hat, ist die Klage zulässig. Im Anwaltsprozess endet die Prozessvollmacht nicht durch bloße Anzeige des Widerrufs, sondern erst mit der Bestellung eines anderen Rechtsanwalts (§ 87 I ZPO). Wäre R im Termin erschienen, hätte er also nach wie vor Prozesshandlungen für K vornehmen können. Tatsächlich ist jedoch K in der Verhandlung selbst aufgetreten. Ihm fehlt aber wegen § 78 I S. 1 ZPO vor dem Landgericht die Postulationsfähigkeit.

Diese ist jedoch keine Prozessvoraussetzung. Die wirksam erhobene Klage wird nicht unzulässig, sondern K ist nur nicht in der Lage, Prozesshandlungen wirksam vorzunehmen. Da K also nicht verhandeln kann, könnte auf Antrag des C gegen ihn ein Versäumnisurteil ergehen, §§ 330, 333 ZPO.[161]

> **hemmer-Methode: Beachten Sie, dass durch das OLG-Vertretungsänderungsgesetz seit dem 01.08.2002 die bei (irgend)einem OLG zugelassenen Rechtsanwälte auch bei allen übrigen Oberlandesgerichten auftreten können.**

IV. Streitgegenstandsbezogene Prozessvoraussetzungen

> **hemmer-Methode: Zum Streitgegenstand wiederholen Sie bitte nochmal die Randnummern 117 ff.**

1. Wirksame und ordnungsgemäße Klageerhebung[162]

Ordnungsgemäße Klageerhebung

Falls bei Einreichung der Klageschrift offensichtlich ist, dass dem Kläger die Partei- oder Prozessfähigkeit fehlt oder die Postulationsfähigkeit nicht vorliegt, ist die Klage nicht wirksam erhoben. Es handelt sich insoweit also um eine „echte" Prozessvoraussetzung.[163] Als ebenso schwerwiegend wird das Fehlen der Unterschrift angesehen, wobei allerdings ein richterlicher Hinweis nach § 139 III ZPO mit der Möglichkeit zur Nachholung ergehen wird.

229

230

231

---

161 Vgl. Rn. 387 ff.
162 Vgl. Rn. 83 ff.
163 Vgl. Rn. 138.

Fehlt es an sonstigen Voraussetzungen der Klageschrift, die nach §§ 253 II, IV ZPO erforderlich sind, spricht man von einer nicht ordnungsgemäß erhobenen Klage.

232

Heilungsmöglichkeit

Hier wird zwar zugestellt (§§ 253 I, 270 I ZPO) und ein Termin anberaumt, im weiteren Verlauf des Verfahrens kommt es aber darauf an, ob der Mangel durch Nachholung oder durch Nichtrüge gem. § 295 ZPO geheilt wird. Falls dies nicht geschieht, ist die Klage als unzulässig abzuweisen.

2. Vorrang eines Einigungsversuchs vor einer Gütestelle – Das sog. „Schlichtungsverfahren"

Mit Gesetz vom 15.12.1999 hat der Bundesgesetzgeber den Ländern durch die Neuregelung des § 15a EGZPO mit einer Öffnungsklausel die Möglichkeit gegeben, dem Verfahren vor dem Amtsgericht ein obligatorisches Schlichtungsverfahren vorzuschalten. Davon haben die Länder nur teilweise und in unterschiedlicher Art und Weise Gebrauch gemacht.

232a

hemmer-Methode: In der Beilage zur NJW Heft 51/2001 werden die Ausführungsgesetze der Länder zu § 15a EGZPO - soweit von der Ermächtigung Gebrauch gemacht wurde - mit zusammenfassenden Übersichten dargestellt und die entsprechenden Gesetzestexte veröffentlicht. Vorab geben Zietsch/Röschmann einen Überblick über die Regelungen des vorprozessualen Güteverfahrens und setzen sich mit den einzelnen Landesregelungen auseinander.
Den Gesetzestext des Schlichtungsgesetzes Ihres jeweiligen Bundeslandes finden Sie auch im Ergänzungsband zum Schönfelder unter den Nummern 104 ff.
Machen Sie sich mit dem Schlichtungsgesetz Ihres Bundeslandes vertraut! Diese Problematik wurde schon im Ersten Staatsexamen geprüft, z.B. in Bayern im Termin 2002/I in der 2. Klausur.

Gem. **§ 15a I EGZPO** i.V.m. dem **Schlichtungsgesetz** des jeweiligen Bundeslandes muss **vor** Erhebung bestimmter Klagen eine Schlichtung vor einer anerkannten Gütestelle versucht werden. Erst dann ist die Erhebung einer Klage zulässig.

232b

Eine ohne den Einigungsversuch erhobene Klage ist als unzulässig abzuweisen. Eine Nachholung des Einigungsversuchs ist nicht möglich.[164]

Ein Schlichtungsversuch ist vorgeschaltet:

⇨ in vermögensrechtlichen Streitigkeiten vor dem Amtsgericht über Ansprüche, deren Gegenstand die Summe von **750,- € nicht übersteigt**, § 15a I S. 1 Nr. 1 EGZPO.

⇨ in Streitigkeiten über Ansprüche aus dem **Nachbarrecht**, § 15a I S. 1 Nr. 2 EGZPO.

⇨ in Streitigkeiten über Ansprüche wegen der **Verletzung der persönlichen Ehre**, die nicht in Presse oder Rundfunk begangen worden ist, § 15a I S. 1 Nr. 3 EGZPO.

⇨ in Streitigkeiten über Ansprüche nach Abschnitt 3 des AGG, § 15a I S. 1 Nr. 4 EGZPO

---

164 Vgl. BGH NJW 2005, 437 ff.

hemmer-Methode: Zu beachten ist allerdings, dass eine im Verlauf des Rechtsstreits erfolgte zulässige Klageänderung oder -erweiterung einen erneuten außergerichtlichen Schlichtungsversuch nicht erforderlich macht.[165]

Allerdings ist es auch nicht zulässig, eine Klageänderung rechtsmissbräuchlich zur Umgehung des Schlichtungsverfahrens einzusetzen.

Eine solche Umgehung liegt vor, wenn eine zunächst offensichtlich unzulässig unbegründet erhobene Klage nachträglich geändert wird und nun unter die schlichtungspflichtigen Streitigkeiten fällt.[166]

§ 15a II EGZPO regelt dabei wichtige Ausnahmen vom vorherigen Einigungsversuch vor der Gütestelle.

Kein Schlichtungsverfahren muss beispielsweise stattfinden vor: **232c**

⇨ Widerklagen, § 15a II S. 1 Nr. 1 EGZPO

⇨ Streitigkeiten, denen ein gerichtliches Mahnverfahren vorausgegangen ist, § 15a II S. 1 Nr. 5 EGZPO

⇨ vollstreckungsrechtlichen Klagen nach dem 8. Buch der ZPO, § 15a II S. 1 Nr. 6 EGZPO

hemmer-Methode: Weitere Ausnahmen können Sie dem in Ihrem Bundesland geltenden Schlichtungsgesetz entnehmen, vgl. auch § 15a V HS 2 EGZPO!

Gemäß § 15a VI S. 2 EGZPO sind die vor einer Gütestelle geschlossenen Vergleiche nach § 794 I Nr. 1 ZPO vollstreckbar. **232d**

hemmer-Methode: Beachten Sie bitte, dass der Vorrang des Schlichtungsverfahrens nur „vor Erhebung der Klage" und nicht vor der Beantragung einer einstweiligen Verfügung (vgl. dazu Rn. 656) gilt.

Ein anderes Ergebnis wäre mit der durch den einstweiligen Rechtsschutz bezweckten Schnelligkeit des Verfahrens unvereinbar.

Der Antrag auf Erlass einer einstweiligen Verfügung ist demnach ohne vorherigen Einigungsversuch vor der Gütestelle zulässig.

3. Fehlende anderweitige Rechtshängigkeit

§ 261 III Nr. 1 ZPO

Der erhobene prozessuale Anspruch darf gem. § 261 III Nr. 1 ZPO nicht schon anderweitig rechtshängig sein, §§ 253 I, 261 I ZPO. Damit sollen hinsichtlich desselben Streitgegenstands einander widersprechende Entscheidungen verhindert werden („Prozesssperre" bzgl. desselben Streitgegenstandes). **233**

Identität des Streitgegenstandes

Die anderweitige Rechtshängigkeit setzt voraus, dass in dem anderen Prozess derselbe Streitgegenstand vorliegt und dieser zwischen denselben Parteien oder solchen Personen geführt wird, denen gegenüber die Rechtskraft der Entscheidung des ersten Prozesses wirkt.[167] **234**

---

165 Vgl. BGH Urteil om 22.10.2004, Az.: V ZR 47/04; download unter www.bundesgerichtshof.de.

166 Vertiefungshinweise für Referendare und Praktiker: Sehr lesenswert ist der Aufsatz von Bitter, „Die Crux mit der obligatorischen Streitschlichtung nach § 15a EGZPO – Zulässige und unzulässige Strategien zur Vermeidung eines Schlichtungsverfahrens", in NJW 2005, 1235 ff.

167 Vgl. Rn. 530 ff.

Fall: K erhebt Klage gegen B mit dem Antrag festzustellen, er sei Eigentümer einer Uhr. Wäre eine (parallele) Klage des B gegen K mit dem Antrag auf Feststellung seines Eigentums zulässig?

Auf den ersten Blick scheinen der Streitgegenstand des ersten und des zweiten Prozesses verschieden zu sein: Im ersten Verfahren soll das Eigentum des K, im zweiten Verfahren das des B festgestellt werden.

Mit der ersten Entscheidung wird jedoch nicht nur - positiv - das Eigentum des K festgestellt, sondern auch - negativ -, dass B nicht Eigentümer ist.

Dieses mit der positiven Feststellung unvereinbare Gegenteil wird als das sog. **„kontradiktorische Gegenteil"** bezeichnet und wird von der h.M. als derselbe Streitgegenstand angesehen.[168]

Damit ist die Klage des B wegen bereits anderweitiger Rechtshängigkeit gem. § 261 III Nr. 1 ZPO unzulässig.

4. Fehlende rechtskräftige Entscheidung

entgegenstehende Rechtskraft

Schließlich darf über den rechtshängigen Streitgegenstand nicht schon anderweitig rechtskräftig entschieden worden sein, vgl. § 322 I ZPO.[169]

235

> **hemmer-Methode: Wenn im obigen Beispiel (Rn. 234) die Klage des K abgewiesen worden wäre, wäre nur festgestellt worden, dass K nicht Eigentümer ist, nicht aber, dass B Eigentümer ist. Einer Klage des B stünde also § 322 I ZPO nicht entgegen, da hier nicht das kontradiktorische Gegenteil und damit nicht derselbe Streitgegenstand geltend gemacht wird.**

Eine Ausnahme besteht nur, wenn ein besonderes Bedürfnis nach einer zweiten Entscheidung besteht, z.B. bei Auslandsurteilen oder bei Verlust des Vollstreckungstitels und der fehlenden Möglichkeit der Wiederherstellung. Die neue Entscheidung muss dann allerdings mit der früheren identisch sein.[170]

Hiervon zu unterscheiden ist die Beseitigung einer bereits rechtskräftigen Entscheidung.[171]

5. Allgemeines Rechtsschutzbedürfnis

berechtigtes Interesse an Klage

Der Kläger muss ein berechtigtes Interesse daran haben, ein Zivilgericht zur Erreichung des begehrten Rechtsschutzes in Anspruch zu nehmen.

236

Wo das Gesetz ein solches Rechtsschutzbedürfnis nicht ausdrücklich zur Voraussetzung gemacht hat, z.B. bei der allgemeinen Leistungsklage, wird dieses allerdings nur ausnahmsweise aus besonderen Gründen fehlen. Ein solcher besonderer Grund liegt vor, wenn der Kläger zur Erreichung seines Zieles einen wesentlich einfacheren Weg beschreiten kann und deshalb kein Urteil benötigt.[172]

---

168 Schlosser, Rn. 215 f.

169 Vgl. Rn. 535; vgl. dazu BGH, NJW 2004, 1252. Ein Käufer wurde in einem Mängelprozess rechtskräftig abgewiesen. Er klagte erneut und verlangte wiederum Rückzahlung, dieses Mal mit dem Argument, arglistig getäuscht worden zu sein. Nach Ansicht des BGH ist die Klage unzulässig, es handle sich um denselben Streitgegenstand, damit stehe die Rechtskraft des ersten Urteils entgegen; siehe dazu auch JuS 2004, 560.

170 Th/P, § 322 ZPO, Rn. 12.

171 Vgl. Rn. 632 ff.

172 Th/P, vor § 253 ZPO, Rn. 27; Zöller, vor § 253 ZPO, Rn. 18.

V. Besondere Prozessvoraussetzungen

besondere Prozessvoraussetzungen

In bestimmten Fällen müssen neben den allgemeinen Prozessvoraussetzungen zusätzlich besondere Prozessvoraussetzungen vorliegen. 237

1. Feststellungsklage, § 256 I ZPO

Feststellungsinteresse

Bei der Feststellungsklage muss der Tatsachenvortrag des Klägers erkennen lassen, dass die Feststellung des Bestehens oder Nichtbestehens eines Rechtsverhältnisses begehrt wird, vgl. Rn. 66 ff. Ob ein Rechtsverhältnis wirklich vorliegt, ist aber eine Frage der Begründetheit! 238

> *Bsp. für Unzulässigkeit: K begehrt die Feststellung, B habe bestimmte Tatsachen über ihn verbreitet. Hier besteht aber die Möglichkeit einer (Leistungs-), Unterlassungs- oder Widerrufsklage (§§ 1004, 823 BGB).*

bes. rechtliches Interesse, § 256 I ZPO

Mit dem Erfordernis eines rechtlichen Interesses[173], § 256 I ZPO, besteht darüber hinaus eine besondere Ausprägung des allgemeinen Rechtsschutzbedürfnisses. 239

positive FK ⇨ wenn keine LK möglich ist

Bei einer positiven Feststellungsklage fehlt grundsätzlich das rechtliche Interesse an der alsbaldigen Feststellung eines Rechtsverhältnisses, wenn der Kläger ebenso gut eine Leistungsklage erheben kann.[174] Denn die Feststellungsklage besitzt bezüglich der Hauptsacheentscheidung keinen vollstreckungsfähigen Inhalt. Der Kläger müsste also zur Erlangung eines Vollstreckungstitels zusätzlich Leistungsklage erheben. Diese doppelte Inanspruchnahme gerichtlichen Rechtsschutzes gilt es zu vermeiden.

> *Beispiele für das Vorliegen des rechtlichen Interesses:[175]*
>
> *1. Hinsichtlich einer Forderung ist nur der Anspruchsgrund zwischen den Parteien streitig. Zudem ist zu erwarten, dass der Beklagte bei Feststellung des Rechts dem Urteil freiwillig Folge leisten wird. Davon kann i.d.R. bei juristischen Personen des öffentlichen Rechts ausgegangen werden.*
>
> *2. Dem Kläger ist die Bezifferung des Antrags einer Leistungsklage unmöglich oder unzumutbar, z.B. weil sich der Schaden noch in der Entwicklung befindet.*

negative FK

Bei der negativen Feststellungsklage besteht ein Feststellungsinteresse i.S.d. § 256 I ZPO, sobald sich jemand eines Anspruches berühmt.

> *Bsp.: B behauptet, dass K bei ihm noch erhebliche Schulden aus einem Darlehen hätte. Hier kann K gerichtlich feststellen lassen, dass er dem B nichts (mehr) schuldet.*

hemmer-Methode: Wird eine Aufrechnung aus prozessualen Gründen (z.B. wegen Präklusion gem. §§ 296, 767 II ZPO) zurückgewiesen, hat sie auch keine materiell-rechtliche Wirkung (vgl. dazu auch Rn. 362).
In diesem Fall kann derjenige, der mit der Aufrechnung nicht zugelassen wurde, auch nicht auf Feststellung klagen, dass die Forderung erloschen ist. Es fehlt insoweit das rechtliche Interesse im Sinne des § 256 I ZPO.[176]

---

173 Ein ausschließlich wirtschaftliches oder persönliches Interesse reicht im Gegensatz zu § 43 VwGO nicht aus!

174 Th/P, § 256 ZPO, Rn. 18.

175 Weitere Einzelfälle bei Zöller, § 256 ZPO, Rn. 8 ff.

176 Vgl. dazu BGH, **Life&Law 2009, Heft 6, 379 ff.**

2. Klage auf zukünftige Leistung, §§ 257 - 259 ZPO

§§ 257 ff. ZPO

Der Kläger kann unter bestimmten Voraussetzungen die Verurteilung des Beklagten zu einer Leistung begehren, auf die der Kläger zum Zeitpunkt der Klageerhebung entweder noch keinen oder noch keinen fälligen Anspruch hat, vgl. §§ 257 ff. ZPO.

240

Unterhaltsklage gemäß § 258 ZPO

Wichtigster Fall ist die Klage auf wiederkehrende Leistungen gem. § 258 ZPO, mit der in der Praxis vor allem zukünftige Ansprüche auf Zahlung von Renten oder Leistung von Unterhalt geltend gemacht werden.

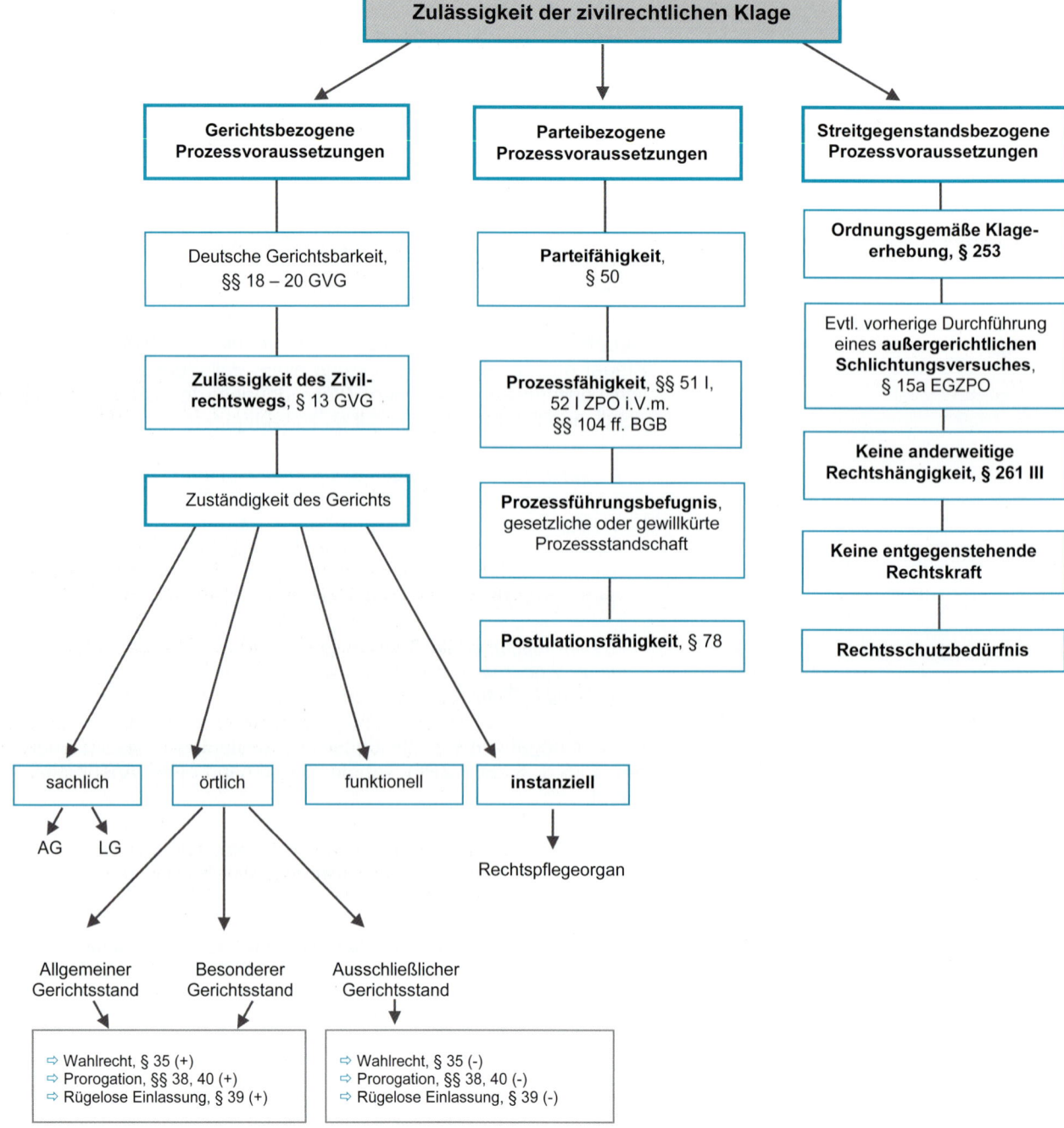

§ 4 DIE PROZESSFÜHRUNGSMÖGLICHKEITEN DER PARTEIEN

I. Lehre von den Prozesshandlungen

1. Begriff

Def.:
Herbeiführung eines prozessualen Erfolges

Im Verlauf des Verfahrens bestehen für die Parteien verschiedene Möglichkeiten, „den Prozess zu führen", die sog. Parteiprozesshandlungen. Prozesshandlungen sind von materiellen Rechtsgeschäften abzugrenzen. Die h.M. stellt für das Vorliegen einer Prozesshandlung darauf ab, ob das Verhalten einer Partei im Wesentlichen einen Erfolg auf prozessualem Gebiet herbeiführen soll.[177]

241

doppelfunktionale Prozesshandlungen

Es kann allerdings vorkommen, dass ein Parteiverhalten sowohl Wirkungen auf prozessualem als auch auf materiell-rechtlichem Gebiet entfaltet. Man spricht dann von „doppelfunktionalen Prozesshandlungen", insbesondere beim Prozessvergleich[178] und bei der Prozessaufrechnung.[179]

242

2. Arten

a) Bewirkungs- und Erwirkungshandlungen

Unterscheide: prozessuale Be- und Erwirkung

Prozesshandlungen lassen sich danach unterscheiden, ob die prozessuale Wirkung unmittelbar herbeigeführt wird (**Be**wirkung) oder ob dazu noch ein Tätigwerden des Gerichts erforderlich ist (**Er**wirkung).[180]

243

> *Beispiele für Bewirkungshandlungen: Klagerücknahme (§ 269 ZPO), Verzicht (§ 306 ZPO), Anerkenntnis (§ 307 ZPO), Einlegung von Rechtsmitteln.*

> *Beispiele für Erwirkungshandlungen: Anträge, Tatsachenbehauptungen, Geltendmachung von Einreden.*

> **hemmer-Methode: Beachte: Bei Bewirkungshandlungen spricht man von ihrer Wirksamkeit, bei Erwirkungshandlungen von ihrer Zulässigkeit und Begründetheit!**

b) Prozess- und Sachanträge

Unterscheide: Auswirkung auf Sachentscheidung oder Verfahren

Sachanträgen ist eigentümlich, dass sie auf den sachlichen Gehalt der begehrten Entscheidung Einfluss zu nehmen versuchen. Prozessanträge betreffen hingegen nur die prozessuale Gestaltung des Verfahrens.[181]

244

Klageantrag = Sachantrag

Der in der Klageschrift formulierte und zu Beginn der mündlichen Verhandlung gestellte Antrag des Klägers (!) ist somit Sachantrag.

245

Beweisantrag = Prozessantrag

Beweisanträge oder der Antrag auf Erlass eines Versäumnisurteils sind dagegen Prozessanträge.

246

---

177 Th/P, Einl. III, Rn. 3.

178 Vgl. Rn. 300 ff.

179 Vgl. Rn. 358 ff.

180 Zöller, vor § 128 ZPO, Rn. 14.

181 Th/P, § 297 ZPO, Rn. 1 f.

Zu beachten ist, dass der vom Beklagten (!) gestellte Antrag auf Klageabweisung ebenfalls nur Prozessantrag ist. Er beeinflusst den Inhalt der Entscheidung nicht, weil die Klage bei fehlender Zulässigkeit oder Begründetheit ohnehin abgewiesen werden muss!

c) Prozessverträge

v.a. Gerichtsstandsvereinbarung, Prozessvergleich

Schließlich können Prozesshandlungen beiderseitiger Natur sein; die wichtigsten Formen der Prozessverträge sind Gerichtsstandsvereinbarungen[182] und Prozessvergleiche.[183]

247

Zulässigkeit und Wirkung beurteilt sich nach Prozessrecht, das Zustandekommen dagegen nach materiellem Recht.

Geltendmachung durch prozessuale Einrede

Die darin enthaltenen Vereinbarungen sind von den Parteien durch Erhebung einer prozessualen Einrede in den Rechtsstreit einzuführen.[184]

248

3. Anwendbare Vorschriften

a) Prozesshandlungsvoraussetzungen

Wirksamkeitserfordernis prozessualer Handlungen

Die Wirksamkeit von Bewirkungshandlungen und die Zulässigkeit von Erwirkungshandlungen erfordern das Vorliegen der persönlichen Prozesshandlungsvoraussetzungen. Diese sind:

249

> ⇨ Parteifähigkeit, vgl. Rn. 181 ff.
>
> ⇨ Prozessfähigkeit oder Vertretungsmacht im Fall gesetzlicher Vertretung, vgl. Rn. 191 ff.
>
> ⇨ Postulationsfähigkeit, vgl. Rn. 226 ff.
>
> ⇨ Vollmacht im Fall gewillkürter Vertretung (§§ 79 - 89)

§§ 133, 157, 140 BGB analog

Prozesshandlungen sind sowohl der Auslegung als auch der Umdeutung zugänglich; hier können die §§ 133, 157, 140 BGB entsprechend angewendet werden.[185]

250

grundsätzlich formfrei

Grundsätzlich sind Prozesshandlungen formfrei, es sei denn, dass etwas anderes bestimmt ist.

Erklärungsempfänger = Gericht

Erklärungsadressat ist in jedem Fall das Gericht, in vielen Fällen aber auch zusätzlich die andere Partei. Spätester Zeitpunkt der Vornahme ist die letzte mündliche Verhandlung, falls nicht abweichende Vorschriften existieren.

b) Bedingungen und Befristungen

Zulässigkeit innerprozessualer Bedingungen

Befristungen werden allgemein aufgrund des Bedürfnisses nach Rechtssicherheit im Prozess als unzulässig betrachtet. Bedingungen sind dann nicht möglich, wenn es sich um ein ungewisses künftiges Ereignis außerhalb des Verfahrens handelt.

251

---

182 Vgl. Rn 172 ff.

183 Vgl. Rn. 300 ff.

184 Zöller, vor § 128 ZPO, Rn. 32.

185 Th/P, Einl. III, Rn. 16.

Innerprozessuale Bedingungen, über deren Eintritt das Gericht im Laufe des Prozesses entscheidet, sind aber zulässig.

hemmer-Methode: Die Rechtsunsicherheit, die sich aus prozessualen Schwebezuständen ergibt, besteht dann nämlich nicht.[186]

Bedingungsfeindlichkeit von Prozesshandlungen

↳ Aus Rechtssicherheitsgründen können Prozesshandlungen nicht unter einer außerhalb des Verfahrens stehenden Bedingung vorgenommen werden

Ausnahme

Innerprozessuale Bedingung

↳ Hängt die Bedingung lediglich von einem innerprozessualen Vorgang ab, besteht keine Rechtsunsicherheit, da das Gericht den Eintritt der Bedingung selbst herbeiführt
⇨ Eventualklagehäufung (Haupt- und Hilfsantrag)

Beispiel einer zulässigen Bedingung: Hauptantrag und Eventualantrag, über den nur entschieden werden soll, falls der Hauptantrag erfolglos bleibt (echter Hilfsantrag) oder erfolgreich ist (unechter Hilfsantrag); weiteres Beispiel ist die Eventualaufrechnung (dazu unten Rn. 361 f.).

c) Anfechtung, Widerruf, Rücknahme

§§ 116 ff. BGB nicht anwendbar

Die Vorschriften der §§ 116 ff. BGB sind auf Prozesshandlungen nicht - auch nicht analog - anwendbar.[187] Anders ist dies nur bei den Prozessverträgen, deren Zustandekommen sich ja nach materiellem Recht richtet, vgl. Rn. 247.

253

Für die Frage, ob eine Prozesshandlung nachträglich beseitigt werden kann, ist zwischen Be- und Erwirkungshandlungen zu unterscheiden.[188]

Bewirkungshandlungen grds. unwiderruflich

Bewirkungshandlungen sind grundsätzlich unwiderruflich, da der beabsichtigte Erfolg bei ihnen unmittelbar eintritt (arg.: Rechtssicherheit im Prozess). Eine Ausnahme gilt aber bei einverständlicher, nachträglicher Rücknahme durch die Prozessparteien, bei Mängeln, die einen Restitutionsgrund i.S.d. § 580 ZPO darstellen sowie dann, wenn ein Abänderungsgrund gem. § 323 ZPO vorliegt.

253

Erwirkungshandlungen grds. widerruflich

Erwirkungshandlungen sind dagegen noch von einem gerichtlichen Tätigwerden abhängig; sie können deshalb widerrufen werden, solange nicht ein Zustand eingetreten ist, auf dessen Bestehen der Prozessgegner vertrauen durfte (arg.: Vertrauensschutz): Dies ist in der Regel der Fall, wenn das Gericht die zu erwirkende Handlung vorgenommen hat.

254

---

186 Th/P, Einl. III, Rn. 14.

187 Zöller, vor § 128 ZPO, Rn. 15.

188 Musielak, Rn. 143.

II. Prozessbeendigende Prozesshandlungen

1. Klagerücknahme gem. § 269 ZPO

a) Einführung

Ausgangsfall

Ausgangsfall: K hatte durch Zufall von einer freistehenden Mietwohnung erfahren. Er wandte sich an die Hausverwalterin V und bekundete Interesse am Abschluss eines Mietvertrags. V erklärte, dies setze die Bezahlung einer Vermittlungsgebühr i.H.v. zwei Monatsmieten an ihren Ehemann B voraus. K war einverstanden, Abschluss des Mietvertrages und Bezahlung der Gebühr erfolgten am 15.11.2005.

255

Auf Anraten und mit Hilfe des Dödel, Student der Rechte im 3. Semester, erhob K am 05.01.2009 Klage gegen B auf Rückzahlung der Gebühr. In der mündlichen Verhandlung am 16.11.2009 verhandelten die Parteien zunächst darüber, ob die Klage wirksam erhoben wurde. In einer Verhandlungspause teilte der Dödel dem K mit, er habe soeben festgestellt, dass der Rückzahlungsanspruch seit heute verjährt sei. Daraufhin nahm K seine Klage zurück. B beantragte Klageabweisung.

Von Rechtsanwalt R eines Besseren belehrt, erhob K am 30.11.2009 erneut Klage. In der streitigen Verhandlung berief sich B auf Verjährung. Anschließend machte er geltend, dass K die Kosten des ersten Prozesses noch nicht erstattet habe.

1. Konnte K die Klage ohne die Einwilligung des B wirksam zurücknehmen?

2. Hat die zweite Klage Aussicht auf Erfolg?

Änderung der Umstände

Während eines Prozesses können Ereignisse eintreten, die es für den Kläger ratsam erscheinen lassen, sein Klagebegehren nicht weiter zu verfolgen. Der Kläger stellt etwa fest, dass seine Klage mangels Bestehens oder Beweisbarkeit des geltend gemachten Anspruchs keine Aussicht auf Erfolg hat oder erkennt, dass die Aufrechterhaltung eines erfolgversprechenden Klagebegehrens wegen Vermögenslosigkeit des Beklagten keinen weiteren Nutzen bringen, sondern nur zusätzliche Kosten verursachen würde.

256

berechtigt zur Klagerücknahme

In diesen Fällen gestattet das Gesetz dem Kläger unter bestimmten Voraussetzungen, seine Klage zurückzunehmen.

257

keine Auswirkung auf mat. Recht

Die Klagerücknahme hat keine Auswirkungen auf das vom Kläger geltend gemachte Recht. Der Kläger ist also nicht gehindert, zu einem späteren Zeitpunkt erneut Klage zu erheben. Hierin unterscheidet sich die Klagerücknahme vom Verzicht gem. § 306 ZPO.

258

b) Voraussetzungen einer wirksamen Klagerücknahme

Voraussetzungen

Eine wirksame Klagerücknahme setzt voraus, dass der Kläger diese wirksam erklärt und der Beklagte seine Einwilligung erteilt, soweit diese erforderlich ist.

259

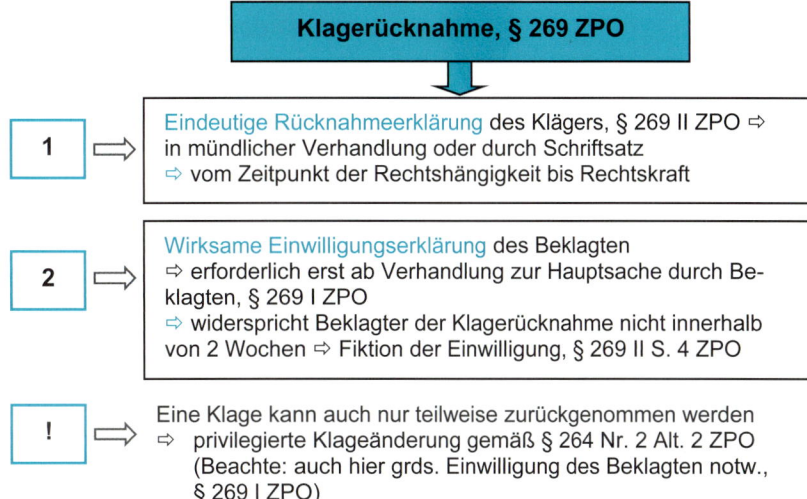

Klagerücknahme, § 269 ZPO

1 ⇨ Eindeutige Rücknahmeerklärung des Klägers, § 269 II ZPO ⇨ in mündlicher Verhandlung oder durch Schriftsatz ⇨ vom Zeitpunkt der Rechtshängigkeit bis Rechtskraft

2 ⇨ Wirksame Einwilligungserklärung des Beklagten ⇨ erforderlich erst ab Verhandlung zur Hauptsache durch Beklagten, § 269 I ZPO ⇨ widerspricht Beklagter der Klagerücknahme nicht innerhalb von 2 Wochen ⇨ Fiktion der Einwilligung, § 269 II S. 4 ZPO

! ⇨ Eine Klage kann auch nur teilweise zurückgenommen werden ⇨ privilegierte Klageänderung gemäß § 264 Nr. 2 Alt. 2 ZPO (Beachte: auch hier grds. Einwilligung des Beklagten notw., § 269 I ZPO)

aa) Wirksame Erklärung der Klagerücknahme durch den Kläger

Erklärung als Prozesshandlung

Die Erklärung der Klagerücknahme ist eine einseitige Prozesshandlung. Die im allgemeinen Teil behandelten Wirksamkeitsvoraussetzungen für Prozesshandlungen müssen also vorliegen: | **260**

in mündl. Verhandlung oder per Schriftsatz

(1) Form: Gem. § 269 II S. 2 ZPO kann die Klagerücknahme in der mündlichen Verhandlung oder durch Einreichung eines Schriftsatzes erfolgen. | **261**

grundsätzlich unwiderruflich

(2) Widerruf: Ist die Einwilligung des Beklagten nicht erforderlich, so führt die Klagerücknahme unmittelbar zur Beseitigung der Rechtshängigkeit des Streitgegenstandes. | **262**

Als Bewirkungshandlung ist sie deshalb grundsätzlich nicht widerruflich (vgl. Rn. 253). Ein Widerruf ist jedoch mit Zustimmung des Beklagten zur Vermeidung eines neuen Prozesses zulässig.[189]

Muss der Beklagte in die Rücknahme einwilligen, so ist der Kläger an seine Erklärung gebunden, bis die Einwilligung erteilt oder versagt wird.

jedenfalls ab Rechtshängigkeit

(3) Zeitpunkt: Jedenfalls ab Eintritt der Rechtshängigkeit kann eine Klage zurückgenommen werden. | **263**

Die Klage kann auch nach Erlass eines Urteils bis zu dessen Rechtskraft zurückgenommen werden, § 269 III S. 1 ZPO. Nach Einlegung eines Rechtsmittels ist die Erklärung an das Rechtsmittelgericht zu richten.

Problem: Klagerücknahme auch vor Zustellung möglich?

Durch die Einführung des § 269 III S. 3 ZPO mit Wirkung zum 01.01.2002 wird dem Kläger für den Fall der Erledigung vor Rechtshängigkeit nun die Möglichkeit eingeräumt, die Rücknahme der Klage zu erklären und über die Kosten eine Entscheidung nach billigem Ermessen herbeizuführen. | **263a**

Da § 269 III S. 3 ZPO aber auch eine Rücknahme der Klage voraussetzt, ist es umstritten, ob die Zustellung der Klage eine Voraussetzung für die Anwendung des § 269 III S. 3 ZPO ist.[190]

189 Th/P, § 269 ZPO, Rn. 8.

190 Vgl. dazu Tegeder, „Die Klagerücknahme als „einseitige Hauptsachenerledigung" in NJW 2003, 3327 f.

Nach Ansicht des OLG Nürnberg kann eine Klage erst zurückgenommen werden, wenn sie zugestellt ist.[191]

Nach Ansicht des BGH kann eine Klage im Fall des § 269 III S. 3 ZPO ausnahmsweise auch vor der Zustellung zurückgenommen werden.[192]

Der durch die ZPO-Reform zum 01.01.2002 eingefügte § 269 III S. 3 ZPO soll dem Kläger eine unkomplizierte Möglichkeit der Beendigung des Rechtsstreits geben, wenn sich der Anlass zur Klageerhebung zwischen Anhängigkeit und Rechtshängigkeit wegfällt.

Dass eine Klage begrifflich erst dann zurück genommen werden kann, wenn es sie gibt, entspricht nicht der Intention des Gesetzgebers, da die Möglichkeit geschaffen werden sollte, eine materiell gerechte Kostenentscheidung ohne einen weiteren, neue Kosten und zusätzliche Arbeit verursachenden Prozess erreichen zu können.

Gesetzesänderung zum 01.09.2004

Am 01.09.2004 ist das **„Erste Gesetz zur Modernisierung der Justiz"** in Kraft getreten. Der Bundesgesetzgeber hat mit diesem Gesetz wesentliche Teile der ZPO[193], insbesondere auch § 269 III S. 3 ZPO geändert[194]. **263b**

§ 269 III S. 3 HS 2 ZPO ⇨ Klagerücknahme auch vor Zustellung der Klage möglich!

Aufgrund der Einfügung des § 269 III S. 3 HS 2 ZPO ist die Klagerücknahme ist auch dann möglich, wenn die Klage noch gar nicht zugestellt wurde[195].

hemmer-Methode: Eine Kostenentscheidung des Gerichtes nach § 269 III S. 3 ZPO darf aber erst ergehen, wenn dem Beklagten zur Wahrung des Anspruches auf rechtliches Gehör (Art. 103 I GG) die Klageschrift zugestellt worden ist.[196]

Teilrücknahme möglich

(4) Beschränkung: Der Kläger kann die Klagerücknahme auf einen Teil des Streitgegenstandes beschränken. **264**

Eine solche Teilrücknahme erfüllt die Tatbestandsvoraussetzungen einer privilegierten Klageänderung gem. § 264 Nr. 2 Alt. 2 ZPO.

hemmer-Methode: Die Frage, ob dies die Unanwendbarkeit der Vorschriften über die Klagerücknahme zur Folge hat, wird bei Darstellung der Klageänderung behandelt.[197]

bb) Wirksame Erklärung der Einwilligung durch den Beklagten

Einwilligung des Beklagten

Gem. § 269 I ZPO ist die Einwilligung des Beklagten in die Klagerücknahme erforderlich, wenn dieser begonnen hat, mündlich zur Hauptsache zu verhandeln. **265**

---

191 OLG Nürnberg in NJW-RR 2003, 646 kommentiert von Deubner in JuS 2003, 892 [893].

192 BGH, NJW 2004, 1530 f.

193 Und der StPO.

194 Lesen Sie dazu Otte, „Die examensrelevanten Änderungen der ZPO durch das Erste Justizmodernisierungsgesetz", in **Life&Law 2004, 859 ff.**; Knauer/Wolf, „Zivilprozessuale und strafprozessuale Änderungen durch das Erste Justizmodernisierungsgesetz – Teil 1: Änderungen der ZPO", in NJW 2004, 2857 ff.; Huber, Erstes Gesetz zur Modernisierung der Justiz – Änderungen der ZPO, in JuS 2004, 873 ff.

195 Zur Novellierung des § 269 III S. 3 ZPO, lesen Sie Deckenbrock/Dötsch in JA 2005, 447 ff.

196 Deckenbrock/Dötsch in JA 2005, 447 [449 li.Sp.]; Knauer/Wolf, NJW 2004, 2857 [2858 li.Sp.].

197 Vgl. Rn. 337.

Der Beklagte soll durch diese Vorschrift davor geschützt werden, dass der Kläger seine Klage in einer für ihn ungünstigen Prozesssituation zurücknimmt, um zu einem späteren Zeitpunkt erneut Klage erheben zu können.

hemmer-Methode: Der Beklagte hat also ein sog. „Recht auf Sachentscheidung".

= Prozesshandlung

Auch die Erklärung der Einwilligung ist Prozesshandlung. Insoweit gelten dieselben Voraussetzungen wie für die Erklärung der Klagerücknahme.

266

Insbesondere erfolgt auch diese in der mündlichen Verhandlung oder mittels Schriftsatzes. Insoweit wird § 269 II S. 2 ZPO entsprechend angewendet.[198]

Die Zustimmung des Beklagten wird gem. § 269 II S. 4 ZPO fingiert, wenn er nicht innerhalb einer Frist von zwei Wochen nach Zustellung der Rücknahmeerklärung dieser widerspricht und darauf hingewiesen worden ist.

Beginn mündliche Verhandlung

Der Beginn der mündlichen Verhandlung des Beklagten zur Hauptsache ist wie in § 39 ZPO zu bestimmen. Erforderlich ist, dass der Beklagte über den Streitgegenstand verhandelt. Die Verhandlung von Zulässigkeitsfragen ist nicht ausreichend, vgl. Rn. 175.

267

> Im Ausgangsfall hatten die Parteien über die ordnungsgemäße Klageerhebung, also lediglich über die Zulässigkeit der Klage verhandelt. Eine Einwilligung des B in die Klagerücknahme war deshalb nicht erforderlich.

c) Wirkungen einer wirksamen Klagerücknahme

aa) Prozessrechtliche Wirkungen

prozessuale Wirkungen

Die prozessrechtlichen Wirkungen der Klagerücknahme ergeben sich aus § 269 III S. 1 u. 2 ZPO:

268

(1) Die Rechtshängigkeit des Streitgegenstandes wird rückwirkend beseitigt.

(2) Ein bereits ergangenes Urteil wird ipso iure wirkungslos, soweit es noch nicht rechtskräftig ist.

(3) Der Kläger hat die Kosten des Rechtsstreits zu tragen, soweit nicht bereits rechtskräftig über sie erkannt ist oder sie dem Beklagten aufzuerlegen sind. Dies kann insbesondere dann der Fall sein, wenn der Anlass zur Klage vor Rechtshängigkeit weggefallen ist, der Kläger die Klage daraufhin zurücknimmt und die Kosten nach dem bisherigen Sach- und Streitstand dem Beklagten aufzuerlegen sind, § 269 III S. 3[199] ZPO .

**hemmer-Methode: Auch im Mahnverfahren (vgl. dazu Rn. 641 ff.) ist nach Ansicht des BGH § 269 III ZPO anwendbar.
Macht der Antragssteller allerdings geltend, dass der Anlass zur Einreichung des Mahnantrags vor Rechtshängigkeit entfallen sei, und dass er deswegen den Mahnantrag zurückgenommen habe (§ 269 III S. 3 ZPO), so hat über die Kosten des Mahnverfahrens nach Abgabe das für das streitige Verfahren zuständige Gericht zu entscheiden[200].**

---

198 Musielak, Rn. 220.

199 Zur Kostenentscheidung nach § 269 III S. 3 ZPO lesen Sie Deckenbrock/Dötsch in JA 2005, 447 ff.

200 Vgl. BGH, NJW 2005, 512 f.

Für eine streitige Entscheidung nach § 269 III S. 3 ZPO ist das Mahnverfahren jedoch weder bestimmt noch geeignet. Eine Kostenentscheidung nach billigem Ermessen unter Berücksichtigung des bisherigen Sach- und Streitstandes erfordert eine sachliche Prüfung nicht nur der geltend gemachten Forderung, sondern auch des behaupteten erledigenden Ereignisses und gegebenenfalls eines materiellrechtlichen Kostenanspruchs[201]. Da das Mahnverfahren bereits auf eine Schlüssigkeitsprüfung des Anspruchs verzichtet und es deswegen an einem „bisherigen Sach- und Streitstand" fehlt, müsste der Rechtspfleger jetzt in einem streitig geführten Verfahren derartige Umstände ermitteln und hierüber sodann verbindlich (rechtskraftfähig) entscheiden. Das verbietet die gesetzliche Ausgestaltung des einseitigen, weitgehend formalisierten und auf maschinelle Bearbeitung (§ 689 I S. 2 ZPO) angelegten Mahnverfahrens[202].

Gem. § 269 IV ZPO kann auf Antrag ein Beschluss erwirkt werden, der diese Wirkungen deklaratorisch feststellt. Diese Möglichkeit hat Bedeutung für den Fall, dass bereits ein klagestattgebendes, für vorläufig vollstreckbar erklärtes Urteil existiert:

Durch Vorlage eines nach § 269 IV ZPO ergangenen Beschlusses kann dem Gerichtsvollzieher die Wirkungslosigkeit des der Zwangsvollstreckung zugrunde liegenden Urteils nachgewiesen werden.

bb) Zulässigkeit einer erneuten Klage

Zulässigkeit neuer Klage (+) wegen § 269 IV ZPO

Die Zulässigkeit einer erneuten Klage ergibt sich mittelbar aus § 269 VI ZPO.

269

Die Einrede mangelnder Kostenerstattung gem. § 269 VI ZPO stellt ein Sachurteilshindernis dar, ist also nicht von Amts wegen zu berücksichtigen, sondern muss vom Beklagten gerügt werden (vgl. Rn. 140 f. ZPO). Erstattet der Kläger nach Klagerücknahme dem Beklagten dessen Kosten nicht, steht dies der Zulässigkeit einer erneuten Klage also nur dann entgegen, wenn sich der Beklagte darauf beruft, § 269 VI ZPO.[203]

Hinsichtlich des Zeitpunkts sind die §§ 282 III, 296 III ZPO zu beachten. Erhebt der Beklagte die Einrede rechtzeitig, so ist die Klage als unzulässig abzuweisen, wenn der Kläger die Kosten nicht innerhalb einer vom Gericht hierfür gesetzten Frist erstattet.[204]

> Im Ausgangsfall ist die zweite Klage des K zulässig: K hatte bereits zur Hauptsache verhandelt, als er sich auf die fehlende Kostenerstattung berief. Diese Rüge war daher wegen Verspätung und mangels genügender Entschuldigung unzulässig, §§ 269 VI, 282 III, 296 III ZPO.

cc) Materiell-rechtliche Wirkungen

Materiell-rechtliche Wirkungen

Die Klagerücknahme hat darüber hinaus auch materiell-rechtliche Auswirkungen.

270

---

201   Vgl. Begründung des Regierungsentwurfs, BT-Drucks. 14/4722 S. 81; zu § 91a: BGH, Urteil vom 22. November 2001 - VII ZR 405/00 - NJW 2002, 680.

202   Vgl. Wolff, NJW 2003, 553 [554].

203   **Hinweis für Referendare:** Dasselbe gilt grundsätzlich, wenn der Kläger des Vorprozesses versucht, die dortige Forderung im Rahmen einer Vollstreckungsgegenklage als Einwendung gegen die Vollstreckung aus dem Kostenfestsetzungsbeschluss geltend zu machen. Rechnet der Kläger nach Rücknahme der Klage gegen den Kostenerstattungsanspruch des Beklagten mit einer Forderung aus dem Vorprozess auf, deren Bestehen unstreitig ist, so steht der Zulässigkeit einer hierauf gestützten Vollstreckungsgegenklage die Einrede der mangelnden Kostenerstattung nicht entgegen (vgl. dazu **BGH, Life&Law 2011, 554 ff. (Heft 8)** = jurisbyhemmer.

204   Th/P, § 269 ZPO, Rn. 24.

Während des Prozesses abgegebene materiell-rechtliche Erklärungen (z.B. Anfechtung, §§ 142 I, 143 BGB) bleiben unabhängig von der Klagerücknahme wirksam.[205]

Zu beachten ist die Klagerücknahme insbesondere bei der Verjährung des geltend gemachten Anspruchs. Die ursprüngliche Klageerhebung hemmt die Verjährung, § 204 I Nr. 1 BGB.

Die Hemmung der Verjährung endet aber nicht mit dem Ende der Rechtshängigkeit, sondern erst sechs Monate nach der Klagerücknahme als „anderweitige Beendigung" des Prozesses, § 204 II S. 1 BGB.

> Fraglich ist, ob die zweite Klage des K begründet ist. Der Anspruch auf Rückzahlung der Vermittlungsgebühr ergibt sich aus § 812 I S. 1 Alt. 1 BGB, §§ 5 I S. 1, 2 I WoVermG, könnte jedoch gem. § 5 I S. 2 WoVermG verjährt sein. Die Verjährung begann gem. § 5 I S. 2 WoVermG, § 187 I BGB am 16.11.2005. Durch die Klageerhebung am 05.01.2009 wurde die Verjährung rechtzeitig gehemmt, § 204 I Nr. 1 BGB.

> Fraglich ist, ob die Verjährungsfrist am 16.11.2009 nach der Klagerücknahme durch K weiter gelaufen ist (vgl. § 209 BGB), die Hemmung also nur für den kurzen Zeitraum zwischen Klageerhebung und Klagerücknahme erfolgte.

> Jedoch ist § 204 II Nr. 1 BGB zu beachten, nach dem die Hemmung der Verjährung erst sechs Monate nach Prozessbeendigung (Klagerücknahme) endet.

> Da die Verjährungshemmung am 30.11.2009 noch andauerte, ist der Anspruch auf Rückzahlung der Vermittlungsgebühr nicht verjährt. Die Klage ist somit begründet und hat Aussicht auf Erfolg.

dd) Streit über die Wirksamkeit der Klagerücknahme

Streit über Wirksamkeit
Entscheidung durch Gericht bei:

Ein Streit zwischen den Parteien über die Wirksamkeit der Klagerücknahme ist von dem Gericht, bei dem der Rechtsstreit rechtshängig war bzw. ist, nach mündlicher Verhandlung zu entscheiden.[206]

271

– *Unwirksamkeit: § 303 ZPO*

Verneint das Gericht eine wirksame Klagerücknahme, so ist hierüber durch Zwischenurteil, § 303 ZPO, oder in den Gründen des Endurteils zu entscheiden.

– *Wirksamkeit: § 269 IV ZPO*

War die Klagerücknahme wirksam, so stellt das Gericht dies in entsprechender Anwendung von § 269 IV ZPO durch Beschluss fest. Nach anderer Ansicht ist durch Endurteil zu entscheiden.

d) Klagerücknahmeversprechen[207]

meist:
außergerichtlicher Vergleich

Soweit die Parteien ihren Streit in einem außergerichtlichen Vergleich beilegen, verpflichtet sich der Kläger meist zur Rücknahme seiner Klage.

272

Es handelt sich hierbei um eine sog. Zulässigkeitseinrede (vgl. bereits Rn. 140 f.).

Die in Zusammenhang mit einem solchen Klagerücknahmeversprechen auftretenden Probleme sollen bei der Darstellung des Prozessvergleichs[208] behandelt werden.

---

205 R/S/G, § 130 III 1.

206 Th/P, § 269 R ZPO, n. 23 m.w.N.

207 Vgl. Rn. 314.

208 Vgl. Rn. 300 ff.

2. Anerkenntnis, § 307 ZPO

a) Einführung

hemmer-Methode: Lesen Sie zum Anerkenntnis zunächst die §§ 307, 93 ZPO.

Bestehen des Klageanspruchs

Stellt der Beklagte fest, dass der vom Kläger geltend gemachte, prozessuale Anspruch besteht, so hat er die Möglichkeit, diesen Anspruch anzuerkennen.

273

Anerkenntnisurteil ohne streitige Verhandlung

Der Prozess wird dann ohne streitige Verhandlung über den Anspruch durch ein Anerkenntnisurteil zugunsten des Klägers beendet. Der Beklagte kann auf diese Weise die Entstehung weiterer Verfahrenskosten verhindern. Unter bestimmten Voraussetzungen sind die Kosten des Rechtsstreits sogar dem Kläger aufzuerlegen.

Gegenstück zu Verzicht

Das Anerkenntnis stellt das Gegenstück zu dem im Anschluss zu behandelnden Verzicht gem. § 306 ZPO dar.

Unterscheide:

– Geständnis

In prozessrechtlicher Hinsicht ist das Anerkenntnis vom Geständnis i.S.v. § 288 I ZPO zu unterscheiden.[209] Gegenstand des Anerkenntnisses ist der vom Kläger geltend gemachte prozessuale Anspruch. Das Geständnis bezieht sich demgegenüber auf die vom Prozessgegner vorgetragenen Tatsachen.

274

– Schuldanerkenntnis

In materiell-rechtlicher Hinsicht ist das Anerkenntnis vom Schuldanerkenntnis i.S.v. §§ 780, 781 BGB abzugrenzen.[210] Das Anerkenntnis stellt eine gegenüber dem Gericht vorzunehmende Prozesshandlung dar, die zur Beendigung des Rechtsstreits durch ein Anerkenntnisurteil führt. Das Schuldanerkenntnis hingegen ist ein zwischen den Parteien abzuschließender, materiell-rechtlicher Vertrag.

Ob ein Anerkenntnis zugleich ein Angebot an den Kläger zum Abschluss eines solchen Vertrages darstellt, ist in jedem Einzelfall durch Auslegung zu ermitteln. Wenn dies bejaht wird, liegt eine sog. doppelfunktionale Prozesshandlung vor, deren prozessrechtliche und materiell-rechtliche Wirkungen getrennt voneinander zu beurteilen sind.

b) Voraussetzungen für den Erlass eines Anerkenntnisurteils

Voraussetzungen

Vor Erlass eines Anerkenntnisurteils muss insbesondere geprüft werden, ob das Anerkenntnis wirksam erklärt wurde und die Prozessvoraussetzungen vorliegen.

275

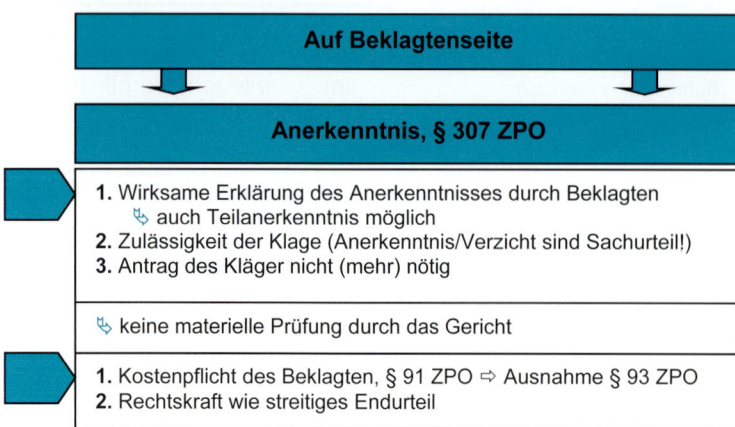

Auf Beklagtenseite

Anerkenntnis, § 307 ZPO

1. Wirksame Erklärung des Anerkenntnisses durch Beklagten
   ⇨ auch Teilanerkenntnis möglich
2. Zulässigkeit der Klage (Anerkenntnis/Verzicht sind Sachurteil!)
3. Antrag des Kläger nicht (mehr) nötig

⇨ keine materielle Prüfung durch das Gericht

1. Kostenpflicht des Beklagten, § 91 ZPO ⇨ Ausnahme § 93 ZPO
2. Rechtskraft wie streitiges Endurteil

---

209 Schlosser, Rn. 138, 157.
210 R/S/G, § 133 IV 7 c).

aa) Wirksame Erklärung des Anerkenntnisses durch den Beklagten

als Prozesshandlung wirksam

Die wirksame Erklärung des Anerkenntnisses setzt wiederum voraus, dass die im allgemeinen Teil behandelten Wirksamkeitserfordernisse für Prozesshandlungen erfüllt sind.

276

(1) Form: Das Anerkenntnis erfolgt entweder in der mündlichen Verhandlung, § 307 S. 1 ZPO, oder im schriftlichen Verfahren, da eine mündliche Verhandlung nicht (mehr) erforderlich ist, § 307 S. 2 ZPO.[211]

(2) Widerruf: Als Bewirkungshandlung ist das Anerkenntnis unwiderruflich und unanfechtbar. § 290 ZPO betrifft nur den Widerruf eines Geständnisses und ist insoweit auch nicht entsprechend anwendbar. Zulässig ist der Widerruf jedoch, wenn der Kläger zustimmt, ein Restitutionsgrund gem. § 580 ZPO vorliegt oder die Voraussetzungen für eine Abänderungsklage gem. § 323 ZPO gegeben sind.[212]

(3) Beschränkung: Das Anerkenntnis kann auf einen abgrenzbaren Teil des geltend gemachten Anspruchs beschränkt werden, § 307 S. 1 Alt. 2 ZPO.

Bedingungsfeindlichkeit

(4) Bedingung: Das Anerkenntnis darf nicht mit einer Bedingung verbunden werden.

277

Hiervon zu unterscheiden sind folgende Fälle:[213]

Abgrenzung:

⇨ Der Beklagte verwahrt sich gegen die Kosten oder macht das Fehlen einer Prozessvoraussetzung geltend. Hierbei handelt es sich nicht um echte Bedingungen: Das Gericht prüft von Amts wegen, ob die Prozessvoraussetzungen vorliegen und wer die Kosten zu tragen hat.

⇨ Der Beklagte erkennt den geltend gemachten Anspruch dem Grunde nach an und bestreitet lediglich dessen Höhe. In diesem Fall erlässt das Gericht ein Anerkenntnisgrundurteil gem. § 304 ZPO, über die Höhe des Anspruchs wird streitig verhandelt.

⇨ Der Beklagte erkennt den Anspruch an, behält sich aber die Aufrechnung mit einer nichtkonnexen Gegenforderung vor. Das Gericht erlässt dann ein Anerkenntnisvorbehaltsurteil gem. § 302 ZPO, über die Gegenforderung wird streitig verhandelt.

⇨ Der Beklagte erkennt den Anspruch an, macht jedoch geltend, eine Verurteilung könne nur Zug um Zug erfolgen.

Wenn der Kläger daraufhin seinen Antrag ändert und nur noch Verurteilung Zug um Zug begehrt, so ist der Beklagte dem Anerkenntnis gemäß zu verurteilen.

Erhält der Kläger seinen Antrag auf unbedingte Verurteilung aufrecht, so wird § 307 ZPO, beschränkt auf den anerkannten Anspruch, entsprechend angewandt. Das Gericht entscheidet dann streitig nur noch über das Gegenrecht des Beklagten.

---

211 Hinweis: Nach § 307 S. 2 ZPO, kann ein Anerkenntnisurteil (nun) stets ohne mündliche Verhandlung ergehen. Dies war nach bisheriger Rechtslage nur im schriftlichen Vorverfahren und im Sonderfall des § 128 II ZPO möglich. Dies ist eine Änderung, die im Zuge des Justizmodernisierungsgesetzes mit Wirkung zum 01.09.2004 in Kraft getreten ist. Dass § 310 III S. 1 ZPO immer noch auf den nun gestrichenen § 307 II ZPO verweist, stellt ein Redaktionsversehen des Gesetzgebers dar. Kritisch zur Neuregelung: Knauer/Wolf, NJW 2004, S. 2861.

212 BGH, NJW 1981, 2193; Th/P, § 307 ZPO, Rn. 8.

213 R/S/G, § 133 IV 2.

Besteht dieses, so erfolgt Verurteilung Zug um Zug, andernfalls Verurteilung ohne Einschränkung. Das jeweilige Endurteil ist kein Anerkenntnisurteil.

Dispositionsbefugnis des Beklagten

(5) Dispositionsbefugnis: Der Beklagte muss hinsichtlich des geltend gemachten Anspruchs dispositionsbefugt sein. Rechtsfolgen, die das geltende Recht nicht vorsieht oder verbietet oder die sittenwidrig sind, können ebenfalls nicht Gegenstand eines Anerkenntnisses sein.[214]

278

bb) Erfüllung der Prozessvoraussetzungen

Sachurteil

Durch ein Anerkenntnisurteil wird dem Kläger der von ihm geltend gemachte Anspruch zuerkannt. Ein Anerkenntnisurteil stellt deshalb ein Sachurteil dar. Dieses setzt voraus, dass die Klage zulässig ist. Das Gericht hat also zu prüfen, ob die Prozessvoraussetzungen vorliegen.

279

Eine Ausnahme wird hinsichtlich des Rechtsschutzbedürfnisses zugelassen: Das Gericht prüft vor Erlass eines Anerkenntnisurteils nicht mehr, ob der geltend gemachte Anspruch tatsächlich besteht. Die zeitaufwendige Prüfung, ob das Rechtsschutzbedürfnis vorliegt, würde deshalb den Zweck dieser Prozessvoraussetzung in sein Gegenteil verkehren.[215]

cc) Erlass von Amts wegen

Kein Antrag des Klägers nötig

Seit 01.01.2002 setzt der Erlass eines Anerkenntnisurteils keinen Antrag des Klägers mehr voraus.

280

Damit entfällt der Streit, wie zu verfahren ist, wenn ein solcher Antrag des Klägers nicht gestellt wurde oder der Kläger auf ein streitiges Urteil besteht. Das Gericht **muss** jetzt im Falle eines wirksamen Anerkenntnisses durch Anerkenntnisurteil entscheiden.

c) Wirkungen des Anerkenntnisurteils

keine Prüfung mat. Rechtslage

(1) Liegen die Voraussetzungen für ein Anerkenntnisurteil vor, so erkennt das Gericht dem Kläger den von ihm geltend gemachten Anspruch zu. Es prüft nicht, ob dieser Anspruch tatsächlich besteht.

281

Auf das Anerkenntnisurteil finden die §§ 313b, 311 II S. 3, 310 III ZPO Anwendung.

Kosten:
Beklagter, § 91 I S. 1 ZPO

(2) Die Kosten des Rechtsstreits hat grundsätzlich der Beklagte als unterlegene Partei zu tragen, § 91 I S. 1 ZPO.

Ausnahme: § 93 ZPO

Liegen die Voraussetzungen des § 93 ZPO vor, so sind die Kosten ausnahmsweise dem Kläger aufzuerlegen.

282

Anlass zur Klageerhebung im Sinne dieser Vorschrift besteht, wenn der Kläger annehmen musste, sein Ziel nur durch einen Prozess erreichen zu können.[216] Diese Voraussetzung ist in der Regel schon dann erfüllt, wenn der spätere Beklagte trotz Fälligkeit nicht geleistet hat.

---

214 Th/P, § 307 ZPO, Rn. 6.
215 Musielak, Rn.209 m.w.N.
216 Th/P, § 93 ZPO, Rn. 4 ff.

Ob zusätzlich eine Aufforderung durch den späteren Kläger erforderlich ist, wird unterschiedlich beantwortet. Unstreitig ist hingegen, dass es auf ein Verschulden und auf die materielle Rechtslage nicht ankommt[217].

Der Beklagte muss den Anspruch ferner sofort anerkannt haben, also vor Verlesung der Sachanträge in der ersten mündlichen Verhandlung, bei frühem ersten Termin im Schriftsatz gem. § 275 I S. 2 ZPO, bei schriftlichem Vorverfahren bereits in der Verteidigungsanzeige gem. § 276 I S. 1 ZPO.[218]
283

Nach h.M. ist nicht erforderlich, dass der Beklagte mit dem Anerkenntnis die sofortige Erfüllung verbindet.[219]

Werden die Kosten gem. § 93 ZPO dem Kläger auferlegt, so kann dieser die Kostenentscheidung isoliert mit dem Rechtsmittel der sofortigen Beschwerde anfechten, § 99 II S. 1 ZPO, es sei denn, dass der Streitwert der Hauptsache die Berufungssumme von 600,- € nicht übersteigt, § 99 II S. 2 ZPO.

vorläufige Vollstreckbarkeit: § 708 Nr. 1 ZPO

(3) Für die vorläufige Vollstreckbarkeit gilt § 708 Nr. 1 ZPO, d.h. das Urteil ist ohne Sicherheitsleistung vorläufig vollstreckbar.
284

wie streitiges Endurteil

(4) Ein Anerkenntnisurteil erwächst wie ein streitiges Endurteil in Rechtskraft und kann mit Berufung oder Revision angefochten werden.
285

Die Berufung gegen ein Anerkenntnisurteil führt jedoch nur dann zu der Prüfung, ob der dem Kläger zugesprochene Anspruch tatsächlich besteht, wenn der Beklagte zum Widerruf des Anerkenntnisses berechtigt ist, also in den Fällen der §§ 580, 323 ZPO.[220]

3. Verzicht, § 306 ZPO

a) Einführung

Gegenstück zum Anerkenntnis

Der Kläger kann auf den von ihm geltend gemachten Anspruch verzichten, wenn er feststellt, dass dieser nicht besteht. Auf Antrag des Beklagten wird die Klage dann durch ein Verzichtsurteil abgewiesen.
286

Gegenstück zum Verzicht ist das vorstehend behandelte Anerkenntnis. Viele der dort behandelten Probleme stellen sich auch beim Verzicht und sind sinngemäß wie dort zu entscheiden.

Unterscheide: Klagerücknahme, § 269 ZPO

Der Verzicht muss in prozessrechtlicher Hinsicht von der Klagerücknahme gem. § 269 I ZPO abgegrenzt werden. **Anders als bei der Klagerücknahme** bringt der Kläger durch die Erklärung des Verzichts zum Ausdruck, dass der von ihm geltend gemachte Anspruch nicht besteht. Eine **erneute Klage** ist deshalb **nicht mehr möglich**. Der Beklagte muss also nicht geschützt werden, so dass seine Einwilligung für ein Verzichtsurteil nicht erforderlich ist.

Erlassvertrag

In materiell-rechtlicher Hinsicht ist der Verzicht vom Erlassvertrag i.S.v. § 397 BGB abzugrenzen. Insoweit gelten die Ausführungen zum Anerkenntnis sinngemäß.[221]

---

217 Lehrreich hierzu auch der kurze Beitrag von Huber, „Aus der Praxis: Schrifliches Vorverfahren und sofortiges Anerkenntnis", in JuS 2003, 698.

218 <u>Vertiefungshinweis für Referendare</u>: Enthält beim schriftlichen Vorverfahren die Verteidigungsanzeige noch keinen Antrag auf Klageabweisung, sondern wirklich nur die Anzeige der Verteidigungsbereitschaft, so kann nach neuester Rechtsprechung des BGH der Beklagte auch noch in seinem Klageerwiderungsschreiben „sofort" im Sinne des § 93 ZPO anerkennen., vgl. hierzu BGH, NJW 2006, 2490 ff.

219 Th/P, § 93 ZPO, Rn. 3; a.A. Zöller, § 93 ZPO, Rn. 4.

220 Zöller, vor § 306 ZPO, Rn. 6.

221 Vgl. Rn. 274.

b) Voraussetzungen für den Erlass eines Verzichtsurteils

aa) Wirksame Erklärung des Verzichts durch den Kläger

Prozesshandlungsvoraussetzungen

Die Erklärung des Verzichts muss wirksam sein, insbesondere müssen die Prozesshandlungsvoraussetzungen vorliegen.

287

(1) Form: Der Verzicht wird in der mündlichen Verhandlung erklärt.

(2) Widerruf: Der Verzicht ist grundsätzlich unwiderruflich, es gelten jedoch dieselben Ausnahmen wie beim Anerkenntnis.[222]

Teilverzicht

(3) Beschränkung: Obwohl in § 306 ZPO nicht ausdrücklich erwähnt, kann auch der Verzicht auf einen abgrenzbaren Teil des Anspruchs beschränkt werden.

Dispositionsbefugnis

(4) Dispositionsbefugnis: Der Kläger muss auf den geltend gemachten Anspruch wirksam verzichten können. Fälle fehlender Dispositionsbefugnis finden sich beispielsweise in den § 1614 I BGB, § 4 IV S. 1 TVG.

bb) Erfüllung der Prozessvoraussetzungen

Sachurteil

Auch das Verzichtsurteil ist ein Sachurteil. Sein Erlass setzt also voraus, dass die Prozessvoraussetzungen erfüllt sind.

288

cc) Antrag des Beklagten

kein Anspruch auf streitiges Urteil

Soweit der Beklagte ein Verzichtsurteil ablehnt und eine streitige Verhandlung beantragt, ist sinngemäß wie beim Anerkenntnis zu entscheiden: Für eine streitige Verhandlung fehlt dem Beklagten das Rechtsschutzbedürfnis.[223]

289

c) Wirkungen des Verzichtsurteils

Klageabweisung

(1) Liegen die Voraussetzungen für den Erlass eines Verzichtsurteils vor, so hat das Gericht die Klage abzuweisen. Ob der geltend gemachte Anspruch tatsächlich nicht besteht, prüft das Gericht nicht.

290

Die Vorschriften der §§ 313b, 311 II S. 3 ZPO finden Anwendung.

Kosten: Kläger, § 91 I S. 1 ZPO

(2) Die Kosten des Rechtsstreits trägt gem. § 91 I S. 1 ZPO der Kläger. § 93 ZPO wird nicht entsprechend angewendet.[224]

vorläufige Vollstreckbarkeit: § 708 Nr. 1 ZPO

(3) Für die vorläufige Vollstreckbarkeit gilt § 708 Nr. 1 ZPO.

Rechtsmittel wie streitiges Urteil

(4) Die Ausführungen zur Rechtskraft eines Anerkenntnisurteils sowie zu den Rechtsmitteln gelten sinngemäß.

---

222 Vgl. Rn. 276.
223 Vgl. Rn. 281.
224 Th/P, § 306 ZPO, Rn. 4.

4. Übereinstimmende beiderseitige Erledigterklärung, § 91a ZPO

a) Einführung

Ausgangsfall:
§ 362 BGB nach Rechtshängigkeit

Ausgangsfall: K wurde von B bei einem Verkehrsunfall verletzt. B ist zunächst fälschlicherweise der Ansicht, ihn treffe keine Schuld. Er lehnt deshalb die Bezahlung der dem K entstandenen Arztkosten ab, woraufhin K Klage erhebt. Als der Prozess einen für B ungünstigen Verlauf nimmt, zahlt dieser den eingeforderten Betrag und beruft sich hierauf im Prozess. Wie soll sich K jetzt verhalten?

291

hemmer-Methode: Für den prozessualen Teil im Referendarexamen typisch ist die Frage nach dem für eine Partei empfehlenswerten Prozessverhalten.
Nennen Sie hier nicht nur die richtige Lösung. Einmal mehr gilt: Probleme schaffen - nicht wegschaffen. Zeigen Sie also kurz auf, welche anderen Prozessführungsmöglichkeiten aus welchen Gründen nicht ratsam erscheinen. Zeigen Sie dem Korrektor auf diese Weise, dass Sie sich einen Überblick über die einzelnen Institute verschafft haben.

1. K könnte seinen ursprünglichen Antrag aufrechterhalten. Der bei Klageerhebung noch bestehende Anspruch des K ist jedoch zu dem der Entscheidung zugrunde zu legenden Zeitpunkt der letzten mündlichen Verhandlung (§ 296a ZPO) gem. § 362 I BGB bereits erloschen. Die Klage wäre daher als unbegründet abzuweisen. K müsste gem. § 91 ZPO die Kosten des Rechtsstreits tragen.

2. Dies gilt auch, wenn K auf den geltend gemachten Anspruch gem. § 306 ZPO verzichtet.

3. Gem. § 269 III S. 2 ZPO müsste K die bereits entstandenen Kosten auch dann tragen, wenn er - die Einwilligung des B vorausgesetzt - seine Klage zurücknimmt.

Eine Kostenentscheidung zu Lasten von K erscheint jedoch unvereinbar mit den ursprünglichen Erfolgsaussichten seiner Klage.

Zu einer günstigeren Kostenverteilung könnte die Abgabe einer Erledigterklärung führen.

Erledigterklärung zur Kostenvermeidung

Eine Erledigterklärung kommt in Betracht, wenn eine zunächst zulässige und begründete Klage später unzulässig oder unbegründet wird, sich also in der Hauptsache erledigt. Das die Unzulässigkeit oder Unbegründetheit bewirkende Ereignis wird dabei als Erledigungsereignis bezeichnet.

hemmer-Methode: Achten Sie hier stets auf die richtige Terminologie. Das Erledigungsereignis führt zwar dazu, dass die Klage unzulässig oder unbegründet wird, also zur Erledigung, hat aber auf den Prozessverlauf keinen Einfluss. Erst die Erledigterklärung hat Auswirkungen auf das Verfahren.

Unterscheide:

Hinsichtlich der Einzelheiten muss unterschieden werden zwischen einseitiger Erledigterklärung, bei der nur der Kläger eine Erledigterklärung abgibt, und übereinstimmender Erledigterklärung, bei der sich der Beklagte der Erledigterklärung des Klägers anschließt.

292

– übereinstimmende Erledigterklärung: § 91a ZPO

Die **übereinstimmende Erledigterklärung** hat in **§ 91a ZPO** teilweise eine gesetzliche Regelung gefunden. Sie führt zur Beendigung des Rechtsstreits in der Hauptsache: Die **Rechtshängigkeit** des Streitgegenstandes **wird beseitigt** und das Gericht hat nur noch durch Beschluss über die Kosten zu entscheiden.

– einseitige Erledigterklärung: gesetzlich nicht geregelt

Die **einseitige Erledigterklärung** ist gesetzlich nicht geregelt. Sie führt nicht zur Beendigung des Prozesses, stellt nach h.M. eine besondere Form der Klageänderung dar und soll daher erst im Rahmen der zu einer Änderung des Streitgegenstandes führenden Prozesshandlungen behandelt werden.[225]

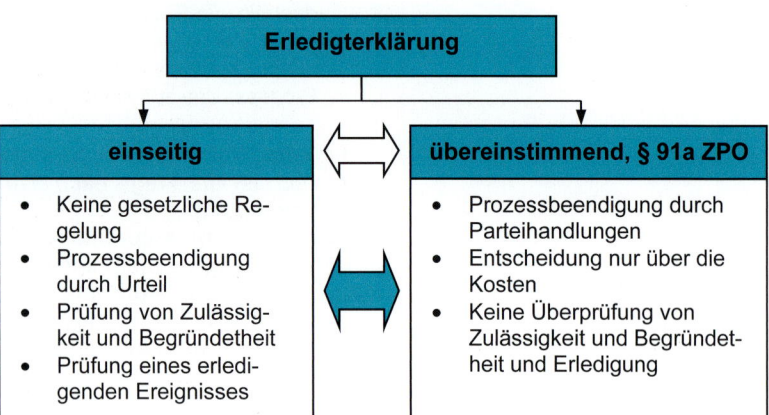

b) Wirksamkeitsvoraussetzungen

> *Bsp.:* Nehmen Sie an, K hätte im Ausgangsfall die Hauptsache für erledigt erklärt, B sich dieser Erklärung angeschlossen. Was hätte das Gericht nun zu prüfen?

aa) Wirksame übereinstimmende Erledigterklärung

Erledigterklärung ist Prozesshandlung

Die Erledigterklärungen von Kläger und Beklagtem müssen wirksam erfolgt sein.

293

(1) Form: Gem. § 91a ZPO kann die Erledigterklärung in der mündlichen Verhandlung, durch Einreichung eines Schriftsatzes oder zu Protokoll der Geschäftsstelle erfolgen.

§ 91a I S. 2 ZPO

Nach § 91a I S. 2 ZPO gilt das Schweigen des Beklagten auf eine Erledigterklärung des Klägers als Zustimmung zu dieser, wenn der Beklagte zuvor durch das Gericht auf diese Folge hingewiesen worden ist.

Hat demnach der Kläger nach Rechtshängigkeit den Rechtsstreit für erledigt erklärt und reagiert der Beklagte auf diese Erklärung trotz entsprechendem Hinweis durch das Gericht nicht, so gilt der Rechtsstreit damit als beidseitig für erledigt erklärt.

hemmer-Methode: Erklärt eine Partei den Rechtsstreit für erledigt, so müssen sie zunächst stets prüfen, ob der Beklagte dieser Erledigterklärung ausdrücklich widersprochen hat oder ob es an einem gerichtlichen Hinweis nach § 91a I S. 2 ZPO fehlt.
In diesen Fällen handelt es sich dann um einen Fall der einseitigen Erledigterklärung durch den Kläger. Dabei handelt es sich um eine zulässige Klageänderung der ursprünglichen Klage in eine Klage auf Feststellung, dass die ursprüngliche Klage zulässig und begründet war und mittlerweile Erledigung eingetreten ist (vgl. hierzu Rn. 343 ff.).
Hat hingegen der Beklagte der Erledigterklärung trotz gerichtlichem Hinweis nicht widersprochen, so müssen sie feststellen, dass damit gemäß der Fiktion des § 91a I S. 2 ZPO beidseitige Erledigung eingetreten ist, und dass das Gericht nun nur noch über die Kosten zu entscheiden hat, § 91a I S. 1 ZPO.

225 Vgl. Rn. 343 ff.

(2) Prozesshandlungsvoraussetzungen: Soweit die Erledigterklärungen in Anwaltsprozessen zu Protokoll der Geschäftsstelle abgegeben werden, entfällt der Anwaltszwang gem. § 78 III ZPO.

grundsätzlich unwiderruflich

(3) Widerruf: Da die übereinstimmende Erledigterklärung unmittelbar zur Beendigung des Rechtsstreits in der Hauptsache führt, also eine Bewirkungshandlung darstellt, kommt ein Widerruf grundsätzlich nicht in Betracht.

294

Der Kläger kann seine Erklärung jedoch bis zur Zustimmung des Beklagten bzw. deren Fiktion nach § 91a I S. 1 ZPO widerrufen.[226] Teilweise wird auch ein einverständlicher Widerruf für zulässig gehalten, solange das Gericht noch keine Kostenentscheidung getroffen hat.[227]

bedingungsfeindlich

(4) Bedingung: Wie jede Prozesshandlung darf die beidseitige Erledigterklärung nur mit innerprozessualen Bedingungen verbunden werden. Die hilfsweise Erledigterklärung für den Fall einer bestimmten Entscheidung über den Hauptantrag wird jedoch für unzulässig erachtet.[228]

295

ab Anhängigkeit möglich

(5) Zeitpunkt: Die Erklärung kann ab Anhängigkeit abgegeben werden, wird jedoch nicht vor Eintritt der Rechtshängigkeit wirksam.

nach Rechtsmitteleinlegung

Da die übereinstimmende Erledigterklärung konstitutiv die Beendigung des Prozesses zur Folge hat, kann sie auch nach Erlass eines noch nicht rechtskräftigen Urteils, also zwischen den Instanzen abgegeben werden. Nach Rechtsmitteleinlegung sind die Erklärungen an das Rechtsmittelgericht zu richten.[229]

bb) Tatsächliche Erledigung der Hauptsache?

keine Prüfung der tats. Erledigung

Ob die Klage zunächst zulässig und begründet war und später unzulässig oder unbegründet wurde, sich also tatsächlich erledigt hat, hat das Gericht bei wirksamer übereinstimmender Erledigterklärung nicht zu entscheiden.[230]

296

Durch die übereinstimmende Erledigterklärung bringen die Parteien zum Ausdruck, dass sie den Rechtsstreit beenden wollen und nur noch an einer Kostenentscheidung interessiert sind. Eine derartige Prüfung würde daher dem Dispositionsgrundsatz widersprechen.

c) Wirkungen der Entscheidung

aa) Entscheidung

Beschluss:
„Hauptsache wurde erledigt"

(1) Liegt nach den vorstehenden Ausführungen eine wirksame übereinstimmende Erledigterklärung vor, so wird das Gericht zunächst durch Beschluss feststellen, dass die Hauptsache für erledigt erklärt wurde (nicht: sich erledigt hat).

297

Kostenverteilung nach billigem Ermessen, § 91a ZPO

(2) Gem. § 91a I S. 1 ZPO ist dann unter Berücksichtigung des bisherigen Sach- und Streitstandes nach billigem Ermessen über die Kosten zu beschließen.

---

226 Zöller, § 91a ZPO, Rn. 10.

227 R/S/G, § 132 II 2 d).

228 Zöller, § 91a ZPO, Rn. 13.

229 Zöller, § 91a ZPO, Rn. 21.

230 Th/P, § 91a ZPO, Rn. 22.

Das Gericht hat also zu entscheiden, wie der Rechtsstreit nach den allgemeinen kostenrechtlichen Bestimmungen zu entscheiden gewesen wäre, wenn die von den Parteien behauptete Erledigung nicht eingetreten wäre.[231]

Dieser Prognose sind nur die bisherigen, also die bis zur Erledigterklärung erzielten Prozessergebnisse zugrunde zu legen. Schwierige Rechtsfragen müssen nicht geklärt werden. Eine summarische Prüfung der Rechtslage genügt.

> **hemmer-Methode: In der Klausur könnte also die Frage auftauchen, wer die Kosten des Verfahrens trägt. Sie müssen dann prüfen, ob die Klage bis zur übereinstimmenden Erledigungserklärung zulässig und schlüssig war.**

Reichen die bisherigen Prozessergebnisse nicht aus, um über die Erfolgsaussichten der Klage zu entscheiden, so sind die Kosten gegeneinander aufzuheben (entsprechend § 92 I S. 1 Alt. 2 ZPO).

Neue Beweiserhebungen sind nur zulässig, soweit diese zur Gewährung rechtlichen Gehörs unerlässlich sind. Soweit teilweise darüber hinausgehende Beweiserhebungen für zulässig erachtet werden, widerspricht dies dem Zweck der übereinstimmenden Erledigterklärung, den Rechtsstreit hinsichtlich der Hauptsache zu beenden.[232]

Sofortige Beschwerde

Auch hier kann gegen die Kostenentscheidung die sofortige Beschwerde erhoben werden, wenn der Streitwert der Hauptsache 600,- € übersteigt, § 91a II ZPO.

Vollstreckungstitel i.S.v. § 794 I S. 1 Nr. 3 ZPO

> **Hinweis für Referendare: Der Kostenbeschluss stellt einen Vollstreckungstitel gem. § 794 I S. 1 Nr. 3 ZPO dar und ist deshalb nicht für vorläufig vollstreckbar zu erklären.**

Im Ausgangsfall wird das Gericht also durch Beschluss feststellen, dass die Hauptsache für erledigt erklärt wurde. Da sich aus dem bisherigen Sach- und Streitstand ergibt, dass die Klage des K Aussicht auf Erfolg hatte, wird das Gericht die Kosten gem. § 91a ZPO dem B auferlegen.

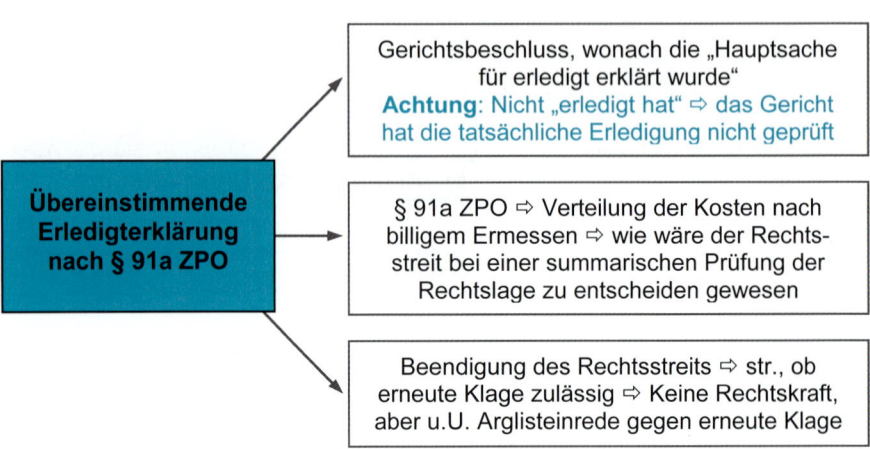

bb) Wirkungen

Beendigung des Rechtsstreits

(1) Die übereinstimmende Erledigterklärung führt zur Beendigung des Rechtsstreits über die Hauptsache. Die Rechtshängigkeit des Streitgegenstandes wird also beseitigt.

298

---

231 Zöller, § 91a ZPO, Rn. 24.

232 Zöller, § 91a ZPO, Rn. 26; Musielak, Rn. 233.

Unwirksamwerden bisheriger Entscheidungen, § 269 III S. 1 ZPO analog

(2) Im bisherigen Verfahren getroffene, noch nicht rechtskräftige Entscheidungen werden wirkungslos.

Zur Begründung dieser in § 91a I ZPO nicht ausdrücklich geregelten Rechtsfolgen wird meist auf eine Analogie zu § 269 III S. 1 ZPO zurückgegriffen. Auch § 269 III S. 3 ZPO wird insoweit entsprechend angewendet.[233]

str.:
erneute Klageerhebung?
e.A.: (+)

(3) Umstritten ist, ob der Kläger nach beidseitiger Erledigterklärung erneut Klage erheben kann. Unter Hinweis auf die bei der Klagerücknahme geltende Regelung wird dies teilweise bejaht. Die übereinstimmende Erledigterklärung unterscheide sich insoweit nicht von einer mit Einwilligung des Beklagten vollzogenen Klagerücknahme.

h.M.:
prozessuale Arglisteinrede

Demgegenüber wird darauf hingewiesen, dass sich der Beklagte nur im Hinblick auf die endgültige Erledigung des Rechtsstreits auf eine Kostenentscheidung nach billigem Ermessen einlasse. Dies sei dem Kläger auch bekannt. Dem Beklagten stehe daher gegenüber einer erneuten Klage eine prozessuale Arglisteinrede zu (Gedanke des venire contra factum proprium).[234]

d) Rechtsnatur

eigenständiges Rechtsinstitut

Vorstehend wurde bereits deutlich, dass die Lösung in § 91a ZPO nicht geregelter Probleme in Anlehnung an andere, vollständig geregelte Institute gesucht wird.

299

Es hat sich jedoch gezeigt, dass eine alle offenen Fragen lösende Analogie zu einem Institut nicht existiert. Der Streit um die Rechtsnatur der übereinstimmenden Erledigterklärung bringt daher nichts ein. Diese sollte vielmehr als eigenständiges Rechtsinstitut angesehen, die Lösung einzelner Probleme aus der vorhandenen gesetzlichen Regelung, im Übrigen aus Sinn und Zweck des Instituts abgeleitet werden.

5. Prozessvergleich

a) Einführung

einvernehmliche Beendigung des Rechtsstreits

Durch Abschluss eines Prozessvergleichs haben die Parteien die Möglichkeit, den Rechtsstreit einvernehmlich zu beenden und auf diese Weise die Entstehung weiterer Kosten zu verhindern.

300

Gem. § 278 I ZPO soll das Gericht in jeder Lage des Verfahrens auf eine solche gütliche Beilegung des Streits hinwirken.

Praxis-Tipp: Wenn ein gerichtlicher Sachverständiger tätig geworden ist, sollte man als Anwalt darauf achten, einem Vergleichsabschluss nur nach sorgfältiger Überlegung zuzustimmen.
Der Grund hierfür liegt in der mit Wirkung zum 01.08.2002 in Kraft getretenen Vorschrift des § 839a BGB, wonach ein Schadensersatzanspruch gegen einen gerichtlichen Sachverständigen nur dann besteht, wenn der Schaden durch eine gerichtliche Entscheidung eingetreten ist.

---

233 Th/P, § 91a ZPO, Rn. 21.

234 R/S/G, § 132 II 4; Musielak, Rn. 235.

Bei einem Vergleich entscheidet aber das Gericht nicht (mehr). Damit kann aber auch kein Anspruch gegen den Sachverständigen entstehen, auch nicht bei den gröbsten Fehlern.

Hätte dies der Rechtsanwalt erkennen können, so haftet nun er gegenüber seinem Mandanten.

Und genau diese Angst ist es, die in der Praxis bereits spürbar dazu geführt hat, dass nach dem Tätigwerden gerichtlicher Sachverständiger die beteiligten Anwälte den Parteien nur noch ganz selten zu Vergleichsabschlüssen raten.[235]

Prozessvergleich auch im schriftlichen Verfahren möglich, § 278 VI ZPO

Außerdem besteht die Möglichkeit des Abschlusses eines gerichtlichen Vergleichs auch im schriftlichen Verfahren ohne mündliche Verhandlung, § 278 VI ZPO.

Voraussetzung war bislang, dass die Parteien einen gerichtlichen Vorschlag durch Schriftsatz annehmen.

seit 01.09.2004 auch auf Initiative der Parteien möglich

Dies ist durch das Erste Justizmodernisierungsgesetz mit Wirkung zum 01.09.2004 nun dahingehend erweitert worden, dass die Initiative auch von den Parteien selbst ausgehen kann, § 278 VI S. 1 Var. 1 ZPO.

hemmer-Methode: Die Wirkungen eines auf diese Art geschlossenen Vergleiches entsprechen denen eines in der mündlichen Verhandlung zu Protokoll gebrachten Prozessvergleichs.

b) Rechtsnatur

Prozessvertrag mit Doppelnatur

Die Rechtsnatur des Prozessvergleichs ist umstritten. Zum Teil wird der Prozessvergleich als privatrechtlicher Vertrag mit prozessualen Wirkungen (Prozessbeendigung) angesehen. Demgegenüber wird auch die Auffassung vertreten, der Prozessvergleich sei rein prozessualer Natur.

301

Gegen beide Extrempositionen spricht, dass der Prozessvergleich stets prozessuale und materiell-rechtliche Wirkungen miteinander verknüpft. Richtigerweise ist der Prozessvergleich deshalb als **Prozessvertrag mit Doppelnatur** anzusehen. Prozessualer und materiell-rechtlicher Regelungsbestandteil stehen nicht isoliert nebeneinander, sondern bedingen sich in ihrer Wirkung und Wirksamkeit gegenseitig.

hemmer-Methode: Dies entspricht dem Willen der Parteien, die den Rechtsstreit nur mit einer bestimmten privatrechtlichen Wirkung beenden wollen.[236]

c) Parteien und Inhalt des Prozessvergleichs

Einigung der Parteien über Streitgegenstand

Der Prozessvergleich wird von den Parteien des Rechtsstreits, unter Umständen unter Hinzuziehung eines Dritten als Vertragspartei, abgeschlossen. Der Wortlaut des § 794 I S. 1 Nr. 1 ZPO ist insoweit missverständlich: Stets müssen beide Parteien an dem Prozessvergleich beteiligt sein, da sie nur gemeinschaftlich über den Streitgegenstand verfügen können.[237]

302

---

235   Vgl. dazu VRiLG Ulrich in IBR 2003, 585.

236   Th/P, § 794 ZPO, Rn. 3 m.w.N.

237   Th/P, § 794 ZPO, Rn. 9.

Inhaltlich kann der Prozessvergleich den gesamten Streitgegenstand oder nur einen Teil davon regeln. Er kann auch prozessfremde Rechte der Parteien oder Dritter einbeziehen, z.B. wenn zwischen den Parteien noch andere, außerhalb des zu beendigenden Rechtsstreits stehende Ansprüche streitig sind.[238]

d) Wirksamkeitsvoraussetzungen

doppelte Voraussetzungen

Wegen seines Charakters als doppelfunktionaler Prozessvertrag sind beim Prozessvergleich hinsichtlich seiner Wirksamkeit sowohl materiell-rechtliche als auch prozessrechtliche Voraussetzungen zu beachten:

303

Prozess-vergleich

Materielle Voraussetzungen, § 779 BGB
- Beilegung eines Streits oder der Ungewissheit über ein disponibles Rechtsverhältnis
- Gegenseitiges Nachgeben
- Kein Widerruf des V. (bei Widerrufsvorbehalt)

Prozessuale Voraussetzungen
- vor einem deutschen Gericht zwischen den Prozessparteien
- Streitgegenstand eines anhängigen Verfahrens
- Protokollierung, §§ 160 III Nr. 1, 162 („vorgelesen und genehmigt"), 163 ZPO oder schriftliche Annahme eines gerichtlichen Vergleichsvorschlags, § 278 VI ZPO
- Vorliegen Prozesshandlungsvoraussetzungen

---

aa) Materiell-rechtliche Voraussetzungen

– *materiell-rechtlich*

⇨ Das Zustandekommen und die Wirksamkeit des Prozessvergleichs beurteilen sich nach den allgemeinen Vorschriften der §§ 104 ff., 119 ff., 134, 138, 145 ff. BGB.

304

hemmer-Methode: Zur Anfechtung eines Prozessvergleichs wegen widerrechtlicher Drohung durch den Vorsitzenden (u.a. „Wenn Sie keinen Vergleich schließen, dann reiße ich Ihnen den Kopf ab"; Sie werden sonst an die Wand gestellt und erschossen") lesen Sie BAG, Life&Law 2011, Heft 3, 212 f. = NZA 2010, 1250 ff. = jurisbyhemmer.

⇨ Soweit eine im Vergleich getroffene Vereinbarung zu ihrer Wirksamkeit der notariellen Beurkundung bedarf, wird diese durch die Protokollierung des Vergleichs ersetzt, § 127a BGB, § 160 III Nr. 1 ZPO.

⇨ Die Parteien müssen hinsichtlich des Vergleichsgegenstandes dispositionsbefugt sein. Die Dispositionsbefugnis fehlt insbesondere in bestimmten Ehe-, Status- und Unterhaltssachen, vgl. z.B. § 1614 I BGB.

⇨ Zudem bietet § 779 BGB für den Vergleich einen besonderen Unwirksamkeitsgrund.

---

238 Th/P, § 794 ZPO, Rn. 14.

> **hemmer-Methode: Vergegenwärtigen Sie sich noch einmal die Voraussetzungen des § 779 BGB:**
> **Es muss ein Streit oder Ungewissheit über ein Rechtsverhältnis vorliegen. Ferner muss ein gegenseitiges Nachgeben beider Parteien gegeben sein, wobei jedes nur geringfügige Opfer ausreicht (z.B. Stundung).**[239]

bb) Prozessrechtliche Voraussetzungen

– Prozessrechtlich

⇨ Der Vergleich ist von den Parteien vor einem deutschen Gericht zu schließen, § 794 I S. 1 Nr. 1 ZPO.

305

⇨ Der Vergleich muss den Streitgegenstand eines anhängigen Verfahrens betreffen.

⇨ Ein Streitverfahren muss anhängig sein, § 794 I Nr. 1 ZPO.

⇨ Der Vergleich muss ordnungsgemäß protokolliert, vorgelesen und genehmigt sein, §§ 160 III Nr. 1, 162 I S. 3, 163 I ZPO, oder nach den Anforderungen des § 278 VI ZPO zustande gekommen sein.

⇨ Die allgemeinen Prozesshandlungsvoraussetzungen müssen vorliegen.

cc) Widerrufsvorbehalt

aufschiebende Bedingung

Schließlich wird in der Praxis häufig ein Widerrufsvorbehalt vereinbart. Dabei handelt es sich um eine aufschiebende, nicht um eine auflösende Bedingung. Es besteht kein Bedürfnis, der aus dem Vergleich begünstigten Partei einen Vollstreckungstitel an die Hand zu geben, solange die fristgemäße Erklärung des Widerrufs noch nicht erfolgt, die Bedingung also noch nicht eingetreten ist.[240]

306

Widerruf = Prozesshandlung

Auch der Widerruf eines Vergleichs ist eine Prozesshandlung.[241] Hinsichtlich der vereinbarten Widerrufsfrist ist zu beachten, dass sie Bestandteil der Parteivereinbarung ist und nicht als richterliche oder gesetzliche Frist i.S.d. § 224 II ZPO qualifiziert werden kann.

307

Eine Verlängerung dieser Frist kann also nur im Einvernehmen mit den Vertragsparteien erfolgen. Eine Verlängerung durch das Gericht scheidet aus.

Erklärungsempfänger

Erklärungsempfänger ist jedenfalls das Gericht. Der Widerruf eines Prozessvergleichs kann aber wirksam **sowohl dem Gericht als auch der anderen Vergleichspartei** gegenüber erklärt werden, wenn die Parteien keine hiervon abweichende Vereinbarung getroffen haben.[242]

e) Wirkungen

Prozessbeendigung

aa) In **prozessualer Hinsicht** hat der Prozessvergleich prozessbeendende Wirkung, d.h. die Rechtshängigkeit des Verfahrens endet. Diese Folge lässt sich insbesondere der Kostenvorschrift des § 98 ZPO entnehmen.

308

---

239 Vgl. aber auch BAG, NZA 2001, 632; dort wurde ein gegenseitiges Nachgeben verneint, weil lediglich auf ein streitiges Urteil verzichtet wird, ohne dass bzgl. der Kosten des Verfahrens ein Nachgeben feststellbar war.

240 Zöller, § 794 ZPO, Rn. 10.

241 Zöller, § 794 ZPO, Rn. 10a - c.

242 BGH, NJW 2005, 3576 ff. = **Life&Law, Bayern Spezial 2006, Heft 2, Seite 2 ff.**

Außerdem lässt er noch nicht rechtskräftige Urteile, soweit sie den Vergleichsgegenstand betreffen, wirkungslos werden.[243]

keine Rechtskraft des Prozessvergleichs

Zwar erwächst der wirksam abgeschlossene Vergleich nicht in Rechtskraft. Einer Leistungsklage hinsichtlich einer im Vergleich vereinbarten Verpflichtung fehlt jedoch regelmäßig das Rechtsschutzbedürfnis, da der Prozessvergleich tauglicher Vollstreckungstitel i.S.d. § 794 I Nr. 1 ZPO ist.

hemmer-Methode: Eine Ausnahme besteht jedoch, wenn im Rahmen der Vollstreckung aus dem Vergleich von vornherein mit einer Vollstreckungsabwehrklage i.S.d. §§ 767, 795, 794 I S. 1 Nr. 1 ZPO zu rechnen ist.[244]

materiell-rechtliche Neuregelung

bb) In **materiell-rechtlicher Hinsicht** führt der Vergleich zu einer Neuordnung der Parteibeziehungen entsprechend der getroffenen Vereinbarungen zwischen den Parteien.[245]

309

f) Unwirksame Prozessvergleiche[246]

Ausgangsfall

Fall: A klagt gegen B auf Kaufpreiszahlung i.H.v. 12.000,- €. Vor Gericht schließen die Parteien hinsichtlich der der Höhe nach bestrittenen Forderung einen Prozessvergleich, wonach B dem A 9.000,- € zahlen soll.

310

1. A ficht den Vergleich an, weil B ihn bei Vergleichsabschluss arglistig getäuscht hat. Er begehrt eine für ihn günstigere Entscheidung.

2. A tritt gem. § 323 I BGB von dem Vergleich zurück, weil B den im Vergleich festgesetzten Kaufpreis trotz Fristsetzung nicht bezahlt hat. Er begehrt eine für ihn günstigere Entscheidung.

3. Der Vergleich wurde nicht ordnungsgemäß protokolliert, vgl. § 160 III Nr. 1. Außerdem erschien B ohne Anwalt, so dass ihm die Postulationsfähigkeit fehlte.

1. Zu klären ist, ob der erneut erhobenen Klage die Rechtshängigkeit des alten Verfahrens entgegensteht. Gem. § 263 III Nr. 1 ZPO darf dieselbe Sache nicht Gegenstand verschiedener Verfahren sein. Damit sollen insbesondere widersprüchliche Entscheidungen vermieden werden; es darf nicht sein, dass ein und dieselbe Angelegenheit mehrfach (rechtskräftig) entschieden wird.

311

Bevor A Klage auf Kaufpreiszahlung erhebt, muss zunächst festgestellt werden, ob überhaupt ein wirksamer Vergleich abgeschlossen und dieser dann wirksam angefochten worden ist.

Problematisch erscheint, ob A zur Klärung dieser Frage den alten Prozess fortführen kann oder ob er eine neue Klage erheben muss.

Hier ist, wirksame Anfechtung gem. § 123 I BGB unterstellt, der Vergleichsvertrag gem. § 142 I BGB **ex tunc** nichtig. Aus der Doppelnatur des Prozessvergleichs ergibt sich, dass diese materiell-rechtliche Nichtigkeit auch die prozessuale Folge des Vergleichs - die Prozessbeendigung - nicht eintreten lässt. Da es somit an der prozessbeendigenden Wirkung fehlt, ist das alte Verfahren rechtshängig geblieben. Einem neuen Verfahren stünde die negative Prozessvoraussetzung der anderweitigen Rechtshängigkeit entgegen.[247]

A muss deshalb den alten Prozess fortführen.

243 Th/P, § 794 ZPO, Rn. 26, 28.

244 Th/P, § 794 ZPO, Rn. 29.

245 Th/P, § 794 ZPO, Rn. 30.

246 Vgl. dazu BGH, **Life&Law 2011, 636 ff.** = **juris**byhemmer; BGH, **Life&Law 2000, 25 ff.** = NJW 1999, 2903 f.

247 Th/P, § 794 ZPO, Rn. 36 m.w.N.

Nach Ansicht des BGH ist aber der Rechtsstreit, in dem ein unwirksamer Prozessvergleich geschlossen wurde, nur dann fortzusetzen, wenn eine Partei die Wirksamkeit des Prozessvergleichs angreift und damit dessen prozessbeendigende Wirkung in Frage stellt.

Dementsprechend ist eine neue Klage, die den Streitgegenstand des ursprünglichen Rechtsstreits umfasst, zulässig, wenn die Parteien die Beendigung des Ursprungsrechtsstreits durch den Vergleich nicht in Frage stellen.

Der Einwand, aufgrund der Unwirksamkeit eines Prozessvergleichs müsse das Ursprungsverfahren fortgesetzt werden, ist eine verzichtbare prozessuale Rüge, die grundsätzlich vor Beginn der Verhandlung zur Hauptsache bzw. im Rahmen einer vom Gericht gesetzten Klageerwiderungsfrist vorzubringen ist.[248]

312   2. Soweit ein Rücktritt vom Vergleich nach § 323 I BGB in Betracht kommt, stellt sich folgendes Problem: Weil der Vergleich in diesen Fällen nur **ex nunc** unwirksam wird, kann die Prozessbeendigung als punktuelles Ereignis nicht mehr berührt werden.

a) Der Vergleich war bis zur Erklärung des Rücktritts wirksam. Orientiert man sich konsequent an der Frage nach der prozessbeendigenden Wirkung des Vergleichs, so kommt in diesem Fall (dogmatisch richtig) nur die Einleitung eines neuen Verfahrens in Frage.[249]

b) Der gegenteiligen Auffassung ist jedoch zuzugeben, dass eine Fortsetzung des alten Prozesses aus Gesichtspunkten der Prozessökonomie sinnvoll erscheint, da sich so das ursprüngliche Gericht mit der Fortsetzung des Rechtsstreits befassen kann.[250]

313   3. Bei prozessualen Unwirksamkeitsgründen kommt eine Prozessbeendigung von vornherein nicht in Betracht.

Es stellt sich jedoch die Frage, ob der Vergleichsinhalt durch Umdeutung, § 140 BGB, oder Auslegung, §§ 133, 157 BGB, wenigstens in materiellrechtlicher Hinsicht aufrechterhalten werden kann. Dies ist unter Zugrundelegung des hypothetischen Parteiwillens zu beantworten und i.d.R. zu verneinen, da die Parteien oftmals einen Vergleich nur mit Vollstreckungsmöglichkeit wollen.[251] Dies setzt aber einen wirksamen **Prozessvergleich** voraus.

> **hemmer-Methode:** Wird eine Aufrechterhaltung (ausnahmsweise) bejaht, so ist das ursprüngliche Gericht bei der Fortsetzung des alten Rechtsstreits an die durch den Vergleich neu geordnete materielle Rechtslage gebunden.

g) Klagerücknahmeversprechen

außergerichtlicher Vergleich: Verpflichtung zur Klagerücknahme

314   Insbesondere in außergerichtlichen Vergleichen verpflichtet sich die klagende Vertragspartei meist zur Rücknahme der Klage. Auch bei Prozessvergleichen, die aus prozessrechtlichen Gründen unwirksam sind und ausnahmsweise in materiell-rechtlicher Hinsicht aufrechterhalten werden, kann dem Parteiwillen eine Verpflichtung zur Klagerücknahme zu entnehmen sein.

prozessuale Einrede i.S.d. §§ 282 III, 296 III ZPO

Durch ein solches Klagerücknahmeversprechen wird die Rechtshängigkeit des Streitgegenstandes nicht beseitigt.

---

248   Vgl. dazu BGH, Life&Law 2014, Heft 3 = NJW 2014, 394 ff. = **juris**byhemmer.

249   BGH, NJW 1986, 1348.

250   R/S/G, § 131 IV 3, 5; BAG, NJW 1983, 2212.

251   Zöller, § 794 ZPO, Rn. 15.

Vielmehr ist das Klagerücknahmeversprechen als prozessuale Einrede rechtzeitig (beachte §§ 282 III, 296 III!) geltend zu machen mit der Folge der Abweisung der Klage als unzulässig (vgl. dazu schon Rn. 141).[252]

Um eine prozessuale Einrede handelt es sich deshalb, weil das Klagerücknahmeversprechen Wirkungen auf prozessualem Gebiet entfaltet und somit einen Prozessvertrag darstellt.[253]

hemmer-Methode: Einer (Wider-)Klage auf Erfüllung des Rücknahmeversprechens fehlt wegen dieser Einredemöglichkeit das Rechtsschutzbedürfnis.[254]

III. Prozesshandlungen, die den Streitgegenstand betreffen

1. Klagehäufung

Unterscheide:
subjektive + objektive / ursprüngl. + nachträgl. Klagehäufung

Bisher wurde davon ausgegangen, dass ein Kläger gegen einen Beklagten einen prozessualen Anspruch geltend macht. Stehen auf Kläger- oder Beklagtenseite mehrere Parteien oder werden in einem Prozess mehrere prozessuale Ansprüche geltend gemacht, so spricht man von subjektiver bzw. objektiver Klagehäufung.

315

Je nachdem, ob bereits bei Beginn des Prozesses eine solche Klagehäufung vorliegt oder diese erst während des Prozesses eintritt, wird weiter zwischen ursprünglicher und nachträglicher Klagehäufung unterschieden.

a) Objektive Klagehäufung, § 260 ZPO

aa) Begriff

Mehrzahl prozessualer Ansprüche

Eine Mehrzahl prozessualer Ansprüche und damit eine objektive Klagehäufung liegt nach dem herrschenden zweigliedrigen Streitgegenstandsbegriff vor, wenn der Kläger entweder mehrere Anträge stellt oder seinem Klagebegehren mehrere Lebenssachverhalte zugrunde legt.[255]

316

> *Bspe.: Der Kläger verlangt vom Beklagten Herausgabe einer in seinem Eigentum stehenden Sache, sowie Schadensersatz wegen deren Beschädigung (mehrere Anträge); der Kläger fordert vom Beklagten Kaufpreiszahlung und stützt sein Klagebegehren sowohl auf den Kaufvertrag als auch auf ein diesbezügliches Schuldanerkenntnis (mehrere Lebenssachverhalte, vgl. Rn. 117 ff.).*

Unterscheide:
mehrfache rechtliche Begründung

Keine Klagehäufung ist gegeben, wenn der Kläger den geltend gemachten Anspruch lediglich auf eine mehrfache rechtliche Begründung stützt.[256]

317

> *Bsp.: Der Kläger begründet sein Herausgabeverlangen sowohl mit seinem Eigentum als auch mit einem Rückgabeanspruch aus Mietvertrag.*

---

252 Zöller, § 269 ZPO, Rn. 3.

253 Musielak, Rn. 225.

254 Zöller, § 269 ZPO, Rn. 3; a.A. Th/P, § 269 ZPO, Rn. 2.

255 Th/P, § 260 ZPO, Rn. 2 f.

256 Zöller, § 260 ZPO, Rn. 1.

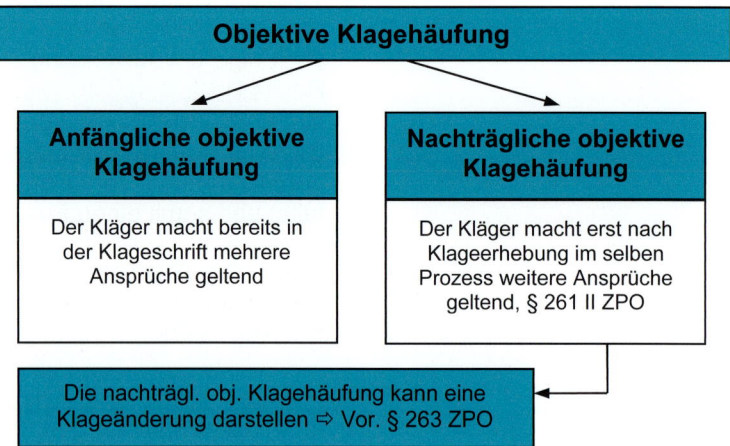

bb) Entstehung

(1) Anfängliche Klagehäufung

Die Klagehäufung entsteht anfänglich, wenn der Kläger bereits in der Klageschrift mehrere prozessuale Ansprüche geltend macht.

318

(2) Nachträgliche Klagehäufung

Die Klagehäufung tritt nachträglich ein, wenn der Kläger nach Klageerhebung im selben Prozess einen weiteren prozessualen Anspruch in der mündlichen Verhandlung oder durch Zustellung eines Schriftsatzes geltend macht, § 261 II ZPO.

319

hemmer-Methode: Die nachträgliche Klagehäufung wird von der Rechtsprechung des BGH auch als Klageänderung i.S.d. § 263 ZPO angesehen, da ein neuer Streitgegenstand in den Prozess eingeführt wird (vgl. Rn. 331).
Daher ist die nachträgliche objektive Klagehäufung in der Klausur an zwei Stellen anzusprechen:
1. In der Zulässigkeit der Klage bei der Frage der Zulässigkeit der Klageänderung, § 263 ZPO.
2. Zwischen Zulässigkeit und Begründetheit der Klage sind die Verbindungsvoraussetzung des § 260 ZPO zu prüfen.

§ 147 ZPO

Da der Kläger nicht verpflichtet ist, mehrere Ansprüche in einer Klage zu verbinden, die gemeinsame Verhandlung und Entscheidung über diese Ansprüche aber prozessökonomisch sein kann, hat das Gericht die Möglichkeit eine Prozessverbindung anzuordnen, § 147 ZPO. Auch hierdurch entsteht eine nachträgliche Klagehäufung.

cc) Arten

Unterscheide:

Nach dem Verhältnis, zwischen den geltend gemachten prozessualen Ansprüchen, sind **kumulative** (Rn. 322) und **eventuale** (Rn. 325) Klagehäufung zu unterscheiden.[257]

320

– kumulative Klagehäufung

Begehrt der Kläger bedingungslos eine Entscheidung über alle erhobenen Ansprüche, so liegt eine **kumulative Klagehäufung** vor.

---

257 Eine dritte Fallgruppe ist die sog. alternative Klagehäufung, die nur bei der Wahlschuld, § 262 BGB, Bedeutung hat, vgl. Th/P, § 260 ZPO, Rn. 7.

– *eventuale Klagehäufung*	Macht der Kläger die Entscheidung über einen prozessualen Anspruch davon abhängig, dass das Gericht über einen anderen Anspruch mit bestimmtem Ergebnis entscheidet, so spricht man von einer **eventualen Klagehäufung**. In der Praxis am häufigsten sind die Fälle, in denen über den Hilfsantrag erst und nur dann entschieden werden soll, wenn der Hauptantrag unzulässig oder unbegründet ist.

> **Bsp.:** *Der Kläger begehrt Verurteilung des Beklagten zur Herausgabe einer ihm gehörenden Sache und beantragt hilfsweise die Feststellung seines Eigentums.*

Zulässigkeit innerproz. Bedingung	Hauptantrag und Hilfsantrag sind in diesen Fällen zulässigerweise mit einer innerprozessualen Bedingung verbunden (vgl. nochmals Rn. 251): Das Gericht darf über den Hilfsantrag, der mit Klageerhebung rechtshängig wird, erst befinden, wenn die Entscheidung über den Hauptantrag in der vom Kläger bestimmten Weise ergangen ist.[258]

Tritt die innerprozessuale Bedingung hingegen nicht ein, so entfällt rückwirkend die Rechtshängigkeit des Hilfsantrags.[259]

dd) Verbindungsvoraussetzungen

Voraussetzungen	Eine objektive Klagehäufung ist nur unter folgenden Voraussetzungen zulässig:	*321*

– *Parteiidentität*	**(1)** Kläger und Beklagter müssen hinsichtlich aller prozessualen Ansprüche identisch sein.
– *Zuständigkeit hinsichtlich aller Ansprüche*	**(2)** Das Prozessgericht muss für alle erhobenen Ansprüche sachlich und örtlich zuständig sein, § 260 ZPO.

> **hemmer-Methode: Bei Bestimmung der sachlichen Zuständigkeit ist insbesondere § 5 HS 1 ZPO zu beachten, wonach mehrere prozessuale Ansprüche zusammengerechnet werden.**

– *dieselbe Prozessart*	**(3)** Ferner müssen alle Ansprüche in derselben Prozessart geltend gemacht werden können, § 260 ZPO. Unzulässig ist etwa die Verbindung eines gewöhnlichen Prozesses mit einem Urkundenprozess.
– *kein Verbindungsverbot*	**(4)** Es darf kein Verbindungsverbot bestehen, vgl. z.B. §§ 126 II S. 1, 179 II FamFG.
– *§ 263 ZPO?*	**(5)** Die vom Kläger gem. § 261 II ZPO vollzogene nachträgliche Klagehäufung kann eine Klageänderung darstellen. In diesem Fall müssen auch die für eine Klageänderung geltenden Voraussetzungen erfüllt sein. Die §§ 263 f. ZPO werden insoweit entsprechend angewendet.[260]
– *§ 147 ZPO?*	**(6)** Die nachträgliche Klagehäufung durch Prozessverbindung ist nur unter den Voraussetzungen des § 147 ZPO zulässig.
	(7) Bei eventueller Klagehäufung müssen Haupt- und Hilfsantrag in einem rechtlichen und wirtschaftlichen Zusammenhang stehen.[261]

---

258 Th/P, § 260 ZPO, Rn. 17.

259 Zöller, § 260 ZPO, Rn. 4.

260 Musielak, Rn. 170; Zöller, § 263 ZPO, Rn. 2 m.w.N.; vgl. auch Rn. 328 ff.

261 R/S/G, § 99 III 2; Musielak, Rn. 142.

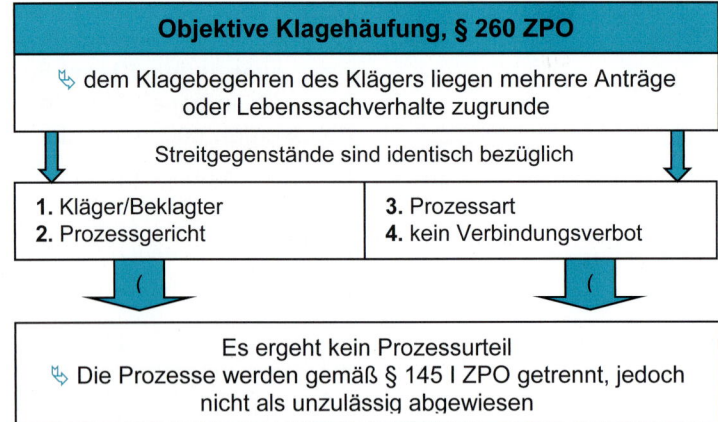

ee) Zulässigkeitsprüfung und Rechtsfolgen

(1) Kumulative Klagehäufung[262]

Prozessvoraussetzungen für sämtliche Klagen

In den Fällen der kumulativen Klagehäufung stellt das Gericht zunächst fest, ob für jeden prozessualen Anspruch, also für jede der verbundenen Klagen, die Prozessvoraussetzungen vorliegen.

322

Soweit für eine Klage die sachliche oder örtliche Zuständigkeit des Gerichts nicht gegeben ist, kommt eine Verweisung an das zuständige Gericht in Betracht, § 281 I S. 1 ZPO. Fehlen bei einer Klage sonstige Zulässigkeitsvoraussetzungen, so ist diese als unzulässig abzuweisen.

hemmer-Methode: Beachten Sie, dass gem. § 5 HS 1 ZPO mehrere in einer Klage geltend gemachten Ansprüche zusammengerechnet werden (Streitwerterhöhung)!

Voraussetzung objektiver Klagehäufung

Nach Prüfung der Prozessvoraussetzungen prüft das Gericht die Voraussetzungen der objektiven Klagehäufung.

323

evtl. Trennung gem. § 145 ZPO

Liegen diese nicht vor, so **muss** das Gericht die Prozesstrennung gem. § 145 ZPO anordnen. Ist die Klagehäufung hingegen zulässig, so **kann** das Gericht über die Klagen gemeinsam verhandeln und entscheiden. Es ist hierzu jedoch nicht verpflichtet. Vielmehr liegt es im Ermessen des Gerichts, ob es dies tut oder eine getrennte Verhandlung gem. § 145 ZPO anordnet.

gemeinsame Verhandlung und Entscheidung

Findet eine gemeinsame Verhandlung statt und ist der Streit über die erhobenen Ansprüche zum selben Zeitpunkt zur Entscheidung reif, so wird hierüber in einem Endurteil entschieden.

324

evtl. Teilurteil, § 301 ZPO

Bei fehlender Entscheidungsreife eines Anspruchs besteht wiederum die Möglichkeit der Prozesstrennung gem. § 145 ZPO. Das Gericht kann aber auch hinsichtlich des zur Entscheidung reifen Anspruchs ein Teilurteil erlassen, § 301 ZPO.

---

262 Th/P, § 260 ZPO, Rn. 11, 15, 16.

(2) Eventuelle Klagehäufung[263]

Bedingung bestimmt Aufbau:

Bei einer eventuellen Klagehäufung macht der Kläger durch die innerprozessuale Bedingung deutlich, dass er eine Entscheidung über den Hilfsantrag nur für den Fall einer bestimmten Entscheidung über den Hauptantrag wünscht. An der hierdurch vorgegebenen Reihenfolge hat sich die Prüfung des Gerichts zu orientieren.

325

echter und unechter Hilfsantrag

Man unterscheidet dabei den **echten Hilfsantrag** („bekomme ich A nicht, so möchte ich wenigstens B") vom **unechten Hilfsantrag** („bekomme ich A, dann möchte ich auch noch B").

Hauptantrag vor Hilfsantrag ⇨ zwingende Prüfungsreihenfolge

Zunächst sind also die Zulässigkeit und die Begründetheit des Hauptantrags zu prüfen. Nur wenn das Gericht hierbei zu einem Ergebnis kommt, von dem der Kläger eine Entscheidung über den Hilfsantrag abhängig gemacht hat, die innerprozessuale Bedingung also eingetreten ist, darf über den Hilfsantrag entschieden werden. Die Voraussetzungen der objektiven Klagehäufung sind dann im Rahmen der Zulässigkeit des Hilfsantrags zu prüfen.

326

hemmer-Methode: Die Prüfungsreihenfolge bei der Klagehäufung ist sehr wichtig. Prägen Sie sich diese genau ein. Fehler in diesem Bereich (es wird beispielsweise ein Hilfsantrag geprüft, bevor der Eintritt der Bedingung festgestellt wurde) werden im Examen „gnadenlos abgestraft".

Ist in einer Klausur nach den Erfolgsaussichten mehrerer, miteinander verbundener Klagen gefragt, so ist also zwischen kumulativer und eventueller Klagehäufung zu unterscheiden.

Bei kumulativer Klagehäufung ist wie folgt vorzugehen:

1. Sind die Klagen zulässig?

2. Ist die Klagehäufung zulässig?

3. Sind die Klagen begründet?

Bei eventueller Klagenhäufung ist hingegen zu fragen:

1. Ist der Hauptantrag zulässig und begründet?

2. Ist die innerprozessuale Bedingung eingetreten?

3. Ist die Klagehäufung zulässig?

4. Ist der Hilfsantrag zulässig?

5. Ist der Hilfsantrag begründet?

b) Subjektive Klagehäufung

Streitgenossenschaft, bzw. Parteierweiterung

Die Zulässigkeit der ursprünglichen subjektiven Klagehäufung bestimmt sich nach den Vorschriften über die Streitgenossenschaft, vgl. Rn. 440 ff., die der nachträglichen subjektiven Klagehäufung nach den Regeln über die Parteierweiterung, vgl. Rn. 475 ff.

327

2. Klageänderung

hemmer-Methode: Lesen Sie zur Klageänderung zunächst die §§ 263, 264, 267, 268 ZPO.

a) Einführung

Ausgangsfall

Fall: K hat gegen B Klage auf Übereignung und Übergabe eines Fahrzeugs mit der Behauptung erhoben, B sei ihm hierzu aus einem zwischen den Parteien abgeschlossenen Kaufvertrag verpflichtet. Während des Verfahrens erfährt K, dass das Fahrzeug bereits vor Klageerhebung durch Nachlässigkeit des B völlig zerstört wurde.

328

---

263 Th/P, § 260 ZPO, Rn. 17.

K erklärt deshalb in der mündlichen Verhandlung, dass er Schadensersatz statt der Leistung verlange. Muss das Gericht prüfen, ob dieser Antrag sachdienlich ist, wenn B die Einwilligung verweigert?

nachträgliche Änderung der Sachlage

Während eines Verfahrens können Ereignisse eintreten, die es für den Kläger günstig erscheinen lassen, die ursprünglich erhobene Klage zu verändern. Dem Interesse des Klägers an einer solchen Klageänderung kann sowohl das schützenswerte Interesse des Beklagten an einer Entscheidung über die bisherige Klage entgegenstehen als auch die mangelnde Prozesswirtschaftlichkeit der Klageänderung.

329

Das Gesetz macht die Zulässigkeit einer Klageänderung deshalb davon abhängig, dass entweder der Beklagte darin einwilligt oder das Gericht diese für sachdienlich erachtet, § 263 ZPO.

> **hemmer-Methode: Ist in einer Klausur nach den Erfolgsaussichten einer geänderten Klage gefragt, so muss zunächst festgestellt werden, ob eine zulässige Klageänderung vorliegt. Erst wenn dies bejaht wird, kann zur Zulässigkeit und Begründetheit der geänderten Klage Stellung genommen werden.**
> **Erforderlich ist also folgende, dreistufige Prüfung:**
> **1. Ist die Klageänderung zulässig?**
> **2. Ist die geänderte Klage zulässig?**
> **3. Ist die geänderte Klage begründet?**

b) Voraussetzungen einer wirksamen Klageänderung

aa) Wirksame Erklärung der Klageänderung

neuer Streitgegenstand

Durch die Klageänderung wird ein neuer Streitgegenstand in den Prozess eingeführt. Sie erfolgt deshalb durch Zustellung eines Schriftsatzes oder durch Geltendmachung des neuen prozessualen Anspruchs in der mündlichen Verhandlung, § 261 II ZPO. Die Vornahme der Klageänderung ist Prozesshandlung. Ihre Zulässigkeit muss deshalb nach den allgemeinen Vorschriften über Prozesshandlungen bestimmt werden. Insoweit gelten keine weiteren Besonderheiten.

330

bb) Vorliegen einer Klageänderung

Im Anschluss hieran muss festgestellt werden, ob überhaupt eine Änderung der Klage gegeben ist.

(1) Änderung des Streitgegenstandes

Änderung Klageantrag oder Lebenssachverhalt

Eine Klageänderung liegt insbesondere vor, wenn der Streitgegenstand der bisherigen Klage geändert wird, sog. **objektive Klageänderung**.

331

Folgt man dem herrschenden, zweigliedrigen Streitgegenstandsbegriff[264], so setzt eine objektive Klageänderung also voraus, dass der Kläger den von ihm gestellten Antrag und/oder den diesem zugrundeliegenden Lebenssachverhalt verändert.[265]

---

264   Vgl. dazu nochmals Rn. 117 ff.; insbesondere Rn. 122.

265   Th/P, § 263 ZPO, Rn. 2 f.

– *auch:*
  - nachträgliche obj. Klagehäufung

Eine objektive Klageänderung liegt nach ständiger Rechtsprechung des BGH jedoch auch dann vor, wenn nach Rechtshängigkeit neben dem bisherigen, unveränderten Streitgegenstand ein neuer, weiterer Streitgegenstand in den Prozess eingeführt wird. In diesem Falle muss neben der Zulässigkeit der Klageänderung geprüft werden, ob die Voraussetzungen für eine objektive Klagehäufung vorliegen.[266]

– *Parteiwechsel*

332

Tritt während des Prozesses eine neue Partei an die Stelle der bisherigen Partei (Parteiwechsel) oder neben diese (Parteierweiterung), so spricht man von **subjektiver Klageänderung**. Diese folgt ihren eigenen Regeln und wird bei der Darstellung der Parteienmehrheit behandelt, vgl. Rn. 475 ff.

(2) Ausnahmen, § 264 ZPO

§ 264 ZPO:
stets zulässige Klageänderung

333

Liegt eine Klageänderung vor, so muss in einem zweiten Schritt festgestellt werden, ob diese ausnahmsweise „nicht als solche anzusehen" ist, § 264 ZPO.

Der Wortlaut des § 264 ZPO ist nach allgemeiner Meinung jedoch berichtigend auszulegen: Da die dort geregelten Fälle (mit Ausnahme der Nr. 1, dazu sogleich im Anschluss) wegen der erforderlichen Änderung des Klageantrages allen Streitgegenstandstheorien zufolge sehr wohl eine Klageänderung darstellen, ist die Vorschrift so zu lesen, als stünde dort: „Als eine **stets zulässige** Klageänderung ist es anzusehen, wenn … ".

(a) § 264 Nr. 1 ZPO: Keine Klageänderung

Nr. 1:
kein Fall der Klageänderung

334

§ 264 Nr. 1 ZPO ist hierbei ohne jede praktische Bedeutung. Da die dort genannte Berichtigung oder Ergänzung der tatsächlichen oder rechtlichen Ausführungen keine Auswirkung auf den Streitgegenstand hat, eine Klageänderung also ohnehin nicht vorliegt, hat die Vorschrift lediglich klarstellende Funktion.[267]

(b) § 264 Nr. 2 u. 3 ZPO: Stets zulässige Klageänderung

Nr. 2, 3:
Klageänderung typischerweise sachdienlich

335

In den Fällen der **§§ 264 Nr. 2 und 3 ZPO** hingegen liegt wegen der Änderung des Antrages sehr wohl eine Änderung des Streitgegenstandes und damit eine Klageänderung vor. Bei genauerer Betrachtung handelt es sich um Konstellationen, in denen diese Klageänderung typischerweise sachdienlich ist.[268]

Nr. 2:
quantitative/qualitative Erweiterung/Beschränkung

336

§ 264 Nr. 2 ZPO betrifft jede qualitative oder quantitative Erweiterung oder Beschränkung des ursprünglichen Antrags. In diesen Fällen bleibt der vorgetragene Lebenssachverhalt, über den verhandelt wird, unverändert. Es liegt deshalb im Interesse einer wirtschaftlichen Prozessführung, eine Klageänderung zuzulassen.

> **Bspe.:** *Forderung eines höheren oder geringeren Betrages als ursprünglich; Antrag auf Verurteilung Zug um Zug statt unbeschränkter Verurteilung und umgekehrt; Umstellung einer Feststellungsklage auf eine Leistungsklage und umgekehrt*

str.:
Anwendbarkeit § 269 ZPO bei Beschränkung

337

Umstritten ist, ob im Falle einer Beschränkung des ursprünglichen Klageantrags (§ 264 Nr. 2 Alt. 2 ZPO) hinsichtlich des zurückgenommenen Teils des Antrags die Vorschriften über die Klagerücknahme Anwendung finden.

---

266 Zöller, § 263 ZPO, Rn. 2; vgl. auch Rn. 316 ff.

267 Zöller, § 264 ZPO, Rn. 1.

268 Schlosser, Rn. 149.

Dabei wird teilweise vertreten, dass die Beschränkung des Klageantrags im Interesse des Beklagten von dessen Einwilligung abhängen solle, soweit dieser bereits zur Hauptsache verhandelt habe, § 269 I ZPO.[269]

Nach anderer Auffassung enthält § 264 Nr. 2 Alt. 2 ZPO hingegen eine Sonderregelung gegenüber § 269 I ZPO. Das Gesetz, das eine Klageänderung grundsätzlich sogar vom Zeitpunkt der Rechtshängigkeit an von einer Einwilligung abhängig mache, habe in den Fällen des § 264 Nr. 2 Alt. 2 ZPO vom Erfordernis einer Einwilligung gerade absehen wollen.[270]

Nr. 3: Forderung d. Surrogats wg. späterer Veränderung

§ 264 Nr. 3 ZPO betrifft alle Fälle, in denen statt des ursprünglichen Gegenstandes ein Surrogat oder Schadensersatz gefordert wird.

338

Wortlaut ungenau ⇨ subjektiv zu bestimmen

Die Vorschrift gilt entgegen ihrem Wortlaut **auch dann, wenn die Veränderung** der tatsächlichen Umstände **bereits vor Klageerhebung** eingetreten ist und der **Kläger** hiervon **keine Kenntnis** hatte, selbst wenn die Unkenntnis auf Fahrlässigkeit beruht.

339

> **hemmer-Methode:** Der Begriff der später eingetretenen Veränderung ist also nicht objektiv, sondern subjektiv aus Sicht des Klägers zu bestimmen.[271]

> Im Fall (Rn. 328) hat K seinen ursprünglichen Antrag geändert, sodass ein anderer Streitgegenstand und somit eigentlich eine Klageänderung vorliegt. K macht jedoch wegen der nachträglichen Unmöglichkeit statt des Anspruchs auf Übereignung und Übergabe gem. § 433 I S. 1 BGB einen Anspruch auf Schadensersatz statt der Leistung gem. §§ 280 I, III, 283 S. 1 BGB geltend. Da K erst nach Klageerhebung von der Zerstörung des Fahrzeugs erfuhr, sind die Voraussetzungen des § 264 Nr. 3 ZPO erfüllt. Auf eine Einwilligung des B in die Klageänderung oder deren Sachdienlichkeit kommt es deshalb nicht mehr an. Das Gericht wird deshalb prüfen, ob die geänderte Klage zulässig und begründet ist.

cc) Einwilligung des Beklagten oder Sachdienlichkeit

(1) Einwilligung des Beklagten

§ 267 ZPO als Einwilligungsfiktion

Liegt eine Klageänderung vor, die nicht nach § 264 ZPO privilegiert ist, so ist zunächst zu prüfen, ob der Beklagte in diese eingewilligt hat. Hierbei ist insbesondere § 267 ZPO zu beachten.

340

Diese Vorschrift enthält nur eine objektive Komponente: Der Beklagte darf der Klageänderung nicht widersprochen und muss zur geänderten Klage mündlich verhandelt haben. Nicht erforderlich ist, dass sich der Beklagte des Vorliegens einer Klageänderung bewusst war.[272]

(2) Sachdienlichkeit

Maßstab für Sachdienlichkeit ist Prozessökonomie

Hat der Beklagte in die Klageänderung nicht eingewilligt, so muss das Gericht entscheiden, ob die Klageänderung sachdienlich ist. Maßstab hierfür ist das Gebot der Prozesswirtschaftlichkeit:[273]

341

---

269   Zöller, § 264 ZPO, Rn. 4a m.w.N.; TH/P, § 264 ZPO, Rn. 6.

270   Musielak, Rn.172 m.w.N.; Schlosser, Rn. 151, Übungsaufgabe 4.

271   Th/P, § 264 ZPO, Rn. 7.

272   Th/P, § 267 ZPO, Rn. 1.

273   Zöller, § 263 ZPO, Rn. 13.

Es muss zu erwarten sein, dass durch eine Entscheidung über die geänderte Klage der Streit zwischen den Parteien endgültig erledigt und ein neuer Rechtsstreit verhindert werden kann. Hierbei ist auch zu berücksichtigen, ob die bisherigen Prozessergebnisse bei der Entscheidung über die geänderte Klage berücksichtigt werden können.

Kommt das Gericht zu dem Ergebnis, dass die Klageänderung nicht sachdienlich ist, so ist diese unzulässig.

Das Gericht wird dann über den ursprünglich gestellten Antrag entscheiden, soweit der Kläger diesen aufrechterhält. Hat der Kläger zu diesem Anspruch hingegen im gesamten letzten Termin nicht mehr verhandelt, so kann nach h.M. ein Versäumnisurteil gegen ihn ergehen, §§ 330, 333 ZPO.[274]

> **hemmer-Methode:** Wenn der ursprüngliche Antrag nicht aufrechterhalten wurde, darf wegen § 308 I ZPO hierüber grds. nicht mehr entschieden werden. Trotzdem muss hierüber nach ganz h.M. bei unzulässiger Klageänderung entschieden werden, da ansonsten der Kläger durch eine bewusst unzulässige Klageänderung dem Beklagten sein „Recht auf ein klageabweisendes Sachurteil" nehmen könnte. Daher wendet die h.M. §§ 330, 333 ZPO an!

wirksame Klageänderung ⇨ Rechtshängigkeit des geänderten Klageantrages

Liegt hingegen nach § 264 ZPO keine (Nr. 1) bzw. ein Fall einer stets zulässigen Klageänderung vor (Nr. 2 und 3), willigt der Beklagte ein (§ 263 Alt. 1 ZPO bzw. § 267 ZPO) oder erachtet das Gericht die Klageänderung für sachdienlich (§ 263 Alt. 2 ZPO), so ist die Klageänderung zulässig.

Das Gericht hat dann über Zulässigkeit und Begründetheit der geänderten Klage zu entscheiden. Der Streitgegenstand der geänderten Klage wird mit Vornahme der Klageänderung rechtshängig, § 261 II ZPO. Die Rechtshängigkeit des ursprünglichen Streitgegenstandes entfällt.

c) Streit über die Zulässigkeit der Klageänderung

evtl. Zwischenurteil, § 303 ZPO, über Wirksamkeit der Klageänderung

Streiten die Parteien darüber, ob eine Klageänderung überhaupt vorliegt oder diese sachdienlich ist, so kann das Gericht über diesen Zwischenstreit wahlweise durch Zwischenurteil (§ 303 ZPO) oder in den Gründen des Endurteils entscheiden.   *342*

Die Entscheidung, dass eine Klageänderung nicht vorliegt oder diese sachdienlich ist, ist unanfechtbar, § 268 ZPO.

Die Entscheidung, dass eine Klageänderung vorliegt, die nicht als sachdienlich zugelassen wird, ist hingegen mit Berufung oder Revision anfechtbar.

3. Einseitige Erledigterklärung

a) Einführung

Ausgangsfall

Ausgangsfall: Trotz mehrfacher Mahnungen hat es B schuldhaft versäumt, eine fällige Kaufpreisforderung des K zu begleichen. K reicht am 07.04.2014 eine Klageschrift bei Gericht ein, die dem B am 11.04.2014 zugestellt wird. B hatte bereits am 10.04.2014 bezahlt. In der mündlichen Verhandlung erklärt K die Hauptsache für erledigt. Wie hat das Gericht zu entscheiden, wenn sich B dieser Erklärung nicht anschließt?   *343*

---

274 Vgl. Rn. 387 ff.

Erledigung

Wird im Laufe eines Prozesses eine ursprünglich zulässige und begründete Klage unzulässig oder unbegründet, spricht man vom Eintritt eines erledigenden Ereignisses.

Im Fall der Erledigung der Hauptsache stellt sich nun die Frage, wie sich der Kläger prozessual am sinnvollsten verhalten soll. Schließlich hat er ja zunächst zu Recht geklagt und möchte verständlicher Weise sowohl die vorgeschossenen Gerichtskosten (vgl. § 12 I S. 1 GKG) als auch evtl. entstandene Anwaltskosten von B erstattet haben.

⇨ Bleibt der Kläger untätig, so verliert er den Prozess und trägt damit gem. § 91 ZPO die Kosten des Rechtsstreits.

⇨ Nimmt er die Klage zurück, so hat er gem. § 269 III S. 2 ZPO ebenfalls die Kosten des Verfahrens zu tragen.

> **hemmer-Methode: Es besteht daher ein Bedürfnis, im Fall einer ursprünglich zulässigen und begründeten Klage ohne Kostentragung „aus dem Prozess rauszukommen".**
> Diese Möglichkeit hat der Kläger, wenn er den Rechtsstreit (einseitig) für erledigt erklärt. Hat der Kläger - z.B. aus Unkenntnis - zunächst die Klage zurückgenommen, so hat er keine Chance mehr. Er trägt die Kosten des Rechtsstreits gem. § 269 II S. 2 ZPO, ohne dass eine Anfechtung oder Umdeutung der Klagerücknahme in Betracht käme.[275]

gesetzlich nicht geregelt

344

Die einseitige Erledigterklärung ist im Gesetz nicht geregelt. Ihre Behandlung wirft eine Vielzahl von Problemen auf, deren Lösung sich an der gegensätzlichen Interessenlage der Parteien orientieren muss.

relevant wegen Kostenentscheidung

Der Beklagte, der sich der Erledigterklärung des Klägers nicht anschließt, gibt dadurch zu verstehen, dass nach seiner Ansicht die Klage von Anfang an unzulässig oder unbegründet war.

Er ist deshalb an einer Klageabweisung nach streitiger Verhandlung interessiert. Mit einer bloßen Kostenentscheidung nach billigem Ermessen gem. § 91a ZPO ist er gerade nicht einverstanden.

Der Kläger geht zwar davon aus, dass seine Klage jetzt unzulässig oder unbegründet ist. Er erwartet aber, dass bei der Kostenentscheidung den seiner Ansicht nach zunächst bestehenden Erfolgsaussichten der Klage Rechnung getragen wird.

ursprünglich Zulässigkeit und Begründetheit

Um den Interessen beider Parteien gerecht zu werden, muss also entschieden werden, ob die Klage zunächst zulässig und begründet war und - sollte dies der Fall sein - später unzulässig oder unbegründet wurde.

Umstritten ist die dogmatische Umsetzung dieses Ergebnisses:

h.M.:
Klageänderungstheorie

345

(1) Nach der absolut herrschenden **Klageänderungstheorie**[276] stellt die einseitige Erledigterklärung des Klägers eine Änderung der ursprünglichen Klage in eine Feststellungsklage dar.

Streitgegenstand ist die Feststellung, dass die ursprünglich zulässige und begründete Klage nachträglich durch ein bestimmtes Ereignis unzulässig oder unbegründet wurde.

Der Streitgegenstand der Feststellungsklage schließt also den der bisherigen Leistungsklage mit ein.

---

275 Vgl. die examensrelevante Entscheidung des BGH, Life&Law 2007, Heft 3, 177 ff. = NJW 2007, 1460 ff. = **juris**byhemmer.
276 BGH, NJW 1994, 2364; Zöller, § 91a ZPO, Rn. 34; Jauernig, § 42 VI 2.

Eine solche Klageänderung ist als Beschränkung des ursprünglichen Antrages jedenfalls nach h.M. gem. § 264 Nr. 2 ZPO statthaft. Außerdem liegt ein Fall der Sachdienlichkeit gem. § 263 Alt. 2 ZPO vor.

Das Feststellungsinteresse gem. § 256 I ZPO wird wegen der möglichen Erledigung der Hauptsache bejaht, da es ansonsten keine andere Möglichkeit gibt, von der Kostentragungspflicht loszukommen. *345a*

⇨ Würde der Kläger seinen ursprünglichen Antrag aufrechterhalten, wäre diese als unzulässig und/oder unbegründet abzuweisen. K müsste gem. § 91 ZPO die Kosten des Rechtsstreits tragen.

⇨ Dies würde auch gelten, wenn der Kläger auf den geltend gemachten Anspruch gem. § 306 ZPO verzichten würde.

⇨ Gem. § 269 III S. 2 ZPO müsste der Kläger die bereits entstandenen Kosten auch dann tragen, wenn er seine Klage zurücknimmt.

Da aber eine Kostenentscheidung zu Lasten des Klägers bei einer ursprünglich zulässigen und begründeten Klage jedoch unvereinbar mit den ursprünglichen Erfolgsaussichten seiner Klage ist, kann man bereits deswegen das Feststellungsinteresse gem. § 256 I ZPO bejahen.

a.A.:
Rechtsinstitut sui generis

(2) Eine Mindermeinung lehnt die Klageänderungstheorie ab: Bei dem festzustellenden Erledigungsereignis handle es sich um eine Tatsache und nicht um ein Rechtsverhältnis i.S.v. § 256 I ZPO. Das Interesse an einer günstigen Kostenentscheidung könne als Feststellungsinteresse nicht anerkannt werden. *346*

Die einseitige Erledigterklärung sei deshalb ein Rechtsinstitut eigener Art.[277] Der Kläger begehre die Entscheidung, dass sich die Hauptsache erledigt habe.

a.A.:
bes. Form der Klagerücknahme

(3) Nach einer weiteren Ansicht handelt es sich bei der einseitigen Erledigterklärung um eine besondere Form der Klagerücknahme, die ohne Einwilligung des Beklagten erfolgen kann und nicht die Kostenfolge des § 269 III S. 2 ZPO auslöst[278] (Klagerücknahmetheorie). *347*

(4) Im Schrifttum wird vereinzelt vorgeschlagen, dass die seit 01.01.2002 eingeführte Vorschrift des § 269 III S. 3 ZPO entsprechend auf den Fall anzuwenden ist, in dem das Erledigungsereignis erst nach Rechtshängigkeit eingetreten ist, um auf diese Weise den Aufwand einer Klageänderung zu vermeiden[279].

Diese Ansicht ist abzulehnen[280]. Abgesehen davon, dass dieser Vorschlag den eindeutigen Wortlaut des Gesetzes gegen sich hat, fehlt es sowohl an einer Lücke im Gesetz als auch an der für eine Analogie erforderliche Vergleichbarkeit des in § 269 III S. 3 ZPO geregelten Tatbestandes mit der Erledigung der Hauptsache nach Rechtshängigkeit.

---

277 Musielak, Rn. 240; R/S/G, § 132 III 3.

278 Stein/Jonas, § 91a ZPO, Rn. 39.

279 Vgl. Bonifacio in MDR 2002, 499 f.

280 Vgl. Deckenbrock/Dötsch, „Die Novellierung des § 269 III S. 3 ZPO", JA 2005, 447 [448 f.]; Musielak, „Neue Fragen im Zivilverfahrensrecht", JuS 2002, 1203 [1205].

Behauptet der Kläger, das erledigende Ereignis sei nach Rechtshängigkeit seiner Klage eingetreten und schließt sich der Beklagte der Erledigungserklärung nicht an, dann streiten die Parteien entweder darüber, ob die Klage zuvor zulässig und begründet war oder ob es das erledigende Ereignis überhaupt gibt.

Der Beklagte hat ein Recht darauf, dass diese Fragen verbindlich vom Gericht geklärt werden. Im Gegensatz zu dieser Fallkonstellation existiert im Zeitpunkt der Rechtshängigkeit keine zulässige und begründete Klage, wenn der Klagegrund bereits zuvor wegfiel. Dementsprechend bedarf es auch keiner Klärung darüber, ob sich eine zuvor zulässige und begründete Klage nachträglich erledigt habe.

Diese Unterschiede schließen eine analoge Anwendung des § 269 III S. 3 ZPO auf den Fall aus, dass die Erledigung erst nach Rechtshängigkeit stattgefunden hat.

hemmer-Methode: Die verschiedenen Ansichten zur Rechtsnatur der einseitigen Erledigterklärung unterscheiden sich im praktischen Ergebnis nicht. In der Klausur ist ein Eingehen auf den Meinungsstreit entbehrlich; folgen Sie der herrschende Klageänderungstheorie.
Diese hat sich durchgesetzt und ist besser handhabbar als ein „Rechtsinstitut eigener Art".
Es reicht aber auch aus, sich einfach der h.M. anzuschließen und eine Klageänderung in eine Feststellungsklage anzunehmen. In den meisten Musterlösungen von Examensklausuren wird der Meinungsstreit nämlich erst gar nicht dargestellt.

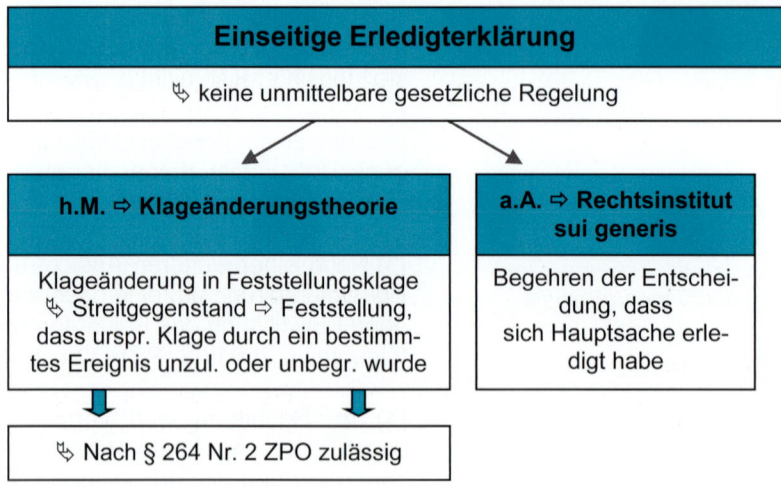

b) Vom Gericht durchzuführende Prüfung

aa) Zulässigkeit der geänderten Klage

Die Klageänderung ist als Beschränkung des ursprünglichen Antrages jedenfalls nach h.M. gem. § 264 Nr. 2 ZPO statthaft. Außerdem liegt ein Fall der Sachdienlichkeit gem. § 263 Alt. 2 ZPO vor.

Besonderheiten

Wie bei der beidseitigen Erledigterklärung muss das Gericht zunächst die Wirksamkeit der Erledigterklärung prüfen. Insoweit ist auf folgende Besonderheiten hinzuweisen:

348

– *§ 91a ZPO nicht anwendbar*

(1) Form: Da § 91a ZPO nicht anwendbar ist, kann die Erklärung nicht zu Protokoll der Geschäftsstelle abgegeben werden; § 78 III ZPO ist daher nicht anwendbar. Sie muss also in der mündlichen Verhandlung oder schriftsätzlich gem. § 261 II ZPO erfolgen.[281]

– *§ 78 III ZPO gilt nicht*

(2) Prozesshandlungsvoraussetzungen: In Anwaltsprozessen besteht stets Anwaltszwang, weil § 78 III ZPO nicht anwendbar ist (s.o.).

– *frei widerruflich*

(3) Widerruflichkeit: Im Gegensatz zur beidseitigen Erledigterklärung stellt die einseitige Erledigterklärung eine frei widerrufliche Erwirkungshandlung dar. Der Kläger kann also während des Rechtsstreits durch erneute Klageänderung wieder zu seinem ursprünglichen Antrag übergehen.[282]

hilfsweise Aufrechterhaltung des urspr. Klageantrags

(4) Bedingung: Innerprozessuale Bedingungen sind zulässig. In der Praxis häufig ist insbesondere die hilfsweise Aufrechterhaltung des ursprünglichen Klageantrags.[283]

hemmer-Methode: Die hilfsweise Erledigterklärung für den Fall einer bestimmten Entscheidung über den Hauptantrag wird allerdings bei der einseitigen Erledigterklärung für unzulässig erachtet.[284]

– *nicht „zwischen den Instanzen"*

(5) Zeitpunkt: Im Gegensatz zur beiderseitigen Erledigterklärung[285] ist die einseitige Erledigterklärung zwischen den Instanzen, also nach Erlass eines Urteils, nicht möglich. Das Gericht ist gem. § 318 ZPO an das bereits erlassene Urteil gebunden. Eine Erledigung kann erst wieder nach Einlegung eines Rechtsmittels gegenüber dem Rechtsmittelgericht erklärt werden.[286]

(6) Das Feststellungsinteresse gem. § 256 I ZPO wird wegen der möglichen Erledigung der Hauptsache bejaht, da es ansonsten keine andere Möglichkeit gibt, von der Kostentragungspflicht loszukommen (vgl. Rn. 345a).

(7) Sonstige Zulässigkeitsvoraussetzungen.

bb) Begründetheit der Erledigungsfeststellungsklage

tatsächliche Erledigung

Liegt eine wirksame Erledigterklärung und damit eine Klageänderung in eine Feststellungsklage vor, so muss entschieden werden, ob sich die Hauptsache tatsächlich erledigt hat.

349

(1) Zulässigkeit und Begründetheit der Klage bei Erledigung

urspr. zul. und begr. Klage

Nur eine zulässige und begründete Klage kann sich in der Hauptsache erledigen. Es ist deshalb zunächst zu prüfen, ob die Klage zum Zeitpunkt des behaupteten Erledigungsereignisses zulässig und begründet war.

350

*str.:
Zeitpunkt*

Umstritten ist, welcher Zeitpunkt hierfür frühestens in Betracht kommt:

351

---

281 Th/P, § 91a ZPO, Rn. 31.

282 Zöller, § 91a ZPO, Rn. 35.

283 Vgl. Rn. 356 a.E.

284 Zöller, a.a.O.

285 Vgl. Rn. 295 a.E.

286 Zöller, § 91a ZPO, Rn. 38.

M.M.:
Anhängigkeit der Klage

Eine Mindermeinung stellt auf den Zeitpunkt der Anhängigkeit ab.[287] Da der Kläger keinen Einfluss auf den Zeitraum zwischen der Einreichung der Klage bei Gericht und ihrer Zustellung nehmen könne, dürften ihm etwaige Verzögerungen im Zustellungsbetrieb der Gerichte nicht zur Last fallen.

Der Gesetzgeber selbst habe diesen Gedanken der Regelung des § 167 ZPO (lesen!) zugrunde gelegt. Der Beklagte, der durch sein Verhalten nicht zur Erhebung der Klage Anlass gegeben habe, könne durch ein sofortiges Anerkenntnis eine Kostenentscheidung zu seinen Lasten vermeiden, § 93 ZPO.

h.M.:
Rechtshängigkeit

Nach der h.M. ist hingegen auf den Eintritt der Rechtshängigkeit abzustellen.[288] Erst mit Zustellung der Klageschrift entstehe ein Prozessrechtsverhältnis zwischen den Parteien. Vor diesem Zeitpunkt existiere kein Streitgegenstand und damit keine Hauptsache, die sich erledigen könne. Der Beklagte habe ein Recht auf Abweisung einer zum Zeitpunkt ihrer Erhebung unzulässigen oder unbegründeten Klage.

hemmer-Methode: Der Eintritt der Rechtshängigkeit ist aber lediglich der früheste Zeitpunkt, der für eine Erledigung der Hauptsache in Betracht kommt. Es ist also nicht erforderlich, dass die Klage bereits bei Rechtshängigkeit zulässig und begründet ist. Auch eine bei Eintritt der Rechtshängigkeit unzulässige oder unbegründete Klage kann sich also erledigen, wenn sie nur zum Zeitpunkt des Erledigungsereignisses zulässig und begründet war.

Folgt man im Ausgangsfall der h.M., so hätte der – mangels entgegenstehender Hinweise zulässige – Feststellungsantrag des K keine Aussicht auf Erfolg: Zum Zeitpunkt der Klagezustellung am 11.04.2010 war sein Anspruch gegen B bereits durch Erfüllung erloschen, sein ursprünglicher Klageantrag also unbegründet. K müsste gem. § 91 ZPO die Kosten tragen.

(2) Erledigung vor Rechtshängigkeit

Problem:
Kosten bei Erledigung vor Rechts-, aber nach Anhängigkeit

Hat der Kläger, der wegen des vorprozessualen Verhaltens des Beklagten hinreichenden Anlass zur Klageerhebung hatte, auch auf der Grundlage der h.M. die Möglichkeit, eine für ihn ungünstige Kostenentscheidung im Ergebnis zu verhindern?

Keine Analogie zu § 93 ZPO

Nach früher vertretener einer Ansicht sollte dieses Problem bereits bei der Kostenentscheidung selbst durch eine analoge Anwendung von § 93 ZPO auf den Beklagten zu lösen sein: Habe der Beklagte dem Kläger durch sein Verhalten Anlass zur Klageerhebung gegeben, so seien ihm die Kosten aufzuerlegen.[289]

352a

Diese Ansicht ist wegen der Einfügung des § 269 III S. 3 ZPO mit Wirkung zum 01.01.2002 hinfällig geworden. Denn diese Vorschrift regelt diesen Fall nun zumindest dergestalt, dass sich die Kostentragung nach billigem Ermessen richtet und dass der Kläger- um diese Rechtsfolge herbeizuführen – aktiv werden muss. Daneben ist für eine analoge Anwendung des § 93 ZPO (= automatische Kostentragung durch den Beklagten) kein Platz mehr.

352b

---

287 Zöller, § 91a ZPO, Rn. 42 m.w.N.

288 BGH, NJW 1982, 1598; Schlosser, Rn. 145; Musielak, Rn. 241.

289 Th/P, § 91a ZPO, Rn. 39.

Seit dem 01.01.2002

Seit dem 01.01.2002 räumt § 269 III S. 3 ZPO dem Kläger für den Fall der Erledigung vor Rechtshängigkeit nämlich nun die Möglichkeit der Abwälzung der Kosten auf den Beklagten ein, indem die Rücknahme der Klage erklärt wird (Entscheidung nach billigem Ermessen)[290].

352c

> **hemmer-Methode: Problematisch ist es allerdings, wie der Richter nach billigem Ermessen entscheiden soll, wenn die Erledigung vor Rechtshängigkeit eingetreten ist? Der Beklagte, der beispielsweise nach Anhängigkeit gezahlt hat, wird auch dann, wenn ihm die Klageschrift noch zugestellt wird, keine Klageerwiderung in der Sache vornehmen, sondern allenfalls auf die erfolgte Zahlung hinweisen. Dem Richter steht in dieser Situation nur die Klageschrift als Beurteilungsgrundlage zur Verfügung. Der Kläger wird also auf eine schlecht prognostizierbare Ermessensentscheidung des Gerichts verwiesen.**
>
> **Dieses Ermessen wird vor allem durch die Erfolgsaussichten der eingereichten Klage bestimmt, womit eine Inzidentprüfung dieser erforderlich wird. Allerdings können auch noch andere Faktoren zu berücksichtigen sein, z.B. inwiefern der Beklagte Anlass zur Klageerhebung gegeben hat oder wie schnell der Kläger seine Klage zurückgenommen hat, und ob durch sein Verhalten dem Beklagten bereits Kosten entstanden sind.**

§ 269 III S. 3 ZPO gilt auch bei Erledigung vor Anhängigkeit

(a) Umstritten ist, ob diese Vorschrift eine Erledigung nach Anhängigkeit, aber vor Rechtshängigkeit voraussetzt, oder ob **auch die Erledigung vor Anhängigkeit** von ihr erfasst wird.

352d

Nach Ansicht der Rechtsprechung und der h.L. muss § 269 III S. 3 ZPO direkt oder jedenfalls analog auch für den Fall einer Erledigung vor Einreichung der Klage angewendet werden[291].

Dies entspräche dem Wortlaut der Norm, da auch bei einer Erledigung vor Anhängigkeit „der Anlass zur Einreichung der Klage vor Rechtshängigkeit weggefallen" ist.

Setzt § 269 III S. 3 ZPO die Zustellung der Klage voraus

(b) Bis zum 31.08.2004 war umstritten, ob die Zustellung der Klage eine Voraussetzung für die Anwendung des § 269 III S. 3 ZPO ist.

352e

Mit der Einfügung des § 269 III S. 3 HS 2 ZPO hat sich die Problematik erledigt: Die Klagerücknahme ist danach auch dann möglich, wenn die Klage noch gar nicht zugestellt wurde[292].

> **hemmer-Methode: Eine Kostenentscheidung des Gerichtes nach § 269 III S. 3 ZPO darf aber erst ergehen, wenn dem Beklagten zur Wahrung des Anspruches auf rechtliches Gehör (Art. 103 I GG) die Klageschrift zugestellt wurde[293].**

Klage auf Feststellung der Schadensersatzpflicht bleibt neben § 269 III S. 3 ZPO möglich

(c) Fraglich und weitgehend ungeklärt ist auch die Frage, ob § 269 III S. 3 ZPO die Geltendmachung der Kosten über das Verzugsrecht ausschließt.[294] Der Kläger könnte nämlich auch feststellen lassen, dass der Beklagte die ihm entstandenen Kosten als Schadensersatz (z.B. als Verzugsschaden gem. §§ 280 I, II, 286 BGB) ersetzen muss.

---

290   Beachten Sie nochmals (vgl. schon Rn. 263), dass durch das Erste Gesetz zur Modernisierung der Justiz mit Wirkung zum 01.09.2004 das Wort „unverzüglich" in § 269 III S. 3 ZPO gestrichen wurde.

291   OLG München in OLG-Report München 2004, 218 f.; LG Düsseldorf in NJW-RR 2003, 213; kommentiert von Deubner in JuS 2003, 271; die Entscheidung des OLG Köln wird kommentiert von Deubner in JuS 2003, 892 [893]; Deckenbrock/Dötsch, „Die Novellierung des § 269 III S. 3 ZPO", JA 2005, 447 [448]; Musielak/Foerste, § 269 ZPO, Rn. 13.

292   Vgl. dazu bereits Rn. 263a, b.

293   Deckenbrock/Dötsch in JA 2005, 447 [449 li.Sp.]; Knauer/Wolf, NJW 2004, 2857 [2858 li.Sp.].

294   Diese Diskussion ist anschaulich dargestellt bei Elzer, NJW 2002, 2006 ff.

> **hemmer-Methode: Eine Leistungsklage ist für diese Konstellation allerdings problematisch, weil der Kläger zu diesem Zeitpunkt den genauen Schaden noch nicht beziffern kann, vgl. § 253 II Nr. 2 ZPO. Es wurde deshalb für zulässig erachtet, dass der Kläger mittels Klageänderung die Feststellung beantragt, der Beklagte habe aus materiellem Recht die Kosten des Rechtsstreits zu tragen.**

Keinesfalls wird man dem Kläger entgegenhalten können, die Regelung des § 269 III S. 3 ZPO sei abschließend. Denn am Vorliegen des Verzugs (materielles Recht) ändert die Möglichkeit des § 269 III S. 3 ZPO nichts. Nach wie vor muss es dem Kläger daher möglich sein, aus diesem Grund die Kosten auf den Beklagten abzuwälzen.

Man könnte allenfalls daran denken, dass dem Kläger das Rechtsschutzbedürfnis dafür fehlt, seine ursprüngliche Klage in eine Feststellungsklage bzgl. der Kostenerstattungspflicht des Beklagten unter dem Gesichtspunkt des Verzugsschadens zu ändern.

§ 269 III S. 2 ZPO eröffnet aber dem Richter nur eine summarische Billigkeitsentscheidung. Für den Kläger kann es aber günstiger sein, den Prozess fortzuführen, damit das Gericht die Sach- und Rechtslage in allen Einzelheiten prüfen kann.

Da auf diesem Weg eventuell für den Kläger eine günstigere (Kosten)Entscheidung erzielt werden kann, sollte es stets dem Kläger überlassen bleiben, wie er reagieren will, wenn sich der Rechtsstreit bereits vor seiner Rechtshängigkeit erledigt hat[295].

(3) Erledigungsereignis

Unterscheide:
proz./sachl. Erledigung

353

Erledigungsereignisse können zur Unzulässigkeit oder zur Unbegründetheit der Klage führen. Insoweit ist zwischen prozessualen und sachlichen Erledigungsereignissen zu unterscheiden[296].

Prozessuale Erledigungsereignisse sind beispielsweise der nachträgliche Wegfall des Feststellungsinteresses bei einer Feststellungsklage oder der Verlust der Parteifähigkeit während des Prozesses.

In sachlicher Hinsicht kommen neben dem Erlöschen des Anspruchs durch Erfüllung die Aufrechnung mit einer Gegenforderung, der Untergang einer herausverlangten Sache oder ein außergerichtlicher Vergleich in Betracht.

Erledigungsereignis	
Prozessuale Erledigung ↳ ursprüngliche Klage wird unzulässig	**Sachliche Erledigung** ↳ ursprüngliche Klage wird unbegründet
• Verlust der Parteifähigkeit während des Prozesses • Wegfall des Feststellungsinteresses	• Erfüllung (bei Zahlung unter Vorbehalt (-), wenn nur zur Abwendung der ZwV) • Aufrechnung • Außergerichtlicher Vergleich

---

295   Vgl. Musielak, „Neue Fragen im Zivilverfahrensrecht", JuS 2002, 1203 [1206]; so auch Deckenbrock/Dötsch, Die Novellierung des § 269 III S. 3 ZPO, JA 2005, 447 [449].

296   Zöller, § 91a ZPO, Rn. 3 f.

Bsp.:[297] *Die Klägerin verlangt von der Beklagten die Bezahlung eines seit 20011 fälligen Kaufpreises. Im Prozess am 10.07.2014 rechnet der Beklagte mit einer ebenfalls seit 2011 fälligen Darlehensforderung auf. Das Bestehen dieser Forderung hat K stets bestritten. Das Gericht hält die Gegenforderung dagegen für begründet.*

K erklärt den Rechtsstreit für erledigt. B schließt sich der Erledigungserklärung nicht an.

Ist die zulässige Feststellungsklage begründet?

Die Feststellungsklage wäre begründet, wenn sich die Hauptsache erledigt hat. Dies ist dann der Fall, wenn die Leistungsklage ursprünglich, also zum Zeitpunkt des behaupteten Erledigungsereignisses zulässig und begründet war und jetzt durch ein bestimmtes Ereignis unzulässig oder unbegründet geworden ist.

1. Die ursprünglich erhobene Leistungsklage müsste zulässig gewesen sein.

Fraglich ist hier lediglich, ob der Klägerin wegen der Möglichkeit der Aufrechnung das Rechtsschutzbedürfnis fehlte. Man könnte argumentieren, die Klägerin hätte ihrerseits gegen die Forderung des Beklagten mit ihrer Forderung aufrechnen müssen, anstatt sie in vollem Umfang einzuklagen.

Dem ist jedoch entgegenzuhalten, dass es sich bei der Gegenforderung des Beklagten um eine von der Klägerin zunächst bestrittene Darlehensforderung handelte, die in keinem rechtlichen Zusammenhang mit der Kaufpreisforderung der Klägerin stand. In dem über diese Forderung des Beklagten anhängigen Rechtsstreit musste sich K schon wegen § 145 III ZPO nicht mit einer (Hilfs-)Aufrechnung verteidigen. Da K die Gegenforderung des Beklagten bestritt, war es ihm bis zu deren rechtskräftigen Feststellung auch nicht zuzumuten, von einer gerichtlichen Geltendmachung der eigenen Forderung in Höhe der Gegenforderung des Beklagten abzusehen und sich stattdessen durch Aufrechnung zu befriedigen.

Damit ist das Rechtsschutzbedürfnis gegeben und die Leistungsklage war zulässig.

2. Die ursprüngliche Leistungsklage müsste begründet gewesen und nachträglich durch ein bestimmtes Ereignis unbegründet geworden sein.

a) Das Bestehen der Kaufpreisforderung ist zu unterstellen. Weiterhin besteht Einigkeit darüber, dass diese Forderung durch die Aufrechnung mit der dem Beklagten vor Rechtshängigkeit der Klageforderung aufrechenbar zustehenden Gegenforderung erloschen ist.

b) Problematisch ist dagegen die Frage, ob die Klage durch die von dem Beklagten erklärte Aufrechnung nachträglich unbegründet geworden ist oder ob sie wegen der Rückwirkung der Aufrechnungserklärung gemäß § 389 BGB von Anfang an unbegründet war.

Wenn die Aufrechnungslage (§ 387 BGB) - wie im vorliegenden Fall - bereits vor Zustellung der Klage bestanden hat, ist in Literatur und Rechtsprechung umstritten, ob das erledigende Ereignis die Aufrechnungslage oder die Aufrechnungserklärung (§ 388 S. 1 BGB) ist.

aa) Ein Teil der jüngeren Rechtsprechung und die überwiegende Kommentarliteratur sehen wegen der materiell-rechtlichen Rückwirkung nach § 389 BGB die Aufrechnungslage als erledigendes Ereignis an und verneinen demnach, wenn die Aufrechnungslage schon vor Klageerhebung bestanden hat, eine Erledigung der Hauptsache, weil diese nur durch ein nach Klagezustellung liegendes Ereignis eintreten kann[298].

---

297   BGH, **Life&Law 2003, 765 ff.** = NJW 2003, 3134 ff.; besprochen von Billing in JuS 2004, 186 ff.

298   Vgl. OLG Hamm MDR 2000, 296, 297; OLG Jena, OLG-Report 1997, 135, 136.

bb) Die Gegenansicht hält demgegenüber die durch § 389 BGB angeordnete Rückwirkung als lediglich materiell-rechtliche Fiktion für die verfahrensmäßige Frage der Erledigung der Hauptsache für bedeutungslos und stellt auf den tatsächlichen Vorgang der Erledigungserklärung als erledigendes Ereignis ab[299].

cc) Der BGH hat nun entscheiden, dass auch für den Fall, dass die Aufrechnungslage bereits vor Rechtshängigkeit der Klageforderung bestanden hat, nicht die Aufrechnungslage, sondern erst die Aufrechnung als solche, also die Aufrechnungserklärung, das erledigende Ereignis darstellt.

(1) Ein erledigendes Ereignis ist der Eintritt einer Tatsache mit Auswirkungen auf die materiell-rechtlichen Voraussetzungen der Zulässigkeit oder Begründetheit der Klage. Die materiell-rechtliche Wirkung, die bei der Aufrechnung die Geltendmachung der Klageforderung berührt, ist deren Erlöschen. Dieser Erfolg wird aber, wie § 389 BGB eindeutig besagt, (erst) durch die Aufrechnung, d.h. durch die Aufrechnungserklärung (§ 388 S. 1 BGB) „bewirkt" und nicht (bereits) durch die Aufrechnungslage[300]. Das Vorliegen einer Aufrechnungslage führt, wenn und solange die Aufrechnung nicht erklärt wird, noch nicht zum Erlöschen der beiderseitigen Forderungen.

(2) Tritt die Erlöschenswirkung erst mit der Erklärung der Aufrechnung ein, so war die Klage bis dahin zulässig und begründet. Die von § 389 BGB angeordnete Fiktion („gilt") der Rückwirkung des Erlöschens auf den Zeitpunkt der Aufrechnungslage ändert daran nichts.

Diese Fiktion der Rückwirkung hat lediglich zur Folge, dass nicht nur die Hauptforderungen erlöschen, sondern auch Ansprüche z.B. auf Verzugszinsen für den Zeitraum bis zur Erklärung der Aufrechnung, die ohne die Rückwirkung nach wie vor bestünden, ab dem Zeitpunkt der Aufrechnungslage wegfallen. Diese materiell-rechtliche Rückwirkung tritt aber gleichfalls erst mit Abgabe der Aufrechnungserklärung ein. Sie steht damit der Auffassung, dass prozessual die Aufrechnungserklärung und nicht die Aufrechnungslage das erledigende Ereignis darstellt, nicht entgegen.

(3) Weder die Abwägung der Interessen der Beteiligten noch sonstige Billigkeitserwägungen rechtfertigen ein abweichendes Ergebnis.

Zwar mag es zutreffen, dass sich der Inhaber einer aufrechenbaren Forderung wegen § 389 BGB ab Bestehen der Aufrechnungslage „wirtschaftlich nicht mehr als Schuldner zu fühlen" braucht, weil er jederzeit durch Erklärung der Aufrechnung die Forderung seines Gläubigers rückwirkend zum Erlöschen bringen kann. Gleichwohl wird damit nicht schon die Aufrechnungslage zum „relevanten" Erledigungsereignis.

Es ist grundsätzlich dem beklagten Schuldner zur freien Entscheidung überlassen, ob und wann er durch Erklärung der Aufrechnung (§ 388 S. 1 BGB) die Erlöschenswirkung (mit der materiell-rechtlichen Folge des § 389 BGB) eintreten lassen will.

Fordert ihn der Kläger vorprozessual zur Zahlung auf, so vermag der Schuldner, dem die Aufrechnungslage bekannt ist, durch Erklärung der Aufrechnung vor Rechtshängigkeit eine etwaige Klage von Anfang an unbegründet zu machen. Sieht der Kläger von einer vorprozessualen Aufforderung ab, können ihm gemäß § 93 ZPO die Prozesskosten zur Last fallen.

---

299 Vgl. BayObLG NJW-RR 2002, 373 f; OLG Düsseldorf, NJW-RR 2001, 432 = MDR 2000, 540.

300 Vgl. BGHZ 109, 47 [51].

Dagegen besteht für den klagenden Gläubiger nicht in jedem Falle die Möglichkeit, sich seinerseits vor Klageerhebung durch Erklärung der Aufrechnung gegen die Forderung des beklagten Schuldners zu befriedigen. Für ihn kann die Aufrechnung aus Rechtsgründen ausgeschlossen oder aus tatsächlichen Gründen unmöglich sein. Im Übrigen kann der Kläger - wie der Beklagte - gute Gründe haben, von einer Aufrechnungserklärung zunächst abzusehen, so wenn Kläger und/oder Beklagter mehrere Forderungen haben, mit denen und gegen die aufgerechnet werden kann.

Würde man bei einer vor Rechtshängigkeit gegebenen Aufrechnungslage bereits diese grundsätzlich als erledigendes Ereignis ansehen, so dass bei einer erst im Prozess erklärten Aufrechnung des Beklagten die Klage gleichwohl als von Anfang an unbegründet zu behandeln wäre, hätte dies zur Folge, dass auch in den soeben genannten Fällen der Kläger weder durch Klagerücknahme noch durch eine Erledigungserklärung verhindern könnte, mit den durch die Klageerhebung verursachten Kosten belastet zu werden, sofern der Beklagte der Erledigung nicht zustimmt.

Ergebnis: Da bezüglich des erledigenden Ereignisses auf den Zeitpunkt der Aufrechnungserklärung – die hier erst im Verlaufe des Prozesses erfolgte – abzustellen ist, war die Leistungsklage ursprünglich begründet und ist erst durch die Aufrechnungserklärung unbegründet geworden. Damit ist die Feststellungsklage begründet.

Ähnlich bei Erhebung der Verjährungseinrede im Prozess,
BGH, Life&Law 2010, 441 ff.

hemmer-Methode: Die Examensrelevanz dieser Entscheidung dürfen Sie auf keinen Fall unterschätzen.
In einer ganz ähnlichen Situation hat der BGH ebenso entschieden. Die erstmalige Erhebung der Einrede der Verjährung im Laufe des Rechtsstreits stellt auch dann ein erledigendes Ereignis dar, wenn die Verjährung bereits vor Rechtshängigkeit eingetreten ist. Dass die Verjährungseinrede materiell-rechtlich - etwa hinsichtlich des Verzuges - auch auf den Zeitpunkt des Verjährungseintritts zurückwirkt (vgl. dazu den Problemaufriss), ändert hieran nichts und hat insbesondere nicht zur Folge, dass die Klage im Falle der Einredeerhebung als von Anfang an unbegründet zu gelten hat.
Wie bei der im Prozess erfolgten Aufrechnungserklärung tritt die materiell-rechtliche Rückwirkung erst durch die Erhebung der Verjährungseinrede ein. Letzterer kommt mithin die Bedeutung des erledigenden Ereignisses im Prozess zu.
Diese Entscheidung sollten Sie vor dem Examen tatsächlich einmal lesen.[301]

Erfüllung unter Vorbehalt = Erledigung

Es kommt vor, dass der Beklagte die vom Kläger geforderte Leistung unter Vorbehalt erbringt. Soweit er sich dadurch nur die Rückforderung für den Fall vorbehalten möchte, dass er später das Nichtbestehen der Forderung beweisen kann (vgl. § 814 BGB), tritt Erledigung der Hauptsache ein.

354

vorläufige Befriedigung ≠ Erledigung

Erbringt er die Leistung hingegen nur, um die Zwangsvollstreckung aus einem für vorläufig vollstreckbar erklärten Urteil abzuwenden, während er in der Rechtsmittelinstanz weiterhin die Abweisung der Klage beantragt, so erledigt sich die Hauptsache nicht.[302]

---

301 BGH, Life&Law 2010, 441 ff. (Heft 7) = FamRZ 2010, 887 ff. = **juris**byhemmer.
302 R/S/G, § 132 I 3.

c) Wirkung der Entscheidung

aa) Begründetheit

stattgebendes Feststellungsurteil

Ist die Feststellungsklage wegen Erledigung der Hauptsache begründet, so stellt das Gericht dies durch Endurteil (§ 300 ZPO) fest. Der Beklagte trägt die Kosten des Verfahrens gem. § 91 I S. 1 ZPO. Bisher ergangene, noch nicht rechtskräftige Entscheidungen werden aufgehoben.[303]

355

> **hemmer-Methode: Der BGH hatte einen recht skurrilen Fall zu entscheiden. Es lag ein Fall einer Erledigung nach Rechtshängigkeit vor. Der Kläger erklärte einseitig den Rechtsstreit für erledigt. Das Gericht bestimmte einen Termin für die mündliche Verhandlung über die Feststellungsklage. Daraufhin nahm der Kläger die Klage zurück.**
> **Das war ein Fehler, wie der BGH zu Recht entschieden hat[304]. Denn nun musste der Kläger die Kosten tragen. Dass die ursprüngliche Klage zulässig und begründet gewesen sei, spiele für § 269 III S. 2 ZPO keine Rolle.**
> **Die Entscheidung ist richtig. Wer eine Klage zurücknimmt, der begibt sich in die Rolle des Unterlegenen. Die Faulheit, einen Verhandlungstermin wahrzunehmen, rechtfertigt es unter keinen Umständen, die kostenrechtlichen Grundsätze zu durchbrechen.**

Da der Streitgegenstand der Feststellungsklage den der ursprünglichen Leistungsklage umfasst, steht die Rechtskraft des Endurteils einer erneuten Leistungsklage entgegen.[305]

bb) Unbegründetheit

Klageabweisung, wenn

Hat sich die Hauptsache nicht erledigt, so ist nach dem Grund hierfür zu unterscheiden:

356

– urspr. Klage unzulässig/unbegründet

(1) Kommt das Gericht zu dem Ergebnis, dass die ursprüngliche Klage bereits zum Zeitpunkt des behaupteten Erledigungsereignisses unzulässig oder unbegründet war, so weist das Gericht die Feststellungsklage durch Endurteil als unbegründet ab. Der Kläger trägt gem. § 91 ZPO die Kosten des Verfahrens.

Auch die Rechtskraft dieses Endurteils steht einer erneuten Leistungsklage entgegen.[306]

– fehlende Erledigung

(2) Kommt das Gericht zu dem Ergebnis, dass die ursprüngliche Klage immer noch zulässig und begründet ist, sich also gar nicht erledigt hat, so ist der Feststellungsantrag ebenfalls unbegründet.

Dass seine Klage aus diesem Grund abgewiesen wird, kann der Kläger dadurch verhindern, dass er seinen ursprünglichen Hauptantrag hilfsweise aufrechterhält. Dies stellt eine zulässige innerprozessuale Bedingung dar.[307]

---

303 Th/P, § 91a ZPO, Rn. 38.

304 BGH, Life&Law 2007, Heft 3, 177 ff. = NJW 2007, 1460 f. = **juris**byhemmer.

305 Th/P, § 91a ZPO, Rn. 51.

306 Th/P, a.a.O.

307 Zöller, § 91a ZPO, Rn. 45; vgl. auch Rn. 348.

Übersicht zur einseitigen Erledigterklärung nach Rechtshängigkeit

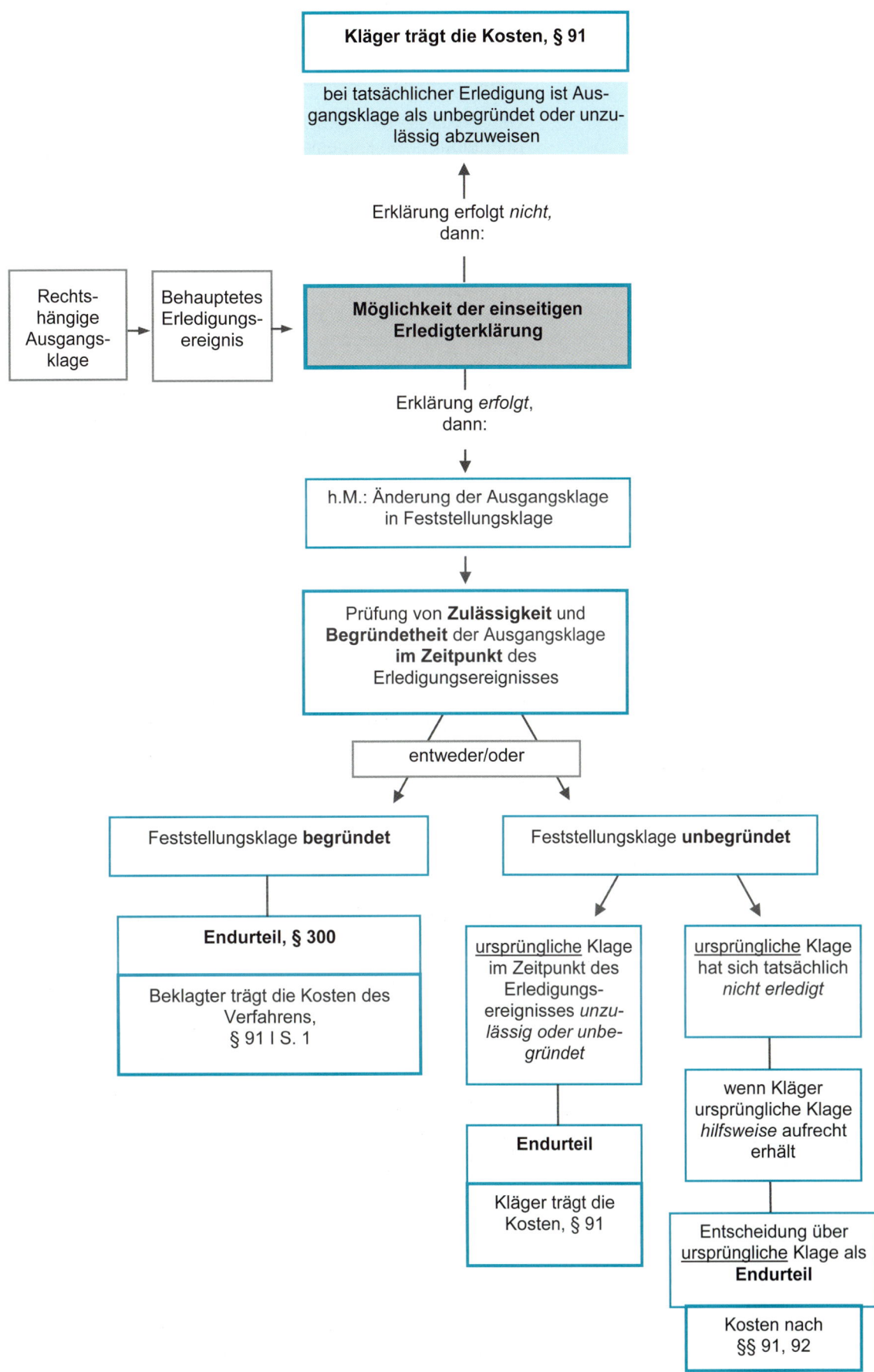

IV. Prozesshandlungen, die der selbstständigen und unselbstständigen Verteidigung des Beklagten dienen

1. Überblick über die Verteidigungsmöglichkeiten des Beklagten

Verteidigungsmöglichkeiten des Beklagten:

Der Beklagte hat verschiedene Möglichkeiten, sich zu verteidigen und dadurch ein klagestattgebendes Urteil zu verhindern.

– *Bestreiten*

Er kann sich darauf beschränken, die vom Kläger vorgetragenen, anspruchsbegründenden Tatsachen zu bestreiten, sodass diese beweisbedürftig sind.[308]

Im Rahmen der Beweisaufnahme hat der Beklagte dann die Möglichkeit, durch eigene Beweisanträge den Beweis der anspruchsbegründenden Tatsachen zu verhindern.

– *Einreden*

Der Beklagte kann jedoch auch Tatsachen vortragen, die eine den Anspruch des Klägers hindernde, vernichtende oder hemmende Einrede im prozessualen Sinne begründen.

– *Widerklage*

Schließlich hat der Beklagte die Möglichkeit, durch Erhebung einer Widerklage zum Angriff auf den Kläger überzugehen.

– *Prozessaufrechnung*

Im Folgenden sollen die Prozessaufrechnung als wichtige anspruchsvernichtende Einwendung sowie die Widerklage ausführlich behandelt werden.

2. Prozessaufrechnung[309]

a) Einführung

Unterscheide:

Grundsätzlich zu unterscheiden sind

– *mat.-rechtliche Wirkung*

⇨ die Aufrechnungserklärung als materiell-rechtliche Willenserklärung mit Gestaltungswirkung, §§ 388 S. 1, 389 BGB, und

– *Geltendmachung im Prozess*

⇨ die Einrede der Aufrechnung im Prozess, also die Behauptung der schon außerprozessual erklärten Aufrechnung als Prozesshandlung.[310]

Beide können äußerlich zusammenfallen, wenn die Aufrechnung erst im Prozess erklärt wird (Prozessaufrechnung). Dann handelt es sich um eine sog. doppelfunktionale Prozesshandlung, die Akte des materiellen und des prozessualen Rechts zusammenfasst.

Dieser Doppeltatbestand besagt allerdings nicht, dass die Wirksamkeit stets einheitlich zu beurteilen ist.

Anders als beim Prozessvergleich ist die Wirksamkeit des Rechtsgeschäfts grundsätzlich allein nach materiellem Recht, die Geltendmachung im Prozess rein prozessual zu beurteilen.[311]

hemmer-Methode: Achten Sie auf die unterschiedliche Terminologie beim Prozessvergleich, vgl. Rn. 300 ff. Dort spricht man von Doppelnatur. Die Lehre vom Doppeltatbestand gilt dort als überwunden.

357

358

---

308 Vgl. Rn. 490 ff.

309 Zur Aufrechnung vgl. ausführlich Hemmer/Wüst, BGB-AT III Rn. 249 ff.

310 Zöller, § 145 ZPO, Rn. 11.

311 Th/P, § 145 ZPO, Rn. 12, 14.

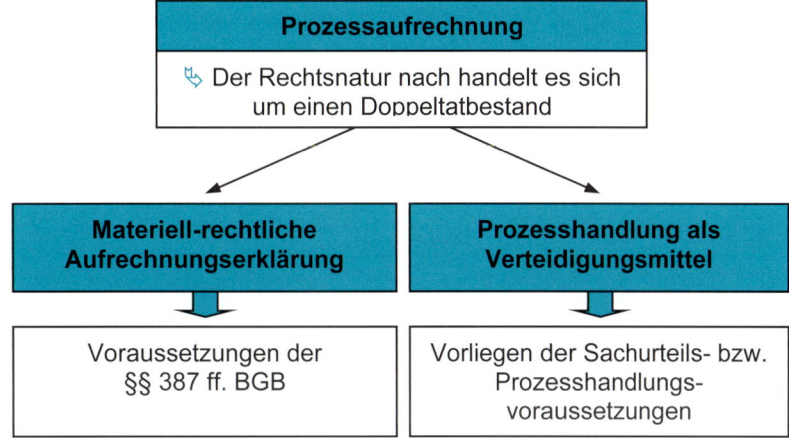

b) Prozessaufrechnung in der Fallbearbeitung

Ausgangsfall

Fall: A klagt gegen B aus einer verjährten Forderung. B rechnet im Prozess mit einer unbestrittenen Gegenforderung in gleicher Höhe auf und erhebt die Einrede der Verjährung. Wie ist zu entscheiden?

359

Rein materiell-rechtlich betrachtet wäre die Gegenforderung durch Aufrechnung erloschen (§ 389 BGB) und könnte wegen § 813 I S. 2 BGB nicht einmal kondiziert werden.

Bestehen der Klageforderung kann nicht dahingestellt bleiben wegen § 322 II ZPO

Handelt es sich allerdings um eine Prozessaufrechnung, so kann sie als rechtsvernichtende Einwendung nicht wie in einer rein materiell-rechtlichen Prüfung vor den rechtshemmenden Einreden geprüft werden.

360

Vielmehr ist auf sie nur einzugehen, wenn Bestehen und Durchsetzbarkeit der Hauptforderung feststehen.[312] Ließe man offen, ob die Klageabweisung auf die Aufrechnung oder eine andere Einrede gestützt wird (so z.T. die früher vertretene **Klageabweisungstheorie**), so wäre ungewiss, ob über die Aufrechnungsforderung eine rechtskräftige Entscheidung (vgl. dazu § 322 II ZPO!) ergangen ist oder nicht. Die Entscheidung würde dann nur in einen zweiten Prozess verlagert werden (sogenannte **Beweiserhebungstheorie**: zuerst muss über Klageforderung Beweis erhoben werden).

> **hemmer-Methode:** Aus diesem Grund geht eine Gegenaufrechnung des Klägers gegen eine Aufrechnung des Beklagten im Prozess immer „ins Leere". Die Klageforderung erlischt nämlich durch die Aufrechnung. Damit erlischt auch die Aufrechnungsforderung, § 389 BGB. Die zeitlich nachfolgende Gegenaufrechnung kann daher die Forderung, mit der aufgerechnet wurde, nicht mehr zum Erlöschen bringen, da diese bereits erloschen war.
> Der Kläger muss in solchen Fällen seine ursprüngliche Klage für erledigt erklären[313] und nachträglich die Klage um Zahlung der weiteren Forderung erweitern. Dies wäre eine gem. § 264 Nr. 2 ZPO stets zulässige Klageänderung gewesen.
> Lesen Sie dieses interessante Urteil des Kammergerichts Berlin nach bei KG, Life&Law 2006, Heft 9, 599 ff.

Eventualaufrechnung

Die Aufrechnung kann auch nur für den Fall erklärt werden, dass die Hauptforderung besteht, sog. Eventualaufrechnung.

361

---

312 Th/P, § 145 ZPO, Rn. 15; Musielak, Rn. 264 m.w.N.

313 Zur Erledigung des Rechtsstreits nach erfolgter Aufrechnung lesen Sie nochmals Rn. 353 sowie BGH, **Life&Law 2003, 765 ff.** = NJW 2003, 3134 ff.

Dann wird die Aufrechnung unter einer aufschiebenden Bedingung erklärt, der die grundsätzliche Bedingungsfeindlichkeit von Prozesshandlungen sowie § 388 S. 2 BGB nicht entgegensteht.

Diese gilt nämlich nicht, soweit es sich um eine innerprozessuale Bedingung handelt: Der Zustand der Rechtsunsicherheit im Prozess besteht gerade nicht, wenn der Eintritt der Bedingung vom Prozessverlauf selbst abhängt („teleologische Reduktion" des § 388 S. 2 BGB).[314]

Außerdem wird in § 45 III GKG (Nr. 115 im Schönfelder) die Eventualaufrechnung als möglich vorausgesetzt.

Übungsfall

Fall: *A klagt gegen B auf Zahlung von 2.500,- €. Nach mehreren mündlichen Verhandlungen erklärt B die Aufrechnung mit einer Gegenforderung, deren Bestehen A bestreitet. Das Gericht wertet die Aufrechnung als Prozessverschleppung und weist den Aufrechnungseinwand als verspätet zurück. Anschließend verurteilt es den B zur Zahlung. Kann B die Gegenforderung noch von A einfordern?*

362

Ob B die Forderung über 2.500,- € von A mit Erfolg einklagen kann, hängt davon ab, ob sie durch die im Prozess erklärte Aufrechnung erloschen ist.

Zwar wurde hier der Aufrechnungseinwand gemäß § 296 II ZPO als verspätet zurückgewiesen.[315] Wegen des **Doppeltatbestandes der Prozessaufrechnung** führt dies jedoch nicht automatisch dazu, dass auch materiell-rechtlich die Aufrechnung unberücksichtigt bleibt.

Dies führt zu dem allgemein als ungerecht empfundenen Ergebnis, dass grundsätzlich wegen § 389 BGB trotz Nichtberücksichtigung des Aufrechnungseinwandes die Gegenforderung erloschen ist.

Um dieses Ergebnis zu umgehen, werden verschiedene Lösungsansätze vertreten[316]:

1. Man könnte die Aufrechnungserklärung mit ihrer Geltendmachung im Prozess als einheitliches Rechtsgeschäft im Sinne des § 139 BGB ansehen und so zu einer Unwirksamkeit auch des materiell-rechtlichen Teils kommen.[317]

2. Die Aufrechnungserklärung erfolgt konkludent unter der Bedingung ihrer prozessualen Berücksichtigung.[318] § 388 S. 2 BGB steht dem nicht entgegen. Entweder fasst man diese Bedingung nicht als echte Bedingung, sondern als sogenannte Rechtsbedingung auf (Abhängigkeit von gesetzlichen Erfordernissen, hier Rechtzeitigkeit) oder man reduziert § 388 S. 2 BGB teleologisch, da sein Normzweck (Vermeidung von Rechtsunsicherheit bei der Ausübung von Gestaltungsrechten) gerade in diesem Fall nicht greift. Diese sog. Eventualaufrechnung im Prozess ist auch durch § 45 III GKG gesetzlich anerkannt.

hemmer-Methode: Im Fall ist eine Entscheidung zwischen diesen Ansichten nicht erforderlich, da sie alle zu demselben - logisch zwingenden - Ergebnis führen. Selbst der BGH lässt diese Frage in seinen Entscheidungen ausdrücklich offen!

Die Präklusion der Behauptung einer außerprozessual erklärten Aufrechnung führt allerdings, wie auch sonst bei verspätetem Erfüllungseinwand, zum endgültigen Rechtsverlust.[319]

---

314   Vgl. Rn. 251.

315   Vgl. Rn. 428 ff.

316   Vgl. dazu auch BGH, NJW 1994, 2769.

317   R/S/G, § 105 III 2 a).

318   Musielak, Rn. 265; Schlosser, Rn. 325.

319   Vgl. Rn. 428 ff.

c) Rechtshängigkeit der Aufrechnungsforderung?

Ausgangsfall

363

Fall: A klagt gegen B aus Forderung. B erhebt Aufrechnungseinwand mit Gegenforderung. Die Gegenforderung will B zudem in einem gesonderten Prozess geltend machen.

Entscheidend für die Frage der Zulässigkeit der zweiten Klage ist, ob der prozessualen Geltendmachung der Gegenforderung entgegensteht, dass diese bereits im ersten Prozess im Wege der Aufrechnung geltend gemacht wurde. Die Unzulässigkeit könnte sich insofern aus der entgegenstehenden Rechtshängigkeit des geltend gemachten prozessualen Anspruchs ergeben, § 261 III Nr. 1 ZPO.[320]

h.M.:
keine Rechtshängigkeit durch Prozessaufrechnung

Voraussetzung wäre allerdings, dass der zunächst geltend gemachte Aufrechnungseinwand zur Rechtshängigkeit der Gegenforderung geführt hat. Dies ist jedoch nach h.M. abzulehnen, da die Aufrechnung nicht Klage i.S.v. § 261 III Nr. 1 ZPO, sondern Verteidigungsmittel ist und damit keinen weiteren Streitgegenstand begründet.[321]

Eine andere Auffassung kann sich auch nicht aus der Rechtskraftwirkung des § 322 II ZPO ergeben, da diese eine Ausnahme darstellt.

Außerdem ist das Problem vom BGB-Gesetzgeber eigenständig für den Fall der Verjährung in § 204 I Nr. 5 BGB geregelt worden.

d) Rechtskraftwirkung, § 322 II ZPO

364

Fall: Das Gericht sieht das Bestehen einer im Prozess zur Aufrechnung gestellten Forderung als bewiesen an und weist daher die Zahlungsklage rechtskräftig ab. Der ursprüngliche Beklagte klagt nunmehr in einem zweiten Prozess wiederum die Aufrechnungsforderung ein. Er beruft sich darauf, dass die Aufrechnung im Vorprozess nicht wirksam erklärt worden sei.

§ 322 II ZPO

Als Ausnahme von dem Grundsatz, dass nur der in der Klage erhobene prozessuale Anspruch in Rechtskraft erwächst, § 322 I ZPO,[322] ordnet § 322 II ZPO an, dass auch über die Aufrechnungsforderung, soweit sie **nicht besteht**, eine rechtskräftige Entscheidung ergeht. Allerdings ist darauf zu achten, dass die Aufrechnungsforderung von dieser Wirkung stets nur bis zur Höhe der Hauptforderung ergriffen wird.

auch hinsichtlich urspr. Bestehens (etc.) der Gegenforderung

365

Geregelter Fall des § 322 II ZPO ist demnach, dass das Gericht die Aufrechnungsforderung für unbegründet erklärt. Die Vorschrift gilt jedoch nach allg. M. auch für den Fall, dass die Aufrechnungsforderung infolge der Aufrechnung **nicht mehr besteht**, wenn die Klage wegen begründeter Aufrechnung abgewiesen wird.[323] Auch hier wäre eine Klage des Aufrechnenden hinsichtlich der Aufrechnungsforderung bereits unzulässig, da die Rechtskraft der Erstentscheidung (§ 322 II ZPO entsprechend) entgegensteht.

nur soweit über Gegenforderung entschieden wurde

Die Rechtskraftwirkung tritt nicht ein, wenn wegen des Nichtbestehens der Klageforderung über die Aufrechnungsforderung nicht entschieden wird, sowie wenn die Aufrechnung wegen eines Aufrechnungsverbots (z.B. § 393 BGB) vom Gericht nicht zugelassen wird.[324]

---

320 Vgl. Rn. 233 f.

321 Th/P, § 145 ZPO, Rn. 20; Zöller, § 145 ZPO, Rn. 18 m.w.N.

322 Vgl. Rn. 530 ff.; insbesondere Rn. 538.

323 Musielak, Rn. 269 m.w.N.; vgl. Rn. 541.

324 Zöller, § 322 ZPO, Rn. 18, 20.

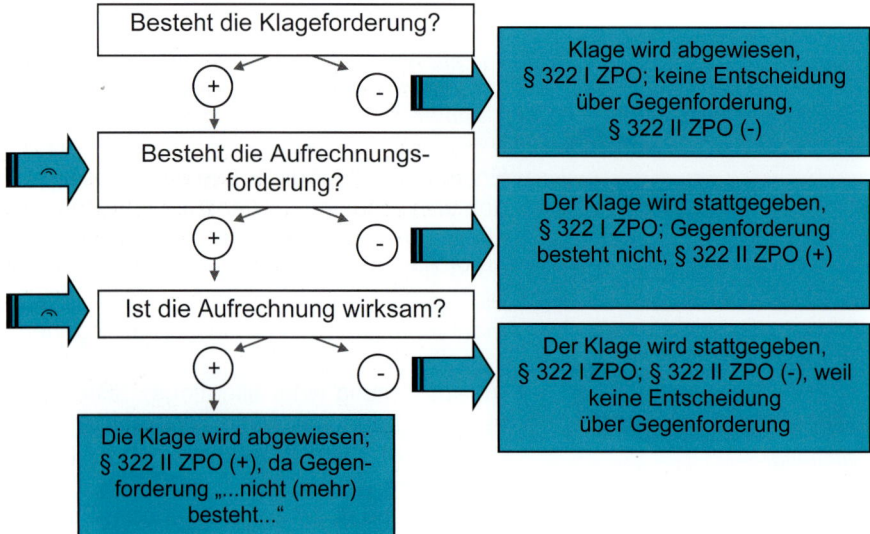

e) Unterschiedliche Entscheidungsreife von Haupt- und Aufrechnungsforderung

Entscheidungsreife der Klageforderung

aa) Im Fall vorzeitiger Entscheidungsreife der Aufrechnungsforderung ist unter Zugrundelegung der Beweiserhebungstheorie eine vorgreifliche Entscheidung nicht möglich.

366

Aufrechnungsforderung noch nicht spruchreif ⇨ Vorbehaltsurteil + Nachverfahren, § 302 ZPO

bb) Ist in einem Prozess die Klägerforderung entscheidungsreif, die Aufrechnungsforderung jedoch nicht, so bietet § 302 I ZPO dem Richter die Möglichkeit, über die Hauptforderung getrennt im Wege eines Vorbehaltsurteils zu entscheiden.

hemmer-Methode: Dies gilt gem. § 145 III ZPO auch dann, wenn Hauptforderung und Aufrechnungsforderung nicht in rechtlichem Zusammenhang stehen.

In einem Nachverfahren, § 302 IV ZPO, wird dann über die Aufrechnungsforderung gesondert entschieden und durch Endurteil das Vorbehaltsurteil entweder aufgehoben (Variante: Aufrechnung ist begründet) oder unter Wegfall des Vorbehalts aufrechterhalten (Variante: Aufrechnung ist unbegründet).[325]

f) Aufrechnung und Rechtsweg[326]

anderweitige Rechtswegzuständigkeit hinsichtlich Gegenforderung

Für die Zulässigkeit der Prozessaufrechnung ist es nicht erforderlich, eine gesonderte örtliche und sachliche Zuständigkeitsprüfung vorzunehmen.

367

Umstritten ist aber, ob eine anderweitige Rechtswegzuständigkeit die Prüfung und Entscheidung der Gegenforderung hindert, soweit diese nicht unbestritten oder rechtskräftig festgestellt ist.

Fallbeispiel

Bsp.: *Das Land X verklagt B auf Rückzahlung zu viel geleisteter Subventionen. B bestreitet in der Verhandlung vor dem VG das Bestehen des Anspruchs.*

---

325 Th/P, § 302 ZPO, Rn. 12 ff.
326 Th/P, § 145 ZPO, Rn. 24; Musielak, Rn. 275.

Sollte das Gericht jedoch zu einer anderen Auffassung gelangen, rechne er hilfsweise mit einem Anspruch aus Amtspflichtverletzung gegen das Land X auf. B erläutert daraufhin dem Gericht den Sachverhalt, der der Amtspflichtverletzung zugrunde lag. Das Land X bestreitet die Zuständigkeit des Verwaltungsgerichts für die Aufrechnung.

Das Prinzip der Eventualaufrechnung selbst ist zulässig, da sie von einer innerprozessualen Bedingung (nämlich der Rechtsauffassung des Gerichts) abhängt. Problematisch ist jedoch, dass gemäß § 71 I Nr. 2 GVG nicht das Verwaltungsgericht, sondern das Landgericht (als Zivilgericht) für die Frage zuständig ist, ob der geltend gemachte Anspruch aus Amtshaftung (§ 839 BGB, Art. 34 GG) besteht.

367a

Rechtswegfremde Aufrechnung unzulässig

1. Nach früherer Ansicht war deshalb die Aufrechnung mit Ansprüchen einer anderen Rechtswegzuständigkeit nur dann möglich, wenn die Gegenforderung unanfechtbar oder aber rechtskräftig festgestellt war.[327]

⇨ § 17 II S. 1 GVG gilt nach h.M. nicht

2. Durch die Neufassung von § 17 II S. 1 GVG, der sowohl für Zivil- als auch für Verwaltungsgerichte (vgl. § 173 VwGO) gilt, hat aber nunmehr das im Fall zuständige Verwaltungsgericht den gesamten Rechtsstreit unter allen in Betracht kommenden rechtlichen Gesichtspunkten zu entscheiden.

a) Dazu gehören nach einer z.T. vertretenen Ansicht auch Fragen der Aufrechnung.[328] Das Verwaltungsgericht könnte also eigentlich nach dieser Ansicht auch das Bestehen und die Höhe der Forderung aus Amtspflichtverletzung beurteilen.

b) Nach ganz h.M.[329] kann aber mit § 17 II GVG eine Aufrechnung mit einer rechtswegfremden Forderung nicht begründet werden. Bei der Aufrechnung handelt es sich nämlich nicht um einen rechtlichen Gesichtspunkt, sondern um einen eigenen neuen Anspruch. Zwar begründet die Aufrechnung keinen echten, neuen Streitgegenstand, da die Gegenforderung nicht rechtshängig wird. Wegen der Rechtskraftwirkung des § 322 II ZPO besteht allerdings eine vergleichbare Sachlage. Schließlich ist auch nicht einzusehen, warum hinsichtlich der Aufrechnung eine weitergehende Zuständigkeit bestehen soll als bei der Widerklage (vgl. Rn. 368 ff.), für die § 17 II GVG nicht gilt.

hemmer-Methode: Das Gericht darf aber die Aufrechnung jedenfalls dann berücksichtigen, wenn die Forderung rechtskräftig festgestellt oder unbestritten ist[330].

§ 17 II S. 2 GVG

c) Dieser Streit bedarf hier jedoch keiner Entscheidung, da im vorliegenden Fall jedenfalls die Regelung des § 17 II S. 2 GVG zu beachten ist, wonach die Zuständigkeit gerade nicht in Fragen der Amtspflichtverletzung begründet sein soll (Art. 34 S. 3 GG). Hier besteht vielmehr ein Vorrang des ordentlichen Rechtswegs, was sich mit der Regelung im Grundgesetz (Art. 34 S. 3 GG) begründen lässt, die nicht durch eine einfachgesetzliche Regelung umgangen werden kann.

3. Widerklage

a) Einführung

„Gegenklage des Beklagten"

Im Zivilprozess kann für den Beklagten ein Interesse bestehen, gegen den Kläger seinerseits eine Klage zu erheben, etwa weil ihm gegen den Kläger eine Gegenforderung zusteht, über die er eine rechtskräftige Entscheidung erstreiten möchte.

368

---

327 Kopp, § 40 VwGO, Rn. 45.

328 Baumbach/Lauterbach/Albers/Hartmann; ZPO, § 17 GVG, Rn. 6.

329 Vgl. dazu BVerwG, NJW 1999, 160; BAG in NZA 2001, 1158 f.; Th/P, § 145 ZPO, Rn. 24.

330 Vgl. Th/P, § 17 GVG, Rn. 9 a.E.

Vorteile:

Eine solche Gegenklage des Beklagten heißt Widerklage und bietet besondere Vorteile[331] für den Beklagten, den sog. Widerkläger:

369

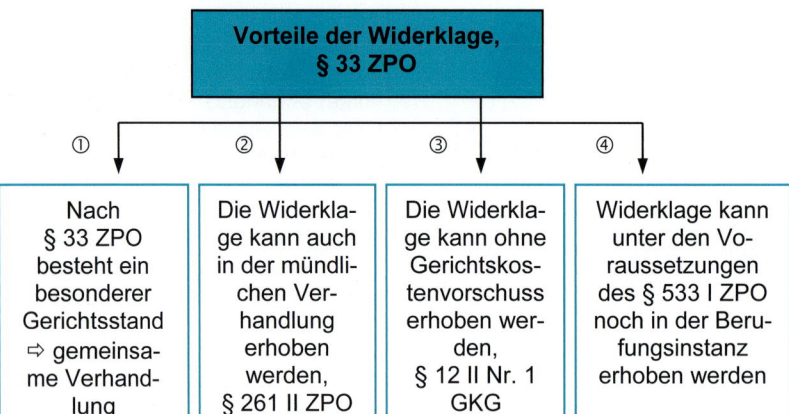

i.Ü. gewöhnliche Klage

Im Übrigen handelt es sich bei der Widerklage um eine „normale" Klage, die vom Gesetzgeber aus Gründen der Prozessökonomie und Rechtsklarheit besonders privilegiert wird.

370

b) Zulässigkeit der Widerklage

Besonderheiten

Neben den allgemeinen Prozessvoraussetzungen, die auch für die Widerklage gelten, sind folgende Besonderheiten zu beachten:

371

aa) Besonderer Gerichtsstand

– *bes. Gerichtsstand, § 33 ZPO*

§ 33 ZPO begründet einen zusätzlichen, besonderen Gerichtsstand. Örtlich zuständig für die Widerklage ist demnach das Gericht der Klage, soweit der Gegenanspruch mit dem in der Klage geltend gemachten Anspruch oder mit den gegen ihn vorgebrachten Verteidigungsmitteln in Zusammenhang steht.

372

gemeinsame Verhandlung von Klage und Widerklage

Sinn und Zweck dieser Regelung ist es, Klagen, die in einem solchen Zusammenhang stehen, gemeinsam zu verhandeln und zu entscheiden, um eine doppelte Beweisaufnahme und eventuell widersprechende Entscheidungen zu vermeiden.[332]

373

Konnexität

Der von § 33 ZPO geforderte Zusammenhang ist prozessualer Natur und betrifft nicht nur den rechtlichen, sondern auch den wirtschaftlichen Zusammenhang von Widerklage und Klage bzw. Verteidigungsvorbringen. Man kann insofern auf den Begriff der Konnexität i.S.v. § 273 BGB zurückgreifen. Erforderlich ist also ein einheitlicher Lebenssachverhalt.[333]

374

Bsp.: Kaufpreis - Mängelbeseitigung

Fall: A klagt gegen B auf Kaufpreiszahlung. B erhebt Widerklage auf Mängelbeseitigung, da die Kaufsache mangelhaft ist. Ist die Widerklage zulässig?

375

---

331 Vertiefungshinweis für Referendare: Ein weiterer Vorteil der Widerklage ist die Ersparnis von Verfahrenskosten. Zwar werden gem. § 45 I S. 1 GKG der Gebührenstreitwert von Klage und Widerklage (anders gem. § 5 HS 2 ZPO beim Zuständigkeitsstreitwert) zusammengerechnet. Allerdings ist dies wegen der Gebührendegression ein Vorteil. M.a.W.: Ein Rechtsstreit über 50.000,- € ist billiger als zwei Prozesse über jeweils 25.000,- €!

332 Zöller, § 33 ZPO, Rn. 2.

333 Th/P, § 33 ZPO, Rn. 4.

Erforderlich für die Zulässigkeit der Widerklage ist gem. § 33 ZPO ein rechtlicher oder wirtschaftlicher Zusammenhang zwischen den in Klage und Widerklage geltend gemachten Ansprüchen. Zu fordern ist insoweit, dass für Klage und Widerklage zumindest eine anspruchsbegründende Tatsache ein und demselben Sachverhalt zu entnehmen ist. Hier ist sowohl für Klage als auch für Widerklage anspruchsbegründend, dass zwischen A und B ein Kaufvertrag abgeschlossen wurde. Konnexität i.S.v. § 33 ZPO ist also gegeben. Die Widerklage kann zulässigerweise beim Gericht der Klage erhoben werden.

Bsp.: Prozessaufrechnung ⇨ Widerklage bzgl. Gegenforderung

Fall: *A klagt gegen B auf Kaufpreiszahlung i.H.v. 1.000,- €. B erklärt die Aufrechnung mit einer nicht konnexen Gegenforderung i.H.v. 3.000,- € und erhebt hinsichtlich des überschießenden Restbetrages seiner Forderung i.H.v. 2.000,- € Widerklage auf Zahlung. Ist die Widerklage zulässig?*

376

Hier scheidet eine Bejahung des rechtlichen Zusammenhangs zwischen Klage- und Widerklageanspruch aus. Allerdings besteht ein Zusammenhang zwischen dem Verteidigungsmittel der Aufrechnung und dem Widerklageanspruch, da die Aufrechnungsforderung und die in der Widerklage geltend gemachte Forderung denselben Anspruchsgrund in sich tragen. Die Widerklage ist deshalb zulässig.

bb) Prozessuale Bedeutung der Konnexität

Konnexität als Zulässigkeitsvoraussetzung?

Umstritten ist, ob bei fehlender Konnexität überhaupt zulässigerweise eine Widerklage erhoben werden kann.

377

Rspr.:
bes. Prozessvoraussetzung der Widerklage

(1) Nach Ansicht des BGH regelt nämlich § 33 ZPO nicht nur einen besonderen Gerichtsstand der Widerklage, sondern begründet mit dem Erfordernis der Konnexität zudem eine besondere Prozessvoraussetzung für die Widerklage.[334]

Lit.:
nur besonderer Gerichtsstand

(2) Die Gegenauffassung beurteilt § 33 ZPO demgegenüber lediglich als besonderen Gerichtsstand der Widerklage, ohne darüber hinaus eine besondere Prozessvoraussetzung zu konstruieren.[335]

Für letztere Auffassung spricht die systematische Stellung des § 33 ZPO sowie sein Wortlaut, der darauf hindeutet, dass lediglich ein weiterer Gerichtsstand und keine Zulässigkeitsvoraussetzung geschaffen werden sollte. Außerdem fehlt in § 33 ZPO das Wörtchen „...kann eine Widerklage **nur** erhoben werden, wenn...".

Ferner setzt § 145 II ZPO die Zulässigkeit einer nicht konnexen Widerklage voraus. Dass dieser Meinungsstreit nicht nur theoretischer Natur ist, zeigt folgender Fall.

Relevanz des Meinungsstreites

Fall: *A, der in Augsburg wohnt, verklagt B in München auf Räumung eines Grundstücks. B erhebt Widerklage wegen eines Verkehrsunfalls in München, den A verschuldet haben soll. A rügt die Unzulässigkeit der Widerklage. Zu Recht?*

378

Vorliegend besteht eindeutig kein Zusammenhang zwischen Klage und Widerklage. § 33 ZPO kann also für die Widerklage keinen Gerichtsstand in München begründen.

1. Erhebt man mit dem BGH den prozessualen Zusammenhang von Klage und Widerklage darüber hinaus zur besonderen Prozessvoraussetzung, so wäre die Widerklage als unzulässig abzuweisen. Eine Heilung gemäß § 295 I ZPO ist zwar grds. möglich, scheidet hier aber wegen der ausdrücklichen Rüge des A aus.

---

334 BGH, NJW 1975, 1228.

335 Jauernig, § 46 II; Zöller, § 33 ZPO, Rn. 1 m.w.N.

2. Nach der Gegenauffassung begründet § 33 ZPO jedoch lediglich einen besonderen Gerichtsstand, sodass sich die örtliche Zuständigkeit des Gerichts in München auch aus anderen Vorschriften ergeben kann. B macht Ansprüche aus einem Verkehrsunfall in München geltend. Eine besondere örtliche Zuständigkeit des Gerichts in München ergibt sich somit aus § 32 ZPO, § 20 StVG. Will das Gericht hier Klage und Widerklage nicht in einem Prozess verhandeln, so besteht wegen des fehlenden rechtl. Zusammenhangs die Möglichkeit der Prozesstrennung, § 145 II ZPO.

cc) Rechtshängigkeit der Klage

379

Eine Widerklage ist nur zulässig, soweit zum Zeitpunkt der Widerklage eine Klage bereits bzw. noch rechtshängig ist.[336]

Rechtshängigkeit der Klage nur bei Erhebung der Widerklage Rechtshängigkeit der Klage erforderlich

Zu beachten ist aber, dass ein Wegfall der Rechtshängigkeit der Klage nach Erhebung der Widerklage deren Zulässigkeit nicht berührt. Die Rechtshängigkeit der Klage ist also nur notwendiges „Sprungbrett" für die Widerklage.

dd) Zuständigkeitsbegründung durch rügelose Einlassung

380

Soweit kein rechtlicher Zusammenhang zwischen Klage und Widerklage besteht und die örtliche Zuständigkeit des Gerichts auch nicht durch andere Vorschriften begründet wird, besteht die Möglichkeit der Zuständigkeitsbegründung infolge rügeloser Einlassung durch den Widerbeklagten.[337]

Heilbarkeit bei fehlender Konnexität: § 39 ZPO oder § 295 ZPO

Je nachdem, ob man § 33 ZPO lediglich als Regelung der örtlichen Zuständigkeit ansieht oder darüber hinaus die Konnexität als besondere Prozessvoraussetzung begreift, lässt sich dieses Ergebnis über § 39 ZPO oder § 295 ZPO begründen.

ee) Parteiidentität

381

Widerklage nur zwischen den Parteien der Hauptklage

Die Privilegien der Widerklage finden ihren Grund in dem Umstand, dass der Kläger und Widerbeklagte eine Rechtsverfolgung initiiert hat und es ihm deshalb zugemutet werden kann, vom Beklagten und Widerkläger am selben Ort im selben Verfahren in Anspruch genommen zu werden.

Diese Gerechtigkeitswertung zwingt zu dem Schluss, dass die Vorzüge der Widerklage nur im Fall der Parteiidentität zwischen Klage und Widerklage zum Tragen kommen können. Die Widerklage muss deshalb zwischen den Parteien der Hauptklage erhoben werden.[338]

hemmer-Methode: Zur parteierweiternden sog. Drittwiderklage vgl. sogleich unter Rn. 385a - c!

ff) Verbindungsverbot

382

dieselbe Prozessart, kein Verbindungsverbot

Schließlich muss hinsichtlich der Klage und Widerklage dieselbe Prozessart zulässig sein.[339]

---

336 Th/P, § 33 ZPO, Rn. 23.
337 Th/P, § 33 ZPO, Rn. 19.
338 Th/P, § 33 ZPO, Rn. 28.
339 Th/P, § 33 Rn. 27.

Daraus folgt, dass eine Widerklage nicht im Arrestverfahren oder im Rahmen einer einstweiligen Verfügung erhoben werden kann.

Fraglich ist, ob gegenüber einer im ordentlichen Verfahren erhobenen Klage eine Widerklage in der Form des Urkundenprozesses zulässig ist.

> *Fall[340]: Die Klägerin kaufte durch notariellen Vertrag von der Beklagten deren Geschäftsanteile an einer GmbH. Mit der Klage begehrte die Klägerin im Hauptantrag die Feststellung, dass der notarielle Vertrag nichtig ist. Hilfsweise hat sie beantragt, die Beklagte zu verurteilen, sie von Kaufpreisverbindlichkeit Zug um Zug gegen Rückübertragung des Geschäftsanteils freizustellen. Mit ihrer im Urkundenprozess erhobenen Widerklage nahm die Beklagte die Klägerin auf Zahlung des Kaufpreises aus dem Vertrag in Anspruch. Ist die Widerklage zulässig?*

1. Die Widerklage müsste entsprechend dem Grundgedanken des § 260 ZPO in derselben Prozessart wie die Klage erhoben worden sein. Problematisch ist, dass die Widerklage im Urkundenverfahren, die Klage jedoch im ordentlichen Verfahren erhoben worden ist.

Die Einschränkung des § 260 ZPO verfolgt den Zweck, dass in einem Prozess nicht Klagen miteinander verbunden werden sollen, deren Verfahrensregeln derart gravierende Unterschiede aufweisen, dass eine gemeinsame Verhandlung und Entscheidung nicht oder nur unter Schwierigkeiten möglich ist.

Ein solcher wesentlicher Unterschied zwischen Verfahren, der einer Prozessverbindung entgegensteht, ist anzunehmen, wenn für die Rechtsmittel gegen die Entscheidung über verschiedene Klageanträge oder eine Widerklage unterschiedliche Instanzenzüge gegeben sind.

Die über eine Klage im Urkundenprozess entscheidenden Urteile unterliegen jedoch denselben Rechtsmitteln wie Urteile im ordentlichen Verfahren. Ein selbstständig anfechtbares Vorbehaltsurteil mit anschließendem Nachverfahren kennt auch das ordentliche Verfahren im Fall einer Aufrechnung (§ 302 ZPO). Auch ist ein Vorbehaltsurteil mittels Berufung angreifbar.

2. Möglicherweise ist die Statthaftigkeit der Urkundenwiderklage gegenüber einer im ordentlichen Verfahren erhobenen Klage **durch § 595 I ZPO ausgeschlossen**.

a) Diese Vorschrift untersagt eine Widerklage nur gegenüber einer im Urkundenprozess erhobenen Klage.

b) Allerdings könnte § 595 I ZPO hier analog anwendbar sein. Voraussetzung dafür wäre zunächst das Vorliegen einer vergleichbaren Interessenlage. Das Verbot der Widerklage im Urkundenprozess ist in der Gesetzesbegründung damit gerechtfertigt worden, dass eine Widerklage „die notwendig zu erhaltende Einfachheit des Verfahrens stören würde".

Dem Kläger im Urkundenprozess soll nämlich durch das unter Zurückstellung nicht urkundlich belegter Einwendungen zu Stande kommende Vorbehaltsurteil ein Vollstreckungsprivileg gewährt werden. Das Verbot der Widerklage dient deshalb seinem Interesse daran, dass der Erlass eines Vorbehaltsurteils nicht durch eine Widerklage verzögert wird. Diese Interessenlage besteht aber nicht, wenn ein Beklagter gegenüber einer Klage im ordentlichen Verfahren eine Widerklage im Urkundenprozess erhebt. Zwar ist die entstehende Prozessverbindung mit der zuvor erhobenen ordentlichen Klage möglicherweise geeignet, die Erledigung der Urkundenwiderklage zu verzögern.

340 Vgl. BGH, **Life&Law 2003, 20 ff.** = NJW 2002, 751 ff.

Der im Urkundenprozess klagende **Widerkläger hätte dies** aber **verhindern können, wenn er** seinen Anspruch mit einer **selbstständigen Urkundenklage geltend gemacht hätte**.

Unterlässt er dies, verzichtet er auch auf die aus § 595 I ZPO folgende Privilegierung. Mangels vergleichbarer Interessenlage ist daher § 595 I ZPO nicht analog anwendbar.

c) Für die Zulassung der Urkundenwiderklage im ordentlich Verfahren sprechen auch prozessökonomische Gesichtspunkte. Aufgrund der Möglichkeit, über die Urkundenwiderklage noch vor Entscheidung über die Klage ein Vorbehaltsurteil im Wege eines Teilurteils zu erlassen, kann der Widerkläger im Regelfall schneller als im ordentlichen Verfahren einen vorläufig vollstreckbaren Titel erlangen.

Ergebnis: Die Widerklage ist zulässig.

c) Besondere Fälle der Widerklage

aa) Aufrechnung und Widerklage

RSB bei Aufrechnungsmöglichkeit?

In Klausuren beliebt ist der Vortrag des Klägers, einer Widerklage fehle das Rechtsschutzbedürfnis, da eine rechtskräftige Entscheidung über die in der Widerklage geltend gemachten Ansprüche wegen § 322 II ZPO auch über eine Prozessaufrechnung erreicht werden könne.   383

(+) wg. fehlender Rechtshängigkeit der Gegenforderung bei Aufrechnung

Diesem Einwand lässt sich mit dem Argument begegnen, dass bei Nichtbestehen der Klageforderung eine Prozessaufrechnung und damit die Rechtskraftwirkung des § 322 II ZPO leer läuft, der Beklagte durch die Widerklage hingegen stets eine rechtskräftige Entscheidung über die ihm zustehende Forderung erreichen kann.

u.U.:
Eventualaufrechnung + Eventualwiderklage

Hat der Beklagte Zweifel, ob die Klageforderung besteht, so bietet es sich für ihn sogar an, beide Rechtsinstitute durch ein Eventualverhältnis zu verbinden:

Er erklärt die Eventualaufrechnung für den Fall des Bestehens der Klageforderung (dann Rechtskraft gem. § 322 II ZPO) und erhebt Eventualwiderklage für den Fall der Unbegründetheit der Klageforderung.

bb) Possessorische Klage und petitorische Widerklage

Ausgangsfall: §§ 861, 985 BGB

Fall[341]: A überlässt B zur Probe seinen Pkw und nimmt ihn anschließend heimlich vom Grundstück des B mit nach Hause. B erwirkt durch einstweilige Verfügung die Herausgabe des Pkw an einen Sequester (vgl. § 938 II Alt. 1 BGB) und erhebt Besitzschutzklage (Anspruch aus § 861 BGB). Während des Prozesses erhebt A Widerklage auf Herausgabe des Pkw mit der Begründung, dem B stehe kein Besitzrecht an diesem zu.   384

Gegen die Zulässigkeit der petitorischen Widerklage bestehen keine Bedenken.

Problematisch ist, dass gem. § 863 BGB dem Besitzschutzanspruch aus § 861 BGB gerade nicht entgegengehalten werden darf, dass der Besitzstörer, hier also A, zum Besitz der Sache berechtigt sei. Dies führt zu dem seltsamen Ergebnis, dass beide Herausgabeklagen begründet wären.

Um diese logische Divergenz zu vermeiden, ist in solchen Fällen durch entsprechende Anwendung von § 864 II BGB die Besitzschutzklage als unbegründet abzuweisen.

---

341   nach BGH, NJW 1979, 1358.

Der Schutzzweck von § 863 BGB, eine rasche Wiederherstellung der Besitzlage vor Störung zu ermöglichen, entfällt nämlich nicht nur, wenn das Recht des Täters rechtskräftig feststeht, § 864 II BGB, sondern auch, wenn insofern Entscheidungsreife besteht. Soweit also das Eigentumsrecht des A sowie das fehlende Besitzrecht des B entscheidungsreif festgestellt sind, findet hier § 863 BGB keine Anwendung, § 864 II BGB analog. Die Besitzschutzklage aus § 861 BGB ist als unbegründet abzuweisen, der petitorischen Widerklage stattzugeben.

hemmer-Methode: Zum Besitzschutz lesen Sie vertiefend das Skript Hemmer/Wüst, Sachenrecht I, Rn. 218 ff., insbesondere Rn. 233 f.!

cc) Eventualwiderklage

zul. innerprozessuale Bedingung

Eine Widerklage kann auch hilfsweise erhoben werden für den Fall einer bestimmten Entscheidung über die Klage. Insoweit liegt eine zulässige innerprozessuale Bedingung vor. Hauptanwendungsbereich ist die Kombination von Eventualaufrechnung und -widerklage.[342]

385

dd) Sachliche Zuständigkeit bei Widerklage

hemmer-Methode: Lesen Sie zunächst die Vorschrift des § 5 HS 2 ZPO, wonach keine Addition der Streitwerte von Klage und Widerklage erfolgt.

Liegt der Wert der Widerklage über dem Betrag von 5.000,- €, so wird damit automatisch die Zuständigkeit des Landgerichts begründet (vgl. Wortlaut des § 506 ZPO), also auch dann, wenn der Streitwert der Ausgangsklage unter 5.000,- € gelegen war. Das Amtsgericht muss über seine Unzuständigkeit aber gem. § 504 ZPO belehren. Unterbleibt die Belehrung, so wird auch durch rügeloses Verhandeln zur Sache das Amtsgericht nicht zuständig, vgl. § 39 S. 2 ZPO!

Ist die Ausgangsklage bereits vor dem Landgericht erhoben, so können Zuständigkeitsproblem auftreten, wenn die (ansonsten zulässige) Widerklage den Betrag von 5.000,- € unterschreitet und damit die diesbezügliche Zuständigkeit des Amtsgerichts begründet.

Bsp.: A verklagt B auf 15.000,- € Schmerzensgeld. B erhebt i.H.v. 3.000,- € Widerklage. A rügt die Zuständigkeit des Landgerichts für die Widerklage.

Grds. ist für Forderungen bis 5.000,- € das Amtsgericht sachlich zuständig, vgl. §§ 23, 71 GVG. Etwas anderes ergibt sich auch nicht unmittelbar aus § 33 ZPO, da diese Vorschrift nur für die örtliche Zuständigkeit gilt. Andererseits zeigt diese Vorschrift den Willen des Gesetzgebers, zwei zusammengehörige Verfahren auch vor einen Richter zu bringen.

Um diesen gesetzgeberischen Zweck zu realisieren, könne auch auf den Rechtsgedanken der hinter § 33 ZPO stehe zurückgegriffen werden.[343]

Richtiger Ansicht nach folgt die Zuständigkeit des Landgerichts jedoch aus dem Rechtsgedanken des § 506 ZPO, da diese Vorschrift gerade für den Fall des unterschiedlichen Streitwerts von Klage und Widerklage von der einheitlichen Zuständigkeit des Landgerichts ausgehe. Dabei kann es deshalb keinen Unterschied machen, ob nun zuerst Klage beim Landgericht oder aber beim Amtsgericht erhoben worden sei. Für beide Klagen ist daher das Landgericht zuständig.

---

342 Th/P, § 33 ZPO, Rn. 14.

343 So Mayer, JuS 1991, 678.

Exkurs: Dritt-Widerklage

(1) Begriff

Dritt-Widerklage: Neuer Streitgenosse des Klägers (Widerbeklagten)

Der klassische Fall ist damit die sog. streitgenössische bzw. partei-erweiternde Drittwiderklage.   **385a**

Von einer (parteierweiternden) Dritt-Widerklage spricht man insbesondere dann, wenn der Beklagte im Wege der Widerklage den Kläger und einen Dritten, bislang nicht am Prozess Beteiligten als neuen Streitgenossen des Klägers (und Widerbeklagten) verklagt.

hemmer-Methode: Unnötige Fehler vermeiden! Die Dritt-Widerklage hat mit der Drittwiderspruchsklage (§ 771 ZPO) nichts zu tun! Achten Sie also genau auf die richtige Wortwahl: Die Drittwiderspruchsklage (§ 771 ZPO) ist eine eigene vollstreckungsrechtliche Klageart in Form der prozessualen Gestaltungsklage; die Dritt-Widerklage bezeichnet hingegen ein Problem der allgemeinen Zulässigkeit einer Klage (Parteierweiterung u. Zuständigkeit des Gerichts).

z. B. nach Autounfall

Klassische und examensrelevanteste Fallvariante der Dritt-Widerklage ist der Prozess infolge eines Autounfalls.

> **Bsp.:** *A verklagt den B und dessen Haftpflichtversicherung auf Zahlung von 3.000,- € Schadensersatz für sein Kfz, das bei einem Unfall mit B beschädigt wurde. B seinerseits ist im Laufe der Verhandlung davon überzeugt, dass A die alleinige Schuld an dem Unfall trifft. Er erhebt deshalb Widerklage gegen den A auf Zahlung von 2.500,- €; außerdem verklagt er gleichzeitig die Haftpflichtversicherung des A über den gleichen Betrag.*

Während die Klage des B gegen den A unproblematisch eine Widerklage i.S.d. § 33 ist, handelt es sich bei der Klage gegen die Versicherung des A um eine sog. Dritt-Widerklage: Die Versicherung war, obwohl nun Streitgenosse des A, am Ausgangsprozess nicht beteiligt. Fraglich ist, ob diese Erweiterung auf die Versicherung zulässig ist.

hemmer-Methode: Gerade der Straßenverkehrsunfall ist die klausurträchtigste Variante der Dritt-Widerklage, denn er bietet viele Möglichkeiten zur Klausurerstellung! Neben Fragen der haftungsbegründenden Kausalität und des Verschuldens (§§ 823 I, 276 BGB) sind hier regelmäßig Grundprobleme der Gefährdungshaftung (§ 7 StVG) zu bewältigen.
Auch die Frage des zu ersetzenden Schadens (§§ 249 ff. BGB) sowie Fragen des Mitverschuldens und der Mitverursachung (§ 254 BGB, §§ 9, 17 StVG) spielen regelmäßig eine bedeutende Rolle. Schließlich lassen sich auch prozessuale Probleme integrieren, vgl. die Zuständigkeiten nach § 32 ZPO, § 20 StVG. Meist wird es dann auch noch auf das Wahlrecht des § 35 ZPO ankommen! Im Zusammenhang mit der Dritt-Widerklage bekommen diese prozessualen Grundfragen dann noch ganz besondere Relevanz (s.u.).

(2) Voraussetzungen

Unterfall d. Parteierweiterung

Da der Dritt-Widerbeklagte selbst nicht Partei des Ausgangsprozesses ist, handelt es sich um einen Unterfall der **Parteierweiterung**, so dass deren Regeln grds. Anwendung finden.[344] Strittig ist dabei insbesondere, ob die Voraussetzungen von § 263 ZPO vorliegen müssen (Rspr.) oder ob sich die Zulässigkeit allein nach den §§ 59, 60 ZPO richtet.[345]   **385b**

---

344 Vgl. Th/P, § 33 ZPO, Rn. 10 f.
345 Vgl. zur Streitgenossenschaft Rn. 440 ff.

Nach der Rechtsprechung ist die parteierweiternde (streitgenössische) Widerklage nur dann zulässig ist, wenn die für die Widerklage gegen den Kläger notwendige Konnexität gegeben ist.

Die Dritt-Widerklage hat demnach folgende Voraussetzungen:

⇨ „Widerklage" gegen Dritten und den Kläger

⇨ Streitgenossenschaft dieser beiden, §§ 59, 60 ZPO

⇨ Konnexität i.S.d. § 33 ZPO bzgl. Klage und (Dritt-)Widerklage (str.)

⇨ Zustimmung o. Sachdienlichkeit (§§ 263, 267 ZPO; str.)

Parteierweiternde Drittwiderklage

↳ Der Widerkläger verklagt (neben dem Kläger = Widerbeklagten) einen Dritten bisher am Prozess Unbeteiligten im Wege der Widerklage

BGH

- Konnexität gem. § 33 ZPO muss gegeben sein
- Voraussetzungen der Parteierweiterung: §§ 59 ff. ZPO und § 263 ZPO analog (Zustimmung oder Sachdienlichkeit)
- Besonderer Gerichtsstand des § 33 ZPO gilt nicht
(*Ausnahme*: isolierte Drittwiderklage, vgl. **Rn. 385c** sowie **BGH, Life&Law 2011, Heft 2, 89 ff.**

Literatur

- Keine echte Widerklage
- Zulässigkeit richtet sich nach §§ 59 f. ZPO
- § 33 ZPO gilt nicht

Sonderfall: Isolierte Drittwiderklage

Ein Sonderfall ist die sog. **„isolierte Drittwiderklage"**. Damit ist eine Form der Drittwiderklage gemeint, bei welcher die Widerklage gerade nicht auch gegen den bisherigen Kläger gerichtet ist.

385c

Hemmer-Methode: Eine Widerklage setzt nach § 33 I ZPO grds. eine anhängige Klage voraus; der Widerkläger muss ein Beklagter und der Widerbeklagte muss ein Kläger sein. Daher ist eine Widerklage gegen einen bisher am Prozess nicht beteiligten Dritten grundsätzlich nur zulässig, wenn sie zugleich gegenüber dem Kläger erhoben wird. Eine Drittwiderklage, die sich ausschließlich gegen einen am Prozess bislang nicht beteiligten Dritten richtet, ist grundsätzlich unzulässig.[346] Eine Ausnahme hat der BGH in der besonderen Fallgestaltung angenommen, wenn sich die Drittwiderklage gegen Gesellschafter einer klagenden Gesellschaft richtet, das auf die Drittwiderklage ergehende Urteil für die Gesellschaft verbindlich ist und damit für die Zahlungsklage vorgreiflich sein kann.[347] Die Zulässigkeit einer isolierten Drittwiderklage ist in der Rechtsprechung des BGH auch dann bejaht worden, wenn sie gegen den Zedenten der Klageforderung gerichtet ist und die Gegenstände der Klage und der Drittwiderklage tatsächlich und rechtlich eng miteinander verknüpft sind.[348]

Ist eine isolierte Drittwiderklage (ausnahmsweise) einmal zulässig, so hat der BGH eine analoge Anwendung des § 33 ZPO gegen den bislang am Rechtsstreit nicht beteiligten Dritten stets abgelehnt.[349]

---

346 BGH, NJW 1971, 466= **juris**byhemmer; BGH, NJW 2008, 2852 Rn. 26 = **juris**byhemmer.

347 BGHZ 91, 132, 134 f. = **juris**byhemmer.

348 Vgl. zuletzt BGH, NZM 2014, 249 f. = **juris**byhemmer

349 BGHZ 147, 220 ff.

Der Wortlaut des § 33 ZPO verlangt nämlich, dass der jetzige Kläger zum Beklagten und der jetzige Beklagte zum Kläger gemacht werden.

Daran fehlt es, wenn über die Widerklage nur ein am Verfahren bislang unbeteiligter Dritter in den Rechtsstreit hineingezogen wird.

Daran hält der BGH in einer neueren Entscheidung nicht mehr fest. Es erscheint sachgerecht, in diesen Fällen an seiner bisherigen Rechtsprechung nicht mehr festzuhalten und § 33 ZPO jedenfalls dann auf die Drittwiderklage anzuwenden, wenn sich diese gegen den bisher nicht am Verfahren beteiligten Zedenten der Klageforderung richtet.[350]

Der besondere Gerichtsstand des § 33 ZPO hat seinen Grund darin, dass bei Bestehen eines Sachzusammenhangs die Verfahrenskonzentration gefördert und zugleich ein prozessuales Gleichgewicht hergestellt werden soll.

Zusammenhängende Ansprüche sollen einheitlich verhandelt und entschieden werden, um eine Vervielfältigung und Zersplitterung von Prozessen über einen einheitlichen Lebenssachverhalt und die damit einhergehende Gefahr sich widersprechender Entscheidungen zu vermeiden. Dieses Bedürfnis besteht auch bei isolierten Drittwiderklagen, soweit sie vom BGH anerkannt sind, d.h. soweit der rechtliche Zusammenhang zwischen Klage und Widerklage besteht.

hemmer-Methode: Referendare sollten diese Entscheidung kennen. Für Studenten ist die Materie wohl etwas zu speziell. Zu beachten ist aber, dass die Zulässigkeit der isolierten Drittwiderklage wirklich eine Ausnahme ist.[351]

(3) Örtliche Zuständigkeit

Problem: Örtliche Zuständigkeit

Regelmäßig Probleme wirft jedoch weniger die Frage nach der Zulässigkeit der Parteierweiterung auf: Meist werden Kläger und Dritter gesamtschuldnerisch verklagt und die Sachdienlichkeit gegeben sein.   *385d*

Problematisch ist dagegen vor allem die Frage nach der örtlichen Zuständigkeit des Gerichts.

Bsp.: X und Bauunternehmer B aus Erlangen haben einen Vertrag über den Bau eines Einfamilienhauses in Bamberg geschlossen. Da Mängel in Höhe von 4.500,- € auftreten, verweigert X die Zahlung des noch ausstehenden Restlohns i.H.v. 3.800,- €.

Daraufhin erhebt B Klage vor dem örtlich zuständigen Amtsgericht in Erlangen auf Zahlung der ausstehenden 3.800,- €. Als nach den ersten Verhandlungstagen eine Mitschuld des Bamberger Architekten A an den Mängeln absehbar ist, verklagt X seinerseits sowohl den B als auch den A gesamtschuldnerisch auf Zahlung von 1.000,- € Schadensersatz vor dem Amtsgericht Erlangen.

Die Widerklage des X gegen B ist zulässig, da dieser jedenfalls seinen Wohnsitz in Erlangen hat und auch die notwendige Konnexität von Klage und Widerklage gegeben ist. Fraglich bleibt allerdings, ob auch die Dritt-Widerklage gegen den B vor dem Amtsgericht Erlangen zulässig ist, da A weder seinen Wohnsitz in Erlangen hat (§§ 12, 13 ZPO), noch der Erfüllungsort in Erlangen liegt (§ 29 ZPO, § 269 BGB). Auch eine rügelose Einlassung des A nach § 39 ZPO kann im vorliegenden Fall noch nicht angenommen werden.

---

350   BGH, Life&Law 2011, 88 ff. (Heft 2) NJW 2011, 460 ff. = jurisbyhemmer; zur isolierten Drittwiderklage vgl. auch Skusa, NJW 2011, 2697 ff.

351   BGH, NZM 2014, 249 f. = jurisbyhemmer

Fraglich ist demzufolge, ob sich die örtliche Zuständigkeit des Amtsgerichts Erlangen nicht möglicherweise aus § 33 ZPO ergeben kann.

Dagegen spricht jedoch, dass eine „Widerklage" gegen eine Person, die nicht selbst nicht Kläger im Ausgangsprozess ist, keine Widerklage i.S.d. § 33 ZPO ist. Diese Vorschrift ist schon vom Tatbestand her nicht anwendbar. Zwar hat die alte Rechtsprechung[352] gleichwohl in ähnlich gelagerten Fällen darauf verwiesen, dass die Frage der Zumutbarkeit der Verteidigung gegen eine solche Klage auch im Hinblick auf die örtliche Zuständigkeit alleine eine Frage der Sachdienlichkeit i.S.d. § 263 ZPO sei, mit der neueren Rechtsprechung[353] ist dies jedoch ebenfalls abzulehnen, da die Vorschrift des § 263 ZPO nur die Frage betreffe, ob überhaupt, nicht aber wo verhandelt werden dürfe.

hemmer-Methode: Denken in Zusammenhängen! Die wichtigste Wirkung der Widerklage ist die Privilegierung des Widerklägers: Klage und Widerklage werden einheitlich vor dem gleichen Richter entschieden; widersprechende Ergebnisse, wie sie bei getrennten Klagen möglich sind (X gewinnt zwar gegen B, ein Mitverschulden des A wird festgestellt, gleichwohl verliert X vor einem anderen Gericht gegen den Mitverursacher A) werden somit vermieden.
Auf den Fall übertragen: Die bisherige Beweisaufnahme legt ein Mitverschulden des A nahe; für X ist es deshalb günstig, den Gegenangriff auch gegen A zu starten. A war jedoch an der bisherigen Beweiserhebung gar nicht beteiligt, er konnte sich somit auch nicht gegen das bisherige Prozessergebnis wehren. Schon insofern sind an die Voraussetzungen der Dritt-Widerklage strenge Anforderungen zu knüpfen. Das Argument der Zumutbarkeit der alten Rechtsprechung im Hinblick auf die örtliche Zuständigkeit geht auch deshalb ins Leere!

Da weder ein allgemeiner noch ein besonderer Gerichtsstand für den A in Erlangen gegeben ist, müsste die Klage somit eigentlich als unzulässig abgetrennt werden. Allerdings bleibt nach der neueren Rspr. in einem solchen Fall die Möglichkeit der Entscheidung nach § 36 I Nr. 3 ZPO.[354]

Exkurs Ende

V. Sanktionen bei mangelnder Prozessführung

allgemeine Prozessförderungspflicht

Stünde es im Belieben einer Partei, ob und mit welcher Sorgfalt sie sich am Verfahren beteiligt, so könnte sie dessen zeitlichen Ablauf zu Lasten der anderen Partei bestimmen. Im Folgenden soll dargestellt werden, welche Nachteile das Gesetz einer Partei auferlegt, die von ihren Prozessführungsmöglichkeiten überhaupt nicht oder erst verspätet Gebrauch macht.   *386*

1. Versäumnisverfahren

vollständige Mitwirkungsverweigerung

Soweit eine Partei ihre Beteiligung am Prozess unterlässt, kommt die Durchführung eines Versäumnisverfahrens in Betracht.   *387*

a) Versäumnisverfahren gegen den Beklagten

VU gegen Beklagten häufig Prüfungsstoff

Als Prüfungsstoff für das Referendarexamen am besten geeignet und in der Praxis am häufigsten ist das Versäumnisverfahren gegen den Beklagten. Erscheint dieser nicht zur mündlichen Verhandlung und ergeben die vom Kläger vorgetragenen Tatsachen, dass dessen Anspruch besteht, so wird der Klage durch ein Versäumnisurteil stattgegeben.   *388*

---

352 BGH, NJW 1966, 1028.
353 BGH, NJW 1991, 2838; NJW 1993, 2120.
354 Zöller, § 33 ZPO, Rn. 23.

Ausgangsfall: K hat gegen B Klage auf Rückzahlung eines Darlehens erhoben. In der ersten mündlichen Verhandlung am 24.04.2014 erscheint B nicht. K beantragt den Erlass eines Versäumnisurteils gegen B. Er trägt vor, er habe am 02.04.2014 dem B 10.000,- € als Darlehen gewährt. Dieses Darlehen habe er am 24.02.2014 gekündigt, Rückzahlung sei bisher nicht erfolgt. Wie wird das Gericht entscheiden?

Voraussetzungen:

Lesen Sie zu den Voraussetzungen für ein Versäumnisurteil gegen den Beklagten zunächst die §§ 331 I, II, 332 - 335 ZPO.

aa) Antrag auf Erlass eines Versäumnisurteils

Antrag

Gem. § 331 I S. 1 ZPO muss der Kläger einen Antrag auf Erlass des Versäumnisurteils stellen.

389

Umstritten ist, ob ein solcher besonderer Prozessantrag ausdrücklich gestellt werden muss, oder ob bei Säumnis des Beklagten dem vom Kläger gestellten Sachantrag im Wege der Auslegung entnommen werden kann, dass für diesen Fall eine Entscheidung durch Versäumnisurteil gewünscht wird.[355]

hemmer-Methode: In einer Klausur sollten Sie sich bei Fehlen eines besonderen Antrags stets für die Möglichkeit der Auslegung des Sachantrags entscheiden, um nicht auf ein Hilfsgutachten ausweichen zu müssen. Denken Sie daran: Der Schwerpunkt der meisten zivilrechtlichen Klausuren liegt im materiell-rechtlichen Teil; er sollte keinesfalls durch eine Weichenstellung in der prozessrechtlichen Einkleidung in ein Hilfsgutachten verlagert werden. Dies gilt auch hinsichtlich aller weiteren Voraussetzungen für den Erlass eines Versäumnisurteils.

bb) Säumnis des Beklagten

Säumnis im Termin

Der Beklagte muss in einem Termin zur mündlichen Verhandlung säumig sein, also nicht erscheinen oder verhandeln, §§ 331 I S. 1, 333 ZPO.

390

Säumnis der Partei		
Termin zur mündlichen Verhandlung (nicht Beweis- oder Gütetermin; beachte aber §§ 370 I, 279 I ZPO)		
Form- und fristgerechte Ladung zum Termin, § 335 I Nr. 2 ZPO		
Fristgerechte Mitteilung von Tatsachenvorbringen und Anträgen, §§ 335 I Nr. 3, 274 III ZPO (gilt nicht bei VU gegen den Kläger!)		
Säumnis ① kann sich ergeben ② aus ③		
Nichterscheinen	**Nichtverhandeln**	**Nichtvertreten**
↳ §§ 330, 331 I S. 1 ZPO Partei erscheint nicht zum Termin	↳ § 333 keinerlei aktive gerichtliche Beteiligung	↳ § 78 trotz Anwaltszwang nicht vertreten
Ausnahme: § 337 ZPO		

(1) Termin zur mündlichen Verhandlung

auch Fortsetzungstermin

Termin in diesem Sinne ist nicht nur der erste Termin zur mündlichen Verhandlung, sondern sind auch alle weiteren Termine, auf die die mündliche Verhandlung gem. § 227 I S. 1 ZPO vertagt wurde, § 332 ZPO.

391

---

355 Musielak, Rn. 150 m.w.N.

Ein Versäumnisurteil ist also auch dann möglich, wenn der Beklagte in früheren Terminen erschienen ist und verhandelt hat. Auch der frühe erste Termin gem. § 275 ZPO ist ein Termin zur mündlichen Verhandlung.

reiner Beweistermin (-)

Ein Beweistermin, also ein Termin, der zum Zwecke der Durchführung der Beweisaufnahme gem. § 279 II ZPO bestimmt wurde, ist kein Termin zur mündlichen Verhandlung. Zu beachten ist jedoch, dass ein vor dem Prozessgericht durchgeführter Beweistermin nach Beendigung der Beweisaufnahme einen Termin zur mündlichen Verhandlung darstellt, §§ 370 I, 332 ZPO.

Sühnetermin (-)

Auch die Güteverhandlung nach § 278 II ZPO und weitere Termine zum Zweck der gütlichen Beilegung des Rechtsstreits (sog. Sühnetermin, vgl. § 278 III ZPO), sind keine Termine zur mündlichen Verhandlung.[356]

> **hemmer-Methode:** Beachten Sie aber Folgendes: Erscheint im Gütetermin gem. § 278 II, III ZPO eine Partei unentschuldigt nicht, soll sich die eigentliche mündliche Verhandlung unmittelbar anschließen, vgl. § 279 I S. 1. Dort kann dann ein Versäumnisurteil ergehen.
> Deshalb ist Vorsicht geboten, bevor man den Gütetermin versäumt.[357]
> Erscheinen beide Parteien in der Güteverhandlung nicht, so ist gem. § 278 IV ZPO das Ruhen des Verfahrens anzuordnen.

(2) Form- und fristgerechte Ladung zum Termin

ordnungsgemäße Ladung

Der Beklagte muss zu dem Termin ordnungsgemäß, also form- und fristgerecht geladen worden sein. Dieses Erfordernis ergibt sich mittelbar aus § 335 I Nr. 2 ZPO.

392

Eine formgerechte Ladung setzt insbesondere eine wirksame Zustellung von Amts wegen voraus, §§ 166 ff. ZPO.

Außer in den Fällen des § 218 ZPO ist die Einhaltung der Ladungsfrist gem. § 217 ZPO zu beachten. Diese kann vom Vorsitzenden abgekürzt werden, § 226 ZPO.

> **hemmer-Methode:** Beachten Sie folgenden Unterschied bei den Fristen für das Erscheinen zu einem Termin:
> Unter der Ladungsfrist des § 217 ZPO versteht man die vor jedem Termin einzuhaltende Frist. Aus dem Wort „zwischen" ergibt sich, dass der Zustellungstag und der Tag des Termins nicht mitgezählt werden.
> Mit der Einlassungsfrist des § 274 III ZPO (vgl. Rn. 393) ist die Frist zwischen der Zustellung der Klage und dem ersten Termin zur mündlichen Verhandlung gemeint.

Fehlt es an einer ordnungsgemäßen Ladung, so ist der Antrag auf Erlass eines Versäumnisurteils durch Beschluss zurückzuweisen, § 335 I Nr. 2 ZPO.

Ist die vom Vorsitzenden bestimmte Ladungsfrist nach Auffassung des Gerichts zu kurz, so ist die Verhandlung über den Antrag des Klägers zu vertagen, § 337 ZPO.

---

356 Vgl. Zöller, vor § 330 ZPO, Rn. 2.

357 Vgl. auch Hartmann in NJW 2001, 2577 [2582].

(3) Fristgerechte Mitteilung von Tatsachenvorbringen und Anträgen

rechtzeitige Mitteilung des klägerischen Vorbringens

Der Beklagte muss vor der mündlichen Verhandlung Gelegenheit erhalten, das klägerische Vorbringen auf seine Erfolgsaussichten hin zu überprüfen. Er muss beurteilen können, ob ihm ein Versäumnisurteil droht, wenn er dem Termin fernbleibt.[358]

393

Die vom Kläger gestellten Sachanträge und das zu deren Begründung dienende, tatsächliche mündliche Vorbringen sind dem Beklagten deshalb rechtzeitig durch Schriftsatz mitzuteilen, § 335 I Nr. 3 ZPO.

Für das Vorbringen des Klägers in der Klageschrift ist also die Einlassungsfrist zu beachten, § 274 III ZPO. Für das Vorbringen in sonstigen Schriftsätzen gilt die Frist des § 132 ZPO. Auch diese Fristen können vom Vorsitzenden gem. § 226 ZPO abgekürzt werden.

Wurden diese Fristen nicht eingehalten, so ist der Antrag des Klägers auf Erlass eines Versäumnisurteils durch Beschluss zurückzuweisen, § 335 I Nr. 3 ZPO.

Wurde eine vom Vorsitzenden bestimmte Frist nach Ansicht des Gerichts zu kurz bemessen, so wird die Verhandlung vertagt, § 337 ZPO.

(4) Nichterscheinen oder Nichtverhandeln

bis Schluss mdl. Verhandlung

Säumig im engeren Sinne ist der Beklagte, wenn er im Termin zur mündlichen Verhandlung nicht erscheint, § 331 I S. 1 ZPO. Maßgeblicher Zeitpunkt hierfür ist der Schluss der mündlichen Verhandlung, § 220 II ZPO.

394

In Verfahren ohne Anwaltszwang nicht erschienen ist der Beklagte dann, wenn er nicht persönlich erscheint, nicht durch einen Bevollmächtigten oder im Falle seiner Prozessunfähigkeit nicht durch seinen gesetzlichen Vertreter vertreten wird.

beachte:
Postulationsfähigkeit!

In Verfahren mit Anwaltszwang § 78 ZPO ist der Beklagte - auch wenn er persönlich anwesend ist - dann nicht erschienen, wenn kein bei dem Prozessgericht zugelassener Rechtsanwalt für ihn auftritt. Dem Beklagten fehlt es dann an der erforderlichen Postulationsfähigkeit.

auch bei sitzungspolizeilicher Entfernung

Säumnis kann auch dadurch eintreten, dass der Beklagte auf Anordnung des Gerichts aus dem Sitzungszimmer entfernt wird, § 158 S. 1 ZPO, §§ 176 ff. GVG. § 333 ZPO stellt das Nichtverhandeln dem Nichterscheinen gleich. Beteiligt sich der Beklagte jedoch teilweise an der Erörterung des Rechtsstreits, so ist er nicht säumig, § 334 ZPO.

395

Stellt der Kläger einen Antrag auf Erlass eines Versäumnisurteils, obwohl der Beklagte nach diesen Vorschriften nicht säumig ist, so ist der Antrag durch Beschluss zurückzuweisen.

Ist der Beklagte zwar säumig, aber nach Ansicht des Gerichts ohne sein Verschulden am Erscheinen verhindert, so ist die Verhandlung über den Antrag zu vertagen, § 337 ZPO. § 337 ZPO setzt insoweit einen erheblichen Verhinderungsgrund voraus.

---

358 Schlosser, Rn. 174 f.

hemmer-Methode: Beachten Sie, dass das BVerfG[359] die sog. „Schonklausel" für Anwälte für verfassungswidrig erklärt hat. Das Gericht erklärte eine berufsrechtliche Vorschrift (§ 13 BORA) zum Versäumnisurteil für nichtig. Nach der nun gestrichenen Vorschrift durfte ein Anwalt ohne vorherige Ankündigung kein Versäumnisurteil beantragen, wenn nicht die gegnerische Partei selbst, sondern deren Anwalt den Termin versäumt hat.

Danach verzichtet ein Rechtsanwalt aus Rücksichtnahme auf einen Anwaltskollegen auf die – nach der Prozessordnung zulässige – Beantragung eines Versäumnisurteils, wenn der gegnerische Anwalt nicht zum Termin erschienen ist. Mit einem solchen Verzicht unterlasse es der Anwalt, einen vollstreckbaren Titel für seinen Mandanten zu erstreiten, argumentierten die Verfassungsrichter. Dadurch sei aber womöglich das Vermögen des Mandanten gefährdet, weil der Prozessgegner bis zum Abschluss des Verfahrens zahlungsunfähig werden könnte. Die Vorschrift nütze daher nur der Anwaltschaft, nicht aber dem Recht suchenden Bürger.

cc) Zulässigkeit der Klage

allgem. Sachurteilsvoraussetzungen

396 Durch ein Versäumnisurteil wird dem Kläger der von ihm geltend gemachte Anspruch zuerkannt. Ein Versäumnisurteil ist also ein echtes Sachurteil und setzt deshalb voraus, dass die Klage zulässig ist.

Das Gericht hat also vor Erlass eines Versäumnisurteils zu prüfen, ob die von Amts wegen zu berücksichtigenden Prozessvoraussetzungen vorliegen.[360]

keine Geständnisfiktion hinsichtl. Prorogation, § 331 I S. 2 ZPO

397 Eine Sonderregelung gilt gemäß § 331 I S. 2 ZPO für die Zuständigkeit des Gerichts, aufgrund einer vorgetragenen Vereinbarung über den Gerichtsstand gem. § 38 ZPO oder über den Erfüllungsort gemäß § 29 II ZPO.

Zur Erinnerung: Ergibt sich die Zuständigkeit des Gerichts nicht aus den gesetzlichen Zuständigkeitsvorschriften, so kommt eine Zuständigkeit kraft Vereinbarung in Betracht. Ob die tatsächlichen Voraussetzungen für die Statthaftigkeit einer solchen Vereinbarung vorliegen, muss von Amts wegen berücksichtigt werden.

Bei Klagen, die vermögensrechtliche Ansprüche betreffen und für die kein ausschließlicher Gerichtsstand bestimmt ist, kann jedoch die Zuständigkeit des Gerichts gem. §§ 39 S. 1, 40 II S. 2 ZPO durch rügeloses Verhandeln des Beklagten zur Hauptsache begründet werden. Das Gericht macht deshalb in einem solchen Fall die Parteien nicht auf das Fehlen einer gesetzlichen Zuständigkeitsvorschrift aufmerksam, sondern wartet ab, ob der Beklagte die Unzuständigkeit rügt.[361]

Ist der Beklagte säumig, so hat er aber nicht die Möglichkeit, die Unzuständigkeit geltend zu machen oder rügelos zur Hauptsache zu verhandeln bzw. die Zuständigkeit zuzugestehen.

Die beschriebene Vorgehensweise ist deshalb bei Säumnis des Beklagten unzulässig. Dies ergibt sich mittelbar aus § 331 I S. 2 ZPO: Diese Vorschrift bestimmt, dass Tatsachen, die vom Kläger für eine gewillkürte Zuständigkeit vorgetragen werden, nicht als zugestanden anzunehmen sind, also des Beweises bedürfen, § 288 I ZPO. § 331 I S. 2 ZPO setzt damit voraus, dass der Kläger verpflichtet ist, solche Tatsachen darzutun und das Gericht von ihrer Richtigkeit zu überzeugen.

---

359 BVerfG in NJW 2000, 347 ff.

360 Th/P, § 331 ZPO, Rn. 3.

361 Etwas anderes gilt nur dann, wenn das Verfahren vor dem Amtsgericht stattfindet, §§ 39 S. 2, 504 ZPO.

Für die **Zuständigkeit des Gerichts** gilt deshalb im Versäumnisverfahren der Grundsatz der **Ermittlung von Amts wegen**.

Konsequenzen fehlender Prozessvoraussetzungen

Stellt das Gericht fest, dass Prozessvoraussetzungen fehlen, so ist zu unterscheiden: **398**

– *Behebbarkeit: Zurückweisung durch Beschluss*

Kann die Prozessvoraussetzung noch nachträglich erfüllt werden, so ist der Antrag auf Erlass des Versäumnisurteils durch Beschluss zurückzuweisen, § 335 I Nr. 1 ZPO.

Der Kläger hat dann Gelegenheit, den Mangel der Prozessvoraussetzung zu beheben oder den Nachweis für deren Vorliegen zu beschaffen.

– *Unbehebbarkeit: Prozessurteil, evtl. § 281 ZPO*

Steht das Fehlen der Prozessvoraussetzung hingegen endgültig fest, so ist die Klage durch Prozessurteil als unzulässig abzuweisen. Fehlt die sachliche oder örtliche Zuständigkeit, so ist auf entsprechenden Antrag hin an das zuständige Gericht zu verweisen, § 281 I S. 1 ZPO.

dd) Schlüssigkeit der Klage, § 331 II HS 1 ZPO

hemmer-Methode: Vermeiden Sie hierbei den Begriff „Begründetheit". Eine Begründetheitsprüfung findet vor Erlass des Versäumnisurteils gerade nicht statt, da lediglich das Vorbringen der erschienenen Partei gewürdigt wird.

Hat sich das Gericht vom Vorliegen der Prozessvoraussetzungen überzeugt, so hat es zu prüfen, ob die Klage schlüssig ist:

Geständnisfiktion, § 331 I S. 1 ZPO

(1) Zunächst hat das Gericht die Tatsachen, die vom Kläger zur Begründung seines prozessualen Anspruchs in der mündlichen Verhandlung vorgetragen werden, als zugestanden anzunehmen, § 331 I S. 1 ZPO. Diese bedürfen also keines Beweises, § 288 I ZPO. **399**

früheres (schriftl.) Bestreiten unbeachtlich

Dies gilt auch für solche Tatsachen, die der Beklagte schriftsätzlich oder in einem früheren Termin zur mündlichen Verhandlung bereits bestritten hatte. Selbst wenn eine vorangegangene Beweisaufnahme ergeben hat, dass bestimmte Tatsachen nicht vorliegen, sind diese als zugestanden anzunehmen.

Ausnahme: § 331 I S. 2 ZPO

Keine Anwendung findet die Geständnisfiktion gem. § 331 I S. 2 ZPO für den Tatsachenvortrag zur Zuständigkeit des Gerichts nach §§ 29 II, 38 ZPO.

Eine Prorogation bzw. eine Vereinbarung über den Erfüllungsort gilt im Versäumnisverfahren demnach nicht als zugestanden. Der Kläger muss daher schlüssige Tatsachen i.S.d. §§ 29 II, 38 ZPO behaupten und das Gericht von dessen Wahrheit überzeugen, vgl. § 286 ZPO.

Rechtfertigung des Sachantrags auf Grundlage der Geständnisfiktion

(2) Das Gericht hat dann zu prüfen, ob der als zugestanden anzunehmende Tatsachenvortrag des Klägers seinen Klageantrag rechtfertigt, § 331 II ZPO. Dies ist zu bejahen, wenn die Tatbestandsvoraussetzungen derjenigen Vorschriften des materiellen Rechts erfüllt sind, die den geltend gemachten, prozessualen Anspruch verwirklichen. **400**

Die Schlüssigkeit ist hingegen zu verneinen, wenn anspruchsbegründende Tatsachen nicht vorgetragen wurden oder der Kläger selbst Tatsachen vorgetragen hat, aus denen sich das Bestehen einer rechtshindernden Einwendung bzw. die Geltendmachung einer rechtsvernichtenden Einwendung ergibt. Im Hinblick auf Einreden reicht das bloße Bestehen aber nicht aus, vielmehr muss der Kläger vortragen, dass sich der Beklagte auch z.B. auf die Verjährung berufen hat (sog. „inkorporierte Einrede).[362]

hemmer-Methode: Die Säumnis des Beklagten führt also nur zu einer Fiktion hinsichtlich des Vorliegens von Tatsachen (sog. Geständnisfiktion), nicht zu einer Fiktion hinsichtlich des Bestehens des Anspruchs (sog. Anerkenntnisfiktion).
Gerade deshalb eignet sich das Versäumnisverfahren gegen den Beklagten hervorragend als prozessuale Einkleidung einer Klausur, deren Schwerpunkt im materiell-rechtlichen Bereich liegt. In einer solchen Klausur unterstellen Sie nach Prüfung der übrigen Voraussetzungen für den Erlass eines Versäumnisurteils den in der Aufgabenstellung enthaltenen Tatsachenvortrag des Klägers als wahr und prüfen dann unter dem Gesichtspunkt der Schlüssigkeit - wie gewohnt - die materielle Rechtslage.

Schlüssigkeit (+): VU

Kommt das Gericht bei der Schlüssigkeitsprüfung zu einem positiven Ergebnis, so erlässt es das beantragte Versäumnisurteil, § 331 II HS 1 ZPO.

401

Schlüssigkeit (-): abweisendes Sachurteil

Stellt das Gericht hingegen fest, dass die Klage nicht schlüssig ist, weil die vom Kläger vorgetragenen Tatsachen seinen Klageantrag nicht rechtfertigen, so hätte selbst bei Anwesenheit des Beklagten keine Entscheidung zu dessen Lasten ergehen können. Das Gericht hat deshalb in dieser Situation die Klage durch Sachurteil als unbegründet abzuweisen, § 331 II HS 2 ZPO.

hemmer-Methode: Im Tenor findet sich aber lediglich die Formulierung: „Die Klage wird abgewiesen". Warum dies der Fall ist (unzulässig, unbegründet, derzeit unbegründet), ergibt sich erst aus den Entscheidungsgründen[363].

Im Ausgangsfall ist B im Termin zur mündlichen Verhandlung nicht erschienen. Die Klage ist mangels entgegenstehender Hinweise auch zulässig. Nach dem Tatsachenvortrag des K ist seine Klage jedoch unschlüssig: K hatte das Darlehen erst am 24.02.2014 gekündigt. Zum Zeitpunkt der mündlichen Verhandlung am 24.04.2014 war das Darlehen also noch nicht zur Rückzahlung fällig, § 488 III S. 2 BGB. Das Gericht wird deshalb die Klage des K durch Endurteil als unbegründet abweisen.

b) Wirkung der Entscheidungen des Gerichts

Überblick

Vorstehend wurden die möglichen Entscheidungen des Gerichts während eines Versäumnisverfahrens bereits aufgeführt. Hier noch einmal ein zusammenfassender Überblick:

402

aa) Zurückweisung des Antrags durch Beschluss

§ 335 I Nr. 1 - 3 ZPO: zurückweisender Beschluss

In den Fällen des § 335 I Nr. 1 - 4 weist das Gericht den Antrag des Klägers auf Erlass eines Versäumnisurteils durch Beschluss zurück, gegen den sofortige Beschwerde stattfindet, §§ 336, 567 I ZPO.

403

Das Verfahren wird nach Rechtskraft dieses Beschlusses in einem vom Gericht zu bestimmenden Termin zur streitigen Verhandlung fortgesetzt.

---

362 Zöller, § 331 ZPO, Rn. 4.
363 Th/P, § 313 ZPO, Rn. 10 a.E.

bb) Vertagung der Verhandlung

§§ 335 II, 337 ZPO: Vertagung

Das Gericht kann die Verhandlung über den Antrag auf Erlass eines Versäumnisurteils aber auch vertagen, § 335 II ZPO. Ein Anspruch auf Vertagung besteht jedoch nur, wenn die Voraussetzungen des § 227 ZPO vorliegen.   **404**

In den Fällen des § 337 ZPO (schuldlose Säumnis[364] bzw. zu kurze Einlassungs- oder Ladungsfrist) hingegen muss das Gericht die Verhandlung von Amts wegen vertagen und den säumigen Beklagten zu dem neuen Termin laden.

Die Entscheidung ergeht durch Beschluss, gegen den in entsprechender Anwendung des § 336 die sofortige Beschwerde stattfindet.

cc) Abweisung der Klage durch Prozess- oder Sachurteil

Prozessurteil und abweisendes Sachurteil: „unechtes VU"

Das Prozessurteil, durch das die Klage wegen endgültigen Fehlens von Prozessvoraussetzungen abgewiesen wird und das Sachurteil, das bei fehlender Schlüssigkeit der Klage ergeht, werden häufig als unechte Versäumnisurteile bezeichnet. Dieser Begriff ist irreführend, weil es sich bei diesen Urteilen nicht um Versäumnisurteile, sondern um streitige Endurteile handelt: Sie ergehen nicht gegen den säumigen Beklagten, sondern gegen den Kläger. Statthafte Rechtsmittel sind deshalb Berufung und Revision.   **405**

dd) Versäumnisurteil

echtes VU

Durch das Versäumnisurteil wird dem Kläger der von ihm geltend gemachte Anspruch zuerkannt. Gem. § 313b ZPO kann das Urteil in vereinfachter Form, also ohne Tatbestand und Entscheidungsgründe ergehen.   **406**

Die Kosten hat der Beklagte als unterlegene Partei des Rechtsstreits zu tragen, § 91 I S. 1 ZPO.

Für die vorläufige Vollstreckbarkeit gilt § 708 Nr. 2 ZPO.

> **hemmer-Methode: Einem für vorläufig vollstreckbar erklärten Versäumnisurteil steht gem. § 700 I ZPO ein im Mahnverfahren ergangener Vollstreckungsbescheid gleich, vgl. Rn. 652.**

Rechtsbehelf gegen Versäumnisurteil und Vollstreckungsbescheid ist der nun näher zu behandelnde Einspruch.

c) Einspruch gegen Versäumnisurteil

Einspruch als besonderer Rechtsbehelf gegen VU, (§§ 338 ff. ZPO)

Gegen Endurteile finden die Rechtsmittel der Berufung oder der Revision (§§ 511 ff. ZPO) statt. Für diese ist charakteristisch, dass der Rechtsstreit vor einem Gericht der höheren Instanz seine Fortsetzung findet, sog. Devolutiveffekt.[365]   **407**

Eine Überprüfung des Urteils durch das Prozessgericht selbst hätte regelmäßig keine Aussicht auf Erfolg, weil dieses bereits eine umfassende Begründetheitsprüfung vorgenommen hat.

---

364   Eine schuldhafte Säumnis liegt auch dann vor, wenn der Prozessbevollmächtigte, der kurzfristig und nicht vorhersehbar an der Wahrnehmung des Termins gehindert ist, nicht das ihm Mögliche und Zumutbare getan hat, um dem Gericht rechtzeitig seine Verhinderung mitzuteilen. Lesen Sie dazu BGH, **Life&Law 2006, Heft 6, 389 ff.** = NJW 2006, 448 f.

365   Vgl. Rn. 568.

hemmer-Methode: Beachten Sie für die mündliche Prüfung eine wichtige Ausnahme von diesem Grundsatz. Der neue § 321a ZPO ermöglicht die Überprüfung von nicht berufungsfähigen erstinstanzlichen Urteilen durch dasselbe Prozessgericht, wenn der Anspruch auf rechtliches Gehör in entscheidungserheblicher Weise verletzt wurde. Hierdurch soll letztlich das BVerfG entlastet werden, das eine Vielzahl von auf Art. 103 I GG gestützter Verfassungsbeschwerden abzuurteilen hat.

Vor Erlass eines Versäumnisurteils findet jedoch lediglich eine Schlüssigkeitsprüfung statt. Ob die Klage tatsächlich begründet ist, hat das Prozessgericht noch nicht geprüft. Der Gesetzgeber hat deshalb einen besonderen Rechtsbehelf gegen Versäumnisurteile, den sog. Einspruch, geschaffen.

Der Einspruch führt, soweit er zulässig ist, zu einer Prüfung der Zulässigkeit und Begründetheit der Klage durch das Prozessgericht selbst. Dem Einspruch fehlt also der Devolutiveffekt.

> *Bsp.: Nehmen Sie an, im Ausgangsfall hätte das Gericht fälschlicherweise Versäumnisurteil gegen B erlassen. Wie wird das Gericht über einen form- und fristgerecht eingelegten Einspruch des B entscheiden, wenn die mündliche Verhandlung über den Einspruch am 26.05.2014 stattfindet?*

Lesen Sie zum Einspruch zunächst die §§ 338 - 346, 514 ZPO.

aa) Zulässigkeit des Einspruchs

Prüfung v.A.w.

Hat der Beklagte gegen ein Versäumnisurteil Einspruch eingelegt, so prüft das Prozessgericht von Amts wegen dessen Zulässigkeit, § 341 I S. 1 ZPO.

408

(1) Statthaftigkeit

statthaft nur gegen echtes, erstes VU

Der Einspruch ist statthaft, wenn er sich gegen ein (echtes) Versäumnisurteil richtet, § 338 ZPO. D.h., dass das Urteil gegen den Säumigen wegen der Säumnis ergangen sein muss.

409

hemmer-Methode: Beachten Sie, dass die Berufung gegen ein Versäumnisurteil gemäß § 514 I ZPO nicht statthaft ist.

Unstatthaft ist der Einspruch, wenn es sich dabei um ein zweites Versäumnisurteil handelt, § 345 ZPO. Gegen dieses findet das Rechtsmittel der Berufung statt, § 514 II ZPO.

(2) Frist

Notfrist:
zwei Wochen ab Zustellung

Der Einspruch muss innerhalb einer zweiwöchigen Notfrist eingelegt werden, die mit Zustellung des Versäumnisurteils beginnt, § 339 I ZPO.[366]

410

Exkurs: Die Wiedereinsetzung in den vorigen Stand

Bei der Fristversäumung einer Notfrist (aber nicht nur bei dieser) ist an die Möglichkeit der Wiedereinsetzung in den vorigen Stand gem. § 233 ZPO zu denken.

410a

Unter Wiedereinsetzung in den vorigen Stand versteht man die Möglichkeit, die Wirkung der Versäumung einer verfahrensrechtlichen Frist oder eines Termins wieder zu beseitigen.

---

366 In arbeitsgerichtlichen Verfahren beträgt die Notfrist eine Woche, § 59 S. 1 ArbGG.

Die Wiedereinsetzung durchbricht damit u.U. auch die Rechtskraft der Entscheidung, die mit dem versäumten Rechtsmittel angegriffen wird.

In allen Prozess- und Verwaltungsverfahrensordnungen wird unter weitgehend identischen Voraussetzungen eine derartige Möglichkeit eingeräumt.

Die Voraussetzungen sind: *410b*

⇨ die Versäumung der Frist ohne Verschulden der Partei

⇨ ein Antrag der Partei, die die Frist oder den Termin versäumt hat

⇨ Glaubhaftmachung der Versäumnisgründe

⇨ Nachholen der versäumten Handlung

(I.) Zulässigkeit des Wiedereinsetzungsantrages   *410c*

(1.) Statthaftigkeit bei Versäumung einer Frist

Statthaftigkeit

Gem. § 233 ZPO kann eine Wiedereinsetzung in den vorigen Stand nur gewährt werden, wenn eine Partei ohne Verschulden an der Einhaltung einer **Notfrist** oder einer **Rechtsmittelbegründungsfrist** oder der **Wiedereinsetzungsfrist des § 234** ZPO gehindert war.

hemmer-Methode: Eine Frist ist eine Notfrist, wenn sie ausdrücklich in der ZPO als solche bezeichnet wird, § 224 I S. 2 ZPO. Notfristen können nicht verlängert oder verkürzt werden. Dies folgt für Parteivereinbarung aus § 224 I S. 1 ZPO und für gerichtliche Vornahmen aus § 224 II ZPO, denn bei keiner Notfrist ist eine Verlängerungs- oder Verkürzungsmöglichkeit vorgesehen.

(2.) Zuständigkeit

Zuständigkeit

Zuständig für die Entscheidung über den Wiedereinsetzungsantrag ist gem. § 237 ZPO das Gericht, das auch über die versäumte Prozesshandlung zu befinden hat.

(3.) Form

Form

Der Antrag muss die Tatsachen enthalten, mit denen die Wiedereinsetzung begründet wird. Die Tatsachen sind glaubhaft zu machen (vgl. dazu § 294 ZPO).

Der Antrag bedarf überdies derselben Form wie die versäumte Prozesshandlung (§ 236 I ZPO).

(4.) Antragsfrist

Frist

Die Antragsfrist beträgt zwei Wochen (§ 234 I, II ZPO). Die Frist beginnt mit dem Wegfall des Hindernisses, das die Einhaltung der Frist verhindert hat zu laufen. Der Tag, an dem das Hindernis behoben wird, wird bei der Frist nicht mitgerechnet, § 187 I BGB.

§ 234 I S. 2 ZPO verlängert die Wiedereinsetzungsfrist in den Fällen der Rechtsbehelfe auf einen Monat ab Wegfall des Hinderungsgrundes[367].

---

367 Dies ist eine Änderung, die im Zuge des Justizmodernisierungsgesetzes mit Wirkung zum 01.09.2004 in Kraft getreten ist.

hemmer-Methode: Gemeint sind hiermit vor allem die Fälle, in denen eine Partei auf Prozesskostenhilfe angewiesen ist und über diese erst nach Ablauf der eigentlichen Frist für den jeweiligen Rechtsbehelf entschieden wird. In diesem Fall ist sie unverschuldet daran verhindert, die gesetzliche Frist zur Einlegung des Rechtsmittels zu wahren. Ihr bleibt nach Gewährung der Prozesskostenhilfe nunmehr noch ein Monat Zeit, um zu entscheiden, ob sie sich eines Rechtsmittels bedienen will oder nicht.

In § 234 III ZPO ist eine absolute Antragsfrist von einem Jahr ab dem Ende der versäumten Frist enthalten.

hemmer-Methode: Nach Ende der Jahresfrist kann die Wiedereinsetzung also auch dann nicht mehr gewährt werden, wenn das Hindernis fortbesteht.

(5.) Prozesshandlungsvoraussetzungen

Wie bei jeder Prozesshandlung müssen auch hier alle Prozesshandlungsvoraussetzungen vorliegen (Partei- und Prozessfähigkeit, Postulationsfähigkeit, Vertretungsmacht etc.).

(6.) Rechtsschutzbedürfnis

Am Rechtsschutzbedürfnis kann es insbesondere fehlen, wenn:

⇨ die Frist gar nicht versäumt ist,

⇨ die versäumte Prozesshandlung prozessual überholt ist oder

⇨ die Versäumung keine nachteiligen Folgen für den Antragsteller hat.

(II.) Begründetheit des Wiedereinsetzungsantrages

410d

(1.) Unverschuldete Fristversäumung

keine Wiedereinsetzung bei Verschulden

Eine Wiedereinsetzung in den vorigen Stand kann nur gewährt werden, wenn eine Partei ohne Verschulden an der Einhaltung der entsprechenden Frist gehindert war (vgl. z.B. § 233 ZPO).

Unverschuldet bedeutet das Fehlen von Vorsatz und Fahrlässigkeit. Ob im konkreten Fall ein Verschulden vorliegt oder nicht bestimmt sich danach, ob die gebotene Sorgfalt außer Acht gelassen wurde[368].

Von einem Anwalt kann nicht verlangt werden, den Fristablauf oder die Erledigung von Fristnotierungen stets auch dann selbst zu prüfen, wenn ihm eine Sache ohne Zusammenhang mit einer fristgebundenen Prozesshandlung vorgelegt wird oder ohne dass Anhaltspunkte für die Annahme bestehen, die zur Fristwahrung getroffenen Maßnahmen könnten versagt haben.[369]

hemmer-Methode: Beachten Sie aber, dass sich ein Verschulden dann nicht mehr auswirkt, wenn eine fristgerechte Weiterleitung der (schuldhaft) an das Landgericht adressierten Berufungsbegründung im ordentlichen Geschäftsgang an das Oberlandesgericht ohne weiteres erwartet werden kann.

---

368 Vgl. dazu das sehr interessante und lehrreiche Beispiel des LAG Bremen in NZA 2002, 580 ff.

369 BGH, NJW 2008, 854 ff.

Im konkreten Fall ging die Berufungsbegründung sechs Tage vor Fristablauf beim unzuständigen Landgericht ein. Eine Weiterleitung an das zuständige Oberlandesgericht erfolgte zwar, aber erst nach Ablauf der Berufungsbegründungsfrist. Nach Ansicht des BGH war dem Berufungskläger Wiedereinsetzung in den vorigen Stand zu gewähren, da während eines solch langen Zeitraums damit gerechnet werden kann und darf, dass der Schriftsatz fristgerecht weitergeleitet wird. Das Verschulden (falsche Adressierung) wirkt sich daher nicht mehr aus. Begründet hat dies der BGH mit der Fürsorgepflicht der Justiz.
Jedenfalls als Referendar müssen Sie diese Entscheidung kennen. Lesen Sie daher dieses Urteil des BGH nach in NJW 2006, 3499 ff. bzw. BGH, NJW 2011, 683 ff.

Wichtige Zurechnungsnormen sind §§ 51 II, 85 II ZPO

Bei diesem prozessualen Verschulden müssen Sie als Verschuldenszurechnungsnormen § 51 II ZPO (gesetzlicher Vertreter) und § 85 II ZPO (Prozessbevollmächtigter, i.d.R. der Rechtsanwalt[370]) beachten.

Bei Rechtsanwälten muss auf die für eine Prozessführung erforderliche, übliche Sorgfalt eines ordentlichen Rechtsanwalts abgestellt werden.

Es ist aber nicht möglich, über § 278 BGB i.V.m. § 85 II ZPO das Verschulden der Rechtsanwaltsgehilfen dem Anwalt und dessen Verschulden dann der Partei zuzurechnen[371].

§ 85 II ZPO ist insoweit eine abschließende Sonderregelung. Möglich ist aber in solchen Fällen die direkte Anwendung des § 85 II ZPO, wenn der Fehler der Büroangestellten auf ein sog. Organisationsverschulden des Rechtsanwalts zurückzuführen ist.

Die Schaffung einer Büroorganisation, die bei der Berechnung und Überwachung von Fristen Fehler soweit wie möglich ausschließt, ist nämlich eine eigene Obliegenheit des Rechtsanwalts[372].

Der Assessor als freier Mitarbeiter eines Rechtsanwalts[373]

Bsp.: Assessor[374] F ist als freier Mitarbeiter bei Rechtsanwalt B. beschäftigt. Er bearbeitet die ihm übertragenen Sachen innerhalb der Kanzlei selbstständig, tritt aber vor Gericht nicht auf und unterzeichnet auch keine Schriftsätze oder Schreiben. In den Assessor F übertragenen Sachen überlasst Rechtsanwalt B dem Assessor F auch die Arbeiten, die er in „eigenen" Sachen selbst durchführt.

Rechtsanwalt B weist nun im vorliegenden Fall den Assessor F an, eine Frist zu berechnen und persönlich in den Fristenkalender einzutragen. Assessor F vertut sich bei der Berechnung um genau eine Woche. Deswegen wird die Frist versäumt.

Ist der Antrag auf Wiedereinsetzung erfolgreich?

Nach § 233 ZPO ist die Wiedereinsetzung in den vorigen Stand nur bei unverschuldeter Fristversäumung eröffnet.

Die Versäumung der Frist beruht auf dem Verschulden von Assessor F, der sich bezüglich des Ablaufs der Frist um eine Woche vertan hat. Fraglich war nun, ob das Verschulden von Assessor F gemäß § 85 II ZPO dem Verschulden der Partei gleichsteht.

---

370 Im Strafverfahren findet allerdings diese Verschuldenszurechnung nach absolut h.M. nicht statt, da dies mit der Stellung des Beschuldigten im Strafprozess nicht vereinbar wäre.

371 Th/P, § 85 ZPO, Rn. 13.

372 **Hinweis für Referendare und Praktiker:** Bei externen Hindernissen ist zu beachten, dass auf die Postlaufzeiten, die nach den organisatorischen und betrieblichen Vorkehrungen der Post für den Normalfall bekannt gemacht werden, vertraut werden darf. Dies gilt auch für Laufzeitangaben anderer konzessionierter Postbeförderungsunternehmen. Auch auf den Sendebericht eines Fax darf vertraut werden. Bei Netzstörungen, die den Zugang eines Fax verhindern, ohne dass dies aus dem gedruckten Sendebericht hervorgeht, besteht ein Wiedereinsetzungsgrund. Gleiches muss für den nur in elektronischer Form vorliegenden Sendebericht eines Computerfaxes gelten.

373 BGH, NJW 2004, 2901 f.

374 Bezeichnung eines Juristen nach dem bestandenen Zweiten Juristischen Staatsexamens.

Bedient sich der Rechtsanwalt bei der Bearbeitung eines Rechtsstreits eines angestellten Rechtsanwalts, so gilt folgende Unterscheidung:

Die Partei muss sich das Verschulden des angestellten Anwalts gem. § 85 II ZPO wie eigenes zurechnen lassen, wenn diesem der Rechtsstreit vom prozessbevollmächtigten Rechtsanwalt zur selbstständigen Bearbeitung übergeben worden ist. Denn in diesem Fall gilt der angestellte Rechtsanwalt als Vertreter des Prozessbevollmächtigten und damit der Partei selbst.

Bestand dagegen seine Aufgabe nur aus vorbereitenden und unselbstständigen Tätigkeiten, kann sein Verschulden dem Prozessbevollmächtigten bzw. der Partei ebenso wenig zugerechnet werden wie das von Büropersonal[375].

Für einen nichtanwaltlichen, voll juristisch ausgebildeten (freien) Mitarbeiter des Bevollmächtigten gilt nichts anderes[376].

Der Grundsatz, dass das Verschulden eines Vertreters der Partei ohne Entlastungsmöglichkeit wie eigenes zuzurechnen ist, würde ausgehöhlt, wenn es der Prozessbevollmächtigte in der Hand hätte, die selbstständige Bearbeitung der Sache einem anderen zu übertragen und damit sich und seine Partei weitgehend aus der Verantwortung für Versäumnisse zu ziehen.

Assessor F hat die ihm übertragene Sache innerhalb der Kanzlei des prozessbevollmächtigten Rechtsanwalts - wie üblich - selbstständig bearbeitet. Ihm sind auch die Arbeiten überlassen worden, die der Prozessbevollmächtigte der Klägerin sonst selbst durchführt. Dementsprechend hat Assessor F die Schriftsätze der Klägerin verfasst und die Fristen des Verfahrens berechnet und notiert.

Bei den dem Assessor F übertragenen Aufgaben handelt es sich mithin um einen wesentlichen Teil des anwaltlichen Pflichtenkreises. Assessor F ist deshalb als Unterbevollmächtigter und damit als Bevollmächtigter im Sinne des § 85 II ZPO anzusehen.

Ergebnis: Die Wiedereinsetzung in den vorigen Stand ist somit nicht eröffnet[377].

(2.) Nachholung der versäumten Handlung

Nachholung der versäumten Handlung

Die versäumte Prozess- oder Verfahrenshandlung ist innerhalb der Frist für die Wiedereinsetzung nachzuholen, § 236 II ZPO.

Wiedereinsetzung nur ausnw. v.A.w. möglich

Eine Gewährung der Wiedereinsetzung ohne Antrag kommt nur dann in Betracht, wenn die Wiedereinsetzungsgründe offensichtlich sind und die versäumte Prozesshandlung innerhalb der Frist bereits nachgeholt wurde, vgl. § 236 II S. 2 HS 2 ZPO.

Exkurs Ende

(3) Form

schriftlich beim judex a quo

Die Einlegung des Einspruchs erfolgt durch Einreichung einer Einspruchsschrift bei dem Prozessgericht (sog. judex a quo), § 340 I ZPO. Diese ist der Gegenpartei zuzustellen, § 340a ZPO.[378]

411

---

375 BGH NJW-RR 1992, 1019; BGH, NJW 1974, 1511.

376 Zöller, § 85 ZPO, Rn. 19.

377 Vgl. dazu auch BGH NJW 2004, 2901 f.

378 Bei Verfahren vor den Amtsgerichten ist insoweit § 496 ZPO, bei arbeitsgerichtlichen Verfahren § 59 S. 2 ArbGG zu beachten.

Die Einspruchsschrift muss den Erfordernissen des § 340 II ZPO entsprechen. Gem. § 340 II S. 2 ZPO besteht dabei die Möglichkeit, nur gegen einen abgrenzbaren Teil des Versäumnisurteils Einspruch einzulegen.

fehlende Begründung führt u.U. zu Präklusion

Die Begründung gem. § 340 III S. 1 ZPO ist hingegen keine Zulässigkeitsvoraussetzung des Einspruchs. Soweit diese fehlt und auch nicht innerhalb der Einspruchsfrist nachgeholt wird, sind jedoch im weiteren Verfahren die nicht vorgebrachten Angriffs- und Verteidigungsmittel und Zulässigkeitsrügen nur unter den Voraussetzungen des § 296 I, III, IV ZPO zuzulassen, § 340 III S. 3 ZPO.

bb) Wirkung der Entscheidungen des Gerichts

(1) Unzulässigkeit des Einspruchs

unzulässiger Einspruch: Verwerfung

Stellt das Gericht fest, dass der Einspruch unzulässig ist, so hat es diesen zu verwerfen, § 341 I S. 2 ZPO. Die Entscheidung erfolgt durch Urteil, wobei es keiner mündlichen Verhandlung bedarf, § 341 II ZPO.

412

(2) Zulässigkeit des Einspruchs, § 342 ZPO

zulässiger Einspruch: Zurückversetzung des Prozesses in Lage vor Säumnis, § 342 ZPO

Der zulässige Einspruch verhindert, dass das Versäumnisurteil in Rechtskraft erwächst, § 705 S. 2 ZPO, und versetzt den Prozess in die Lage vor Eintritt der Säumnis zurück, § 342 ZPO.

413

Entscheidung über Zulässigkeit und Begründetheit der Klage

Dies bedeutet, dass das Gericht nun in einem neuen Termin zur mündlichen Verhandlung, dem sog. Einspruchstermin, über die Zulässigkeit und Begründetheit der Klage entscheidet. Der Einspruchstermin ist gem. § 341a ZPO bekannt zu machen.

Geständnisfiktion, § 331 I S. 1 ZPO entfällt

Wegen der Ausklammerung des Säumnistermins hat das Gericht bei seiner Entscheidung nun auch die Prozessergebnisse aus Terminen vor Eintritt der Säumnis zu beachten, die das Gericht bei der im Versäumnisverfahren durchgeführten Schlüssigkeitsprüfung gerade nicht berücksichtigen durfte.[379]

> **hemmer-Methode:** In Klausuren wird nach der Zulässigkeit des Einspruchs häufig geprüft, ob dieser „begründet" ist. Dies ist ein schwerer Fehler! Hat das Gericht die Zulässigkeit des Einspruchs festgestellt, so prüft es gerade nicht, ob das Versäumnisurteil in gesetzwidriger Weise ergangen und der Einspruch deshalb „begründet" ist.
> Das Gericht prüft nur, ob die Klage zulässig und begründet ist. Ob die Voraussetzungen für den Erlass eines Versäumnisurteils vorlagen, ist dafür völlig unerheblich!
> Ist in der Klausur nach den Erfolgsaussichten eines Einspruchs gefragt, ist also folgende, dreistufige Prüfung vorzunehmen:
> **1. Ist der Einspruch zulässig?**
> **2. Ist die Klage zulässig?**
> **3. Ist die Klage begründet?**
>
> Ob das Versäumnisurteil zu Recht ergangen ist, ist lediglich relevant für die Frage, wer die Kosten dieses Verfahrens zu tragen hat, vgl. § 344 ZPO.

Bei Begründetheit der Klage: Aufrechterhaltung des VU + evtl. § 709 S. 3 ZPO

Kommt das Gericht zu dem Ergebnis, dass die Klage zulässig und begründet ist, so kann dem Kläger der geltend gemachte Anspruch nicht durch ein vorläufig vollstreckbares Urteil zuerkannt werden.

414

---

379 Zöller, § 342 ZPO, Rn. 2.

Da auch das Versäumnisurteil gem. § 708 Nr. 2 ZPO vorläufig vollstreckbar ist, würde dies zur Existenz von zwei vollstreckungsfähigen Titeln führen. Das Gericht hat deshalb durch Endurteil lediglich auszusprechen, dass die im Versäumnisurteil getroffene Entscheidung aufrechtzuerhalten ist, §§ 343 S. 1, 709 S. 3 ZPO.

Klageabweisung: Aufhebung des VU

Stellt das Gericht fest, dass die Klage unzulässig oder unbegründet ist, so ist die Klage durch Endurteil abzuweisen und das Versäumnisurteil aufzuheben, § 343 S. 2 ZPO.

Kosten der Säumnis: § 344 ZPO

Hinsichtlich der Kosten des Rechtsstreits ist zu unterscheiden: Die durch die Versäumnis entstandenen Kosten sind gem. § 344 ZPO dem Beklagten aufzuerlegen, wenn das Versäumnisurteil in gesetzlicher Weise ergangen ist und das Versäumnisurteil zugunsten des Beklagten aufgehoben oder abgeändert wird[380].

415

Nur in diesem Zusammenhang prüft das Gericht also, ob die Voraussetzungen für den Erlass des Versäumnisurteils vorlagen. Im Übrigen trägt die Kosten der Kläger, § 91 ZPO.

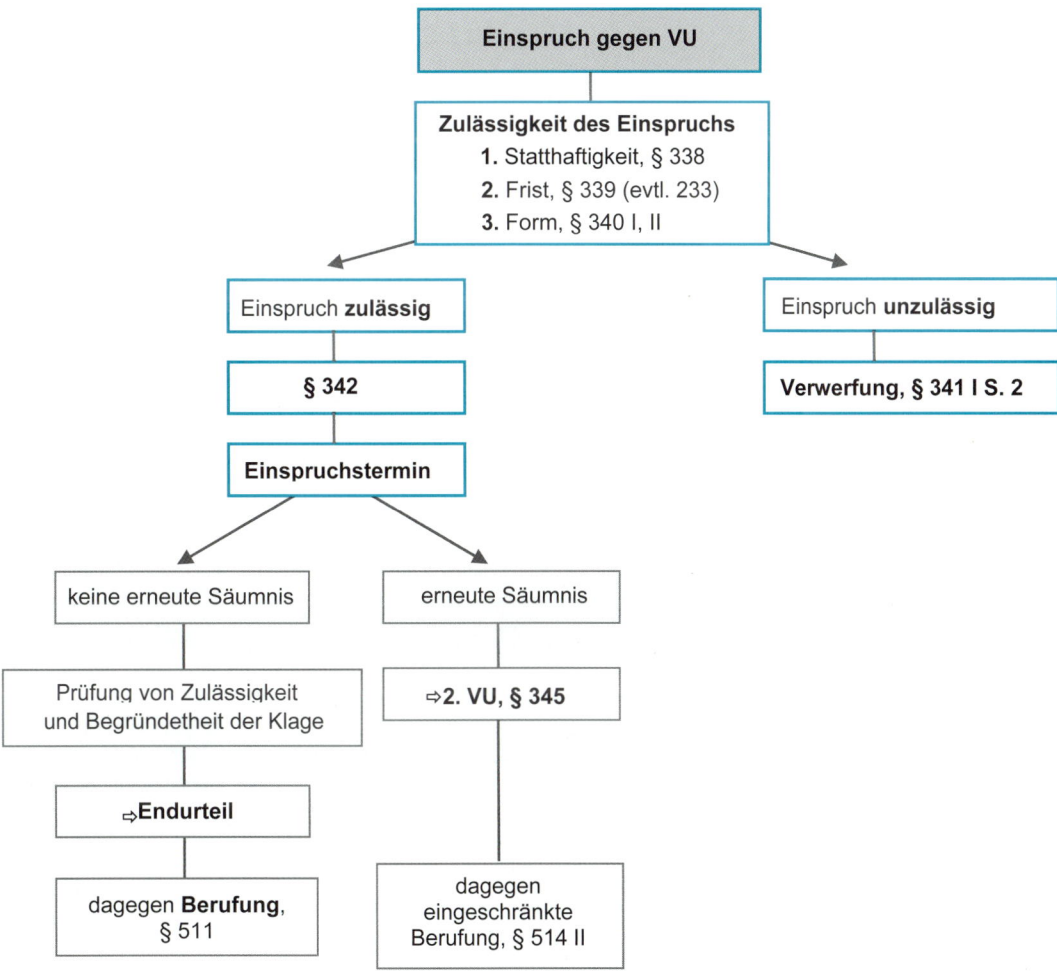

Im Ausgangsfall (vgl. Rn. 388, 401, insbes. Rn. 407) ist der Einspruch zulässig. Zum Zeitpunkt der mündlichen Verhandlung über den Einspruch des B ist die Klage des K jedoch zulässig und begründet: Gem. §§ 488 III, 187 I, 188 II BGB war das Darlehen mit Ablauf des 24.05.2014 zur Rückzahlung fällig.

---

380 **Hinweis für Referendare und Praktiker:** Nach BGH, NJW 2004, 2309 f. trägt der Beklagte auch dann die durch die Versäumnis veranlassten Kosten, wenn der Kläger seine Klage im Einspruchstermin zurücknimmt. Es kommt lediglich darauf an, dass das Versäumnisurteil in gesetzlicher Weise ergangen ist. § 344 ZPO, verdrängt insoweit, d.h. hinsichtlich der Mehrkosten durch die Säumnis, die Vorschrift des § 269 III S. 2 ZPO.

Das Gericht wird deshalb durch Endurteil aussprechen, dass die im Versäumnisurteil getroffene Entscheidung aufrechterhalten wird. Hinsichtlich der Kosten wird B als Unterlegener gem. § 91 ZPO zur Tragung „auch der weiteren Kosten des Rechtsstreits" verurteilt.

Auf § 344 ZPO kommt es in diesem Fall gar nicht an. Deswegen ändert die Tatsache, dass das Versäumnisurteil nicht in gesetzlicher Weise ergangen ist, nichts an der Kostentragungspflicht des B. Etwas anderes würde nur dann gelten, falls hier ein klageabweisendes Endurteil ergangen wäre: Dann hätte B trotz § 344 ZPO auch nicht die durch seine Säumnis verursachten Kosten tragen müssen, weil das Versäumnisurteil nicht gesetzmäßig ergangen war.

> **hemmer-Methode: Merken Sie sich: § 344 ZPO greift als Sonderregelung der Kostentragungspflicht nur unter zwei Voraussetzungen ein:**
> **1. Das ergangene Versäumnisurteil wird aufgehoben oder abgeändert, und es ergeht streitiges Endurteil zugunsten des Säumigen.**
> **2. Das Versäumnisurteil ist in gesetzlicher Weise ergangen.**
> **Bleibt es bei einer Verurteilung des Beklagten, hat dieser gem. § 91 ZPO ohnehin die Kosten des Rechtsstreits einschließlich der durch die Säumnis verursachten Kosten zu tragen. Eines gesonderten Kostenausspruchs gem. § 344 ZPO bedarf es in diesem Fall dann gar nicht.**

cc) Zweites Versäumnisurteil

Säumnis im Einspruchstermin

417

Ist der Beklagte, der gegen ein Versäumnisurteil Einspruch eingelegt hat, im Einspruchstermin erneut säumig (sog. „Kettensäumnis", zweimal unmittelbar nacheinander), so wird sein Einspruch durch Versäumnisurteil verworfen, § 345 ZPO.

Säumnis setzt ordnungsgemäße Terminsbestimmung voraus

Das Gericht darf einen Termin zur mündlichen Verhandlung über den Einspruch gegen ein Versäumnisurteil aber erst nach Eingang des Einspruchs bestimmen. Vor diesem Zeitpunkt ist die Bestimmung eines Termins auch dann unzulässig, wenn diese „für den Fall des Einspruchs" erfolgt. In diesem Fall darf kein zweites Versäumnisurteil ergehen, da die ordnungsgemäße Terminsbestimmung Voraussetzung für die Säumnis der im Termin nicht erschienenen Partei ist.[381]

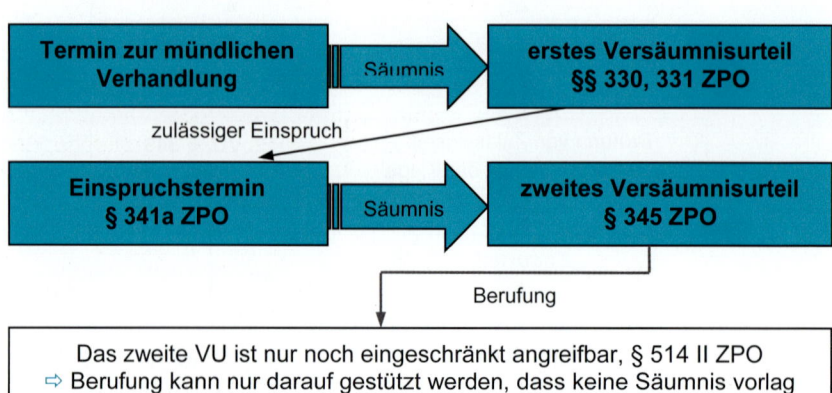

Dies gilt auch bei Säumnis in der Sitzung, auf die die mündliche Verhandlung gem. §§ 335 II, 337 ZPO vertagt wurde.

gegen 2. VU nur Berufung, § 514 II ZPO

418

Gegen dieses zweite Versäumnisurteil steht dem Beklagten kein weiterer Einspruch zu. Er kann lediglich mit dem Rechtsmittel der Berufung geltend machen, dass ein Fall der Säumnis nicht vorgelegen habe, § 514 II ZPO.

---

str.:
Prüfungsumfang des Gerichts

Heftig umstritten ist, ob das Prozessgericht vor Erlass des zweiten „VU" auch die Zulässigkeit und Schlüssigkeit der Klage sowie die Gesetzmäßigkeit des ersten Versäumnisurteils überprüfen muss, und ob ein entsprechender Prüfungsrahmen des Berufungsgerichts besteht.

419

> **Bsp.:** *Wie wird das Gericht im Ausgangsfall entscheiden, wenn B in dem Einspruchstermin am 26.05.2014 nicht erscheint?*

(1) Prüfung von Zulässigkeit und Schlüssigkeit der Klage vor Erlass des zweiten Versäumnisurteils

Einspruch gegen Vollstreckungsbescheid:
auch Zulässigkeit und Schlüssigkeit der Klage, vgl. § 700 VI ZPO

Ist Gegenstand des Einspruchs ein Vollstreckungsbescheid, der im Mahnverfahren erlassen wurde, so muss das Prozessgericht vor Erlass eines zweiten Versäumnisurteils (gem. § 700 I ZPO steht der Vollstreckungsbescheid einem ersten Versäumnisurteil gleich) prüfen, ob die Klage zulässig und schlüssig ist, § 700 VI ZPO.

420

Vollstreckungsbescheid, § 699 ZPO

↳ Nach § 700 I ZPO steht dieser einem ersten Versäumnisurteil gleich, gegen das der Einspruch nach § 338 ZPO zulässig ist

Vor Erlass eines 2. VU hat das Gericht nach § 700 VI ZPO die Zulässigkeit und Begründetheit der Klage zu überprüfen
Arg.: Da der VB auf einem Mahnbescheid beruht, wurde in diesem Fall, anders als bei Erlass eines „echten" 1. VU, die Zulässigkeit und Begründetheit der Klage noch nicht geprüft (vgl. § 692 I Nr. 2 ZPO).

Wegen der Kongruenz des Prüfungsumfangs hat in der Berufung gegen ein 2. VU aus einem VB entgegen § 514 II ZPO die Prüfung von Zulässigkeit und Begründetheit zu erfolgen

---

Durch diese Vorschrift wird berücksichtigt, dass vor Erlass eines Vollstreckungsbescheides anders als im Versäumnisverfahren das Bestehen des Anspruchs noch nicht geprüft worden ist (vgl. § 692 I Nr. 2 ZPO): Der Erlass des Vollstreckungsbescheids, für den gem. § 20 Nr. 1 RPflG der Rechtspfleger zuständig ist, setzt nur voraus, dass der Antragsgegner nicht rechtzeitig Widerspruch gegen den Mahnbescheid eingelegt hat, § 699 I S. 1 ZPO.

Exkurs

Kann nun der Beklagte gegen das zweite Versäumnisurteil Berufung mit der Begründung einlegen, die Klage sei unzulässig oder unschlüssig gewesen?

Diese Frage ist zu bejahen: Grundsätzlich sind erstinstanzliche Entscheidungen in vollem Umfang vom Berufungsgericht überprüfbar, sog. Gleichlauf des Prüfungsrahmens. Dies muss auch für die Berufung gegen ein zweites Versäumnisurteil gelten. § 514 II ZPO ist deshalb stets so auszulegen, dass das Berufungsgericht die Entscheidung des Prozessgerichts vollständig überprüfen kann, sog. Grundsatz vom „Gleichlauf des Prüfungsrahmens!".

Der Beklagte kann also bei vorangegangenem Vollstreckungsbescheid seine Berufung damit begründen, die Klage sei unzulässig oder unschlüssig gewesen. Auch insoweit macht er geltend, dass der Fall der Versäumung i.S.v. § 514 II ZPO nicht vorgelegen habe.[382]

Exkurs Ende

Einspruch gegen VU:

Wie aber ist die Rechtslage, wenn sich der Einspruch nicht gegen einen Vollstreckungsbescheid gerichtet hat, sondern gegen ein echtes Versäumnisurteil?   *421*

BGH:
(-), weil § 700 VI ZPO nur für VB gilt

Der BGH verneint vor Erlass des 2. VU eine entsprechende Prüfungspflicht des Prozessgerichts mit dem Hinweis, dass beim Versäumnisverfahren eine dem § 700 VI ZPO entsprechende Vorschrift gerade fehlt.[383]

Auch der Wortlaut von § 345 ZPO, wonach der Einspruch verworfen wird, deute darauf hin, dass vor Erlass des Zweiten Versäumnisurteils eine sachliche Prüfung des Klagebegehrens nicht mehr erfolgt.

a.A.:
wegen § 342 ZPO umfassende Prüfung

Die Gegenansicht lehnt den Umkehrschluss aus § 700 VI ZPO ab.[384] § 345 ZPO bestimmt nach dieser Auffassung nur, dass gegen einen verworfenen Einspruch kein weiterer Einspruch möglich ist. Die Vorschrift sage hingegen nichts darüber aus, unter welchen Voraussetzungen der Einspruch zu verwerfen ist.

Dass nur eine zulässige und schlüssige Klage verworfen werden darf, wird mit der Restitutionswirkung des § 342 ZPO begründet: Die Zurückversetzung des Prozesses in die Lage vor Eintritt der ersten Säumnis führe dazu, dass jetzt wieder dieselbe Prüfung wie vor Erlass des ersten Versäumnisurteils erfolgen muss.

Der Erlass einer Entscheidung, die mangels Zulässigkeit oder Schlüssigkeit der Klage erkennbar unrichtig ist, sei mit dem Grundsatz des rechtlichen Gehörs und der Bindung des Richters an Gesetz und Recht unvereinbar.

Stellungnahme: BGH überzeugend

Dieser Ansicht ist der BGH zu Recht nicht gefolgt. Hat nämlich die erste Säumnis zu einem Versäumnisurteil geführt, ist die Partei anschließend zu besonders sorgfältiger Prozessführung gehalten, da sie nun um die Wirkungen und Folgen einer Säumnis weiß. Die materiell-rechtlichen und verfahrensrechtlichen Voraussetzungen für die Verurteilung des Beklagten sind bereits geprüft worden. Eine nochmalige Prüfung ist überflüssig und mangels Schutzwürdigkeit auch nicht geboten.

Exkurs

Der Prüfungsumfang des Berufungsgerichts gem. § 514 II ZPO beschränkt sich in diesem Fall dem Wortlaut nach auf die Frage, ob das Prozessgericht zu Unrecht die Säumnis angenommen hat.

Da nach der Rspr. des BGH das Prozessgericht auch nur das Vorliegen einer erneuten Säumnis vor Erlass des technisch zweiten VU prüft, entspricht diese Rspr. auch dem Grundsatz vom „Gleichlauf des Prüfungsrahmens!"

Exkurs Ende

---

382   BGH, NJW 1991, 43.

383   Vgl. BGH, NJW 1999, 2599 = **Life&Law 1999, 640 ff.**

384   Rosenberg/Schwab/Gottwald, § 107 VI; Th/P, § 345 ZPO, Rn. 4.

(2) Prüfung der Gesetzmäßigkeit des Ersten Versäumnisurteils vor Erlass des Zweiten Versäumnisurteils

str.:
Prüfung der Gesetzmäßigkeit des 1. VU vor Erlass eines 2. VU

Von dem eben behandelten Problem zu unterscheiden ist die Frage, ob das Prozessgericht vor Erlass des Zweiten Versäumnisurteils auch die Gesetzmäßigkeit des Ersten Versäumnisurteils (d.h. ob die Säumnisvoraussetzungen vorlagen) überprüfen muss.

422

Teilweise wird diese Frage bejaht, die Überprüfbarkeit einer Entscheidung durch das Berufungsgericht aber gleichzeitig abgelehnt: Nur das zweite, nicht aber das erste Versäumnisurteil sei Gegenstand der Berufung.[385]

Gegen diese Auffassung wird vorgebracht, dass der Grundsatz des identischen Prüfungsrahmens von Prozess- und Berufungsgericht durchbrochen wird.

Eine Überprüfung des Ersten Versäumnisurteils sei ferner mit der Restitutionswirkung des § 342 ZPO unvereinbar: Aufgrund der Zurückversetzung des Prozesses in die Lage vor Eintritt der Säumnis könne es auf die Gesetzmäßigkeit des Ersten Versäumnisurteils gerade nicht ankommen.[386]

> Im Ausgangsfall kann die Entscheidung des ersten Meinungsstreits dahinstehen: B ist im Einspruchstermin nicht nur säumig, die Klage ist zu diesem Zeitpunkt auch zulässig und schlüssig.
>
> Ob das Gericht ein Zweites Versäumnisurteil erlässt, hängt also nur davon ab, wie man den zweiten Meinungsstreit entscheidet. Soweit man die Gesetzmäßigkeit des Ersten Versäumnisurteils nicht für erforderlich hält, kann ein Zweites Versäumnisurteil ergehen. Entscheidet man sich für die andere Ansicht, so kann nur ein - erstes - Versäumnisurteil ergehen, das wieder mit Einspruch anfechtbar ist: Das erste Versäumnisurteil war mangels Schlüssigkeit der Klage fehlerhaft.

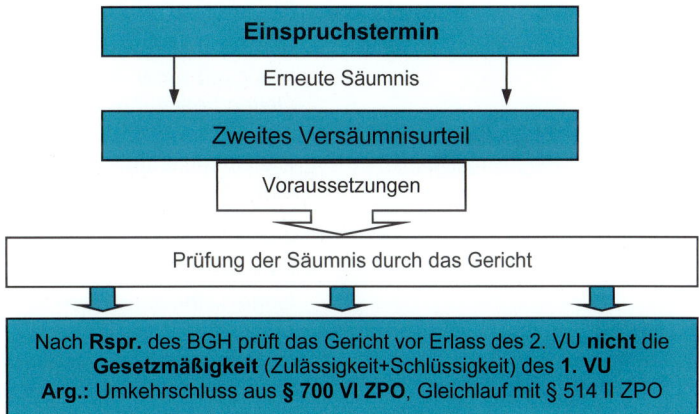

d) Sonstige Säumnisverfahren

untergeordnete Bedeutung

Sonstige Säumnissituationen sind im Referendarexamen von geringer Bedeutung und sollen daher nur kurz vorgestellt werden.

423

---

385 Knöringer, S. 242 f. m.w.N.
386 Elser, JuS 1994, 965, 967 m.w.N.

aa) Versäumnisverfahren gegen den Kläger

§ 330 ZPO: VU gegen Kläger

Erscheint der Kläger im Termin zur mündlichen Verhandlung nicht, so gelten im Wesentlichen die Voraussetzungen für den Erlass eines Versäumnisurteils gegen den Beklagten.

424

Der entscheidende Unterschied besteht darin, dass eine Schlüssigkeitsprüfung nicht stattfindet. Der Kläger ist also auf Antrag des Beklagten mit seiner Klage abzuweisen, wenn er säumig und die Klage zulässig ist, § 330 ZPO.

§ 335 I Nr. 3 ZPO findet keine Anwendung, weil der Beklagte keine Sachanträge stellt, die dem Kläger mitgeteilt werden könnten.

Reichweite der Rechtskraft eines VU gegen den Kläger

Zur **Reichweite der Rechtskraft** eines Versäumnisurteils gegen den Kläger lösen Sie folgenden Fall:

> *Fall:[387] Der Kl. machte im Jahr 2013 gegen die Bekl. einen Anspruch auf Rückzahlung eines Darlehens klageweise geltend. Das Landgericht wies die Klage des Kl. durch Versäumnisurteil vom 29.06.2013 ab, nachdem es den Kl. zuvor in einem Schriftsatz darauf hingewiesen hatte, dass die Klageforderung nicht fällig sei. Seinen Einspruch gegen das Versäumnisurteil nahm der Kl. am 16.11.2013 zurück. Im Januar 2014 erhob der Kl. erneut Klage auf Zahlung von 10.000,- € nebst Zinsen.*
>
> *Ist die Klage zulässig?*

Die Klage ist unzulässig, wenn die Rechtskraft des landgerichtlichen Versäumnisurteils vom 29.06.2013 der Zulässigkeit einer erneuten Klage auf Rückzahlung des Darlehens entgegensteht.

Klage unbegründet

1. Im Vorprozess ist der Streit der Parteien um den angeblichen Rückzahlungsanspruch des Kl. durch das genannte Versäumnisurteil beendet worden. Seit der Rechtskraft dieses Versäumnisurteils steht daher zwischen den Parteien rechtskräftig fest, dass dem Kl. der streitgegenständliche Darlehensrückzahlungsanspruch gegen die Bekl. nicht zusteht.

2. Eine Einschränkung dieser Rechtskraftwirkung dahin, dass mit dem Versäumnisurteil vom 29.06.2013 nur die Unbegründetheit der Klageforderung zum damaligen Zeitpunkt rechtskräftig feststehe und dies die Zulässigkeit einer erneuten, auf neue Tatsachen gestützten gerichtlichen Geltendmachung derselben Forderung unberührt lasse, ist nicht möglich.

⇨ *Problem: Evtl. mangels Fälligkeit nur derzeit unbegründet*

Die Rechtskraftwirkung eines Urteils, mit dem die Klage wegen Fehlens eines bestimmten Tatbestandsmerkmals (z.B. mangelnde Fälligkeit des Anspruchs) als - zur Zeit - unbegründet abgewiesen wird, kann zwar dahin eingeschränkt sein, dass sie der späteren klageweisen Geltendmachung desselben Anspruchs mit der Begründung, dass das bisher fehlende Tatbestandsmerkmal nunmehr gegeben sei, nicht entgegensteht.

a) Das setzt aber stets voraus, dass die Auslegung des Urteils ergibt, dass die Klage gerade wegen des Fehlens des Tatbestandsmerkmals, dessen Vorliegen in dem neuen Prozess dargetan werden soll, abgewiesen worden ist, ständige Rechtsprechung[388].

b) Eine derartige Feststellung lässt sich indes bei einem die Klage abweisenden Versäumnisurteil nicht treffen. Bei Säumnis des Kl. wird die Klage nicht auf Schlüssigkeit und Begründetheit geprüft, sondern ihre Abweisung erfolgt nach der gesetzlichen Regelung des § 330 ZPO (ggf. i.V.m. § 333 ZPO) allein auf Grund der Säumnis des Kl. mit der Wirkung, dass er mit seiner Klage schlechthin abgewiesen wird.

---

387   Nach BGH, NJW 2003, 1044 f.; besprochen in JuS 2003, 1157 f.
388   Vgl. z.B. BGH, NJW-RR 2001, 310.

aa) Wie bei dem gegebenen Sach- und Streitstand im Falle eines kontradiktorischen Urteils die Entscheidung hätte lauten können oder müssen, ist dabei nicht relevant, sodass es der BGH abgelehnt hat, die Rechtskraft eines klageabweisenden Versäumnisurteils im obigen Sinne einzuschränken[389].

bb) Gegen eine Einschränkung der Rechtskraft spricht auch der Gesichtspunkt der Rechtssicherheit. Wer als Beklagter in einen Rechtsstreit verwickelt wurde, muss sich mit der Rechtskraft eines klageabweisenden Urteils grundsätzlich darauf verlassen können, wegen desselben Anspruchs nicht erneut vor Gericht gezogen zu werden.

Eine Ausnahme von diesem Grundsatz ist nur dann gerechtfertigt, wenn aus dem rechtskräftigen Urteil ersichtlich und damit auch für den obsiegenden Beklagten erkennbar ist, dass die Klage allein deshalb abgewiesen wurde, weil ein bestimmtes Tatbestandsmerkmal (z.B. die Fälligkeit des Anspruchs) nicht vorlag, das später jedoch noch eintreten kann.

cc) Ein klageabweisendes Versäumnisurteil, das allein auf der Säumnis des Kl. beruht und keine Begründung zur Sache enthält, erfüllt diese Voraussetzung für eine Einschränkung seiner Rechtskraftwirkungen nicht. Bei solchen Urteilen würde die Rechtskraftwirkung für die Bekl. entscheidend entwertet, wenn sie damit rechnen müssten, aus Gründen, die aus dem Urteil nicht ersichtlich sind, erneut wegen desselben Anspruchs in einen Rechtsstreit verwickelt zu werden.

dd) Diese uneingeschränkte Rechtskraftwirkung klageabweisender Versäumnisurteile ist für einen Kl., dessen Anspruch materiell-rechtlich nur ein vorübergehendes Hindernis (z.B. mangelnde Fälligkeit) entgegensteht, auch keine unbillige Härte, da er durch die Einspruchsmöglichkeit des § 338 ZPO geschützt ist.

Ergebnis: Im vorliegenden Fall steht daher die Rechtskraft des landgerichtlichen Versäumnisurteils vom 29.06.2013 der Zulässigkeit der Klage vom Januar 2014 entgegen.

bb) Versäumnisverfahren gegen den Beklagten im schriftlichen Vorverfahren, § 331 III ZPO

§ 331 III ZPO:
VU im schriftlichen Vorverfahren

Hat sich der Vorsitzende für ein schriftliches Vorverfahren entschieden, so muss der Beklagte innerhalb einer Notfrist von zwei Wochen anzeigen, dass er sich gegen die Klage verteidigen möchte, §§ 272 II, 276 I S. 1 ZPO.

Unterlässt er dies, so kann gegen ihn auf Antrag des Klägers ein Versäumnisurteil ohne Durchführung einer mündlichen Verhandlung ergehen, §§ 331 III, 335 I Nr. 4 ZPO. Allerdings muss das Gericht den Beklagten auf diese Folge der Fristversäumung hinweisen, § 276 II ZPO.

Die fehlende Anzeige der Verteidigungsbereitschaft ersetzt nur die Säumnis im Termin zur mündlichen Verhandlung; die übrigen Voraussetzungen für den Erlass eines Versäumnisurteils müssen vorliegen.

Der Prozessantrag auf Erlass des Versäumnisurteils im schriftlichen Vorverfahren kann aber gem. § 331 III S. 2 ZPO schon in der Klageschrift gestellt werden.

> *Fall: Der K beantragt im schriftlichen Vorverfahren den Erlass eines Versäumnisurteils. Die Klage ist allerdings nicht zulässig bzw. schlüssig. Kann gegen den Kläger ein unechtes Versäumnisurteil (= klageabweisendes Endurteil) auch im schriftlichen Vorverfahren ergehen?*

425

---

389 BGH, NJW 1961, 1969 sowie BGH, NJW 2003, 1044 [1045]; Zöller, § 322 ZPO, Rn. 56; a.A. Stein/Jonas/Leipold, § 322 ZPO, Rn. 253 f.

Ob ein solches klageabweisendes unechtes Versäumnisurteil auch im Fall des § 331 III ZPO ergehen kann, ist umstritten. In diesem Fall fehlt es nämlich an der Anberaumung eines Verhandlungstermins und damit an einer mündlichen Verhandlung.

1. Nach einer Ansicht, die den § 331 III ZPO einschränkend interpretiert, hat das Gericht Termin zur mündlichen Verhandlung anzuberaumen und im folgenden Verhandlungstermin den Kläger auf die fehlende Schlüssigkeit hinzuweisen, § 139 II ZPO.

a) Zweck des § 331 III ZPO sei, das Verfahren gegen den untätig bleibenden Beklagten zu beschleunigen. Dann könne ein unechtes Versäumnisurteil nur gegen den Beklagten nicht aber gegen den Kläger ohne mündliche Verhandlung ergehen. Bei Säumnis des Beklagten im Verhandlungstermin i.S.v. § 331 I, II ZPO müsste der Kläger auf Bedenken gegen die Zulässigkeit oder Begründetheit der Klage hingewiesen werden. Dann könnte er seinen Vortrag ergänzen oder der Klageabweisung durch andere Prozesshandlungen entgehen.

b) Würde man dagegen im schriftlichen Vorverfahren ohne mündliche Verhandlung das unechte Versäumnisurteil gegen den Kläger erlassen, so verlöre er diese Möglichkeit, d.h. die Säumnis des Beklagten würde sich zum Nachteil des Klägers auswirken[390].

2. Die Gegenmeinung (h.M.[391]) hielt ein unechtes Versäumnisurteil auch im schriftlichen Vorverfahren für zulässig.

a) Diese Ansicht kann sich auf den Wortlaut des § 331 III S. 1 ZPO stützen. Dort ist schlechthin von der „Entscheidung" die Rede. Es wird nicht nur von einem Versäumnisurteil gegen den Beklagten gesprochen.

b) Hält man aber einen Termin zur mündlichen Verhandlung nach dieser Ansicht für entbehrlich, so darf dennoch keine Überraschungsentscheidung ergehen. Vielmehr wird man fordern müssen, dass auch hier die richterliche Hinweispflicht zu beachten ist. Das Gericht wird deshalb den Kläger schriftlich auf die Bedenken gegen die Schlüssigkeit hinweisen müssen.

Erst wenn der Kläger auch dann nicht schlüssig vorträgt, kann das unechte Versäumnisurteil, hier Abweisung der Klage als unbegründet, im schriftlichen Vorverfahren ergehen.

3. Dieser Meinungsstreit ist nunmehr durch den Gesetzgeber entschieden worden.

Durch das Justizmodernisierungsgesetz ist mit Wirkung zum 01.09.2004 § 331 III ZPO um einen Satz 3 ergänzt worden. Danach wurde dem Gericht die Möglichkeit eingeräumt, auch ohne eine mündliche Verhandlung ein sog. „unechtes Versäumnisurteil" gegen den Kläger zu erlassen, falls sich sein Klagevorbringen in einer Nebenforderung (z.B. Zinsen) als unbegründet erweist.

Daraus folgt, dass in den anderen Fällen (wenn es also nicht um eine Nebenforderung geht) eine mündliche Verhandlung gesetzlich geboten ist.

Ergebnis: Da der Hauptantrag des Klägers durch sein Vorbringen insgesamt nicht gerechtfertigt ist, muss das Gericht mündlich verhandeln.

cc) Entscheidung nach Lage der Akten, § 331a ZPO

Alternative zum VU: Entscheidung nach Lage der Akten, § 331a ZPO, sofern bereits mündlich verhandelt

Erscheint eine Partei, die gegen ein Versäumnisurteil Einspruch eingelegt hat, im Einspruchstermin nicht, so kann ein zweites Versäumnisurteil gegen sie ergehen. Diese Möglichkeit besteht jedoch nicht, wenn die Partei im Einspruchstermin erscheint und in einem darauf folgenden Termin erneut säumig ist.

426

---

390 Vgl. OLG Nürnberg, NJW 1980, 460.

391 Vgl. Baumbach/Lauterbach/Albers/Hartmann, § 331 ZPO, Rn. 24.

In einem solchen Folgetermin kann nur ein technisch erstes Versäumnisurteil ergehen, gegen das erneut Einspruch eingelegt werden kann. Für ein zweites VU ist nämlich eine sog. Kettensäumnis erforderlich.[392]

Die Gegenpartei kann eine solche Prozessverschleppung verhindern, indem sie gem. §§ 331a, 251a II ZPO eine Entscheidung nach Aktenlage beantragt.

Das Gericht muss dann prüfen, ob der Rechtsstreit unter Berücksichtigung des gesamten bisher vorgebrachten Tatsachenstoffes zur Entscheidung reif ist. Gelangt das Gericht zu einem positiven Ergebnis, so entscheidet es den Rechtsstreit durch streitiges Endurteil. Andernfalls lehnt es den Prozessantrag auf Entscheidung nach Lage der Akten durch unanfechtbaren Beschluss ab, § 336 II ZPO.

Beachten Sie: Eine Entscheidung nach Lage der Akten setzt stets voraus, dass in einem früheren Termin mündlich verhandelt wurde, §§ 331a S. 2, 251a II S. 1 ZPO.

dd) Verfahren bei Säumnis beider Parteien

Säumnis beider Parteien

Sind in einem Termin zur mündlichen Verhandlung beide Parteien säumig, so hat das Gericht folgende Möglichkeiten:

427

(1) Vertagung der Verhandlung gem. § 227 I S. 2 Nr. 1 ZPO

(2) Entscheidung nach Aktenlage gem. § 251°I, II ZPO

(3) Anordnung des Ruhens des Verfahrens gem. § 251a III ZPO

2. Präklusion

a) Einführung

Zweck: Prozessbeschleunigung

Die Vorschrift des § 296 ZPO setzt den Parteien hinsichtlich ihres Vorbringens zeitliche Grenzen.

428

Danach muss oder kann das Gericht Angriffs- und Verteidigungsmittel sowie bestimmte Zulässigkeitsrügen unter bestimmten Voraussetzungen zurückweisen. Grund hierfür ist das Bedürfnis nach Prozessbeschleunigung.

§ 296 ZPO stellt eine wirksame Sanktion dar, wenn die Parteien ihren Prozessförderungspflichten nicht nachkommen.

Zurückweisung setzt Vorwerfbarkeit des Verhaltens voraus

Vorab sei darauf hingewiesen, dass § 296 ZPO mit dem Anspruch auf rechtliches Gehör vereinbar ist, jedoch einer verfassungskonformen Auslegung bedarf; eine Zurückweisung kommt nur in Betracht, wenn ein der Partei vorwerfbares Verhalten vorliegt und das Gericht keine zumutbaren prozessleitenden Maßnahmen unterlassen hat.[393]

429

> *Fall: Im Prozess benennt der Kläger K einen Zeugen X so kurzfristig, dass dieser nicht mehr rechtzeitig geladen werden kann. Das Gericht bleibt untätig und weist im Folgetermin den Beweisantrag als verspätet zurück, da dies andernfalls zu einer Verzögerung führen würde. War eine Zurückweisung hier möglich?*

---

392 Vgl. dazu nochmals Rn. 417.

393 Th/P, § 296 ZPO, Rn. 1, 9.

In diesem Fall hätte das Gericht den Kläger darauf hinweisen müssen, dass er den Zeugen X zum Termin mitbringen kann, damit dieser als sog. präsenter Zeuge vernommen werden kann. Infolge dieser unterlassenen Mitwirkung des Gerichts kann das Angriffsmittel des K auch nicht als verspätet zurückgewiesen werden.

keine Zurückweisung von Rechtsausführungen und Sachanträgen

Da sich § 296 I, II ZPO auf Angriffs- und Verteidigungsmittel beschränkt, vgl. die beispielhafte Aufzählung in § 282 I ZPO, ist darauf zu achten, dass eine Zurückweisung von Rechtsausführungen und Sachanträgen nicht möglich ist.[394]

430

> **hemmer-Methode: Eine beliebte Falle ist hier die vom Beklagten kurz vor Schluss der mündlichen Verhandlung erhobene Widerklage. Auf sie findet § 296 I, II ZPO keine Anwendung. Die Widerklage ist nicht Angriffsmittel, sondern der Angriff selbst! Vgl. zu diesem Trick der „Flucht in die Widerklage" auch Rn. 439. Dieses war bereits mehrfach Gegenstand von Examensklausuren!**

b) Tatbestände des § 296 ZPO

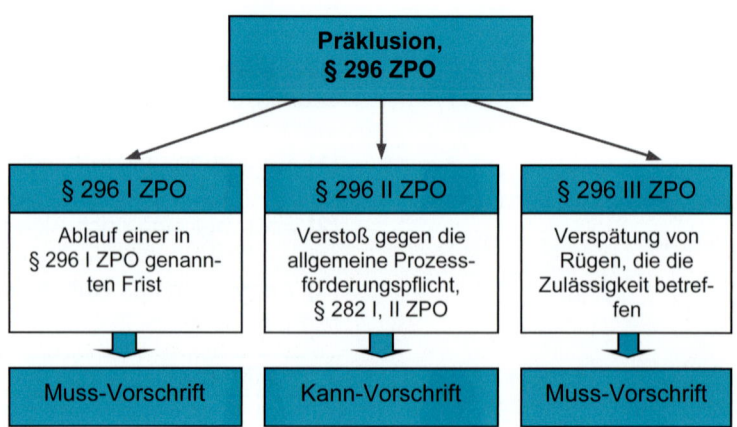

aa) § 296 I ZPO

zwingende Zurückweisung

§ 296 I ZPO normiert die **Pflicht** des Richters, Angriffs- und Verteidigungsmittel einer Partei zurückzuweisen, wenn diese nach Ablauf einer der in § 296 I ZPO genannten Fristen (lesen!) vorgebracht werden, eine Zulassung den Rechtsstreit verzögern würde und die Verspätung nicht genügend entschuldigt wird.

431

(1) Verzögerungsbegriff

Verzögerungsbegriff:

Das Gericht hat festzustellen, ob aufgrund der Fristversäumung die Erledigung des Rechtsstreits verzögert wird. Es trifft diesbezüglich eine Prognoseentscheidung „nach freiem Ermessen".

432

Umstritten ist, welcher Maßstab bei der Bestimmung der Verzögerung anzulegen ist.

h.M.:
absoluter Verzögerungsbegriff

Nach der h.M. gilt der sog. absolute Verzögerungsbegriff. Danach ist eine Verzögerung gegeben, wenn der Rechtsstreit bei Zulassung des verspäteten Vorbringens länger dauern würde als bei Zurückweisung.[395]

394 Th/P, § 146 ZPO, Rn. 2.
395 Th/P, § 296 ZPO, Rn. 14.

a.A.:
relativer Verzögerungsbegriff

Nach a.A. soll der sog. relative bzw. kausale bzw. hypothetische Verzögerungsbegriff maßgeblich sein. Eine Verzögerung liegt hiernach nur dann vor, wenn bei rechtzeitigem Vorbringen (Hypothese!) das Verfahren früher hätte beendet werden können als bei verspätetem Vorbringen.[396]

Für die h.M. spricht die Praktikabilität. Untersuchungen darüber, welche mutmaßliche Entwicklung das Verfahren bei rechtzeitigem Vorbringen genommen hätte, werden vermieden. Solche Untersuchungen wären in Grenzfällen äußerst langwierig und würden zu einer Verzögerung führen, die § 296 ZPO gerade vermeiden will.

aber:
keine strikte Anwendung des absoluten Verzögerungsbegriffes

Allerdings bestehen gegen eine strikte Anwendung des absoluten Verzögerungsbegriffs dann Bedenken, wenn es sich geradezu aufdrängt, dass auch bei rechtzeitigem Vorbringen eine entsprechende Verzögerung eingetreten wäre.

433

Die Zurückweisung von Vorbringen als verspätet verstößt gegen den Anspruch des Prozessbeteiligten auf rechtliches Gehör aus Art. 103 I GG, wenn sich ohne weitere Erwägungen aufdrängt, dass die Verzögerung auch bei rechtzeitigem Vorbringen eingetreten wäre.

Die Präklusionsvorschriften der Zivilprozessordnung dürfen nicht dazu benutzt werden, verspätetes Vorbringen auszuschließen, wenn ohne jeden Aufwand erkennbar ist, dass die Pflichtwidrigkeit - die Verspätung allein - nicht kausal für die Verzögerung ist.

Das BVerfG hat für diese Fälle entschieden, dass eine Anwendung des § 296 ZPO ausscheiden muss.[397]

In den genannten Fällen wird also auch der hypothetische Prozessverlauf berücksichtigt; eine von Sinn und Zweck des § 296 ZPO nicht beabsichtigte Überbeschleunigung durch strikte Anwendung des absoluten Verzögerungsbegriffs wird vermieden.

hemmer-Methode: Ein Vorbringen darf im frühen ersten Termin nicht als verspätet zurückgewiesen werden, wenn nach der Sach- und Rechtslage eine Streitbeendigung in diesem Termin von vornherein ausscheidet, etwa weil es sich erkennbar um einen Durchlauftermin oder um einen offensichtlich schwierigen Prozess handelt. Die Zurückweisung von Vorbringen als verspätet verstößt gegen den Anspruch des Prozessbeteiligten auf rechtliches Gehör aus Art. 103 GG, wenn sich ohne weitere Erwägungen aufdrängt, dass die Verzögerung auch bei rechtzeitigem Vorbringen eingetreten wäre. Die Präklusionsvorschriften der ZPO dürfen nicht dazu benutzt werden, verspätetes Vorbringen auszuschließen, wenn ohne jeden Aufwand erkennbar ist, dass die Pflichtwidrigkeit - die Verspätung allein - nicht kausal für die Verzögerung ist.[398].

Die Auffassung des BVerfG[399] kann als vermittelnde Ansicht zwischen absolutem und relativem Verzögerungsbegriff angesehen werden.

---

396 Nachweise bei Zöller, § 296 ZPO, Rn. 21.

397 Zöller, § 296 ZPO, Rn. 22, BVerfG, NJW 1995, 1417 ff.

398 Vgl. dazu zuletzt BGH, NJW-RR 2005, 1296 f.

399 BVerfG, NJW 1995, 1417 ff.

(2) Nicht genügende Entschuldigung

einfaches Verschulden ausreichend

Für § 296 I ZPO ist einfaches Verschulden ausreichend. Verschulden eines Vertreters wird der Partei gem. § 51 II ZPO (gesetzlicher Vertreter) bzw. § 85 II ZPO (Prozessbevollmächtigter) zugerechnet.[400]

434

keine vorsorgliche Geltendmachung sämtlicher denkbarer Verteidigungs- bzw. Angriffsmittel erforderlich

Bei dem für die jeweilige Partei geltenden Sorgfaltsmaßstab ist Folgendes zu berücksichtigen: Es kann nicht Sinn und Zweck der Präklusionsvorschriften sein, eine Partei dazu zu bringen, möglichst frühzeitig im Prozess alle möglicherweise relevanten Tatsachen und Beweismittel vorzubringen. Auch dies würde zu einer Überfrachtung und Verschleppung des Verfahrens führen, die gerade vermieden werden soll. Deshalb handelt auch die Partei sorgfältig, die ihr Vorbringen am Verlauf des Prozesses, also am Vorbringen der Gegenpartei und an richterlichen Hinweisen, orientiert.[401]

435

> **Fall:** *K klagt gegen B auf Schadensersatz aus Vertragsverletzung. Kurz vor Schluss der mündlichen Verhandlung kommen dem Gericht Bedenken, ob zwischen K und B ein wirksamer Vertrag besteht. Das Gericht ist der Auffassung, es kämen nur deliktische Ansprüche in Betracht.*
>
> *Nach einem entsprechenden richterlichen Hinweis trägt K nun Tatsachen bezüglich des Verschuldens des B vor. Kann das Gericht dieses Vorbringen als verspätet zurückweisen?*
>
> Solange für K die Möglichkeit eines Anspruchs aus Vertragsverletzung bestand, musste er gemäß § 280 I S. 2 BGB zum Verschulden des B nichts vorbringen. Es kann von ihm nicht verlangt werden, sofort und ohne konkrete Veranlassung alle erdenklichen, nur möglicherweise relevanten Tatsachen vorzubringen; zudem muss K auch die Möglichkeit haben, prozesstaktisch vorzugehen, also zunächst das Auffinden der (nicht)verschuldensrelevanten Tatsachen dem Gegner zu überlassen.
>
> Nach dem richterlichem Hinweis bestand für K die konkrete Veranlassung, zur Verschuldensfrage Stellung zu nehmen. Dies hat er getan. Ein Verschulden für eine evtl. Verzögerung ist nicht gegeben.

bb) § 296 II ZPO

Verstoß gegen allgemeine Prozessförderungspflicht

Gem. § 296 II ZPO **kann** das Gericht Angriffs- und Verteidigungsmittel zurückweisen, wenn eine Partei diese entgegen ihrer allgemeinen Prozessförderungspflicht gem. § 282 I, II ZPO nicht rechtzeitig vorgebracht hat.

436

Voraussetzung ist insoweit, dass eine Verzögerung des Rechtsstreits eintritt und der Verstoß gegen die allgemeine Prozessförderungspflicht auf grober Nachlässigkeit beruht.

grobe Fahrlässigkeit

Der Begriff der groben Nachlässigkeit ist deckungsgleich mit dem der groben Fahrlässigkeit. Grobe Nachlässigkeit ist also nur dann gegeben, wenn der Verstoß gegen die Prozessförderungspflicht jedem hätte einleuchten müssen. Auch insoweit erfolgt eine Zurechnung gem. §§ 51 II, 85 II ZPO.[402]

> **Fall:** *K klagt gegen B und beauftragt Rechtsanwalt R mit seiner Vertretung. Daraufhin verreist K für zwei Monate, ohne zuvor mit R die Einzelheiten des Falles besprochen zu haben. Deshalb kann R bestimmte Tatsachen erst nach Rückkehr des K im Prozess vorbringen.*

---

400 Th/P, § 296 ZPO, Rn. 28.; zu § 85 II ZPO lesen Sie nochmals die hemmer-Methode bei Rn. 410.

401 Zöller, § 296 ZPO, Rn. 23.

402 Th/P, § 296 ZPO, Rn. 37.

Hier hätte es sich dem K geradezu aufdrängen müssen, dass er zumindest vor seiner Abreise seinen Anwalt soweit über den Fall in Kenntnis setzt, dass dieser ohne sein Beisein zur Sache verhandeln kann. Das Verhalten des K ist deshalb als grob nachlässig zu beurteilen.

cc) § 296 III ZPO

Zulässigkeitsrügen

§ 296 III ZPO knüpft an die in § 282 III ZPO normierte Pflicht der Parteien an, **Zulässigkeitsrügen** (vgl. dazu nochmals Rn. 141) gleichzeitig vor der Verhandlung der Hauptsache vorzubringen. **437**

Die §§ 296 III, 282 III ZPO gelten nur hinsichtlich der Prozesshindernisse, also nicht für die von Amts wegen zu berücksichtigenden Prozessvoraussetzungen.[403]

nur bei genügender Entschuldigung

Entgegen § 282 III ZPO verspätet vorgebrachte Rügen sind nicht zuzulassen, soweit keine genügende Entschuldigung durch die Partei erfolgt. Insoweit gelten die Ausführungen zu § 296 I ZPO.

§ 39 ZPO lex specialis bzgl. Zuständigkeit

Soweit die fehlende sachliche oder örtliche Zuständigkeit nicht rechtzeitig gerügt wird, geht § 39 ZPO als Spezialvorschrift vor.[404]

c) Sonderproblem: Sog. „Flucht in die Säumnis- bzw. Widerklage"

Ausgangsfall

Fall: K klagt gegen B auf Kaufpreiszahlung. Der Richter setzt dem B zur Klageerwiderung eine Frist bis zum 10.03.2014, Termin wird am 10.04.2014 anberaumt. Erst am 09.04.2014 teilt B seinem Rechtsanwalt R Tatsachen mit, die eine Anfechtung des Kaufvertrages begründen. Wie wird R handeln? **438**

Trägt R die anfechtungsrelevanten Tatsachen einschließlich Beweisangeboten im Termin am 10.04.2014 vor, so muss dieses Vorbringen gem. §§ 296 I, 276 I S. 2 ZPO als verspätet zurückgewiesen werden, wenn der Beweis nicht erbracht werden kann. Sinnvoll ist hier die sog. **„Flucht in die Säumnis"**:[405]

R erscheint nicht zum Termin am 10.04.2014 und lässt Versäumnisurteil gegen B ergehen. Gegen dieses legt er Einspruch ein und bringt zusammen mit dem Einspruch die neuen Tatsachen und Beweisangebote vor. Da durch den Einspruch gem. § 342 ZPO der Prozess in die Lage vor Eintritt der Säumnis zurückversetzt wird, tritt der Einspruchstermin an die Stelle des Säumnistermins. Dadurch wird zwar nicht die Fristversäumung geheilt. Es tritt aber keine Verzögerung ein, wenn im Einspruchstermin die Beweiserhebung erfolgen kann.

Flucht in Widerklage

Eine weitere Reaktion auf eine drohende Präklusion ist die sog. **„Flucht in die Widerklage"**:[406] **439**

einheitliche Berücksichtigung des Tatsachenvorbringens

Soweit der Beklagte mit einem Verteidigungsvorbringen eigentlich präkludiert ist, dieses aber auch zur Begründung einer von ihm erhobenen Widerklage dient, ist es n.A. des BGH nicht möglich, ein und dasselbe Vorbringen zwar für die Widerklage, nicht aber als Verteidigungsvorbringen hinsichtlich der Klage zu berücksichtigen. Das Gericht müsse das Vorbringen deshalb insgesamt berücksichtigen.

403 Th/P, § 296 ZPO, Rn. 40 f.

404 Th/P, § 296 ZPO, Rn. 41.

405 Musielak, Rn. 340 f.

406 Musielak, Rn. 342.

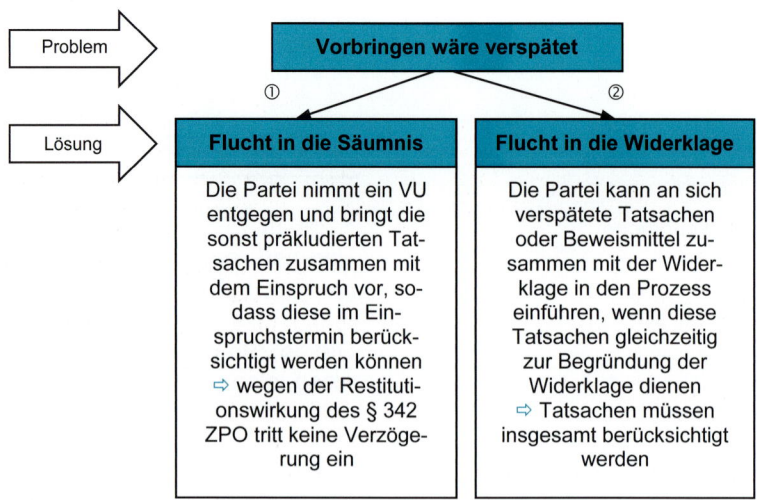

Vertiefungshinweis für Referendare und Praktiker:
Zum „Verspätungsrecht im Berufungsverfahren" vgl. Schneider in NJW 2003, 1434 ff.

§ 5 DIE BETEILIGUNG MEHRERER AM RECHTSSTREIT

I. Streitgenossenschaft

mehrere Personen auf einer Seite

Stehen auf der Seite einer Partei mehrere Personen, so spricht man von subjektiver Klagehäufung oder Streitgenossenschaft.

440

hemmer-Methode: Die Streitgenossenschaft zählt zu den schwierigeren Gebieten des Prozessrechts und eignet sich wegen der Berührungspunkte mit dem materiellen Recht als Prüfungsstoff für das Referendarexamen. Vermeiden Sie die Anhäufung von Detailwissen und bemühen Sie sich in erster Linie um Verständnis der Grundstrukturen. Folgende Fragen müssen stets genau voneinander unterschieden werden:

1. Liegt eine Streitgenossenschaft vor?
2. Ist diese Streitgenossenschaft zulässig?
3. Welche Wirkungen ergeben sich hieraus für den Prozess?

Erst an dieser Stelle wird die Frage relevant, ob es sich um eine einfache oder notwendige Streitgenossenschaft handelt, da sich aus dieser Unterscheidung verschiedene Rechtsfolgen für den Prozess ergeben.

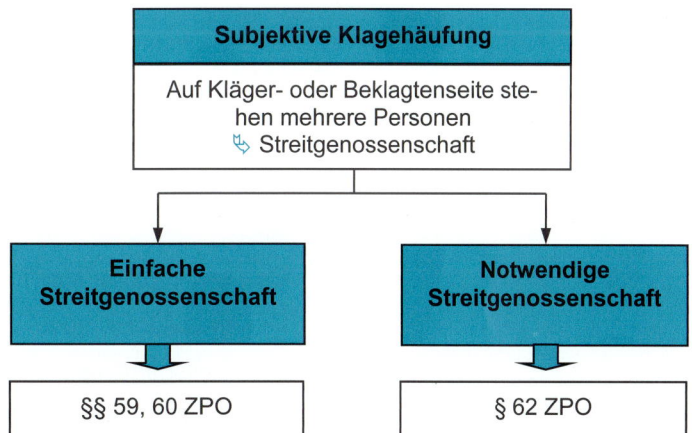

1. Einfache Streitgenossenschaft

Ausgangsfall

Ausgangsfall: K1 und K2 haben gemeinsam Klage auf Schadensersatz gegen B wegen eines von diesem verschuldeten Verkehrsunfalls erhoben. In der mündlichen Verhandlung erscheint nur K1. B beantragt Abweisung der Klage von K1 und Erlass eines Versäumnisurteils gegen K2. Wie ist zu entscheiden, wenn nach Auffassung des Gerichts der von K2 geltend gemachte Schadensersatzanspruch besteht?

441

a) Entstehung

urspr. und nachträgl. Entstehung

Eine Streitgenossenschaft entsteht

442

– Klageerhebung

⇨ anfänglich durch Klageerhebung, wenn bereits in der Klageschrift mehrere klagende oder beklagte Personen benannt werden, vgl. Ausgangsfall;

– *Parteierweiterung*	⇨ nachträglich durch den Beitritt weiterer Personen auf Kläger- oder Beklagtenseite während des Prozesses, sog. Parteierweiterung;[407]
– *Parteiwechsel*	⇨ nachträglich, wenn anstelle einer Person mehrere Personen Partei werden, sog. Parteiwechsel;[408]
– *Prozessverbindung, § 147 ZPO*	⇨ nachträglich durch die Verbindung mehrerer Prozesse gem. § 147 ZPO, wenn an diesen verschiedene Personen auf Kläger- oder Beklagtenseite beteiligt sind.

b) Zulässigkeitsvoraussetzungen

Voraussetzungen

Von der bloßen Tatsache einer Streitgenossenschaft zu unterscheiden ist die Frage ihrer Zulässigkeit.   **443**

aa) §§ 59, 60 ZPO

Hintergrund: Prozessökonomie

Die §§ 59, 60 ZPO nennen drei Fälle, in denen mehrere Personen als Streitgenossen gemeinsam klagen oder verklagt werden können.

Die Vorschriften sollen die Verbindung mehrerer Prozesse ermöglichen, wenn eine gemeinsame Verhandlung unter prozessökonomischen Gesichtspunkten sinnvoll ist; sie sind diesem Zweck entsprechend weit auszulegen.[409]

Rechtsgemeinschaft, § 59 Alt. 1 ZPO

(1) Rechtsgemeinschaft hinsichtlich des streitgegenständlichen materiellen Rechts, § 59 Alt. 1 ZPO sind z.B.:   **444**

> ⇨ Gesamtschuldnerschaft, § 421 BGB,
>
> ⇨ Gesamtgläubigerschaft, § 432 BGB
>
> ⇨ Bruchteilsgemeinschaften, § 741 BGB
>
> ⇨ Gesamthandsgemeinschaften, §§ 705, 2032 BGB

Identität des Grundes, § 59 Alt. 2 ZPO

(2) Berechtigung oder Verpflichtung aus demselben rechtlichen und tatsächlichen Grunde, § 59 Alt. 1 ZPO.   **445**

Bspe.:

– *Von mehreren Gläubigern oder gegen mehrere Schuldner werden Ansprüche geltend gemacht, die sich aus einem einheitlichen Vertrag ergeben.*

– *Von mehreren Gläubigern werden Ansprüche geltend gemacht, die auf eine unerlaubte Handlung zurückzuführen sind.*

Gleichartigkeit der Gründe, § 60 ZPO

(3) Gleichartige Ansprüche oder Verpflichtungen, die auf einem im Wesentlichen gleichartigen tatsächlichen und rechtlichen Grund beruhen, § 60 ZPO.   **446**

---

407 Vgl. Rn 475 ff.

408 Vgl. Rn. 470 ff.

409 Th/P, vor § 59 ZPO, Rn. 1; Zöller, § 59 ZPO, Rn. 4.

Bspe.:

– *Ansprüche mehrerer Personen, die Verträge zu denselben Bedingungen abgeschlossen haben.*

– *Ansprüche mehrerer Unterhaltsgläubiger gegen einen Unterhaltsschuldner.*

– *Ansprüche mehrerer geschädigter Kapitalanleger gegen gemeinsamen Gegner.*

hemmer-Methode: Die Abgrenzung der in den §§ 59, 60 ZPO genannten Fälle kann im Einzelfall schwierig sein. Nennen Sie dann zunächst die Argumente, die für und gegen eine Einordnung bei § 59 Alt. 1 u. 2 ZPO sprechen. Die Entscheidung des Problems kann offen bleiben, wenn wegen der Gleichartigkeit der geltend gemachten Ansprüche und ihres tatsächlichen und rechtlichen Grundes eine gemeinsame Verhandlung sinnvoll erscheint. Dann ist jedenfalls § 60 ZPO einschlägig. Es sollen v.a. mehrfache parallele Verhandlungen und Beweisaufnahmen über gleiche oder ähnliche Fragen vermieden werden.

Im Ausgangsfall wäre die Streitgenossenschaft zulässig, wenn die von K1 und K2 geltend gemachten Ansprüche auf demselben tatsächlichen und rechtlichen Grund beruhen, § 59 Alt. 2 ZPO. Derselbe rechtliche Grund liegt vor, da sich die Ansprüche von K1 und K2 aus § 823 I, II BGB, § 229 StGB, §§ 7, 18 StVG ergeben. Stellt man auf das Unfallgeschehen insgesamt ab, so besteht auch in tatsächlicher Hinsicht Identität des Anspruchsgrundes.

Anders wäre zu entscheiden, wenn für die Abgrenzung die einzelne Verletzungshandlung maßgeblich wäre. Die Frage kann jedoch offen bleiben, weil die erhobenen Ansprüche und ihr tatsächlicher und rechtlicher Grund jedenfalls im Wesentlichen gleichartig sind, § 60 ZPO.

bb) § 260 ZPO

subj. = obj. Klagehäufung ⇨ § 260 ZPO

Da bei einer subjektiven Klagehäufung stets auch mehrere prozessuale Ansprüche geltend gemacht werden, stellt diese auch eine objektive Klagehäufung dar.[410]

447

In entsprechender Anwendung von § 260 ZPO muss deshalb dasselbe Prozessgericht zuständig und dieselbe Prozessart zulässig sein. Ferner darf kein Verbindungsverbot bestehen.

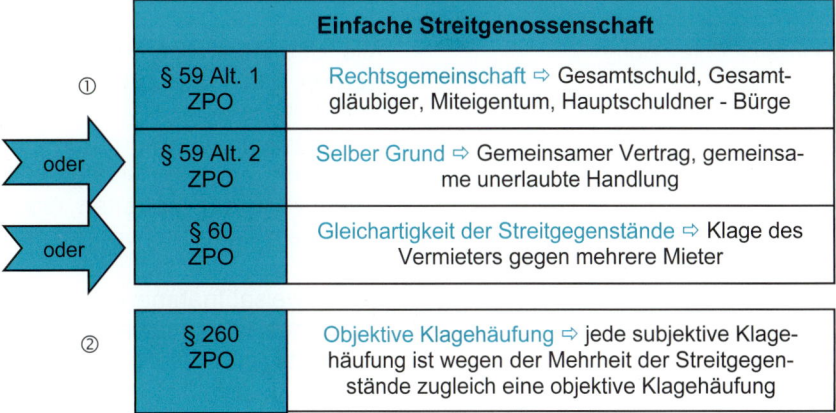

Einfache Streitgenossenschaft		
① § 59 Alt. 1 ZPO	Rechtsgemeinschaft ⇨ Gesamtschuld, Gesamtgläubiger, Miteigentum, Hauptschuldner - Bürge	
oder § 59 Alt. 2 ZPO	Selber Grund ⇨ Gemeinsamer Vertrag, gemeinsame unerlaubte Handlung	
oder § 60 ZPO	Gleichartigkeit der Streitgegenstände ⇨ Klage des Vermieters gegen mehrere Mieter	
② § 260 ZPO	Objektive Klagehäufung ⇨ jede subjektive Klagehäufung ist wegen der Mehrheit der Streitgegenstände zugleich eine objektive Klagehäufung	

---

410 Musielak, Rn. 197.

c) Rechtsfolgen

aa) Getrennte Verhandlung

bei Unzulässigkeit: Trennung

Ist die Streitgenossenschaft nicht zulässig, so ordnet das Gericht die getrennte Verhandlung über die erhobenen Ansprüche an.

448

bei Zulässigkeit:

Ist die Streitgenossenschaft zulässig, so kann über die geltend gemachten Ansprüche gemeinsam verhandelt und entschieden werden. Dies ist jedoch nicht zwingend erforderlich. Erachtet das Gericht eine gemeinsame Verhandlung trotz Zulässigkeit der Streitgenossenschaft nicht als sinnvoll, so besteht ebenfalls die Möglichkeit, eine getrennte Verhandlung anzuordnen, vgl. § 145 I ZPO.

bb) Gemeinsame Verhandlung

gemeinsame Verhandlung (+ Entscheidung)

Findet keine Prozesstrennung statt, so wird über die erhobenen Ansprüche gemeinsam verhandelt und gegebenenfalls gemeinsam entschieden.

449

Grundsatz:
Selbstständigkeit der Prozessrechtsverhältnisse

Dies bedeutet jedoch nicht, dass sich die miteinander verbundenen Prozesse identisch entwickeln und zu einer einheitlichen Entscheidung gegenüber allen Streitgenossen führen müssen. Vielmehr bildet die gemeinsame Verhandlung nur eine äußere Verbindung der einzelnen Prozesse. Diese können sich im Übrigen verschieden entwickeln und zu unterschiedlichen Entscheidungen führen.

Dieser Grundsatz der Selbstständigkeit der einzelnen Prozessrechtsverhältnisse kommt im Gesetz in den §§ 61, 63 HS 1 ZPO zum Ausdruck:

Das Prozessverhalten eines Streitgenossen ist grundsätzlich ohne Einfluss auf den Prozess eines anderen Streitgenossen, soweit nicht etwas anderes bestimmt ist, § 61 ZPO. Jedem Streitgenossen steht das Recht zur Führung seines Prozesses zu, § 63 HS 1 ZPO.

Nach diesen Vorschriften ist in jedem Einzelfall zu ermitteln, ob ein bestimmtes prozessuales Ereignis nur einen oder ausnahmsweise mehrere der miteinander verbundenen Prozesse betrifft.

(1) Gemeinsame Entwicklung der Prozesse[411]

gemeinsame Entwicklung

⇨ Alle Streitgenossen müssen zu sämtlichen Terminen geladen werden, § 63 HS 2 ZPO.

450

⇨ Der Tatsachenvortrag durch einen Streitgenossen wirkt für und gegen die anderen Streitgenossen, wenn die Tatsachen auch deren Prozesse betreffen (sog. gemeinsame Tatsachen) und diese dem Tatsachenvortrag nicht widersprechen.

⇨ Die Beweisaufnahme und -würdigung hinsichtlich gemeinsamer Tatsachen erfolgt für alle Streitgenossen einheitlich, soweit diese nicht von einzelnen Streitgenossen zugestanden sind (§§ 138 III, 288, 331 I ZPO).

⇨ Ein Streitgenosse kann über gemeinsame Tatsachen nicht als Zeuge vernommen werden (str.). Diese umstrittene h.M. überzeugt, da bei gemeinsamen Tatsachen ein Interessenskonflikt mit der Wahrheitspflicht (§ 390 ZPO; § 153 StGB) entsteht.

---

411 Zöller, § 61 ZPO, Rn. 1 ff.

⇨ Die Prozesse können in einem Endurteil entschieden werden, wenn sie zum selben Zeitpunkt zur Entscheidung reif sind.

⇨ Das Verhalten eines Streitgenossen kann sich schließlich materiell-rechtlich auf den Prozess eines anderen Streitgenossen auswirken, z.B. gem. §§ 425 I, 429 BGB.

(2) Selbstständige Entwicklung der Prozesse[412]

selbstständige Entwicklung

Im Übrigen wird die Prozessführung eines Streitgenossen durch die eines anderen weder beeinträchtigt noch begünstigt.

451

⇨ Die Rechtshängigkeit richtet sich in jedem Prozess nach dem jeweiligen Zustellungszeitpunkt.

⇨ Für jeden Prozess sind die Prozessvoraussetzungen gesondert zu prüfen (Beachten Sie § 36 I Nr. 3 ZPO für die örtliche Zuständigkeit).

⇨ Die Bedeutung von Bestreiten, Nichtbestreiten und Geständnis beschränkt sich auf den einzelnen Prozess.

⇨ Anerkenntnis, Verzicht, Klagerücknahme und Klageänderung haben keine Auswirkungen auf den Prozess eines anderen Streitgenossen.

⇨ Fristen laufen für jeden Streitgenossen gesondert.

⇨ Die Frage der Säumnis ist für jeden Streitgenossen gesondert zu beurteilen.

⇨ Die Entscheidung kann den einzelnen Streitgenossen gegenüber unterschiedlich erfolgen. Ist der Rechtsstreit nicht allen Streitgenossen gegenüber zum selben Zeitpunkt zur Entscheidung reif, so kann ein Teilurteil, § 301 ZPO, ergehen.

⇨ Der Eintritt der Rechtskraft einer Entscheidung richtet sich für jeden Streitgenossen nach dem Zustellungszeitpunkt bzw. nach der Einlegung eines Rechtsmittels.

⇨ Jeder Streitgenosse hat die Möglichkeit, unabhängig von den anderen Rechtsmittel einzulegen.

Im Ausgangsfall wird das Gericht die Klage des K2 durch Versäumnisurteil gem. § 330 ZPO abweisen, wenn neben der Säumnis und dem Antrag des B auch die übrigen Voraussetzungen hierfür vorliegen. B hingegen wird durch Endurteil zur Zahlung des von K1 geforderten Schadensersatzes verurteilt werden.

2. Notwendige Streitgenossenschaft

zwingend einheitliche Entscheidung

Es gibt Fälle, in denen eine solche unterschiedliche Entwicklung und Entscheidung miteinander verbundener Prozesse nicht möglich ist.

452

Ist aus rechtlichen Gründen eine einheitliche Entscheidung gegenüber allen Streitgenossen erforderlich, so spricht man von notwendiger Streitgenossenschaft (im Folgenden: nSG).

---

412 Zöller, § 61 ZPO, Rn. 8 f.

> **hemmer-Methode: Beachten Sie die Terminologie des Gesetzes: Der Begriff der Notwendigkeit bezeichnet nur die erforderliche Einheitlichkeit der Entscheidung für den Fall, dass mehrere Prozesse vorliegen. Dies bedeutet nicht, dass auch stets mehrere Prozesse notwendig sind.**

unzureichende gesetzliche Regelung in § 62 ZPO

Die gesetzliche Regelung der nSG in § 62 I ZPO ist völlig unzureichend: § 62 I Alt. 1 ZPO bestimmt, dass eine nSG vorliegt, wenn ein Rechtsverhältnis allen Streitgenossen gegenüber nur einheitlich festgestellt werden kann, trifft jedoch keine Aussage darüber, wann diese Voraussetzung erfüllt ist. Die Frage, wann eine Streitgenossenschaft aus sonstigem Grunde notwendig ist, § 62 I Alt. 2 ZPO, wird nicht beantwortet. Auch die Regelung der Rechtsfolgen in § 62 I ZPO ist unzureichend.

453

zwei Fallgruppen der nSG

Im Folgenden werden zunächst die beiden von Rechtsprechung und Lehre entwickelten Fallgruppen der nSG behandelt. Im Anschluss wird dargestellt, auf welche Weise die notwendige Einheitlichkeit der Entscheidung gewährleistet wird.

a) Materiell-rechtlich notwendige Streitgenossenschaft, § 62 I Alt. 2 ZPO

Recht mehrerer nur gemeinsam geltend zu machen

Eine nSG aus materiell-rechtlichen Gründen liegt vor, wenn das streitgegenständliche Recht mehreren Personen auf Kläger- oder Beklagtenseite gemeinsam zusteht und nur von allen oder gegenüber allen geltend gemacht werden kann.[413]

454

In diesen Fällen sind sowohl eine gemeinsame Klage aller Rechtsinhaber als auch eine einheitliche Sachentscheidung gegenüber allen Rechtsinhabern notwendig.

⇨ *Frage der Prozessführungsbefugnis*

Eine Klage von oder gegenüber einem Einzelnen scheitert an dessen fehlender Prozessführungsbefugnis und wäre daher unzulässig.

> **hemmer-Methode: Bei materiell-rechtlich nSG ist die gemeinsame Prozessführung daher eine Zulässigkeitsvoraussetzung!**

Einer unterschiedlichen Entscheidung des Rechtsstreits gegenüber Einzelnen steht deren fehlende Sachlegitimation entgegen.

Bezüglich der Einzelheiten muss unterschieden werden:

aa) Aktivprozesse mehrerer Berechtigter

z.B. Gesamthandsklagen

Eine nSG liegt vor bei Klagen von Gesamthandsgemeinschaften, soweit nicht ausnahmsweise dem einzelnen Gesamthänder eine Prozessführungsbefugnis oder Sachlegitimation zusteht.[414]

455

Eine nur von einem oder mehreren einzelnen Gesamthändern erhobene Klage muss wegen fehlender aktiver Prozessführungsbefugnis als unzulässig abgewiesen werden.

Eine gemeinsam erhobene Klage ist nur zulässig, wenn in der Person jedes Gesamthänders alle Prozessvoraussetzungen erfüllt sind.

---

413 Th/P, § 62 ZPO, Rn. 11.
414 Th/P, § 62 ZPO, Rn. 13.

Eine gemeinsam erhobene, zulässige Klage muss gegenüber allen Gesamthändern und einheitlich entschieden werden, da der geltend gemachte Anspruch nur allen zusammen zusteht.

Bspe.:

- *Klage beider Ehegatten bei gemeinsam verwalteter Gütergemeinschaft, § 1450 I S. 1 BGB.*

- *Klage mehrerer Testamentsvollstrecker, § 2224 I S. 1 BGB.*

hemmer-Methode: Ein äußerst wichtiges Problem im Examen war die Klage der Gesellschafter einer GbR. Dies war wegen § 709 BGB früher grds. ein Fall materiell-rechtlich nSG. Mit der Anerkennung der Prozessfähigkeit der GbR hat sich dieses Problem erledigt. Kläger ist nun die GbR selbst. Vgl. Sie dazu nochmals die Rn. 182.

Ausn.:
PFB einzelner Gesamthänder

Ist dem einzelnen Gesamthänder ausnahmsweise eine Prozessführungsbefugnis oder sogar eine diese mit einschließende Aktivlegitimation eingeräumt, so liegt keine materiell-rechtliche nSG vor.

456

Bspe.:

- *Prozessführungsbefugnis des verwaltenden Ehegatten bei Gütergemeinschaft, § 1422 BGB*

- *Prozessführungsbefugnis einzelner Miterben, §§ 2038 I S. 2 HS 2, 2039 BGB*

- *Sachlegitimation einzelner Gesamthands- bzw. Mitgläubiger, § 432 I S. 1 BGB*

- *Sachlegitimation von Gläubiger und Pfandgläubiger, § 1281 S. 2 BGB*

hemmer-Methode: Umstritten ist, ob in diesen Fällen eine nSG wenigstens aus prozessrechtlichen Gründen vorliegt, wenn trotz Bestehens der Einzelklagebefugnis alle oder mehrere Gesamthänder gemeinsam klagen (vgl. Rn. 464).

bb) Passivprozesse gegen mehrere Verpflichtete

Unterscheide:
Gesamthands- / Gesamtschuld

Bei Passivprozessen gegen mehrere Verpflichtete ist zu unterscheiden, ob diese den geltend gemachten Anspruch nur gemeinsam erfüllen können (Gesamthandsschuld) oder ob auch der Einzelne zur Erfüllung in der Lage ist (Gesamtschuld).

457

Gesamthandsschuld - mat.-r. nSG

Nur bei der Gesamthandsschuld liegt eine materiell-rechtliche nSG vor.[415]

458

Eine gegenüber dem einzelnen Gesamthandsschuldner erhobene Klage muss wegen dessen fehlender passiver Prozessführungsbefugnis als unzulässig abgewiesen werden. Über eine gegen alle Gesamthandsschuldner erhobene Klage ist einheitlich zu entscheiden.

Eine Ausnahme gilt jedoch hinsichtlich solcher Gesamthandsschuldner, die ihre Verpflichtung bereits vor dem Prozess anerkannt haben. Gegen diese ist die Klage nicht zu richten.[416]

---

415 Arens, Rn. 447.

416 R/S/G, § 49 III 1 b (1).

> **Bspe.:**
>
> – *Gesamthandsklage gegen Miteigentümer auf Übereignung, §§ 1008, 741, 747 S. 2 BGB[417]*
>
> – *Gesamthandsklage gegen Miterbengemeinschaft, § 2059 II BGB i.V.m. § 2040 I BGB*
>
> – *Gesamthandsklage gegen Gütergemeinschaft, § 1459 I BGB*

Gesamtschuld: ⇨ Keine nSG	Bei einer Gesamtschuld liegt hingegen keine nSG vor. Eine Klage gegen einen oder mehrere einzelne Gesamtschuldner ist zulässig, die gegen mehrere Gesamtschuldner erhobenen Klagen können unterschiedlich entschieden werden, § 425 BGB.[418] **459**

> **Bspe.:**
>
> – *Klage gegen Gesamtschuldner, §§ 421 ff. BGB*
>
> – *Klage gegen BGB-Gesellschafter, soweit diese für Verbindlichkeiten gesamtschuldnerisch haften, § 128 S. 1 HGB analog*
>
> – *Gesamtschuldklage gegen Miterben, §§ 2058, 421 BGB[419]*
>
> – *Gesamtschuldklage gegen Ehegatten bei Gütergemeinschaft, § 1459 II, 421 BGB*

cc) Gestaltungsklagen

gemeinsame Ausübung eines Gestaltungsrechts	Bei Gestaltungsklagen ist eine nSG gegeben, wenn das Gestaltungsrecht mehreren Personen gemeinsam zusteht oder gegen mehrere gemeinsam zu richten ist und nur durch gemeinsame Klage ausgeübt werden kann.[420] **460**

insbesondere im GesellschaftsR	**Bspe.:**

> – *Entziehung der Geschäftsführungsbefugnis oder Vertretungsmacht bei OHG/KG, §§ 117, 161 II HGB bzw. §§ 127, 161 II HGB*
>
> – *Ausschluss eines Gesellschafters aus OHG/KG, §§ 140, 161 II HGB*
>
> – *Auflösung einer OHG/KG, §§ 133, 161 II HGB (nur gegen widersprechende Gesellschafter zu richten)*

Unterscheide: LK nach wirksamer Ausübung des GestaltungsR ⇨ nSG (-)	Keine nSG liegt vor bei Gestaltungsrechten, die auch ohne Klage ausgeübt werden können. In diesen Fällen erfordert nur die materiell-rechtliche Gestaltungserklärung gemeinsames Handeln, nicht aber die anschließende Leistungsklage nach vollzogener Gestaltung.[421] **461**

---

417 Achtung: keine nSG liegt vor, wenn Miteigentümer auf Übertragung ihres Miteigentumsanteils verklagt werden, vgl. § 747 S. 1 BGB. Hier kann jeder selbst verfügen!

418 Th/P, § 62 ZPO, Rn. 15.

419 Ob der Kläger gegen die Erbengemeinschaft mittels Gesamthandsklage oder Gesamtschuldklage vorgehen will, ist gegebenenfalls durch Auslegung zu ermitteln. Kann der geltend gemachte Anspruch von den Erben aber nur gemeinschaftlich erfüllt werden (z.B. Grundbuchberichtigungsanspruch aus § 894 BGB), so liegt immer eine Gesamthandsklage vor, vgl. BGH in **Life&Law 1998, 303**.

420 Th/P, § 62 ZPO, Rn. 12.

421 Th/P, a.a.O.

Bspe.:

– *Klage mehrerer Käufer auf Rückgewähr des Kaufpreises aus § 346 BGB nach gemeinsam erklärtem Rücktritt, § 437 Nr. 2 BGB*

– *Klage mehrerer Personen auf Rückabwicklung aus § 812 BGB nach gemeinsam erklärter Anfechtung gem. § 143 BGB*

b) Prozessrechtlich notwendige Streitgenossenschaft, § 62 I Alt. 1 ZPO

aa) Rechtskrafterstreckung bei aufeinander folgenden Prozessen

Fälle der Rechtskrafterstreckung

Würde bei aufeinander folgender Durchführung mehrerer Prozesse Rechtskrafterstreckung eintreten (vgl. dazu §§ 325 ff., 856 IV ZPO), so liegt eine nSG aus prozessrechtlichen Gründen vor, wenn diese Prozesse miteinander verbunden werden. **462**

hemmer-Methode: Bei der prozessrechtlich nSG besteht also kein Zwang zur gemeinsamen Klage, sodass die Klage auch bei getrennter Prozessführung zulässig ist. Bei gemeinsamer Klage ist aber eine einheitliche Entscheidung notwendig.[422]

Klage gg. Testamentsvollstrecker und Erben

Fall: K verklagt den Testamentsvollstrecker T und den Erben E gemeinsam auf Schadensersatz mit der Behauptung, der Erblasser habe eine unerlaubte Handlung gegen ihn begangen. Sind T und E nSG? **463**

K hat gem. § 2213 I S. 1 BGB den Testamentsvollstrecker und den Erben wegen eines gegen den Nachlass gerichteten Anspruchs gemeinsam verklagt.

Er hätte nach dieser Vorschrift auch die Möglichkeit gehabt, seinen Anspruch nur gegenüber T geltend zu machen. Nehmen Sie an, eine allein gegen T gerichtete Klage wäre abgewiesen worden, weil sich das Gericht vom Nichtbestehen des Anspruchs überzeugt hat. Könnte K dann mit Aussicht auf Erfolg denselben Anspruch gegenüber E geltend machen?

Dies ist zu verneinen. Das rechtskräftige Urteil zwischen T und K wirkt gem. § 327 I ZPO auch für E, sog. Rechtskrafterstreckung. Eine Klage des K gegen E müsste deshalb wegen entgegenstehender Rechtskraft als unzulässig abgewiesen werden.

Dieser Rechtskrafterstreckung würde es widersprechen, wenn bei Verbindung der Prozesse mit unterschiedlichem Ergebnis über diese entschieden werden könnte.

T und E sind deshalb nSG gem. § 62 I Alt. 1 ZPO.

hemmer-Methode: Die nSG aus prozessrechtlichen Gründen wird erst bei Kenntnis der Einzelheiten der Rechtskrafterstreckung verständlich, vgl. die weiteren Fälle der Rechtskrafterstreckung bei Rn. 550 ff. Beachten Sie aber bereits hier: Besteht in Einzelfällen Streit darüber, ob Rechtskrafterstreckung eintritt oder nicht, so wirkt sich dies bei der Frage aus, ob bei verbundenen Prozessen eine nSG aus prozessrechtlichen Gründen gegeben ist.

---

422 Th/P, § 62 ZPO, Rn. 7.

bb) Unteilbarkeit des Streitgegenstands

464

Lit.:
(+) bei Unteilbarkeit des Streitgegenstandes

Nach Auffassung der Literatur soll eine nSG auch dann vorliegen, wenn alle oder mehrere Gesamthänder trotz Bestehens einer Einzelklagebefugnis gemeinsam klagen.

In diesen Fällen sei wegen der Unteilbarkeit des in allen Prozessen gleichen Streitgegenstandes eine einheitliche Entscheidung gegenüber allen klagenden Gesamthändern erforderlich.[423]

Dies sei bei **Aktiv**prozessen der Mitberechtigten in den Fällen der §§ 432, 1011 und 2039 BGB der Fall. Klagen danach trotz des Einzelklagerechts [daher keine materiell-rechtlich nSG, s.o.] alle oder mehrere Miterben gemeinsam, so fordere die Unteilbarkeit ihres Rechts, dass darüber notwendig eine einheitliche Sachentscheidung ergehe.

Rspr.: (-)

Die Rechtsprechung lehnt eine nSG aus prozessrechtlichen Gründen in weiteren Fällen grundsätzlich ab.[424]

Der Ansicht in der Literatur wird entgegengehalten, dass dies **nicht notwendig** sei, weil schon mit dem positiven Urteil nur eines Mitberechtigten das Recht für die Gesamtheit gesichert ist. Eine Rechtskraftkollision ist dann jedenfalls unschädlich, aber auch unwahrscheinlich, weil der Gegner an der Prozessführung gegenüber den anderen Beteiligten kein Interesse mehr haben wird[425].

Der BGH ist der Auffassung, dass die **Notwendigkeit** einer einheitlichen Sachentscheidung nicht allein daraus hergeleitet werden könne, dass ein Urteil, in dem die Klage eines Miterben abgewiesen würde, gleichzeitig aber ein anderer Miterbe in derselben Sache obsiegt, sinnlos erschiene[426].

hemmer-Methode: Wenn Sie dieses Problem überhaupt (er)kennen, ist es völlig egal, welcher Ansicht Sie in einer Klausur folgen.

Notwendige Streitgenossenschaft	
Sachentscheidung nur einheitlich möglich	
Prozessrechtlich nSG § 62 I Alt. 1 ZPO	**Materiell-rechtlich nSG § 62 I Alt. 2 ZPO**
Einzelklage zulässig, Streitgenosse alleine prozessführungsbefugt • notwendige Einheitlichkeit wird durch Rechtskrafterstreckung erreicht (Bsp.: § 248 AktG) ⇨ (-) bei Klage gg. OHG und Gesellschafter • Str.: Bei unteilbarem Streitgegenstand (Klage von Miteigentümern) Nach Rspr. kein Fall der nSG	**Einzelklage unzulässig**, da nur gemeinsame Prozessführungsbefugnis • Aktivprozesse von Gesamthandsgemeinschaften **Achtung: GbR nach neuer Rspr. selbst parteifähig** • Passivprozesse gegen die Gesamthand (nicht Gesamtschuld) ⇨ § 2059 II BGB • Gemeinsame Gestaltungsklage (Gesellschafterausschluss)

---

423   Zöller, § 62 ZPO, Rn. 16; R/S/G, § 49 III 1 a (1); Th/P, § 62 ZPO, Rn. 8 a.E. m.w.N.

424   BGHZ 92, 351.

425   MüKo, § 62 ZPO, Rn. 20; GOTTWALD, JA 1982, 69; LINDACHER, JuS 1986, 383.

426   BGH, NJW 1989, 2133; in einer Klausur ist bei dieser absolut strittigen Frage jede Ansicht vertretbar.

c) Wirkungen der notwendigen Streitgenossenschaft

Einschränkung der Selbstständigkeit der Prozessrechtsverhältnisse

Auch bei der nSG gilt, dass die einzelnen Prozesse grundsätzlich selbstständig sind, § 61 ZPO. Dieser Grundsatz wird jedoch sehr weitgehend eingeschränkt, um die notwendige Einheitlichkeit der Entscheidung zu gewährleisten.[427]

465

aa) Gesetzliche Regelung

§ 62 I ZPO: Vertretungsfiktion

§ 62 I ZPO bestimmt insoweit nur, dass bei Termin- oder Fristversäumnis die säumigen Streitgenossen als durch die nicht säumigen vertreten gelten.

466

> *Bsp.: Bleibt im Termin zur mündlichen Verhandlung ein notwendiger Streitgenosse aus, so gilt er gem. § 62 I ZPO als durch die erschienenen Streitgenossen vertreten. Durch diese Fiktion wird **verhindert, dass** gegen ihn ein **Versäumnisurteil** und gegen die anwesenden Streitgenossen ein inhaltlich abweichendes, kontradiktorisches Urteil **ergeht.***

bb) Weitere Einschränkungen der Selbstständigkeit

bedingte Wirksamkeit des Prozessverhaltens einzelner SG

Über die unzureichende gesetzliche Regelung hinaus muss die Wirkung des Prozessverhaltens einzelner Streitgenossen eingeschränkt werden, soweit diese zu unterschiedlichen oder für die anderen Streitgenossen ungünstigen Entscheidungen führen kann.[428]

467

> *Bspe.:*
>
> – *Anerkenntnis oder Verzicht eines Streitgenossen führen weder zu einem entsprechenden Urteil gegen diesen noch zu einem Urteil gegen alle Streitgenossen.*
>
> – *Eine Klageänderung muss von allen Streitgenossen gemeinsam vorgenommen werden.*
>
> – *Nichtbestreiten oder Geständnis durch einzelne Streitgenossen führen nicht dazu, dass die Tatsache allen Streitgenossen gegenüber als zugestanden gilt.*

Prozessbeendigungshandlungen bei prozessrechtlich nSG

Prozesshandlungen, die zur Beendigung eines einzelnen Prozesses ohne sachliche Entscheidung führen (**Klagerücknahme, übereinstimmende Erledigterklärung, Prozessvergleich**), sind bei der prozessrechtlich nSG zulässig.

Die verbleibenden Streitgenossen sind weiterhin prozessführungsbefugt; ihnen gegenüber bleibt eine einheitliche Sachentscheidung möglich.[429]

keine Prozessbeendigung durch einzelne materiell nSG

Umstritten ist dies bei der materiell-rechtlich nSG. Durch die Beendigung des Prozesses eines Streitgenossen fehlt den verbleibenden Streitgenossen die Prozessführungsbefugnis, sodass die übrigen Klagen als unzulässig abgewiesen werden müssen.

Nach einer Ansicht ist deshalb prozessbeendigendes Verhalten nur eines Streitgenossen unzulässig.[430] Nach der Gegenansicht darf die nSG nicht dazu führen, dass der einzelne Streitgenosse gegen seinen Willen am Prozess festgehalten wird.[431]

468

---

427 Jauernig, § 82 IV.

428 Th/P, § 62 ZPO, Rn.16 ff.

429 Th/P, § 62 ZPO, Rn. 17.

430 Jauernig, § 82 IV 3.

431 R/SG, § 49 IV 1 a; Musielak, Rn.203.

II. Parteiänderung[432]

1. Einführung

*personelle Veränderung auf Kläger-
oder Beklagtenseite*

Unter den Begriff der Parteiänderung werden diejenigen Fälle gefasst, bei denen während des Prozesses auf Kläger- oder Beklagtenseite eine Änderung eintritt, indem

⇨ Kläger oder Beklagter durch einen Dritten ausgewechselt werden, sog. **Parteiwechsel**,

⇨ auf Kläger- oder Beklagtenseite eine oder mehrere Personen hinzutreten, sog. **Parteierweiterung**.

hemmer-Methode: Haben die Gesellschafter einer GbR selbst Klage erhoben ohne Hinweis auf ihre Stellung als Gesellschafter, weil sie der Ansicht waren, die mittlerweile anerkannte Rechts- und Parteifähigkeit der GbR hindere die Einzelgesellschafter nicht, im eigenen Namen Ansprüche der GbR einzuklagen, so muss kein Parteiwechsel erklärt werden. Es genügt, wenn das Rubrum dahingehend berichtigt wird, dass nicht die Gesellschafter der GbR Kläger sind, sondern die GbR als solche.[433]

Neben den gesetzlich geregelten Fällen der Parteiänderung spielt in Klausuren das Problem der gewillkürten Parteiänderung eine maßgebliche Rolle. Hierbei ist zu unterscheiden zwischen den Voraussetzungen, unter denen eine solche Parteiänderung zugelassen wird und ihren prozessualen Folgen, insbesondere der Frage, inwieweit die neu hinzutretende Partei bereits vorliegende Prozessergebnisse übernehmen muss.

2. Gewillkürter Parteiwechsel

hemmer-Methode: Sofern nicht ausdrücklich auf Besonderheiten hingewiesen wird, gelten die folgenden Ausführungen sowohl für den Klägerwechsel als auch den Beklagtenwechsel.

a) Voraussetzungen

*keine gesetzliche Regelung des
gewillkürten Parteiwechsels*

Eine gesetzliche Regelung des gewillkürten Parteiwechsels und seiner Voraussetzungen fehlt. Aus diesem Grund bestehen unterschiedliche Ansätze, die im Zusammenhang mit dem Parteiwechsel auftretenden Probleme zu lösen.

Man muss sich vergegenwärtigen, dass einerseits das Argument der Prozessökonomie dafür spricht, denselben Prozess mit einem neuen Kläger oder Beklagten fortzuführen, soweit alter und neuer Streitstoff zumindest teilweise identisch sind.

Andererseits stellt sich gerade beim Beklagtenwechsel das Problem, dass niemand ohne weiteres einen laufenden Rechtsstreit übernehmen muss und der ausscheidende Beklagte unter Umständen ein Interesse an einer abschließenden Sachentscheidung hat.

hemmer-Methode: Unstrittig erforderlich ist beim Beklagtenwechsel die Wechselerklärung des Klägers, beim Klägerwechsel ist unstreitig die Parteiwechselerklärung des alten und des neuen Klägers erforderlich.[434]

469

470

---

432 Zum Parteibegriff vgl. nochmals Rn. 177 ff.

433 Vgl. BGH, NJW-RR 2006, 42 ff.

434 **Hinweis für Referendare:** Ein Klägerwechsel kann nicht wirksam unter der Bedingung erklärt werden, dass das Gericht die Zulässigkeit der Klage des ursprünglichen Klägers als Prozessstandschafter verneint. Bei einem nur bedingten Parteiwechsel handelt es sich nicht wie bei gewöhnlichen

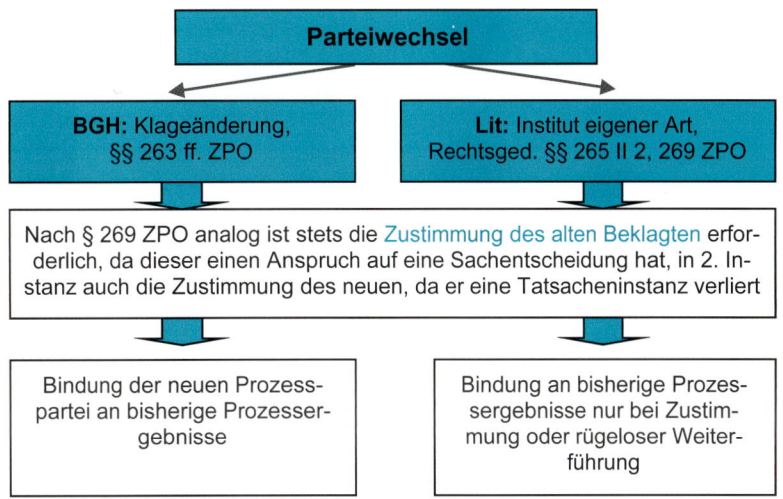

Rspr.: Klageänderungstheorie, § 263 ZPO

aa) Die Rechtsprechung begreift den gewillkürten Parteiwechsel als Klageänderung i.S.v. § 263 ZPO, sog. Klageänderungstheorie.[435]

471

Soweit also das Gericht die Übernahme des Prozesses durch einen neuen Kläger oder Beklagten als sachdienlich erachtet, ist diese grundsätzlich zulässig. Die Sachdienlichkeit beurteilt sich nach prozessökonomischen Gesichtspunkten.

Soweit nicht wenigstens eine Teilidentität des Streitstoffs des neuen und des alten Prozessabschnitts gegeben ist, wird die Sachdienlichkeit in der Regel zu verneinen sein. Orientierungshilfe bieten insofern die Wertungen der §§ 59, 60 ZPO. Man muss sich also die Frage stellen, ob zwischen der alten und der neuen Partei eine Streitgenossenschaft bei gemeinsamer Prozessführung möglich wäre.

hemmer-Methode: Dies ist lediglich eine Denkhilfe! Niemals dürfen Sie in der Klausur die §§ 59, 60 ZPO im Fall des Parteiwechsels anwenden, da dieser nie zu einer Streitgenossenschaft führen kann (anders bei der Parteierweiterung).

Einschränkungen:

Allerdings findet dieser Ansatz der Rechtsprechung einige wichtige Einschränkungen, die sich aus den der Prozessökonomie entgegenlaufenden Parteiinteressen ergeben:

472

– *Zustimmung des alten Beklagten, § 269 I ZPO analog*

⇨ Beim Beklagten- bzw. Klägerwechsel ist in entsprechender Anwendung von § 269 I ZPO stets die Zustimmung des alten Beklagten notwendig.[436] Dies folgt aus der § 269 I ZPO zu entnehmenden allgemeinen Wertung, dass dem Beklagten der Anspruch auf abschließende Sachentscheidung nicht ohne seine Zustimmung genommen werden kann. Insofern ist die Interessenlage bei Klagerücknahme und Beklagtenwechsel vergleichbar.

– *Zustimmung des neuen Beklagten in Berufungsinstanz wg. Instanzverlust*

⇨ Beim Beklagtenwechsel in der Berufungsinstanz ist zudem die Zustimmung des neuen Beklagten erforderlich, da diesem nicht ohne Weiteres eine Tatsacheninstanz entzogen werden kann.

Hilfsanträgen darum, ob demselben Kläger der eine oder der andere Anspruch zuzubilligen ist, sondern um die Begründung eines Prozessrechtsverhältnisses mit einer anderen Partei. Ob ein solches besteht, darf, schon um der Rechtsklarheit willen, nicht bis zum Ende des Rechtsstreits in der Schwebe bleiben, BGH, BB 2004, 406 ff.; vgl. auch Stein/Jonas/Bork, 21. Aufl., Vor § 59 ZPO, Rn. 4 a).

435 BGH, NJW 1976, 239.

436 BGH, NJW 1981, 989.

Verzichtbar soll dieses Zustimmungserfordernis jedoch dann sein, wenn die Verweigerung der Zustimmung rechtsmissbräuchlich ist.[437] Dies kann dann angenommen werden, wenn die neue Partei auf den Verlauf des Prozesses in erster Instanz bereits maßgeblich Einfluss genommen hat und deshalb einer Prozessübernahme keine schutzwürdigen Interessen entgegenhalten kann.

Achtung: Beim Klägerwechsel gilt dieses Zustimmungserfordernis dagegen in der zweiten Instanz nicht[438]. Ein Klägerwechsel ist aber nur dann möglich, wenn die Berufung zulässig ist[439].

hemmer-Methode: Hat z.B. der Gesellschafter X der beklagten OHG diese in erster Instanz vertreten, so ist seine Zustimmung nicht erforderlich, wenn der Kläger in zweiter Instanz seine Klage gegen ihn richtet, da er die OHG gem. § 51 I ZPO, § 125 I HGB vertreten hat und von Anfang wusste, dass er im Fall des Unterliegens der OHG wegen § 128 HGB haften muss.

Lit.: Theorie der Regelungslücke

bb) Dieser Auffassung ist die Literatur entgegengetreten, da nach ihrem Verständnis § 263 ZPO die Probleme des Parteiwechsels nicht befriedigend zu lösen vermag. Hierbei wird gerade auf die von der Rechtsprechung selbst vorgenommenen Einschränkungen für den Fall des gewillkürten Beklagtenwechsels abgestellt.

473

Mangels gesetzlicher Regelungen soll in gerechter Interessenabwägung unter Heranziehung der Wertungen der §§ 265 II S. 2, 269 ZPO ein eigenständiges Rechtsinstitut entwickelt werden, sog. Theorie der Regelungslücke.[440]

⇨ Im Fall des gewillkürten Klägerwechsels ist die Zustimmung des alten Beklagten gem. § 269 I ZPO analog erforderlich, da der Beklagte einen Anspruch auf abschließende Sachentscheidung gegen den alten Kläger hat.[441]

⇨ Die Zustimmung des neuen Beklagten ist in erster Instanz nicht erforderlich, da gegen ihn auch eine neue Klage erhoben werden könnte.[442]

⇨ In der Berufungsinstanz ist die Zustimmung des neuen Beklagten außer in den Fällen rechtsmissbräuchlicher Weigerung erforderlich, da dem Beklagten grundsätzlich nicht gegen seinen Willen eine Instanz genommen werden kann.[443]

kein Erfordernis der Sachdienlichkeit

Es wird erkennbar, dass hinsichtlich der Zulässigkeitsvoraussetzungen zwischen Rechtsprechung und Literatur lediglich der Unterschied besteht, dass die Literatur auf eine Anwendung des § 263 ZPO und damit auf das Erfordernis der Sachdienlichkeit verzichtet.

b) Prozessuale Folgen

Fortgeltung bisheriger prozessualer Ergebnisse

Das wesentliche Problem der unterschiedlichen dogmatischen Einordnung des gewillkürten Parteiwechsels zeigt sich bei seinen prozessualen Wirkungen.

474

---

437 BGHZ 90, 19.

438 Th/P, Rn. 23 vor § 53 ZPO,.

439 BGH NJW 2003, 2172 ff.; wenn die Berufungsbegründungsfrist zur Zeit des Ausscheidens noch nicht abgelaufen war, dann kann der neue Kläger die Berufung selbst noch „zulässig machen".

440 Zöller, § 263 ZPO, Rn. 3.

441 Zöller, § 263 ZPO, Rn. 30.

442 Zöller, a.a.O.

443 Zöller, § 263 ZPO, Rn. 21.

Es geht hierbei um die Frage, inwieweit die Prozessergebnisse des bisherigen Verfahrens für und gegen die neue Partei auch dann fortgelten, wenn diese nicht zustimmt.

e.A.:
Bindung der neuen Partei (+)

Teilweise wird eine Bindung der neuen Partei an die bisherigen Prozessergebnisse bejaht. Dies wird damit begründet, dass lediglich eine Parteiauswechslung stattfindet, die sachliche Prozesssubstanz hingegen gleich bleibt und damit fortwirkt.[444]

a.A.:
nur bei Zustimmung

Nach anderer Ansicht soll die neue Partei ohne ihre Zustimmung nur an die bisherigen Prozessergebnisse gebunden sein, wenn sie schon vorher die Führung des Prozesses maßgeblich beeinflusst hat, z.B. als gesetzlicher Vertreter.[445]

> *Fall:* A klagt gegen die X-KG auf Erfüllung einer Forderung. Es werden im Prozess Zeugen vernommen, die das Bestehen dieser Forderung bestätigen. Als sich herausstellt, dass die X-KG zahlungsunfähig ist, erklärt A schriftsätzlich Parteiwechsel auf den Komplementär B. Die X-KG stimmt diesem Parteiwechsel zu, B widerspricht. Ist die Klage entscheidungsreif?

> Hier ist sowohl nach Auffassung des BGH als auch nach der Literatur ein zulässiger Parteiwechsel auf Beklagtenseite nicht von einer Zustimmung des neuen Beklagten abhängig.

> Nach Auffassung der Rechtsprechung ist vorliegend die Sache auch entscheidungsreif, da sich das bisher gewonnene Beweisergebnis auch gegen B verwerten lässt. Seine Haftung ergibt sich aus §§ 161 II, 128 HGB.

> Die Literatur verneint wegen der fehlenden Zustimmung des B eine Bindung an die bisherigen Prozessergebnisse. Folglich ist die Sache nicht zur Entscheidung reif, das Gericht hat erneut Beweis zu erheben.

hemmer-Methode: Beim Klägerwechsel ist der Kläger an die vorgefundene Prozesssituation gebunden, da er den Wechsel ja gewollt hat. Er kann aber Geständnisse seines „Vorgängers" widerrufen, da § 290 ZPO insoweit nicht gilt[446].

3. Gewillkürte Parteierweiterung

a) Voraussetzungen

fehlende gesetzliche Regelung

Auch für die gewillkürte Parteierweiterung fehlt eine gesetzliche Regelung.

475

Lit.:
Fall der Streitgenossenschaft, §§ 59, 60 ZPO

aa) Die Literatur sieht in der gewillkürten Parteierweiterung lediglich eine nachträglich begründete Streitgenossenschaft, deren Zulässigkeit sich nach den §§ 59, 60 ZPO beurteilt.[447]

476

Rspr.:
Klageänderungstheorie

bb) Die Rechtsprechung wendet wiederum die Klageänderungstheorie an. Erforderlich ist demnach zusätzlich die Sachdienlichkeit der Parteierweiterung und im Fall des Beklagtenbeitritts in zweiter Instanz die Zustimmung des neu hinzutretenden Beklagten.[448] Soweit die Parteierweiterung mangels Sachdienlichkeit unzulässig ist, ergeht bezüglich der neuen Partei Prozessurteil, da § 263 ZPO eine besondere Sachurteilsvoraussetzung darstellt.

---

444 Jauernig, § 86 II m.w.N.

445 Zöller, § 263 ZPO, Rn. 25; Musielak, Rn. 186.

446 Roth, NJW 1988, 2977 [2981].

447 Zöller, Rn. 21, 27.

448 BGH NJW 1976, 239.

In der zweiten Instanz ist die Zulässigkeit der Parteierweiterung umstritten. Die h.M. verlangt im Fall des Beklagtenbeitritts die Zustimmung des neuen Beklagten.[449]

Nach anderer Ansicht ist die Parteierweiterung in zweiter Instanz unzulässig, da gegen die neue Partei kein erstinstanzliches Urteil ergangen ist und damit mangels Berufungsgegenstand das jeweilige Berufungsgericht instanziell unzuständig sei.[450]

Letzterer Auffassung ist mangels Praktikabilität nicht zu folgen, da sie zwangsläufig zu unnötigen Klageabweisungen und neuen Klageerhebungen führt.

b) Prozessuale Folgen

Bindung hinzutretender Partei an bisherige Prozessergebnisse

Die Bindung der neu hinzutretenden Partei an bereits erzielte Prozessergebnisse ist bei konsequenter Anwendung der Klageänderungstheorie zu bejahen. Die Literatur verneint außer bei Zustimmung des neuen Beklagten eine solche Bindungswirkung.[451]   477

4. Gesetzlich geregelte Fälle der Parteiänderung

Gesetzlich geregelte Fälle des Parteiwechsels sind die §§ 265 II S. 2, 266, 75 - 77, 239 ff. ZPO.   478

Eine gesetzliche Parteierweiterung ist in § 856 ZPO vorgesehen.

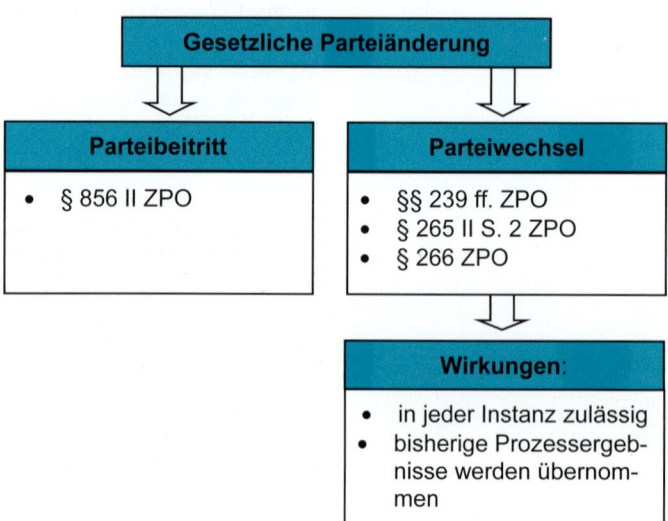

hemmer-Methode: Der Gläubiger- oder Prätendentenstreit gem. § 75 ZPO hat folgende Voraussetzungen:
- Leistungsklage eines Gläubigers (Kläger) gegen einen Schuldner (Beklagter) auf Geld oder sonstige hinterlegungsfähige Sachen;
- Inanspruchnahme der streitgegenständlichen Forderung durch einen Dritten (Prätendenten), der sich ebenfalls als Gläubiger der Forderung einstuft;

Streitverkündung des beklagten Schuldners gegenüber dem Prätendenten gem. §§ 72 ff. ZPO.

449 R/S/G, § 42 III 3 a).

450 Th/P, vor § 50 ZPO, Rn. 26.

451 Stein/Jonas, § 264 ZPO, Rn. 125.

- **Hauptintervention des Prätendenten gem. § 64 ZPO durch Erhebung einer Leistungsklage gegen den beklagten Schuldner und einer Feststellungsklage gegen den klagenden Gläubiger;**
- **Hinterlegung des Forderungsbetrages durch beklagten Schuldner gem. §§ 372 S. 2, 378 BGB und Antrag auf Entlassung aus dem Rechtsstreit.**

Dies ist eine kostengünstige Möglichkeit des beklagten Schuldners, der das Bestehen der Forderung nicht bestreitet, aber den wahren Gläubiger nicht kennt, aus dem Prozess auszuscheiden.
Folge: Der beklagte Schuldner wird durch Urteil aus dem Prozess entlassen. Der Rechtsstreit wird nur noch zwischen den streitenden Gläubigern fortgeführt (= Gläubigerstreit). Der Sieger erhält den hinterlegten Forderungsbetrag.

III. Nebenparteien

1. Nebenintervention

a) Einführung

Beteiligung eines Dritten am fremden Rechtsstreit

Die Nebenintervention, §§ 66 - 71 ZPO, stellt die Beteiligung eines Dritten an einem fremden Rechtsstreit dar, ohne dass dieser Dritte Partei im Prozess wird. Der Nebenintervenient ist also deutlich vom Streitgenossen abzugrenzen. Dies zeigt sich z.B. darin, dass der Nebenintervenient als Zeuge vernommen werden kann.[452]

479

Zweck der Nebenintervention ist es, einem Dritten, der ein rechtliches Interesse am Ausgang eines Prozesses hat, die Möglichkeit zu geben, auf diesen Prozess Einfluss zu nehmen.

b) Zulässigkeitsvoraussetzungen

rechtliches Interesse des Nebenintervenienten

aa) Die Zulässigkeit der Nebenintervention setzt zunächst ein rechtliches Interesse des Nebenintervenienten voraus, § 66 I ZPO. Dieses besteht, soweit die Rechtsstellung des Nebenintervenienten durch ein ungünstiges Urteil gegen die unterstützte Partei verschlechtert oder durch ein günstiges Urteil verbessert wird (sog. „Interventionsgrund").[453]

480

Bsp.: Bürge seitens des Hauptschuldners

Fall: A klagt gegen X auf Zahlung von 4.000,- €. X hatte in dieser Höhe eine selbstschuldnerische Bürgschaft für die Kaufpreisschuld des B übernommen. B befürchtet, von X im Regresswege in Anspruch genommen zu werden, wenn A im Prozess obsiegt. Kann B dem Rechtsstreit auf Seiten des X beitreten?

B ist hier daran interessiert, dass X den Prozess gewinnt, um so dem Bürgenregress gem. §§ 662, 670 BGB bzw. §§ 774 I S. 1, 433 II BGB zu entgehen. Seine Rechtsstellung ist also vom Ausgang des Prozesses zwischen X und A abhängig, sodass ein rechtliches Interesse i.S.v. § 66 I ZPO für einen Beitritt vorliegt.

Anhängigkeit eines Rechtsstreits zwischen anderen

bb) Des Weiteren ist erforderlich, dass ein Rechtsstreit zwischen anderen Personen anhängig ist. Der Nebenintervenient darf also nicht selbst Partei oder deren gesetzlicher Vertreter sein.

wirksame Beitrittserklärung

cc) Der Beitritt muss wirksam erklärt werden, § 70 I, II ZPO. Dies stellt eine Prozesshandlung dar, sodass die Prozesshandlungsvoraussetzungen gegeben sein müssen.

---

452 Th/P, § 67 ZPO, Rn. 5.
453 Th/P, § 66 ZPO, Rn. 5 f.

Prozesshandlungsvoraussetzungen

dd) Das Gericht prüft von Amts wegen nur, ob die Prozesshandlungsvoraussetzungen gegeben sind. Ist dies nicht der Fall, so wird die Nebenintervention als unzulässig zurückgewiesen.[454]

evtl. Zwischenstreit gem. § 71 ZPO

Hinsichtlich der übrigen Zulässigkeitsvoraussetzungen findet eine Prüfung nur auf Rüge einer der Prozessparteien statt.[455] Über die Zulässigkeit findet dann ein Zwischenstreit statt, § 71 I ZPO. Dieser wird durch Zwischenurteil abgeschlossen, § 71 II ZPO. Wird die Zurückweisung der Nebenintervention in diesen Fällen von niemandem beantragt, so tritt eine Heilung der Zulässigkeitsmängel gem. § 295 ZPO ein.

c) Stellung des Nebenintervenienten

Prozesshandlungsbefugnis

Die Stellung des Nebenintervenienten regelt § 67 ZPO. Dieser ist hiernach grundsätzlich befugt, alle Prozesshandlungen vorzunehmen, die auch die unterstützte Partei vornehmen kann.[456] Er ist aber nicht Partei!

481

Vertretungsfiktion

Für den Nebenintervenienten laufen keine eigenen Fristen. Er kann aber die für die Hauptpartei maßgeblichen Fristen wahren, beispielsweise Einspruch gegen ein Versäumnisurteil zur Wahrung der Einspruchsfrist gem. § 339 ZPO einlegen.

Ebenso **kann** der Nebenintervenient **für die Hauptpartei** ein **Versäumnisurteil** oder eine Präklusion **verhindern**.

keine widersprechenden Handlungen

Allerdings darf er sich hierbei nicht in Widerspruch zu der Prozessführung der Hauptpartei stellen.[457] Stellt diese beispielsweise eine vom Prozessgegner behauptete Tatsache unstreitig, so kann sie der Nebenintervenient nicht bestreiten, um eine Beweisaufnahme zu erzwingen.

Der Nebenintervenient ist ferner dahingehend beschränkt, dass er nicht über den Streitgegenstand verfügen darf, beispielsweise durch Klageänderung, Anerkenntnis, Erledigterklärung oder Vergleich. Er ist auch nicht zum Eingriff in die materielle Rechtszuständigkeit der Hauptpartei befugt, er darf also nicht für sie Rechte wie Aufrechnung, Anfechtung, Rücktritt, Kündigung etc. ausüben.

d) Nebeninterventionswirkung

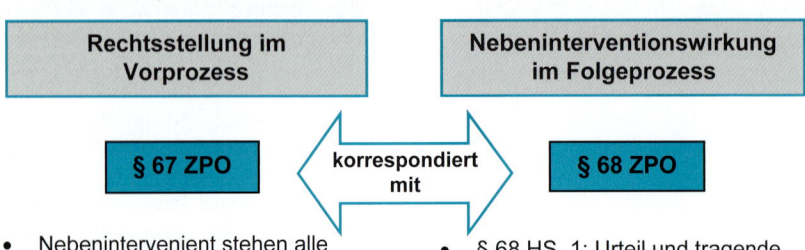

* Nebenintervenient stehen alle Angriffs- und Verteidigungsmittel zu, § 67 HS. 2
* Beschränkung der Rechtsstellung des NI:
  a) Aufnahme in der Lage, in der er sich der Rechtsstreit befindet, § 67 1 HS. 1
  b) Widerspruch der Hauptpartei, § 67 HS. 3

* § 68 HS. 1: Urteil und tragende Feststellungen gelten als richtig
* Einwand mangelhafter Prozessführung nur (+),
  a) vor dem Eintritt des NI
  b) bei Widerspruch der Hauptpartei
  c) bei absichtlich/grob fahrlässig mangelhafter Prozessführung

---

454　Th/P, § 66 ZPO, Rn. 10.

455　Th/P, § 66 ZPO, Rn. 11.

456　Th/P, § 67 ZPO, Rn. 6 - 10.

457　Th/P, § 67 ZPO, Rn. 11 - 15.

relevant im Folgeprozess	Soweit es zwischen der unterstützten Hauptpartei und dem Nebenintervenienten zu einem Folgeprozess kommt, greift die sog. Nebeninterventionswirkung gem. § 68 HS 1 ZPO ein.	*482*

weiter als Rechtskraft

Die Nebeninterventionswirkung ist der Rechtskraftwirkung ähnlich, geht aber wesentlich weiter als diese. Im Gegensatz zur Rechtskraftwirkung erfasst sie nicht nur den Entscheidungssatz, sondern auch alle im Vorprozess festgestellten Einzeltatsachen und deren rechtliche Beurteilung.[458]

> **Bsp.:** *Hat das Gericht beispielsweise in dem Vorprozess des Ausgangsfalles festgestellt, dass bestimmte Tatsachen vorliegen, die den rechtlichen Schluss auf das Bestehen einer Hauptverbindlichkeit zwischen A und B und auf einen Bürgschaftsvertrag zwischen A und X zulassen, so ist das Gericht im Folgeprozess zwischen X und B an diese Feststellungen gebunden. Gem. § 68 HS 1 ZPO gelten diese als richtig und müssen von Amts wegen beachtet werden.*

Einrede mangelhafter Prozessführung	Eine Beseitigung der Bindung im Folgeprozess kommt nur in Betracht, wenn der Nebenintervenient die Einrede mangelhafter Prozessführung durch die Hauptpartei erheben kann, § 68 HS 2 ZPO.	*483*

nur zuungunsten des Nebenintervenienten	Zu beachten ist, dass die Nebeninterventionswirkung nach h.M. nur zuungunsten des Nebenintervenienten gilt. Dies folgt aus dem Zweck der Nebenintervention, die dem Interesse der unterstützten Hauptpartei dient. Der Nebenintervenient kann sich also im Folgeprozess nicht auf solche Feststellungen des Vorprozesses berufen, die für ihn günstig sind.[459] Für die Streitverkündung wird dies durch § 74 III ZPO („gegen den Dritten") klargestellt.	*484*

hemmer-Methode: Die Hauptintervention nach §§ 64, 65 ZPO hat mit der Nebenintervention nichts zu tun, sondern stellt eine „Einmischung" in einen anhängigen Prozess als Partei dar. Es liegt jetzt ein Dreiecksprozess vor, bei dem drei Klagen von drei Personen gehäuft sind, also gemeinsam verhandelt werden, aber rechtlich in der Sache selbstständig sind!
Zweck: Für die Einmischungsklage des Dritten ist das Gericht des anhängigen Rechtsstreits zuständig (besonderer Gerichtsstand) und Kläger und Beklagter des Erstprozesses werden Streitgenossen!

2. Streitverkündung

Streitverkündungsgrund: *Mögliche Regressansprüche gegen Dritten*	**a)** Glaubt eine Partei im Prozess, für den Fall ihres Unterliegens Regressansprüche gegen einen Dritten zu haben oder Ansprüchen eines Dritten ausgesetzt zu sein, so hat sie die Möglichkeit, dem Dritten den Streit zu verkünden, §§ 72, 73 ZPO.	*485*

hemmer-Methode: Durch das „Zweite Gesetz zur Modernisierung der Justiz", das am 31.12.2006 in Kraft getreten ist, wurde in § 72 II ZPO eine lang umstrittene Frage gesetzlich geregelt. Festgestellt wird nun ausdrücklich, dass ein gerichtlicher Sachverständiger kein Dritter ist, dem der Streit verkündet werden kann.

Hemmung der Verjährung, *§§ 204 I Nr. 6, 209 BGB*	**b)** Materiell-rechtlich wirkt die Streitverkündung zugunsten des Streitverkünders verjährungshemmend, §§ 204 I Nr. 6, 209 BGB. In prozessualer Hinsicht gibt der Streitverkünder dem Dritten, dem sog. Streitverkündungsempfänger, die Möglichkeit, dem Rechtsstreit als Nebenintervenient beizutreten, § 74 I ZPO.	*486*

---

458 Th/P, § 68 ZPO, Rn. 5 - 8.
459 Th/P, § 68 ZPO, Rn. 1 m.w.N.

*Streitverkündungsempfänger ⇨
Möglichkeit, dem Rechtsstreit als
Nebenintervenient beizutreten*

c) Macht der Dritte von dieser Möglichkeit Gebrauch, so hat er im Vorprozess die Stellung eines Nebenintervenienten, § 74 I. Im Folgeprozess greift also die Nebeninterventionswirkung ein, §§ 74 I, 68 ZPO. Es ergeben sich insoweit keine Besonderheiten gegenüber der Nebenintervention.

487

*Nebeninterventionswirkung auch bei
nicht erfolgtem Beitritt*

d) Besonderheiten ergeben sich, wenn der Streitverkündungsempfänger dem Rechtsstreit nicht beitritt.

488

In diesem Fall wird der Rechtsstreit ohne Rücksicht auf ihn fortgesetzt, § 74 II ZPO. Der Streitverkündungsempfänger entgeht jedoch im Folgeprozess nicht der Nebeninterventionswirkung, § 74 III ZPO i.V.m. § 68 ZPO. Diese kann aber nur greifen, soweit die Voraussetzungen einer wirksamen Streitverkündung im Vorprozess gegeben waren. Dies ist zum einen eine formal ordnungsgemäße Vornahme gem. § 73 ZPO, zum anderen das Vorliegen eines Streitverkündungsgrundes gem. § 72 ZPO.[460]

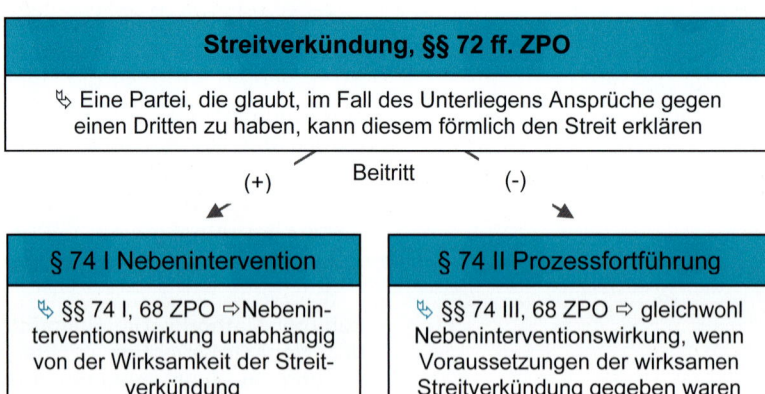

> **Streitverkündung, §§ 72 ff. ZPO**
>
> ↳ Eine Partei, die glaubt, im Fall des Unterliegens Ansprüche gegen einen Dritten zu haben, kann diesem förmlich den Streit erklären

(+)   Beitritt   (-)

§ 74 I Nebenintervention	§ 74 II Prozessfortführung
↳ §§ 74 I, 68 ZPO ⇨ Nebeninterventionswirkung unabhängig von der Wirksamkeit der Streitverkündung	↳ §§ 74 III, 68 ZPO ⇨ gleichwohl Nebeninterventionswirkung, wenn Voraussetzungen der wirksamen Streitverkündung gegeben waren

↳ Nebeninterventionswirkung stets nur zugunsten des Streitverkünders
↳ wirksame Streitverkündung hemmt nach § 204 I Nr. 6 BGB die Verjährung

Übungsfall:

Fall (nach BGHZ 85, 252): A verklagt B auf Zahlung eines Kaufpreises aus einem zwischen den Parteien angeblich geschlossenen Kaufvertrag. Im Verlauf des Prozesses trägt B vor, bei den Vertragsverhandlungen nur als Vermittler (nicht: Vertreter) des C tätig gewesen zu sein. Daraufhin verkündet A dem C den Streit. C bleibt untätig. Die Klage des A wird abgewiesen, da es das Gericht nicht als erwiesen ansieht, dass ein Vertrag zwischen A und B zustande gekommen ist. Vielmehr spricht nach Auffassung des Gerichts vieles für einen Vertrag zwischen A und C, ohne dass insofern eine eindeutige Feststellung erfolgt. Daraufhin verklagt A den C auf Zahlung des Kaufpreises und beruft sich auf die Nebeninterventionswirkung. Zu Recht?

Das Gericht könnte im Folgeprozess durch die Nebeninterventionswirkung insoweit gebunden sein, als es aufgrund der Feststellungen im Vorprozess jedenfalls von einem Vertragsschluss zwischen A und C ausgehen muss, §§ 74 III, 68 ZPO.

---

460 Th/P, § 74 ZPO, Rn. 2.

Hier ist jedoch zu beachten, dass im Vorprozess nicht festgestellt wurde, dass ein Vertrag zwischen A und C zustande gekommen ist. Vielmehr hatte A den Prozess verloren, weil nicht festgestellt werden konnte, ob ein Vertrag zwischen A und B oder C zustande gekommen ist, sodass A die objektive Beweislast tragen musste.

Im Folgeprozess tritt dadurch nach h.M. nicht die Folge ein, dass das Gericht von dem Gegenteil der im Vorprozess nicht erwiesenen Tatsache ausgehen muss, hier also von einem Vertragsschluss zwischen A und C. Dies würde dazu führen, dass die Beweislast im Folgeprozess zu Lasten des Streitverkündungsempfängers verändert würde.

Eine solche Veränderung der objektiven Beweislast sieht das materielle Recht nur ausnahmsweise in § 830 I S. 2 BGB vor und ist allgemein nicht aus Sinn und Zweck der Nebenintervention herzuleiten. Vielmehr tritt eine Nebeninterventionswirkung nur hinsichtlich der Nichterweislichkeit der Tatsache ein. Dies kann sich der Streitverkünder nur dann zunutze machen, wenn im Folgeprozess den Streitverkündungsempfänger die objektive Beweislast für die betreffende Tatsache trifft. Im Übrigen ist es hinzunehmen, dass der Streitverkünder, soweit er auch im Folgeprozess beweisbelastet ist und ihm der Beweis wiederum nicht gelingt, beide Prozesse verliert und seinen Anspruch überhaupt nicht realisieren kann.

§ 6 TATSACHENVORTRAG UND BEWEIS

hemmer-Methode: Da der Aufgabenstellung im Referendarexamen meistens unstreitige Sachverhalte zugrunde liegen, hat das Beweisrecht dort nahezu keine Bedeutung. Im Folgenden soll deshalb ein kurzer Überblick genügen, um den Leser mit den Grundbegriffen vertraut zu machen und ihm eine konkrete Vorstellung vom Ablauf des Zivilprozesses zu vermitteln.

I. Darlegungslast

Ausfluss des Verhandlungsgrundsatzes

Im Zivilprozess ergibt sich aus dem Verhandlungsgrundsatz[461], dass die Parteien und nicht das Gericht die entscheidungserheblichen Tatsachen darzulegen haben.

489

Die Rechtsanwendung obliegt dann dem Gericht („**da mihi facta, dabo tibi ius.**")

Grundprinzip:
Jeder für die ihm günstigen Tatsachen darlegungspflichtig

Welche Partei welche Tatsachen darzulegen hat, ist eine Frage der sog. Darlegungslast. Hier gilt folgendes Grundprinzip: Jede Partei hat jeweils die Tatsachen darzulegen, die für sie von Vorteil sind. Der Kläger hat danach die anspruchsbegründenden Tatsachen darzulegen, der Beklagte die Tatsachen, die zur Begründung rechtshindernder, rechtsvernichtender Einwendungen oder rechtshemmender Einreden dienen.[462]

> *Fall: A klagt gegen B auf Zahlung einer Werklohnforderung. Der zugrunde liegende Vertrag wurde von B angefochten.*

> Nach dem Grundprinzip hat A als Kläger die anspruchsbegründenden Tatsachen darzulegen, also die Tatsachen, aus denen sich der Abschluss eines Werkvertrages mit B ergibt. B obliegt es danach, Tatsachen vorzubringen, die eine wirksame Anfechtung dieses Vertrages begründen, da diese eine rechtsvernichtende Einwendung darstellt.

II. Beweisbedürftigkeit

Beweisbedürftigkeit, sofern:

Soweit eine Partei eine Tatsache dargelegt hat, muss das Gericht entscheiden, ob diese Tatsache bewiesen werden muss oder der Entscheidung ohne Beweiserhebung zugrunde gelegt werden kann, ob die Tatsache also beweisbedürftig ist.

490

1. Entscheidungserhebliche Tatsachen

– *entscheidungserheblich*

Beweisbedürftig sind zunächst nur solche Tatsachen, deren Vorliegen oder Nichtvorliegen für die Entscheidung des Gerichts erheblich ist.

491

2. Bestrittene Tatsachen

– *bestritten*

Ist eine Tatsache entscheidungserheblich, so bedarf sie nur des Beweises, wenn sie von der anderen Partei wirksam bestritten worden ist. Dies beurteilt sich nach den §§ 138 III, IV, 288 ZPO.

492

---

461 Vgl. Rn 16 ff.

462 Th/P, vor § 284 ZPO, Rn. 23.

a) Zugestandene Tatsachen

(-) bei zugestandenen Tatsachen

Unstreitig sind solche Tatsachen, welche die gegnerische Partei ausdrücklich zugesteht oder zu denen sie sich überhaupt nicht erklärt.

493

Wird eine Tatsache vom Gegner ausdrücklich zugestanden, so handelt es sich um ein Geständnis i.S.v. § 288 ZPO, das nur unter den engen Voraussetzungen von § 290 ZPO widerrufen werden kann.

Eine fehlende Erklärung des Gegners führt hingegen nur zu einer Geständnisfiktion gem. § 138 III ZPO. Zu beachten ist, dass die Gegenpartei in diesem Fall bis zum Schluss der letzten mündlichen Verhandlung die Möglichkeit hat, die Tatsache streitig zu stellen; insoweit ist § 290 ZPO nicht anwendbar.[463]

b) Qualifiziertes Bestreiten

Angabe alternativen Sachverhalts

Streitig sind solche Tatsachen, die der Gegner ausdrücklich bestreitet, indem er durch Angabe bestimmter Tatsachen eine andere Darstellung des Geschehens gibt, sog. qualifiziertes Bestreiten.

494

c) Schlichtes Bestreiten

Bestreiten mit Nichtwissen, § 138 IV ZPO

Schwierig sind solche Fälle zu beurteilen, in denen die gegnerische Partei eine behauptete Tatsache mit Nichtwissen bestreitet, sog. schlichtes Bestreiten. Dies ist gem. § 138 IV ZPO nur eingeschränkt möglich.[464]

495

> **Fall:** *A macht gegen B einen Schadensersatzanspruch aus einem Verkehrsunfall geltend. A behauptet Tatsachen, die das Verschulden des B begründen. B bestreitet diese Tatsachen mit Nichtwissen. Ist hier eine Beweisaufnahme erforderlich?*

Eine Beweisaufnahme ist nur dann erforderlich, wenn die von A entsprechend seiner Darlegungslast vorgebrachten, entscheidungserheblichen Tatsachen wirksam bestritten wurden. Dies ist hier nur dann der Fall, wenn B mit Nichtwissen bestreiten durfte. Gem. § 138 IV ZPO ist dies nur zulässig, wenn es sich um Tatsachen handelt, die weder eigene Handlungen der bestreitenden Partei noch Gegenstand ihrer eigenen Wahrnehmung gewesen sind. Dies ist gerade nicht der Fall. Die das Verschulden des B begründenden Tatsachen waren zumindest Gegenstand seiner eigenen Wahrnehmung (Unfallhergang). B hätte einen anderen Geschehensablauf schildern müssen, der gerade auf sein Nichtverschulden schließen lässt. Die verschuldensbegründenden Tatsachen können also als nicht streitig angesehen und ohne Beweisaufnahme der Entscheidung zugrunde gelegt werden.

3. Offenkundige Tatsachen

keine Beweisbedürftigkeit

Entscheidungserhebliche und wirksam bestrittene Tatsachen bedürfen keines Beweises, wenn sie offenkundig sind, § 291 ZPO. Offenkundige Tatsachen sind insbesondere allgemeinkundige Tatsachen, z.B. historische Ereignisse.

496

---

463 Th/P, § 290 ZPO, Rn. 1.

464 Th/P, § 138 ZPO, Rn. 19 ff.; Schlosser, Rn. 160a.

III. Beweisführungslast

Beweislast folgt der Darlegungslast

Steht fest, dass eine entscheidungserhebliche Tatsache beweisbedürftig ist, so stellt sich die Frage, wer den Beweis für ihr Vorliegen führen muss, wer also die sog. Beweisführungslast oder subjektive Beweislast trägt.

497

Auch insoweit gilt die oben genannte Grundregel, dass eine Partei jeweils die Tatsachen beweisen muss, die für sie von Vorteil sind.

IV. Beweiserhebung

1. Beweisverfahren

Beweisantrag

Das Beweisverfahren wird von der beweisführungsbelasteten Partei durch Beweisantrag eingeleitet.

498

Beweiserhebung z.T. v.A.w.

Jedoch kann auch das Gericht von Amts wegen eine Beweiserhebung anordnen, §§ 144 I, 142, 143, 448 ZPO.

Nur beim Zeugenbeweis ist stets ein Beweisantritt durch eine Partei erforderlich, § 373 ZPO.

i.d.R. formloser Beweisbeschluss

Die Beweisaufnahme bedarf der Anordnung durch das Gericht, in den Fällen der §§ 358, 450 I S. 1 ZPO mittels eines förmlichen Beweisbeschlusses, in allen anderen Fällen durch formlose Beweisanordnung.

grds. Beweisaufnahme vor erkennendem Gericht

Die Beweisaufnahme findet grundsätzlich vor dem Prozessgericht statt, § 355 I S. 1 ZPO als Ausprägung des Unmittelbarkeitsgrundsatzes. Ausnahmen sind die Beweisaufnahme durch den beauftragten oder ersuchten Richter, §§ 355 I S. 2, 361, 362 ZPO.

2. Beweisarten

a) Strengbeweis

förmliches Beweisverfahren

Im Zivilprozess gilt grundsätzlich das Prinzip des Strengbeweises. Beim Nachweis entscheidungserheblicher Tatsachen sind die Parteien also an das förmliche Beweisverfahren und die vom Gesetz vorgesehenen Beweismittel gebunden.

499

b) Freibeweis

insb. bei Prüfung der Prozessvoraussetzungen

Den Gegensatz hierzu bildet der Freibeweis. Soweit dieser zulässig ist, kann das Gericht ohne Bindung an das förmliche Beweisverfahren und die gesetzlich vorgesehenen Beweismittel alle Erkenntnisquellen, die ihm zur Verfügung stehen, zur Klärung der beweisbedürftigen Tatsachen heranziehen. Der Freibeweis ist insbesondere statthaft bei der Prüfung der Prozessvoraussetzungen.[465]

500

§ 284 S. 2 bis S. 4 ZPO gibt den Prozessparteien die Möglichkeit, in jedem Stadium des Prozesses den Streng- durch den Freibeweis zu ersetzen[466].

---

465 Th/P, vor § 284 ZPO, Rn. 6.

466 <u>Hinweis</u>: Dies ist eine Änderung, die im Zuge des Justizmodernisierungsgesetzes mit Wirkung zum 01.09.2004 in Kraft getreten ist.

hemmer-Methode: Demnach ist das Gericht nun nicht mehr an die fünf in der ZPO aufgeführten Beweismittel (vgl. Rn. 502 ff.) gebunden, sondern kann, wenn die Parteien zugestimmt haben, „in der ihm geeignet erscheinenden Art" (z.B. telefonische Befragung eines Zeugen) die Beweise aufnehmen. Dieses Einverständnis der Parteien ist nur unter bestimmten Voraussetzungen widerruflich, § 284 S. 4 ZPO.

c) Glaubhaftmachung

insb. im vorläufigen Rechtsschutz

Soweit das Gesetz die Glaubhaftmachung als Beweis ausreichen lässt, kommt als zusätzliches Beweismittel die eidesstattliche Versicherung in Betracht, § 294 ZPO. Wichtigster Fall ist das Arrestverfahren, § 920 II ZPO, und die einstweilige Verfügung, §§ 936, 920 II ZPO.

501

3. Beweismittel

a) Augenscheinsbeweis, §§ 371 - 372a ZPO

jede Form der Sinneswahrnehmung

Die Augenscheinseinnahme umfasst über den Wortsinn hinaus jegliche Form der Sinneswahrnehmung.

502

Sie dient der Bewertung der Beschaffenheit einer Person oder Sache durch das Prozessgericht, evtl. unter Hinzuziehung eines Sachverständigen, § 372 I ZPO.

b) Zeugenbeweis, §§ 373 - 401 ZPO

Wahrnehmungen des Zeugen

Der Zeugenbeweis ist das in der Praxis am häufigsten verwendete Beweismittel. Gegenstand des Zeugenbeweises sind in der Vergangenheit liegende Tatsachen, die der Zeuge selbst wahrgenommen hat.

503

hemmer-Methode: Die Frage, inwieweit die Aussagen eines Lauschzeugen bei einem nicht angekündigten Mithören (sog. Hörfalle) im Zivilprozess verwertbar sind, hat nun das BVerfG entschieden.
Das Recht am gesprochenen Wort (Art. 2 I GG) sei verletzt, wenn heimliche Mithörer, mit denen nicht gerechnet werden müsse, später als Zeugen vernommen werden könnten.
Nur wenn sich der Beweisführer in einer Notwehrsituation oder in einer notwehrähnlichen Lage befinde, werden Ausnahmen zugelassen.
Wenn also durch eine Belauschung eine Straftat abgewehrt werden soll, sei eine Verwertung möglich. Unzulässig und daher unverwertbar seien aber Aussagen eines Lauschzeugen, wenn das Belauschen vorsorglich zur Beweisgewinnung erfolgt[467].
Ob eine Hörfalle bereits zulässig ist, um einen versuchten oder späteren Prozessbetrug abzuwehren, wird im Beitrag von Foerste, „Lauschzeugen im Zivilprozess", in NJW 2004, 262 ff. dargestellt.

c) Sachverständigenbeweis, §§ 402 - 414 ZPO

Hilfsperson des Gerichts

Der Sachverständige ist Hilfsperson des Gerichts bei der Feststellung beweiserheblicher Tatsachen in den Fällen, in denen die eigene Sachkunde des Gerichts nicht ausreicht.

504

Der Sachverständige ist stets genau vom Zeugen abzugrenzen.

---

467 Vgl. BVerfG, NJW 2002, 3619 ff.

Unterscheide:
sachverständiger Zeuge

Während der Zeuge, da er persönliche Wahrnehmungen berichtet, nicht ersetzbar ist, ist es der Sachverständige schon, weil er allgemeine Erfahrungssätze berichtet. Im Fall des sog. sachverständigen Zeugen ordnet § 414 ZPO konsequent die Anwendbarkeit der Zeugenvorschriften an. Auch der sachverständige Zeuge berichtet über persönlich Wahrgenommenes, wenngleich seine Wahrnehmung besondere Sachkunde voraussetzt. Er ist nicht ersetzbar.

hemmer-Methode: Der durch das Justizmodernisierungsgesetz mit Wirkung zum 01.09.2004 neu eingefügte § 411a ZPO ermöglicht es, Sachverständigengutachten aus anderen Verfahren zu verwerten und somit auf die Erstellung neuer Gutachten zu verzichten. Diese Neuregelung könnte z.B. dann relevant werden, wenn ein Lebenssachverhalt, z.B. ein Verkehrsunfall, zunächst einen Straf- und später einen Zivilprozess nach sich zieht.
Allerdings stellt die Gesetzesbegründung klar, dass § 411a ZPO nicht die Mitwirkungsrechte der Parteien einschränken soll, sodass auch gegen das übernommene Gutachten die Rechte aus § 411 III, IV ZPO und § 406 ZPO bestehen.
Durch das „Zweite Gesetz zur Modernisierung der Justiz", das am 31.12.2006 in Kraft getreten ist, wurde § 411a ZPO dahingehend erweitert, dass nun auch <u>staatsanwaltschaftlich</u> eingeholte Gutachten verwertet werden können.

d) Urkundenbeweis, §§ 415 - 444 ZPO

durch Schriftform verkörperte Gedankenerklärung

505

Zu beachten ist, dass dem Urkundenbeweis nur solche Urkunden zugänglich sind, bei denen eine Gedankenerklärung durch Schriftzeichen verkörpert ist. Der zivilprozessuale Urkundenbegriff ist also enger als der des materiellen Strafrechts. Bei nicht schriftlichen Gedankenerklärungen ist allerdings ein Beweis durch Augenschein möglich.

Wegen der unterschiedlichen Beweiskraft ist zwischen öffentlichen und privaten Urkunden zu unterscheiden, vgl. §§ 417, 418, 437, 416, 439, 440 ZPO.

e) Parteivernehmung, §§ 445 - 455 ZPO

subsidiäres Beweismittel

506

Die Parteivernehmung kommt als subsidiäres Beweismittel nach Ausschöpfung anderer Beweismöglichkeiten in Betracht, §§ 445, 447, 448 ZPO.

Soweit eine Person als Partei vernommen werden könnte, kann sie nicht Zeuge im Prozess sein.

Unterscheide:
Schlichtes Parteivorbringen

Zu unterscheiden ist die Parteivernehmung vom schlichten Parteivortrag im Prozess. Während die Parteivernehmung zum Beweis einer Tatsache führen kann, darf der Parteivortrag lediglich bei der Beweiswürdigung berücksichtigt werden.

Die Parteivernehmung ist nicht erzwingbar, eine Weigerung kann aber negative Folgen für die sich weigernde Partei haben, § 446 ZPO.

hemmer-Methode: Die Beweismittel können Sie mit dem etwas blöd klingenden und daher gut merkbaren Wort SAPUZ zusammenfassen. <u>S</u>achverständige, <u>A</u>ugenschein, <u>P</u>arteivernehmung, <u>U</u>rkunden, <u>Z</u>eugen.

4. Beweiswürdigung, § 286 ZPO

Bewertung der Beweisaufnahme

Nach der Durchführung der Beweisaufnahme obliegt es dem Gericht zu entscheiden, ob eine Tatsache als bewiesen anzusehen ist oder nicht. *507*

a) Beweismaß

grds. Vollbeweis

Das Gericht muss sich zunächst Klarheit darüber verschaffen, mit welcher Beweisstärke die streitige Tatsache erwiesen werden muss, sog. Beweismaß. *508*

Grundsätzlich ist der sog. Vollbeweis erforderlich. Dies bedeutet, dass das Gericht eine Tatsache seiner Entscheidung nur zugrunde legen darf, wenn es von ihrer Wahrheit voll überzeugt ist. Hierfür ist keine absolute Gewissheit erforderlich, sondern ein so hoher Grad an Wahrscheinlichkeit, dass Zweifel vernünftigerweise nicht mehr geboten sind.

Glaubhaftmachung: geringerer Grad an Überzeugung

In den Fällen der Glaubhaftmachung reicht ausnahmsweise eine geringere Form der Überzeugung aus. Eine Tatsache ist glaubhaft, wenn das Gericht nach der Beweisaufnahme die Wahrheit der Tatsache für überwiegend wahrscheinlich hält.

b) Prinzip der freien Beweiswürdigung

§ 286 I ZPO

Ob das erforderliche Beweismaß erreicht wurde, entscheidet das Gericht grundsätzlich nach seiner freien Überzeugung, § 286 I ZPO, sog. Prinzip der freien Beweiswürdigung. *509*

§ 286 II ZPO:
Ausn. Beweisregeln

Nur in den gesetzlich ausdrücklich geregelten Fällen ist das Gericht an Beweisregeln gebunden, §§ 286 II, 165, 314, 415 - 418, 444 ZPO.

c) Hauptbeweis und Gegenbeweis

Entkräftung nachteiliger Tatsachen

In diesem Zusammenhang bedürfen die Begriffe Haupt- und Gegenbeweis einer kurzen Erläuterung. *510*

Während es Aufgabe der beweisführungsbelasteten Partei ist, das Gericht von der Wahrheit der behaupteten Tatsache zu überzeugen, sog. Hauptbeweis, kann die nicht beweisführungsbelastete Gegenpartei versuchen, durch eigene Beweisführung die Überzeugung des Gerichts nicht eintreten zu lassen, sog. Gegenbeweis.[468]

d) Verwertbarkeit von unzulässigen Videoaufzeichnungen

(Un)Verwertbarkeit unzulässiger Videoaufzeichnungen

Rechtswidriges Verhalten einer Prozesspartei bei der Informationsgewinnung zu einem Verwertungsverbot führen. In einem gerichtlichen Verfahren ist darauf Bedacht zu nehmen, dass das Gericht den Verfahrensbeteiligten in Ausübung staatlicher Hoheitsgewalt gegenüber tritt. Es ist bei der Urteilsfindung nach Art. 1 III GG an die Grundrechte gebunden und zu einer rechtsstaatlichen Verfahrensgestaltung verpflichtet. Aus dem Rechtsstaatsprinzip folgt seine Pflicht zu einer fairen Handhabung des Prozess- und Beweisrechts.[469] *510a*

---

468 Schlosser, Rn. 341.

469 Zuletzt BAG, NZA 2011, 571 ff. = **juris**byhemmer.

Daraus folgt für den Zivilprozess zwar nicht, dass jede unzulässig erlangte Information prozessual unverwertbar wäre. Sie ist es im Einzelfall aber dann, wenn mit ihrer gerichtlichen Verwertung ein erneuter Eingriff in rechtlich geschützte, hochrangige Positionen der anderen Prozesspartei oder die Perpetuierung eines solchen Eingriffs verbunden wäre, *und* dies auch durch schutzwürdige Interessen der Gegenseite - hier des Beklagten - nicht gerechtfertigt werden könnte.

Hat eine Partei den Tatsachenvortrag der Gegenseite nicht bestritten, ist ihr die Möglichkeit, sich auf die Rechtswidrigkeit der ihm zugrundeliegenden Informationsbeschaffung zu berufen, nur dann genommen, wenn in ihrem Nichtbestreiten zugleich die Einwilligung in eine prozessuale Verwertung der fraglichen Tatsachen liegt. Dann wiederum stellt sich die Frage nach einem Verwertungsverbot nicht.

Der Schutz des Betroffenen vor einer rechtswidrigen Videoüberwachung verlangt aber nicht, auch solche unstreitigen Tatsachen außer Acht zu lassen, die der beweispflichtigen Partei nicht nur durch die Videoaufzeichnung, sondern ohne Rechtsverstoß auch aus einer anderen Informationsquelle bekannt geworden sind.

> **hemmer-Methode: Ob ein Beweismittel einem prozessualen Verwertungsverbot unterliegen kann, wenn es ohne eine weitere, zuvor rechtswidrig gewonnene Information nicht hätte erlangt werden können (Fernwirkung von Verwertungsverboten), hat das BAG (leider) offengelassen[470].**

V. Non-liquet und Feststellungslast

Nichtbeweisbarkeit einer Tatsache

Wenn eine Tatsache bewiesen werden konnte, kann sie das Gericht seiner Entscheidung zugrunde legen.   *511*

Wurde das erforderliche Maß an Überzeugung (§ 286 I ZPO) hingegen nicht erreicht, so tritt hinsichtlich der betreffenden Tatsache die Situation des sog. „non-liquet" ein. Dies bedeutet, dass weder Wahrheit noch Unwahrheit der behaupteten Tatsache zur Überzeugung des Gerichts feststehen.

zu Lasten beweisbelasteter Partei

Zu wessen Lasten diese Nichterweislichkeit einer Tatsache bei der Entscheidung geht, ist eine Frage der Feststellungslast oder objektiven Beweislast.   *512*

Auch für die Verteilung der Feststellungslast gilt die oben genannte Grundregel, dass jede Partei das Risiko der Nichterweislichkeit derjenigen Tatsachen trägt, die für sie von Vorteil sind.

> **hemmer-Methode: Beachten Sie also, dass die Grundregel der Beweislastverteilung mit den noch darzustellenden Ausnahmen an drei verschiedenen Stellen zur Anwendung kommt:**
>
> 1. **Wer muss eine Tatsache im Prozess vortragen, sog. Darlegungslast.**
> 2. **Wer muss diese Tatsache beweisen, sog. Beweisführungslast oder subjektive Beweislast.**
> 3. **Wer trägt das Risiko der Nichterweislichkeit, sog. Feststellungslast oder objektive Beweislast.**

> *Bsp.: B behauptet im Prozess, von A bei dem unstreitig erfolgten Vertragsschluss arglistig getäuscht worden zu sein. A bestreitet dies. In der anschließenden Beweisaufnahme kann die Täuschung nicht eindeutig nachgewiesen werden. Wie ist zu entscheiden?*

Hier ist eine Tatsache nicht erweislich, die eine rechtsvernichtende Einwendung begründen würde, §§ 142 I, 123 BGB. Die objektive Beweislast trifft deshalb den Beklagten B, das „non-liquet" geht zu seinen Lasten. Der Klage des A ist stattzugeben.

VI. Sonderprobleme des Beweisrechts

1. Beweislastumkehr

Beispiele: §§ 280 I S. 2, 311a II S. 2 BGB

Abweichend von der Grundregel der Beweislast ist in verschiedenen Vorschriften ausdrücklich geregelt oder angedeutet, dass das Nichtvorliegen einer anspruchsbegründenden Tatsache vom potenziellen Schuldner, also regelmäßig vom Beklagten, bewiesen werden muss.   **513**

Als Beispiele seien hier die §§ 280 I S. 2, 286 IV, 311a II S. 2 BGB angeführt:

Dies erschließt sich im Fall der §§ 280 I S. 2, 311a II S. 2 ZPO aus der negativen Formulierung der Normen: „Dies gilt nicht, (...)". An dieser Stelle obliegt es dem Gläubiger, dem Schuldner das Vertretenmüssen der Pflichtverletzung bzw. der Unkenntnis des Leistungshindernisses nachzuweisen.

Außerhalb des Vertragsrechts findet sich eine vergleichbare Beweislastumkehr im Bereich der Produzentenhaftung[471] und des Arzthaftungsrechts.[472]

Weitere Regelungen enthalten z.B. die §§ 179 I, 363 BGB.

> **hemmer-Methode: Vertiefen Sie die Grundsätze der Beweislast und die diesbezüglichen Ausnahmen anhand von Hemmer/Wüst, Deliktsrecht II, Rn. 350 ff. (Produkt- und Produzentenhaftung), Deliktsrecht I, Rn. 23 (Arzthaftung).**

2. Gesetzliche Vermutungen

Gegner für Widerlegung der Vermutung beweispflichtig

An einigen Stellen des materiellen Rechts finden sich gesetzliche Vermutungen für bestimmte Tatsachen (§§ 440 S. 2, 938, 1117 III, 1253 II, 1377 I, III, 2009 BGB) oder Rechte bzw. Rechtsverhältnisse (§§ 1006 I S. 1, 891 BGB bzw. § 1362 BGB, § 1 II HGB).   **514**

Die Wirkung dieser gesetzlichen Vermutungen besteht darin, dass die grundsätzlich beweisbelastete Partei nur die Tatsache darlegen und gegebenenfalls beweisen muss, die die Vermutung auslöst, also beispielsweise bei § 1006 BGB den Besitz als Tatsachenbasis der Eigentumsvermutung.

Dem Prozessgegner obliegt dann der sog. Beweis des Gegenteils gem. § 292 ZPO. Der Prozessgegner muss also zur vollen Überzeugung des Gerichts Tatsachen darlegen und beweisen, aus denen sich ergibt, dass der vermutete Zustand nicht besteht. Dies gilt jedoch nicht für unwiderlegliche Vermutungen (Fiktionen), z.B. § 1566 I, II BGB.

---

471 Th/P, vor § 284 ZPO, Rn. 29; Palandt, § 823 BGB, Rn. 183 f.
472 Th/P, vor § 284 ZPO, Rn. 30.

3. Anscheinsbeweis bzw. „prima-facie-Beweis"

typ. Geschehensverlauf, insb. bei Kausalität, Verschulden

Von einem Anscheinsbeweis oder „prima-facie-Beweis" spricht man, wenn bestimmte Tatsachen feststehen, die den Schluss auf andere Tatsachen zulassen, weil insofern ein typischer Geschehensablauf vorliegt. Der Anscheinsbeweis spielt insbesondere bei Fragen der Kausalität und des Verschuldens eine Rolle.

515

> **Bsp.:** *Ist ein Pkw-Beifahrer nicht angeschnallt und erleidet er bei einem Verkehrsunfall Gesichtsverletzungen, so besteht eine tatsächliche Lebenserfahrung dahingehend, dass das Nichtanschnallen für die Verletzung zumindest mitursächlich war.*

Erschütterung ausreichend

Folge eines solchen Anscheinsbeweises ist jedoch nicht, dass der Gegner den vollen Beweis des Gegenteils führen muss. Es reicht aus, wenn er konkrete Tatsachen behauptet und beweist, aus denen sich die Möglichkeit eines atypischen Geschehensablaufs ergibt, sog. Erschütterung des ersten Anscheins. Durch diese Erschütterung entfällt die Privilegierung der beweisbelasteten Partei, d.h., sie muss nunmehr vollen Beweis erbringen.

hemmer-Methode: Der Anscheinsbeweis ist damit lediglich eine Beweiserleichterung, aber keine Beweislastumkehr im Sinne einer Vermutung.[473]

4. Vertiefungshinweise

Weitere Sonderprobleme des Beweisrechts sind:

516

⇨   Indizienbeweis, vgl. Jauernig, § 49 II 4

⇨   Beweisvereitelung, vgl. Th/P, § 286 ZPO, Rn. 17

---

473   Zöller, vor § 284 ZPO, Rn. 29.

§ 7 DIE ENTSCHEIDUNG

I. Urteil

Besonderheiten

Die wichtigsten Entscheidungen des Gerichts sind die Urteile. Sie sind an eine bestimmte Form gebunden und ergehen aufgrund einer mündlichen Verhandlung, wenn nicht ausnahmsweise ein schriftliches Verfahren gem. § 128 II ZPO stattfindet.[474] Urteile sind i.d.R. durch die Rechtsmittel der Berufung und der Revision anfechtbar. Durch diese Kriterien unterscheiden sie sich von anderen Entscheidungen des Gerichts.

517

1. Urteilsarten

Urteile können nach verschiedenen Kriterien eingeteilt werden:

518

– *Prozess-/Sachurteile*

a) Nach der Rechtskraftwirkung sind Prozessurteile und Sachurteile zu unterscheiden.

Die Rechtskraft eines Sachurteils, das der Klage wegen Begründetheit stattgibt oder diese als unbegründet abweist, steht einer neuen Sachentscheidung entgegen.

Die Rechtskraft eines Prozessurteils, das eine Klage als unzulässig abweist, erstreckt sich hingegen nur auf die fehlenden Prozessvoraussetzungen. Eine Entscheidung in der Sache ist möglich, wenn die fehlende Prozessvoraussetzung behoben wird.[475]

hemmer-Methode: Im Tenor findet sich aber lediglich die Formulierung: „Die Klage wird abgewiesen". Warum dies der Fall ist (unzulässig, unbegründet, derzeit unbegründet), ergibt sich erst aus den Entscheidungsgründen[476].

– *Leistungs-/Feststellungs-/Gestaltungsurteile*

b) Nach der Rechtsschutzform können Leistungs-, Feststellungs- und Gestaltungsurteile unterschieden werden.

519

Wie bereits ausgeführt, sind Feststellungsurteile auch diejenigen Urteile, durch die eine Leistungs- oder Gestaltungsklage abgewiesen wird.

– *VU/kontradiktorische Urteile*

c) Nach der Art des Zustandekommens ist zwischen Versäumnisurteilen und kontradiktorischen Urteilen zu unterscheiden.

520

Das Versäumnisurteil ergeht bei Säumnis einer Partei ohne streitige Verhandlung, das kontradiktorische Urteil aufgrund einer streitigen Verhandlung.

– *End-/Zwischen-/Vorbehaltsurteile*

d) Nach der Bedeutung für die Erledigung des Rechtsstreits müssen Endurteile, Zwischenurteile und Vorbehaltsurteile unterschieden werden.

521

– *Endurteil: abschließende Entscheidung über Streitgegenstand*

aa) Endurteile beenden die Instanz durch eine Entscheidung über den Streitgegenstand.[477]

522

---

474 Th/P, vor § 300 ZPO, Rn. 1.

475 Musielak, Rn. 51.

476 Th/P, § 313 ZPO, Rn. 10 a.E.

477 Th/P, § 300 ZPO, Rn. 1.

Ist der geltend gemachte Anspruch vollständig zur Endentscheidung reif, so ergeht ein (Voll-)Endurteil, § 300 I ZPO. Dies gilt auch, wenn einer von mehreren nach § 147 ZPO verbundenen Ansprüchen zur Endentscheidung reif ist, § 300 II ZPO.

Ist einer von mehreren kraft Parteiwillens verbundenen Ansprüchen zur Endentscheidung reif, so kann das Gericht ein (Teil-)Endurteil erlassen, § 301 I, II ZPO. Diese Möglichkeit besteht auch bei Entscheidungsreife eines abgrenzbaren Teils eines Anspruchs. Das den Rechtsstreit endgültig beendende Urteil wird als Schlussurteil bezeichnet.

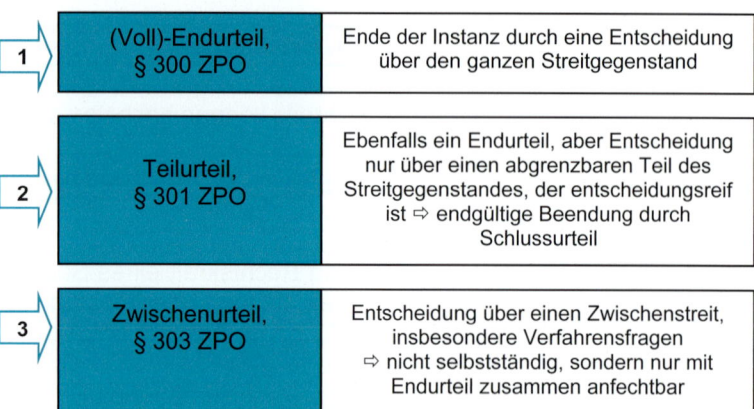

1	(Voll)-Endurteil, § 300 ZPO	Ende der Instanz durch eine Entscheidung über den ganzen Streitgegenstand
2	Teilurteil, § 301 ZPO	Ebenfalls ein Endurteil, aber Entscheidung nur über einen abgrenzbaren Teil des Streitgegenstandes, der entscheidungsreif ist ⇨ endgültige Beendung durch Schlussurteil
3	Zwischenurteil, § 303 ZPO	Entscheidung über einen Zwischenstreit, insbesondere Verfahrensfragen ⇨ nicht selbstständig, sondern nur mit Endurteil zusammen anfechtbar

– *Zwischenurteil: Entscheidung eines Zwischenstreits*

bb) Ein Zwischenurteil kann gem. § 303 ZPO bei Entscheidungsreife eines Zwischenstreits ergehen.[478]   523

Ein Zwischenstreit hat meist Fragen zum Gegenstand, die das Verfahren, nicht den Streitgegenstand betreffen (z.B. Zulässigkeit einer Klageänderung, Wirksamkeit einer Klagerücknahme). Das Gericht hat die Möglichkeit, statt in einem Zwischenurteil erst in den Gründen des Endurteils zu dem Zwischenstreit Stellung zu nehmen.

Zwischenurteile sind nicht selbstständig anfechtbar, können also nur durch ein Rechtsmittel gegen das Endurteil überprüft werden.

– *Grundurteil*

Kein Zwischenurteil i.S.v. § 303 ZPO ist das Grundurteil gem. § 304 ZPO. Es kann erlassen werden, wenn ein Rechtsstreit über einen nach Grund und Höhe streitigen Anspruch nur hinsichtlich des Anspruchsgrundes zur Entscheidung reif ist. Das Grundurteil ist selbstständig anfechtbar, § 304 II HS 1 ZPO. Wenn im anschließenden sog. Betragsverfahren die Höhe des dem Grunde nach bestehenden Anspruchs festgestellt wird, ergeht ein die Instanz beendendes Schlussurteil.

Ebenfalls keine Zwischenurteile i.S.v. § 303 ZPO sind Urteile, durch die über die Zulässigkeit der Klage entschieden wird, § 280 II ZPO, sowie Urteile, die über einen Zwischenstreit mit einem Dritten entscheiden, vgl. §§ 71 I, 387 I ZPO. Diese Urteile sind selbstständig anfechtbar, §§ 280 II S. 1, 71 II, 387 III ZPO.

478 Th/P, § 303 ZPO, Rn. 1.

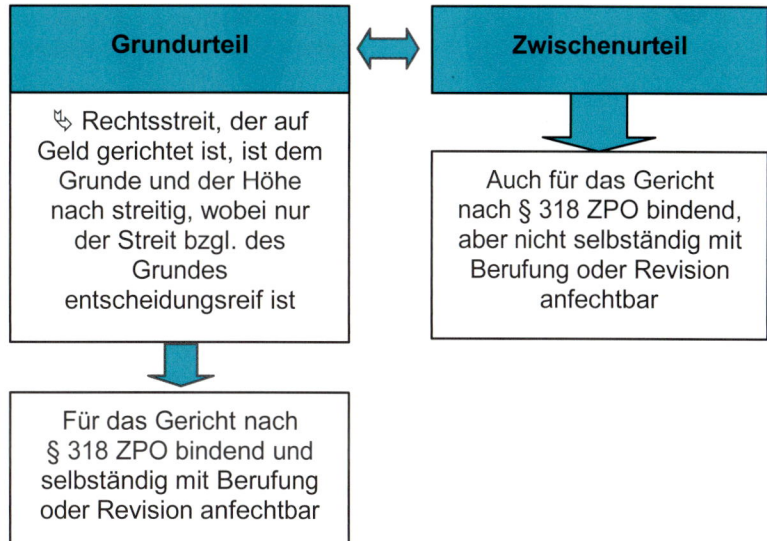

• *Vorbehaltsurteil: §§ 302, 599 ZPO*

cc) Unter den Voraussetzungen der §§ 302 I, 599 I ZPO ergeht ein Vorbehaltsurteil, das hinsichtlich der Rechtsmittel und der Zwangsvollstreckung als Endurteil anzusehen ist, §§ 302 III, 599 III ZPO.   **524**

Das Urteil im Nachverfahren, §§ 302 IV S. 1, 600 I ZPO, durch welches das Vorbehaltsurteil aufgehoben oder für vorbehaltlos erklärt wird, §§ 302 IV S. 2, 600 II ZPO, wird als Schlussurteil bezeichnet.

2. Urteilsmodalitäten

Urteilsverkündung/-inhalt/-zustellung

Die Urteilsverkündung erfolgt nach den §§ 310, 311, 312 ZPO.   **525**

Der Urteilsinhalt richtet sich nach den §§ 311 I, 313, 313a, 313b, 315 ZPO.

Die Urteilszustellung erfolgt nach den §§ 317 I, 270 I ZPO von Amts wegen. Sie hat Bedeutung für den Beginn von Rechtsmittel- und Einspruchsfristen, §§ 517, 548, 339 ZPO sowie als Zwangsvollstreckungsvoraussetzung, § 750 ZPO.

3. Urteilswirkungen

Bindungswirkung, § 318 ZPO

a) Gem. § 318 ZPO ist das erkennende Gericht an die in seinem Urteil enthaltenen Entscheidungen gebunden. Diese Bindungswirkung beginnt mit der Verkündung des Urteils, § 310 I S. 1 ZPO, oder mit der die Verkündung ersetzenden Zustellung, § 310 III ZPO. Korrekturen des Urteils sind nur nach Maßgabe der §§ 319 bis 321 ZPO zulässig.   **526**

Eine weitere Durchbrechung der Bindungswirkung des § 318 ZPO ist § 321a ZPO. Danach muss das erstinstanzliche Gericht auf Rüge der durch das Urteil beschwerten Partei den Prozess fortführen, wenn eine Berufung mangels Erreichung des Beschwerdewertes von 600,- € oder Zulassung nicht zulässig ist, und das Gericht den Anspruch auf rechtliches Gehör gem. Art. 103 I GG in entscheidungserheblicher Weise verletzt hat und eine Korrektur des Urteils nach §§ 319 bis 321 ZPO ausscheidet.

Bei zulässiger und begründeter Rüge wird der Prozess in die Lage vor dem Schluss der mündlichen Verhandlung zurückversetzt, § 312a V ZPO.

hemmer-Methode: Durch diese Regelung sollen Verfassungsbeschwerden vermieden und so das BVerfG entlastet werden.

Unterscheide:
Rechtskraftwirkung

b) Von der Bindungswirkung des § 318 ZPO ist die Rechtskraft zu unterscheiden. Während die **Bindungswirkung nur das erkennende Gericht bindet**, wird durch die **Rechtskraft** verhindert, dass ein anderes Gericht eine von dem Urteil abweichende Entscheidung erlässt.   *527*

II. Sonstige Entscheidungen[479]

Beschlüsse:
durch Gericht

1. Beschlüsse sind Entscheidungen des Gerichts, die entweder ohne mündliche Verhandlung ergehen oder diese nicht zwingend voraussetzen.   *528*

Sie enthalten meist prozessleitende Anordnungen und sind in der Regel nicht an eine bestimmte Form gebunden, vgl. als Ausnahme § 359 ZPO.

Soweit Beschlüsse ausnahmsweise aufgrund einer mündlichen Verhandlung ergehen, müssen sie verkündet werden, § 329 I S. 1 ZPO; in bestimmten Fällen müssen sie den Parteien zugestellt werden, § 329 II S. 2, III ZPO; andernfalls sind sie den Parteien formlos mitzuteilen, § 329 II S. 1 ZPO.

Beschlüsse sind teils unanfechtbar, teils ist gegen sie das Rechtsmittel der sofortigen Beschwerde, § 567 I ZPO, gegeben.

Verfügungen:
durch Vorsitzenden

2. Auch Verfügungen enthalten meist Prozessleitende Anordnungen, unterscheiden sich jedoch von den Beschlüssen dadurch, dass sie bei Kollegialgerichten vom Vorsitzenden erlassen werden und in der Regel nicht anfechtbar sind.   *529*

---

479 Th/P, vor § 300 ZPO, Rn. 2 f.

§ 8 RECHTSKRAFT

I. Einführung

endgültige Beilegung des Rechts-streits

Eine Entscheidung hätte für die obsiegende Partei keinen Nutzen, wenn der unterlegene Teil die Möglichkeit hätte, immer wieder eine neue, abweichende Entscheidung über den Streitgegenstand herbeizuführen. Das Institut der Rechtskraft gewährleistet, dass jeder Rechtsstreit einmal sein Ende findet. Hierbei ist zwischen formeller und materieller Rechtskraft zu unterscheiden.

530

formelle Rechtskraft

Formelle Rechtskraft bedeutet Unanfechtbarkeit einer rechtskraftfähigen Entscheidung mit ordentlichen Rechtsmitteln vor einem Gericht des höheren Rechtszugs oder durch Einspruch im Versäumnisverfahren, vgl. § 19 EGZPO.[480]

531

Die bloße Unanfechtbarkeit einer Entscheidung im Rahmen eines Rechtsmittel- oder Einspruchsverfahrens bliebe jedoch ohne Wirkung, wenn eine Partei jederzeit vor einem anderen Gericht desselben Rechtszugs eine abweichende Entscheidung herbeiführen könnte.

Hinsichtlich des Gerichts, das die Entscheidung getroffen hat, wird dies durch die Bindungswirkung des § 318 ZPO verhindert.

materielle Rechtskraft

Für andere Gerichte desselben Rechtszugs bedarf es einer über die Bindungswirkung des § 318 ZPO hinausgehenden, bindenden Wirkung. Diese wird als materielle Rechtskraft bezeichnet.

532

Materielle und formelle Rechtskraft hängen wie folgt miteinander zusammen: Die Bindungswirkung der materiellen Rechtskraft tritt erst mit der Unanfechtbarkeit der Entscheidung ein. Die formelle Rechtskraft einer Entscheidung ist also Voraussetzung für deren materielle Rechtskraft.

Der Begriff der formellen Rechtskraft ist somit letztlich nur eine Bezeichnung für den Zeitpunkt, in dem die Unanfechtbarkeit einer Entscheidung und deren materielle Rechtskraft eintreten.[481]

Rechtskraft	
Formelle Rechtskraft	**Materielle Rechtskraft**
⇨ Unanfechtbarkeit einer Entscheidung mit ordentlichen Rechtsmitteln (Beschwerde, Berufung, Revision) bzw. bei VU nicht mehr mit dem Einspruch	⇨ Voraussetzung ist der Eintritt formeller Rechtskraft ⇨ Feststellungswirkung bzgl. Streitgegenstand ⇨ Bindungswirkung des Urteils für andere Gerichte desselben Rechtszugs

---

480 Th/P, § 705 ZPO, Rn. 1.
481 Schlosser, Rn. 247.

II. Formelle Rechtskraft

Zeitpunkt:

Als Zeitpunkt für den Eintritt der formellen Rechtskraft kommen in Betracht:[482]

533

– *Ablauf Rechtsmittelfrist*

1. Ablauf der für die Einlegung eines zulässigen Rechtsmittels oder Einspruchs bestimmten Frist, wenn kein Rechtsmittel eingelegt wurde, § 705 S. 1 ZPO i.V.m. §§ 517, 544 I, II, 548, 569 I, 339 I ZPO.

Aus dieser Regelung ergibt sich zugleich, dass Entscheidungen, gegen die unbefristete Rechtsmittel, insbesondere also einfache Beschwerden stattfinden, nicht formell und damit auch nicht materiell rechtskraftfähig werden können.

– *letztinstanzliches Urteil*

2. Verkündung von Urteilen, gegen die kein Rechtsmittel stattfindet.

– *beiderseitiger Rechtsmittelverzicht*

3. Beiderseitiger Verzicht auf Rechtsmittel und einseitiger Verzicht auf Einspruch, §§ 515, 565, 346 ZPO.

– *Rechtsmittelrücknahme*

4. Rücknahme des Rechtsmittels oder Einspruchs, wenn eine erneute Einlegung nicht mehr möglich ist, §§ 516 III, 565, 346 ZPO.

III. Materielle Rechtskraft

1. Feststellungswirkung der materiellen Rechtskraft

keine von Rechtskraft abweichende Entscheidung

Die der materiellen Rechtskraft eigene Bindungswirkung wird als Feststellungswirkung bezeichnet. Die Feststellungswirkung hat zur Folge, dass über den Streitgegenstand eines früheren Verfahrens in einem späteren Verfahren nicht abweichend entschieden werden darf.[483] Dieses Abweichungsverbot kann sich auf das spätere Verfahren prozesshindernd und prozessvorgreiflich auswirken.

534

a) Prozesshindernde Wirkung der materiellen Rechtskraft

Unzulässigkeitsgrund für erneute Klage

Prozesshindernd wirkt die materielle Rechtskraft, wenn die Streitgegenstände des früheren und des späteren Verfahrens identisch sind.[484] In diesem Fall fehlt für das spätere Verfahren die negative Prozessvoraussetzung einer fehlenden, rechtskräftigen Entscheidung in derselben Sache, die vom Gericht von Amts wegen zu berücksichtigen ist. Eine trotzdem erhobene Klage ist also durch Prozessurteil als unzulässig abzuweisen.

535

Die materielle Rechtskraft eines Urteils führt in einem späteren Prozess nur dann zur Unzulässigkeit der neuen Klage, wenn die Streitgegenstände beider Prozesse identisch sind oder im zweiten Prozess das kontradiktorische Gegenteil der im ersten Prozess ausgesprochenen Rechtsfolge begehrt wird.

Entgegenstehende Rechtskraft auch bei nicht geprüfter Zulässigkeit

Auch ein klageabweisendes Urteil, das die Zulässigkeit der Klage verfahrensfehlerhaft dahinstehen lässt, ist der uneingeschränkten materiellen Rechtskraft fähig, wenn aus dessen Tenor und Entscheidungsgründen ersichtlich ist, dass das Gericht ungeachtet seiner Zweifel an der Zulässigkeit der Klage kein Prozessurteil erlassen, sondern eine Sachentscheidung getroffen hat.[485]

---

482 Th/P, § 705 ZPO, Rn. 6-9.

483 Th/P, § 322 ZPO, Rn. 8.

484 Th/P, § 322 ZPO, Rn. 11.

485 Lesen Sie dazu BGH, **Life&Law 2008, Heft 7, 445 ff.**

b) Prozessvorgreifliche Wirkung der materiellen Rechtskraft

Bindung bzgl. präjudizieller Rechts-
verhältnisse

Möglich ist aber auch, dass vor der Entscheidung über den Streitgegenstand eines späteren Prozesses über solche Vorfragen zu entscheiden ist, die - für sich betrachtet - mit dem Streitgegenstand eines früheren Verfahrens identisch sind.

536

Allerdings ist in einem solchen Fall die erneute Klage nicht unzulässig. Dafür ist eine rechtskräftige Entscheidung über denselben Streitgegenstand erforderlich.

Vielmehr ist in diesem Falle die Feststellungswirkung der ersten Entscheidung prozessvorgreiflich (präjudiziell). Das Gericht ist dann bei der Beurteilung der jeweiligen Vorfrage an die im ersten Verfahren getroffene Entscheidung gebunden.[486]

hemmer-Methode: Behalten Sie bei den im Anschluss darzustellenden Einzelproblemen zur Reichweite der materiellen Rechtskraft immer im Auge, an welcher Stelle der Klausur diese aufzuwerfen sind! Insbesondere die in der Praxis eher seltene, prozesshindernde Feststellungswirkung eignet sich hervorragend als „Einstieg" für die Prüfung von Einzelproblemen aus dem Bereich der materiellen Rechtskraft. Diese sind dann bei der Prüfung der Prozessvoraussetzungen unter dem Gesichtspunkt einer fehlenden rechtskräftigen Entscheidung in derselben Sache zu diskutieren.

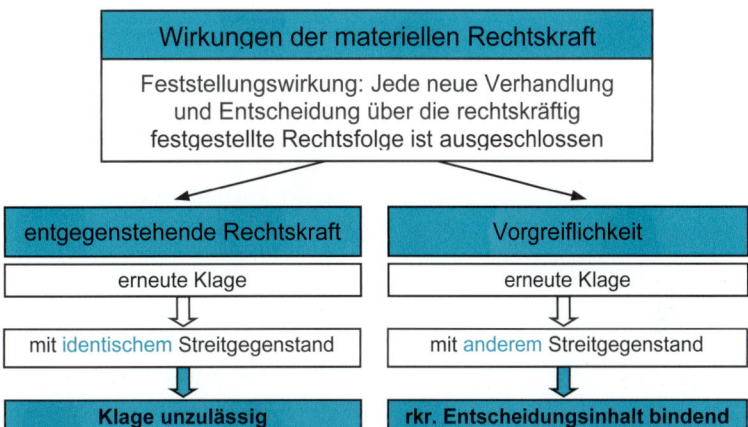

2. Objektive Grenzen der materiellen Rechtskraft

Bezugspunkt der Rechtskraft

Gegenstand der Lehre von den objektiven Grenzen der materiellen Rechtskraft ist die Frage, wieweit die Feststellungswirkung in sachlicher Hinsicht reicht, also welche Bestandteile einer Entscheidung in Rechtskraft erwachsen. Im Folgenden soll dabei vom Urteil als der wichtigsten Entscheidungsart ausgegangen werden.

537

a) Grundregel

aa) Begrenzung der materiellen Rechtskraft auf Entscheidung über den Streitgegenstand

Entscheidung über Streitgegenstand
= Urteilsformel

§ 322 I ZPO enthält die Grundregel für die Bestimmung der objektiven Grenzen der materiellen Rechtskraft.

538

---

486 Th/P, § 322 ZPO, Rn. 9 f.

Der in § 322 I ZPO verwendete Begriff des Anspruchs ist prozessual zu verstehen, also identisch mit dem Begriff Streitgegenstand. Nur die Entscheidung über den Streitgegenstand erwächst also in materielle Rechtskraft.[487]

> **Bsp.:** *K verklagt B auf Grundbuchberichtigung und obsiegt. Das Urteil ist rechtskräftig.*
>
> *Steht nun das Bestehen des dinglichen Rechts des K fest?*

1. Der überwiegende Teil der Rechtsprechung und der Literatur steht auf dem Standpunkt, dass ein Urteil über den Grundbuchberichtigungsanspruch rechtskräftig auch über das Bestehen oder Nichtbestehen des geltend gemachten dinglichen Rechts entscheide.

Die begehrte Grundbucheintragung verfolge nämlich keinen anderen Zweck als die Feststellung der dinglichen Rechtslage. Die Grundbuchberichtigungsklage sei nur die technische Form, in der der Streit um die Existenz oder Nichtexistenz eines bestimmten dinglichen Rechts ausgetragen werde[488].

2. Diese Auffassung hat der BGH nun ausdrücklich aufgegeben[489].

Die dingliche Rechtslage sei für die Entscheidung über den Grundbuchberichtigungsanspruch nämlich nur eine Vorfrage. Die Beurteilung einer Vorfrage erwächst aber grundsätzlich nicht in Rechtskraft[490].

Dieser Grundsatz gilt uneingeschränkt für den mit § 894 BGB vergleichbaren Herausgabeanspruch gemäß § 985 BGB[491].

Ebenso wie das Ziel einer Vindikationsklage aus § 985 BGB die Herausgabe des Besitzes und nicht die Feststellung der präjudiziellen Vorfrage des Eigentums ist, hat die Grundbuchberichtigungsklage aus § 894 BGB nicht die Feststellung eines dinglichen Rechts an einem Grundstück zum Gegenstand, sondern will dem Berechtigten die dem Besitz bei beweglichen Sachen entsprechende und in erster Linie als Rechtsscheinträger und Publizitätsmerkmal des Veräußerungstatbestandes dienende Buchposition wieder verschaffen.[492]

nicht Entscheidungsgründe   Gemessen an den einzelnen Bestandteilen eines Urteils bedeutet dies, dass nur die Urteilsformel, § 313 I Nr. 4 ZPO, in materielle Rechtskraft erwächst. Nur diese enthält die Entscheidung über den Streitgegenstand.

Nicht materiell rechtskraftfähig sind also der Urteilstatbestand, § 313 I Nr. 5 ZPO und die Entscheidungsgründe, § 313 I Nr. 6 ZPO. Insbesondere die Feststellung von Tatsachen und die Entscheidung von Rechtsfragen, von denen die Entscheidung über den Streitgegenstand abhängt, nehmen an der materiellen Rechtskraft nicht teil.[493] Dazu gehört auch die Entscheidung über das Bestehen oder Nichtbestehen materiell-rechtlicher Einwendungen und Einreden des Beklagten.[494]

---

487   Zöller, vor § 322 ZPO, Rn. 30 f.

488   BGH, WM 1978, 194 [195]; auch BGH, LM § 322 ZPO Nr. 79; Thüringer OLG, OLG-NL 2001, 41; OLG Naumburg, OLG-NL 1998, 182; Stein/Jonas/Leipold, Kommentar zur ZPO, § 322 ZPO, Rn. 92, 220; MüKo/Gottwald, Kommentar zur ZPO, § 322 ZPO, Rn. 50; Mädrich, MDR 1982, 455 [456].

489   BGH, NJW-RR 2002, 516 ff.

490   BGH WM 2000, 320 [321] m.w.N.; so auch Zöller, Kommentar zur ZPO, Vorbem. vor § 322 ZPO, Rn. 36; Musielak, Kommentar zur ZPO, § 322 ZPO, Rn. 24.

491   BGH, NJW 1981, 1517; BGH, NJW-RR 1999, 376 [377].

492   Eine rechtskräftige Verurteilung zur Herausgabe kann aber Bindungswirkung in einem Folgeprozess entfalten, für den es als Vorfrage darauf ankommt, ob die zur Herausgabe verurteilte Partei die Herausgabe verweigern darf. Das Herausgabeurteil stellt für den Zeitpunkt der letzten mündlichen Verhandlung bindend fest, dass der herausgabepflichtigen Partei kein gesetzliches oder vertragliches Recht zur Verweigerung der Herausgabe zustand. Das Gleiche gilt für den Zeitraum zwischen Rechtshängigkeit der Herausgabeklage und Schluss der mündlichen Verhandlung, in der über sie entschieden wurde, sofern in diesem Zeitraum keine relevanten Änderungen eingetreten sind und geltend gemacht werden, vgl. BGH, NJW 2006, 63 ff.

493   Nach dem 8. Senat des BAG soll es Ausnahmen von dieser Regel geben, was aber der übrigen Rechtsprechung und Literatur widerspricht und als vollkommen systemwidrig abzulehnen ist (vgl. BAG NZA 1443 ff.).

494   Zöller, vor § 322 ZPO, Rn. 32 - 34a.

Durch diese Begrenzung soll verhindert werden, dass andere Gerichte in späteren Verfahren an fehlerhafte Entscheidungen, die der eigentlichen Entscheidung über den Streitgegenstand vorausgehen, gebunden und somit daran gehindert sind, eine andere, richtige Entscheidung zu treffen.[495]

Beispielsfall[496]: Der Kläger wurde rechtskräftig mit seinem Begehren auf Rückzahlung eines Kaufvertrages infolge Rücktritts wegen Mangelhaftigkeit der Kaufsache abgewiesen. Mit seiner erneuten Klage versucht er nun, die Rückzahlung des Kaufpreises auf eine Anfechtung wegen arglistiger Täuschung zu stützen. Mit Erfolg?

Nach Ansicht des BGH steht diesem Begehren die Rechtskraft des Vorprozesses entgegen. Die Rechtskraft eines Urteils führt dann zur Unzulässigkeit einer erneuten Klage, wenn es sich jeweils um denselben Streitgegenstand handelt.

Streitgegenstand ist nicht etwa ein bestimmter materiell-rechtlicher Anspruch (der wäre in der Tat hier unterschiedlich: § 346 I BGB bzw. § 812 BGB), sondern der als Rechtsschutzbegehren oder Rechtsfolgenbehauptung verstandene, eigenständige prozessuale Anspruch, der durch Klageantrag und Lebenssachverhalt bestimmt wird, sog. zweigliedriger Lebenssachverhalt[497].

Dieses Begehren ist vorliegend jedoch identisch, denn jeweils verlangt der Kläger Rückzahlung des Kaufpreises, gestützt auf einen einheitlichen Lebenssachverhalt. Daran ändert auch der Umstand nichts, dass dieser Lebenssachverhalt im Vorprozess eben nicht vollständig dargestellt wurde.

Der Kläger hat sich gegen die Klageabweisung mit der Revision gewehrt mit der Behauptung, er habe von der Täuschung erst nach Rechtskraft des ersten Urteils erfahren, sei also daran gehindert gewesen, dies im Vorprozess vortragen zu können.

Dieser Argumentation lässt der BGH nicht gelten. Denn der Lebenssachverhalt hat im Vorprozess bereits festgestanden. Dass die Parteien ihn nur zum Teil gekannt haben, ändert daran nichts. Die Rechtskraft eines Urteils wäre nichts wert, wenn stets Prozesse mit neuen tatsächlichen Erkenntnissen neu aufgerollt werden könnten.

Infolgedessen gehört zur Rechtskraftwirkung nicht nur die Präklusion der im ersten Prozess vorgetragenen Tatsachen, sofern diese nicht erst nach Schluss der mündlichen Verhandlung im ersten Prozess entstanden sind, sondern bei natürlicher Anschauung zu dem im Vorprozess vorgetragenen Lebenssachverhalt gehören. Die Täuschung ist daher keine neue Tatsache.

Wichtig: Auch die Anfechtung selbst ist keine neue Tatsache in diesem Sinne. Denn für die zeitlichen Grenzen der materiellen Rechtskraft kommt es bei Gestaltungsrechten nicht auf die Ausübung, sondern kenntnisunabhängig auf den Zeitpunkt der Entstehung an.

hemmer-Methode: Diese Argumentation ist nicht neu, sondern spielt vielmehr eine große Rolle im Rahmen der Präklusion nach § 767 II ZPO. Daher ist diese Entscheidung des BGH nicht nur examensrelevant im Rahmen der Zulässigkeit einer Klage (entgegenstehende Rechtskraft), sondern könnte ohne weiteres auch zum Anlass genommen werden, zwangsvollstreckungsrechtliche Rechtsbehelfe abzuprüfen.

---

495 Vertiefungshinweis für Referendare: Zur Reichweite der Rechtskraft eines klageabweisenden Feststellungsurteils hinsichtlich der Verantwortlichkeit für zukünftige, immaterielle Schäden lesen Sie BGH, **Life&Law 2006, 451 ff.** = NJW-RR 2006, 712 ff.

496 BGH, **Life&Law 2004, 592 ff.** = NJW 2004, 1252 ff.

497 Vgl. dazu bereits Rn. 117 ff.

> Denken Sie in diesem Zusammenhang immer auch an die Frage, ob die Präklusion auch für die Verbraucher schützenden Widerrufsrechte gilt. Dies wird von der h.M. abgelehnt, da dies dem Verbraucherschutz widerspreche. Zudem spreche § 767 II ZPO von „Gründen", auf denen die Einwendungen beruhen müssten. Ein Widerruf ist aber grundlos ausübbar. Schlussendlich würde der Annahme einer Präklusion § 355 III S. 3 BGB entgegenstehen, der einen Widerruf im Falle fehlender Belehrung unbefristet ermöglicht.
> Lesen Sie hierzu Hemmer/Wüst, ZPO II, Rn. 248 ff.

bb) Urteilsgründe als Hilfsmittel zur Bestimmung des Streitgegenstandes

Konkretisierung durch Entscheidungsgründe, insb. bei Klageabweisung

Fall: *K klagt gegen B auf Zahlung eines Kaufpreises i.H.v. 1.500,- € aus einem angeblich mit B am 01.05.2014 geschlossenen Kaufvertrag. Die Klage wird abgewiesen. Das Urteil wird rechtskräftig. In einem zweiten Prozess klagt K erneut eine Summe von 1.500,- € gegen B ein. Diesmal begründet er sein Verlangen jedoch mit einem am 10.06.2014 abgeschlossenen Kaufvertrag. Ist die zweite Klage zulässig?*

539

Zur Beurteilung der Frage, ob dem neuen Prozess eine rechtskräftige Entscheidung in derselben Sache wegen Streitgegenstandsidentität entgegensteht, hilft die bloße Urteilsformel des ersten Urteils nicht weiter.

Von einer für sofort vollstreckbar erklärten Kostentragungsentscheidung abgesehen, lautet diese nämlich lediglich: „Die Klage wird abgewiesen."

Die Formulierung, in Rechtskraft erwachse nur die Urteilsformel, darf deshalb nicht zu der Fehlvorstellung führen, Urteilstatbestand und Urteilsgründe seien in einem zweiten Verfahren ohne jede Bedeutung. Gerade das Beispiel eines klageabweisenden Urteils zeigt, dass diese als Mittel zur Bestimmung des Streitgegenstandes des ersten Verfahrens sehr wohl herangezogen werden dürfen und müssen.[498]

> Im obigen Fall ergibt sich aus dem Tatbestand und den Entscheidungsgründen des ersten Urteils, dass die Streitgegenstände der beiden Verfahren verschieden sind. Die zweite Klage ist deshalb zulässig.

cc) Sog. kontradiktorisches Gegenteil[499]

Fall: *K erhebt Klage gegen B mit dem Antrag festzustellen, er sei Eigentümer einer Uhr. K obsiegt, das Urteil wird rechtskräftig.*

540

Wäre eine Klage des B gegen K mit dem Antrag auf Feststellung seines Eigentums zulässig?

Wie ist die Frage zu beantworten, wenn das Gericht die Klage des K abgewiesen hat?

Auf den ersten Blick scheinen der Streitgegenstand des ersten und des zweiten Prozesses verschieden zu sein: Im ersten Verfahren sollte das Eigentum des K, im zweiten Verfahren das des B festgestellt werden.

Mit der ersten Entscheidung ist jedoch nicht nur - positiv - das Eigentum des K festgestellt worden, sondern auch - negativ -, dass B nicht Eigentümer ist. Dieses mit der positiven Feststellung unvereinbare Gegenteil wird als kontradiktorisches Gegenteil bezeichnet und nimmt an der materiellen Rechtskraft teil.[500]

---

498 Zöller, vor § 322 ZPO, Rn. 31.

499 Vgl. dazu BGH, NJW 1995, 967 = JuS 1995, 744 f.

500 Schlosser, Rn. 215 f.

Anders liegt es, wenn die Klage des K abgewiesen worden ist. Dadurch würde nämlich nur festgestellt, dass K nicht Eigentümer ist, nicht aber, dass B Eigentümer ist. Die Bestimmung des kontradiktorischen Gegenteils bedarf also im Einzelfall sorgfältiger Prüfung.

dd) Rechtskraftwirkung d. klageabweisenden Versäumnisurteils

Lesen Sie dazu nochmals das Beispiel bei Rn. 424 nach.

b) Ausnahmen

aa) Entscheidung über das Nichtbestehen einer aufgerechneten Gegenforderung

§ 322 II ZPO:
Rechtskraft bzgl. Gegenforderung

Die Aufrechnung mit einer bestehenden Gegenforderung bewirkt, dass Forderung und Gegenforderung, soweit diese sich decken, erlöschen, § 389 BGB.   **541**

Die wirksame Aufrechnung stellt also eine rechtsvernichtende Einwendung dar, die als prozessuale Einrede gem. § 322 I ZPO eigentlich nicht materiell rechtskraftfähig wäre.

Dies könnte jedoch zu folgender Situation führen: Der Kläger wird mit seiner Klage abgewiesen, weil das Gericht die vom Beklagten zur Aufrechnung gestellte Gegenforderung als bestehend beurteilt hat. Diese Gegenforderung wäre materiell-rechtlich erloschen.

Diese Entscheidung würde indes nicht in Rechtskraft erwachsen. Ein anderes Gericht, vor dem der frühere Beklagte gegen den früheren Kläger die eigentlich erloschene Gegenforderung geltend macht, wäre also nicht gehindert, sich von deren Bestehen zu überzeugen. Gegen eine dies feststellende, rechtskräftige Entscheidung könnte der frühere Kläger wiederum nichts unternehmen, denn dass seine Forderung durch die Aufrechnung erloschen ist, ist bereits rechtskräftig festgestellt.

Zweck:
Verhinderung erneuter Klage

Dieses unbefriedigende Ergebnis verhindert § 322 II ZPO. Die bisherigen Ausführungen ergeben auch, wie die in dieser Vorschrift enthaltene sprachliche Ungenauigkeit aufzulösen ist: Nicht nur die Entscheidung, dass die Gegenforderung nicht besteht und auch nie bestanden hat, sondern auch die Entscheidung, dass diese **nicht mehr** besteht, weil sie gem. § 389 BGB erloschen ist, ist in der in § 322 II ZPO bezeichneten Weise materiell rechtskraftfähig.[501]

bb) Ausgleichszusammenhänge

Folgeprozess aufgrund präjudizieller Feststellung

Wie bereits ausgeführt, soll die objektive Begrenzung der materiellen Rechtskraft verhindern, dass von unrichtigen, präjudiziellen Entscheidungen in späteren Verfahren nicht mehr abgewichen werden kann. In Ausnahmefällen wird dieser Zweck jedoch gerade wegen der Begrenzung der Rechtskraft auf den Streitgegenstand nicht erreicht.   **542**

Fall: K klagt gegen B aus einem angeblich mit diesem geschlossenen Kaufvertrag auf Bezahlung des Kaufpreises. Das Gericht überzeugt sich davon, dass B den Kaufvertrag wegen eines Erklärungsirrtums gem. §§ 119 I, 142 I BGB wirksam angefochten hat und weist die Klage deshalb ab.

---

501 Musielak, Rn. 269; vgl. auch Rn. 365 im Skript.

Das Urteil wird rechtskräftig. In einem zweiten Verfahren gegen B begehrt K nun Ersatz des Vertrauensschadens gem. § 122 I BGB. Das Gericht kann sich nicht davon überzeugen, dass ein Erklärungsirrtum vorlag. Darf es die Klage des K aus diesem Grund abweisen?

Vor seiner Entscheidung über den von K geltend gemachten Anspruch hat das Gericht u.a. über das Zustandekommen eines Kaufvertrages zwischen den Parteien und dessen wirksame Anfechtung durch B zu befinden. Grundsätzlich entscheidet das Gericht hierüber nach seiner freien Überzeugung, § 286 I ZPO. Etwas anderes würde dann gelten, wenn das Gericht diesbezüglich an eine rechtskräftige Entscheidung gebunden wäre, die insoweit prozessvorgreiflich wirkt. Vertragsschluss und Anfechtung waren jedoch auch im ersten Verfahren lediglich Vorfragen, die gem. § 322 I ZPO an der rechtskräftigen Entscheidung über den Kaufpreisanspruch des K nicht teilnehmen.

keine gesetzliche Regelung	Eine ausdrückliche Regelung enthält das Gesetz für diesen Fall nicht. Wie das offensichtlich unbefriedigende Ergebnis vermieden werden kann, ist umstritten:[502]

543

e.A.:
Erweiterung d. obj. Grenzen der Rechtskraft bei Sinnzusammenhang

(1) Nach einer Ansicht soll vorliegendes Problem durch eine Erweiterung der objektiven Grenzen der Rechtskraft gelöst werden, also auf prozessrechtlicher Ebene. Eine solche Erweiterung soll dann erfolgen, wenn zwischen den Streitgegenständen des ersten und des zweiten Verfahrens ein Sinnzusammenhang besteht. Dieser soll insbesondere dann vorliegen, wenn in einem ersten Verfahren erkennbar bereits über Fragen gestritten wurde, die in einem Folgeprozess erneut auftreten.

h.M.:
§ 242 BGB

(2) Nach einer anderen Ansicht ist das Problem auf materiellrechtlicher Ebene zu lösen. Derjenige, auf dessen Vorbringen hin im ersten Verfahren eine günstige Entscheidung ergangen ist, die nicht an der Rechtskraft des Urteils teilnimmt, soll sich in einem zweiten Verfahren nicht in Widerspruch zu seinem früheren Vorbringen setzen dürfen. Andernfalls kann ihm der Einwand des Rechtsmissbrauchs entgegengesetzt werden (§ 242 BGB, Gedanke des venire contra factum proprium).

Die prozessrechtliche Lösung läuft wegen Verwendung des unbestimmten Begriffs des Sinnzusammenhangs Gefahr, die in § 322 I ZPO klar definierten Grenzen der materiellen Rechtskraft aufzulösen. Der Einwand des Rechtsmissbrauchs hat demgegenüber in Rechtsprechung und Lehre bereits eine hinreichende Strukturierung erfahren. Er ermöglicht deshalb gerechte, einzelfallorientierte Ergebnisse, ohne dadurch ein erhöhtes Maß an Rechtsunsicherheit herbeizuführen.

c) Die Teilklage

insb. zur Einsparung von Verfahrenskosten	Eine Partei ist wegen des Dispositionsgrundsatzes grundsätzlich nicht daran gehindert, nur über einen Teil eines Anspruchs eine Entscheidung zu begehren. Dies kann sich insbesondere zur Einsparung von Verfahrenskosten empfehlen.

544

Fraglich ist, wie weit die Rechtskraft einer solchen Entscheidung in objektiver Hinsicht reicht.[503]

Fall: K klagt gegen B auf Rückzahlung von 15.000,- € Teilbetrag eines diesem gewährten Darlehens i.H.v. insgesamt 150.000,- €. K obsiegt. Unter Hinweis auf das rechtskräftige Urteil weigert sich B, den von K geforderten Restbetrag zu bezahlen. Auch K verweist auf das rechtskräftige Urteil.

502 Jauernig, § 63 III 2; Arens/Lüke, Rn. 365.
503 Zeiss, Rn. 578 ff.; Schlosser, Rn. 222 f.

1. Beurteilen Sie die Erfolgsaussichten einer Klage des K auf Zahlung des Restbetrages.

2. Wie ist zu entscheiden, wenn die erste Klage des K abgewiesen wurde?

1. Fraglich ist zunächst, ob der Zulässigkeit der Klage die rechtskräftige Entscheidung im ersten Verfahren entgegensteht. Prozesshindernd wäre diese für das zweite Verfahren nur bei Streitgegenstandsidentität.

Die Streitgegenstände der beiden Verfahren sind daher zu vergleichen. Hierbei ist zu unterscheiden:

545

Hat K bei Erhebung der ersten Klage deutlich gemacht, dass der eingeklagte Betrag nur einen Teilbetrag darstellt, so liegt eine sog. **offene Teilklage** vor. Dies kann sich aus der ausdrücklichen Erklärung eines Vorbehalts hinsichtlich der Restforderung ergeben. Das Vorliegen einer offenen Teilklage kann aber auch den Ausführungen des K im Wege der Auslegung zu entnehmen sein.

In diesem Fall ist erkennbar, dass beiden Verfahren zwar derselbe Lebenssachverhalt zugrunde liegt, die unterschiedlichen Anträge aber auf eine Aufteilung der Gesamtforderung durch K zurückzuführen sind. Wegen unterschiedlicher Streitgegenstände wäre die zweite Klage daher nicht als unzulässig abzuweisen. Aus demselben Grunde wäre die Entscheidung des ersten Verfahrens jedoch auch nicht prozessvorgreiflich[504].

Fraglich ist, wie bei einer **verdeckten Teilklage** zu entscheiden ist. In diesem Falle ist nicht erkennbar, dass der eingeklagte Betrag lediglich Teil eines auf einem bestimmten Lebenssachverhalt beruhenden, einheitlichen Anspruchs im materiell-rechtlichen Sinne ist. Eine verdeckte Teilklage vermittelt vielmehr den Eindruck, der Kläger leite aus dem zugrundeliegenden Lebenssachverhalt lediglich das Bestehen eines Anspruchs in der eingeklagten Höhe her, also keine darüber hinausgehende Forderung. Teile der Literatur schließen daraus auf Streitgegenstandsidentität. Eine Klage über die Restforderung ist daher als unzulässig abzuweisen.

Dagegen spricht jedoch, dass auch im Falle rechtskräftiger Abweisung des zunächst quantitativ geltend gemachten prozessualen Anspruchs im Verhältnis zur Geltendmachung weiterer Teile desselben Anspruchs wegen der Unterschiedlichkeit der Anträge keine Identität der Streitgegenstände vorliegt. Entschieden wird eben gerade nur in der geltend gemachten bestimmten Höhe. Mit der h.M. und ständigen Rspr.[505] muss deshalb eine Erstreckung der materiellen Rechtskraft auf nicht eingeklagte Teile desselben Anspruchs **auch bei der verdeckten Teilklage** verneint werden. Eine sog. „Nachforderungsklage" ist somit **zulässig!**

2. Umstritten ist die Wirkung von Urteilen, mit denen Teilklagen abgewiesen werden.

546

a) Nach einer Ansicht soll sich bei Klageabweisung die materielle Rechtskraft stets auch auf den zunächst nicht eingeklagten Betrag erstrecken:

Durch die Klageabweisung stehe fest, dass der Kläger aus dem zugrundeliegenden Lebenssachverhalt einen weiteren Anspruch gegen den Beklagten nicht herleiten kann. Mit einer Klage hinsichtlich des Restbetrages begehre der Kläger daher eine Entscheidung über das kontradiktorische Gegenteil des Streitgegenstandes des Vorprozesses und sei deshalb abzuweisen.

b) Dies ist mit der h.M. abzulehnen. Wie bei stattgebenden Urteilen ist auch bei klageabweisenden Urteilen bei offener wie auch verdeckter Teilklage eine Rechtskrafterstreckung abzulehnen, weil die eingeklagten Beträge unterschiedlich hoch sind. Die Klage im zweiten Prozess ist somit nicht das Gegenteil dessen, was im ersten Prozess festgestellt wurde[506].

---

504 Th/P, § 322 ZPO, Rn. 26.

505 Vgl. dazu Th/P, § 322 ZPO, Rn. 23 sowie BGH, NJW 1997, 3019; eine Nachforderungsklage ist nach BGH, JuS 1998, 561 auch bei vorheriger Teilaufrechnung möglich (lesen!).

506 Th/P § 322 ZPO, Rn. 26 a.E.

hemmer-Methode: Unterscheiden Sie zwischen offener und verdeckter Teilklage sowie zwischen Erfolg und Nichterfolg im ersten Prozess! Bedenken Sie dabei stets den systematischen Zusammenhang mit dem Streitgegenstandsbegriff und dem kontradiktorischen Gegenteil. Die Probleme bei Klageabweisung werden hier nur angedeutet. Nutzen Sie die Gelegenheit, die Problematik der Teilklagen am Beispiel einer Klageabweisung nochmals zu durchdenken.

Problem: Offene Schmerzensgeld-teilklage

Mit einer der schwierigsten und daher auch examensrelevanten Problematik im Zusammenhang mit der Teilklage hat sich nun auch der BGH zu befassen gehabt. Es ging um die Zulässigkeit einer offenen Schmerzensgeldteilklage sowie um Fragen der Rechtskraft und Verjährung.

546a

> *Beispiel[507]: Der A nimmt den B wegen gravierender Verletzung auf Zahlung von Schmerzensgeld in Anspruch. Es besteht die Gefahr, dass es bei A zu erneuten Operationen bis hin zu einer Schulterprothese kommen könnte.*
>
> *A klagt deshalb zunächst einen Teilbetrag des ihm zustehenden Schmerzensgeldes in Höhe von 5.000,- € ein. Es sollen nur die Verletzungsfolgen, die bereits im Zeitpunkt der letzten mündlichen Verhandlung eingetreten sind, berücksichtigt werden. Ist die Teilklage zulässig?*

Problematisch ist hier, ob es A offen steht, seinen Anspruch auf Schmerzensgeld auch im Wege einer Teilklage geltend zu machen. Dies ist eine Frage der ausreichend bestimmten Angabe des Klagegegenstandes im Rahmen von § 253 II Nr. 2 ZPO. Will der Kläger nur einen Teil seiner angeblich höheren Gesamtforderung geltend machen, muss er die einzelnen Teile genau bezeichnen, um den Streitgegenstand überhaupt der materiellen Rechtskraft zuführen zu können.

1. Der Grundsatz der **Einheitlichkeit des Schmerzensgeldes** gebietet es zunächst, die Höhe des dem Geschädigten zustehenden Schmerzensgeldes aufgrund einer ganzheitlichen Betrachtung der den Schadensfall prägenden Umstände unter Einbeziehung der absehbaren künftigen Entwicklung des Schadensbildes zu bemessen.

Es ist ständige Rechtsprechung, dass mit einer unbeschränkten Schmerzensgeldklage alle unfallbedingten Verletzungsfolgen abgegolten sind, die:

⇨ bereits eingetreten und objektiv erkennbar waren

⇨ oder deren Eintritt vorhersehbar war und bei der Entscheidung berücksichtigt werden konnte.

2. Nicht erfasst von der Rechtskraft werden lediglich solche Verletzungsfolgen, die im Zeitpunkt der letzten mündlichen Verhandlung nach der Kenntnis der medizinischen Fachkreise noch nicht objektiv vorhersehbar waren und mit denen nicht (ernstlich) zu rechnen war[508].

**hemmer-Methode: Das bedeutet, dass der Geschädigte eine neue Klage nur auf solche Schäden stützen kann, die vom ersten Prozess nicht erfasst wurden, und es sich damit um einen neuen Streitgegenstand handelt.
Das im ersten Prozess zugesprochene Schmerzensgeld wird auch als sog. „Teilschmerzensgeld" bezeichnet.**

Da aber insbesondere bei schweren Verletzungen das Eintreten weiterer Schäden und Verletzungsfolgen als möglich vorhersehbar ist, steht der Geschädigte vor dem Problem, dass praktisch alle möglichen Spätfolgen von einem zuerkannten Schmerzensgeld erfasst sind.

---

507   Vgl. BGH, **Life&Law 2004, 300 ff.** = NJW 2004, 1243 f. = NJW-Spezial 2004, 63 f.

508   Vgl. dazu BGH, NJW 2001, 3414 ff.

Einer weiterer Schmerzensgeldklage stünde damit die Rechtskraft des ersten Schmerzensgeldurteils entgegen.

Dies ist deswegen „unangenehm", weil lediglich mögliche Spätfolgen bei der Bemessung des Schmerzensgeldbetrages nur unzureichend berücksichtigt werden, weil solche Folgen eben nur möglich sind.

hemmer-Methode: Das Schmerzensgeld ist umso niedriger, je geringer die Wahrscheinlichkeit des Eintritts möglicher Spätfolgen ist.

Treten nun die Spätfolgen aber tatsächlich ein, so kann der Geschädigte diese Beträge nicht mehr einklagen wegen entgegenstehender Rechtskraft, auch wenn diese Folgen im Urteil nur sehr unzureichend berücksichtigt wurden.

Diesem Problem kann man aber dadurch entgehen, indem man eine offene Teilklage erhebt und darauf hinweist, dass ein weiterer Schmerzensgeldbetrag wegen der unsicheren weiteren Folgen nicht verlässlich beziffert werden kann.

hemmer-Methode: Ein Problem der Teilschmerzensgeldklage bleibt aber bestehen: Mit einer Teilklage wird nur die Verjährung hinsichtlich des eingeklagten Teilbetrages gehemmt, sodass hinsichtlich echter Spätfolgen dieses Vorgehen auch zum Eigentor werden kann.
Die Verjährung beginnt nämlich gem. § 199 I BGB zu laufen und endet nach drei Jahren.
Das prozesstaktisch klügste Vorgehen wäre es,
- **eine offene Teilschmerzensgeldklage zu erheben und**
- **eine Feststellungsklage, dass der Schädiger verpflichtet ist, alle künftigen immateriellen Schäden zu ersetzen.**
Nur mit diesem Feststellungsurteil kommt der Geschädigte in den Genuss der 30-jährigen Verjährung des § 197 I Nr. 3 BGB.

d) Erweiterung der objektiven Grenzen der materiellen Rechtskraft

aa) Zwischenfeststellungsklage

§ 256 II ZPO:
Urteil über präjudizielles Rechtsverhältnis

Die Erörterung der Ausgleichszusammenhänge und der Teilklagen hat gezeigt, dass die objektive Begrenzung der materiellen Rechtskraft im Einzelfall höchst unbefriedigend sein kann.   547

Eine Erweiterung der objektiven Grenzen der materiellen Rechtskraft können die Parteien durch Erhebung einer Zwischenfeststellungsklage, § 256 II ZPO, herbeiführen. Streitgegenstand einer Zwischenfeststellungsklage kann die Feststellung des Bestehens oder Nichtbestehens solcher Rechtsverhältnisse sein, von denen die Entscheidung des Rechtsstreits abhängt (sog. präjudizielles Rechtsverhältnis).[509]

Mit Eintritt der Rechtskraft eines auf die Zwischenfeststellungsklage hin ergehenden Feststellungsurteils besteht dann hinsichtlich eines zweiten Verfahrens prozesshindernde oder -vorgreifliche Feststellungswirkung.

Besonderheiten:

Hinsichtlich der Zulässigkeit einer solchen Zwischenfeststellungsklage ist neben den allgemeinen Zulässigkeitsvoraussetzungen zu beachten: 548

---

509 Th/P, § 256 Rn. 33 f.

— *str. Rechtsverhältnis*

(1) Entgegen dem Wortlaut des § 256 II ZPO ist es nach allg. M. nicht erforderlich, dass das für die Entscheidung präjudizielle Rechtsverhältnis erst während des Verfahrens streitig wurde. Die Zwischenfeststellungsklage kann also bereits bei Prozessbeginn erhoben werden.[510]

— *objektive Klagehäufung*

(2) Eine Zwischenfeststellungsklage des Klägers stellt eine - anfängliche oder nachträgliche - objektive Klagehäufung dar. Deren Voraussetzungen (vgl. § 260 ZPO) müssen also vorliegen.[511]

— *u.U. als Widerklage*

(3) Soweit der Beklagte Zwischenfeststellungswiderklage erhebt, müssen die Prozessvoraussetzungen der Widerklage (vgl. § 33 ZPO) erfüllt sein.

— *rechtliches Interesse bei Entscheidungserheblichkeit (+)*

(4) Das für die allgemeine Feststellungsklage gem. § 256 I ZPO erforderliche rechtliche Interesse als besondere Prozessvoraussetzung muss bei einer Zwischenfeststellungsklage nicht gesondert geprüft werden. Ausreichend ist der Hinweis, dass das rechtliche Interesse schon wegen der Entscheidungserheblichkeit des Rechtsverhältnisses sog. **Präjudizialität** bzw. **Vorgreiflichkeit** vorliegt.[512]

Vorgreiflichkeit ersetzt Feststellungsinteresse

Bei einer Zwischenfeststellungsklage gem. **§ 256 II ZPO** ergibt sich die Zulässigkeit daher allein aus der **Vorgreiflichkeit** eines streitigen Rechtsverhältnisses für die Entscheidung. Die Vorgreiflichkeit tritt damit an die Stelle des rechtlichen Interesses in Abs. 1, das daneben bestehen kann, aber nicht bestehen muss.

Der Grund hierfür liegt darin, dass § 256 II ZPO die gem. § 322 ZPO objektiv auf die tenorierte Entscheidung begrenzte Wirkung der Rechtskraft ausdehnt.

Nach ganz h.M. sind zwar präjudizielle Rechtsverhältnisse dem Urteil inzident zugrunde zu legen, jedoch haben diese über das konkrete Verfahren hinaus keine weiteren Wirkungen. Ein späterer Rechtsstreit derselben Parteien über andere - auf das vorgreifliche Rechtsverhältnis bezogene - Ansprüche könnte mithin ohne weiteres abweichend beurteilt werden.

Wenn nun aber ohnehin eine rechtliche Vorfrage vom Gericht geklärt werden muss, entspricht es den Grundsätzen der Prozessökonomie, sich diese Entscheidung für etwaige Folgeprozesse zunutze zu machen. Was bereits einmal entschieden ist, braucht nicht immer wieder in nachfolgenden Rechtsstreitigkeiten in Frage gestellt werden.

Vorgreiflichkeit besteht, wenn die Entscheidung des Rechtsstreits von dem Rechtsverhältnis abhängig ist, d.h. wenn über dieses jedenfalls in den Entscheidungsgründen zu befinden wäre[513].

---

510   BGH, NJW-RR 1990, 318 [320]

     <u>Vertiefungshinweis</u>: Eine ähnlich missverständliche Formulierung enthält § 264 Nr. 3 ZPO, wonach eine privilegierte - stets zulässige - Klageänderung vorliegen soll, wenn statt der ursprünglich geforderten Leistung wegen eines später eingetretenen Umstandes ein anderer Gegenstand oder das Interesse gefordert wird. Die Vorschrift gilt entgegen ihrem Wortlaut auch dann, wenn die Veränderung der tatsächlichen Umstände bereits vor Klageerhebung eingetreten ist und der Kläger hiervon keine Kenntnis hatte, selbst wenn die Unkenntnis auf Fahrlässigkeit beruht. Der Begriff der später eingetretenen Veränderung ist also nicht objektiv, sondern subjektiv aus Sicht des Klägers zu bestimmen (vgl. dazu nochmals Rn. 339). Klagt K auf Übereignung und erfährt er während des Prozesses, dass dem V diese schon vor Vertragsschluss unmöglich war, so kann er in zulässiger Weise seine Klage gem. § 264 Nr. 3 ZPO auf Schadensersatz gem. §§ 275 IV, 311a II BGB umstellen.

511   Th/P, § 256 ZPO, Rn. 31.

512   Th/P, § 256 ZPO, Rn. 32.

513   Th/P, § 256 ZPO, Rn. 33.

Entfallen des Rechtsschutzbedürf-nisses

Allerdings kann das - regelmäßig ebenfalls allein wegen der Vor-greiflichkeit zu bejahende - **Rechtsschutzbedürfnis** für die Zwi-schenfeststellungsklage entfallen, wenn das Rechtsverhältnis keine weiteren Folgen mehr zeitigen kann als die mit der Hauptklage zur Entscheidung gestellten.[514]

Allerdings genügt bereits die bloße Möglichkeit, dass aus dem strei-tigen Rechtsverhältnis weitere Ansprüche zwischen den Parteien erwachsen[515].

hemmer-Methode: Dogmatisch erscheint es nicht zwingend, dies als eigenen Prüfungspunkt anzusehen. Vertretbar wäre daher sicherlich auch der Ansatz, wonach in solchen Fällen ausnahmsweise die Vor-greiflichkeit entfällt. Immerhin ist diese nichts anderes als ein beson-deres Rechtsschutzbedürfnis für die Zwischenfeststellungsklage.

Die **Vorgreiflichkeit setzt** daher **zweierlei voraus:**

⇨ Zum einen muss das festzustellende Rechtsverhältnis für das laufende Verfahren vorgreiflich sein.

⇨ Zum anderen erfordern Sinn und Zweck der Zwischenfeststel-lungsklage auch eine Vorgreiflichkeit für einen etwaigen Folge-prozess. Schließlich geht es bei dieser Klage darum, die objekti-ven Grenzen der Rechtskraft zu erweitern, um hinsichtlich eines zweiten Verfahrens eine prozesshindernde oder -vorgreifliche Feststellungswirkung zu erreichen.

hemmer-Methode: Lernen Sie in Zusammenhängen! Durchdenken Sie die Problematik der Ausgleichszusammenhänge und der Teilklagen nochmals unter dem Gesichtspunkt möglicher Zwischenfeststellungs-klagen!
Bei der Teilklage ergibt sich der Sinn der vorliegenden Zwischenfest-stellungsklage aus der Beschränkung der Rechtskraftwirkung der Klage.[516] Unterliegt der Leistungs-(Kläger) mit dieser, steht wegen der Beschränkung der Rechtskraft auf den Tenor nur bindend fest, dass dieser Anspruch in Höhe des Teilbetrages nicht gegeben ist. Über die übrige Forderung ist dann gar nicht entschieden worden.
Da die Begründung, mit der das Erstgericht die Leistungsklage abwei-sen könnte, nicht Gegenstand der materiellen Rechtskraft wird, kann ein etwaiges Folgegericht wieder frei über die übrige Forderung ent-scheiden[517], d.h. der Klage - etwa bei einem anderen Ergebnis in der Beweisaufnahme oder rechtlichen Würdigung - auch stattgeben.[518]

bb) Nebenintervention und Streitverkündung

Erweiterung der Rechtskraftwirkung

Die objektive Reichweite der Nebeninterventions- und Streitverkün-dungswirkung (§§ 68, 74 I, III ZPO) ist weiter als die der materiellen Rechtskraft, weil sie sich auch auf alle im Vorprozess festgestellten Einzeltatsachen und deren rechtliche Beurteilung erstreckt und nicht nur auf den Tenor.[519]

549

---

514 Th/P, § 256 ZPO, Rn. 29

515 Th/P, § 256 ZPO, Rn. 28; Zöller, § 256 ZPO, Rn. 26 m.w.N.

516 Vgl. Th/P, § 256 ZPO, Rn. 26, 28, 29

517 Vgl. Th/P, § 322 ZPO, Rn. 17 ff, v.a. Rn. 26

518 Vertiefungshinweis für Praktiker und Referendare: Da der Beklagte nicht weiß, wie das Gericht über die Klageforderung entscheidet, sollte er die Zwischenfeststellungsklage immer unter der (zulässigen, weil innerprozessualen) Bedingung erheben, dass die Klage abgewiesen wird. Gewinnt der Beklagte, tritt die Bedingung ein, und es wird rechtskräftig über die Gesamtforderung entschieden. Diese Klage wird der Beklagte gewinnen, da das Gericht ja schon die Teilklage abgewiesen hat. Gewinnt dagegen der Kläger, so tritt die Bedingung nicht ein. Über das Bestehen des gesamten An-spruches wird also nicht mehr entschieden. Dies wäre auch nicht gut für den Beklagten, nachdem das Gericht schon dem Teilbetrag stattgegeben hat. Da rechtskräftig nur über die Teilforderung entschieden wird, hat der Beklagte in einem Nachforderungsprozess nochmals eine weitere Chance, sich gegen die klägerische Forderung zu verteidigen. Unter Umständen gewinnt er ja dann diesen Prozess.
Ein wachsamer Kläger sollte also, „wenn er Morgenluft wittert", seine Klage in dem laufenden Verfahren noch erweitern und die Gunst der Stunde nutzen.

519 Vgl. schon oben Rn. 482.

Nebeninterventions- und Streitverkündungswirkung werden zwar systematisch nicht dem Bereich der materiellen Rechtskraft zugeordnet, bewirken aber in tatsächlicher Hinsicht eine Erweiterung der objektiven Grenzen der materiellen Rechtskraft, vgl. Rn. 537 ff.

3. Subjektive Grenzen der materiellen Rechtskraft

subjektive Bindung

Mit der Darstellung der objektiven Grenzen der materiellen Rechtskraft ist die Frage beantwortet, welche Entscheidungsbestandteile materiell rechtskräftig werden. Offen geblieben ist bisher die Frage, wen diese Feststellungswirkung betrifft, also die subjektive Reichweite der materiellen Rechtskraft.   **550**

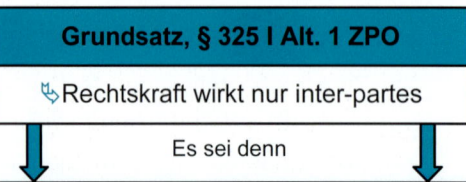

Grundsatz, § 325 I Alt. 1 ZPO

↳Rechtskraft wirkt nur inter-partes

Es sei denn

Rechtskrafterstreckung

- Rechtsnachfolger der Partei, § 325 I Alt. 2 ZPO (Einzel- oder Gesamtrechtsnachfolge)
  ⇨ Ausnahme, § 325 II bei **doppelter Gutgläubigkeit** (h.M.):
  ① hinsichtlich fehlender Rechtshängigkeit und
  ② hinsichtlich der materiellen Voraussetzungen
- Nacherben, § 326 ZPO
- Gesetzliche Prozessstandschaft, §§ 327, 265 II S. 1 ZPO
- Gewillkürte Prozessstandschaft

a) Rechtskraftwirkung für und gegen die Parteien

Gem. § 325 I Alt. 1 ZPO wirkt das Urteil für und gegen die Parteien, also für die obsiegende Partei und gegen die unterlegene Partei, für und gegen beide, wenn der Kläger mit seiner Klage nur teilweise Erfolg hatte.   **551**

„inter-partes-Wirkung"

Diese sog. „inter-partes–Wirkung" ist selbstverständlich, da die Parteien am Rechtsstreit beteiligt waren, ihnen also rechtliches Gehör gewährt wurde.

b) Rechtskraftwirkung für und gegen die Rechtsnachfolger der Parteien

Rechtsnachfolger, § 325 I Alt. 2 ZPO

Ein rechtskräftiges Urteil wirkt ferner für und gegen die Rechtsnachfolger der Parteien, § 325 I Alt. 2 ZPO.   **552**

aa) Rechtsnachfolge

bzgl. streitbefangenen Gegenstand

Rechtsnachfolge bedeutet, dass der Gegenstand des Rechtsstreits von einer Partei auf einen Dritten übergegangen ist oder dieser eine mindere Rechtsstellung an dem Gegenstand erlangt hat.[520]   **553**

---

520 R/S/G, § 156 II 2 a (1).

Einzel- oder Gesamtrechtsnachfolge

Es kommt nicht darauf an, ob dies auf eine Gesamtrechtsnachfolge oder eine Einzelrechtsnachfolge zurückzuführen ist.[521] Die Erben einer Partei sind also ebenso Rechtsnachfolger wie Personen, die die streitbefangene Forderung im Wege der Abtretung oder das Eigentum bzw. den Besitz an der streitbefangenen Sache erworben haben.

bb) Rechtskraftwirkung für den Rechtsnachfolger

zugunsten Rechtsnachfolger (+)

Die Rechtskrafterstreckung ist unproblematisch, soweit diese den Rechtsnachfolger der obsiegenden Partei betrifft. Für diesen wirkt das rechtskräftige Urteil in jedem Fall.[522]

554

cc) Rechtskraftwirkung gegen den Rechtsnachfolger

zu Lasten des Rechtsnachfolgers?

Schwierigkeiten bereitet das Verständnis von § 325 I Alt. 2 ZPO, soweit die Rechtskrafterstreckung den Rechtsnachfolger der unterlegenen Partei betrifft. Diese tritt nämlich nur dann ein, wenn nicht zugunsten des Rechtsnachfolgers die Vorschriften des bürgerlichen Rechts über den Gutglaubenserwerb entsprechende Anwendung finden, § 325 II ZPO.

555

(1) Rechtsnachfolger der materiell-rechtlich nichtberechtigten Partei

Fall 1: K ist Eigentümer eines im Besitz des B befindlichen Fahrzeugs. Er erhebt Klage gegen B mit dem Antrag auf Feststellung seines Eigentums. Während des Prozesses veräußert B das Fahrzeug an D.

Im Rahmen dieser Veräußerung gab es keine Anhaltspunkte für die Streitbefangenheit des Fahrzeugs. D hatte sich jedoch keinen Kfz-Brief vorlegen lassen. K obsiegt, das Urteil wird rechtskräftig.

Wie ist über eine von K gegen D erhobene Klage auf Herausgabe des Fahrzeugs zu entscheiden?

Streitgegenstand des Prozesses gegen B war die Feststellung des Eigentums des K. Im zweiten Prozess begehrt K hingegen die Verurteilung des D zur Herausgabe. Wegen unterschiedlicher Streitgegenstände ist die zweite Klage daher zulässig.

Fraglich ist jedoch, ob das Gericht an die Feststellung des Eigentums des K durch das rechtskräftige Urteil gebunden ist, dieses also prozess-vorgreiflich wirkt. Dies wäre dann der Fall, wenn das Urteil gem. § 325 I Alt. 2 ZPO gegen D wirkt, weil dieser nach Eintritt der Rechtshängigkeit Rechtsnachfolger des B geworden ist.

D hat im Rahmen der Veräußerung jedenfalls den Besitz an dem streit-gegenständlichen Fahrzeug erlangt, ist also insoweit Rechtsnachfolger des B geworden. Rechtskrafterstreckung auf D würde somit eintreten, wenn nicht Vorschriften des bürgerlichen Rechts über den gutgläubigen Erwerb zu seinen Gunsten entsprechende Anwendung finden, § 325 II ZPO.

§ 325 II ZPO

Unter welchen Voraussetzungen § 325 II ZPO die Rechtskrafterstre-ckung auf den Rechtsnachfolger der unterlegenen Partei verhindert, ist umstritten.

556

---

521 Th/P, § 325 Rn. 2.
522 Zöller, § 325 Rn. 44.

e.A.:
Gutgläubigkeit nur bzgl. Rechtshängigkeit

Nach einer Auffassung hat § 325 II ZPO nur prozessrechtliche Bedeutung.[523] Die Vorschriften des bürgerlichen Rechts über den Erwerb vom Nichtberechtigten sind mit der Maßgabe anzuwenden, dass die Rechtshängigkeit des Erwerbsgegenstandes den Bezugspunkt des guten Glaubens bildet. Die Anforderungen an den guten Glauben sind der jeweils einschlägigen Vorschrift des bürgerlichen Rechts zu entnehmen.

> In Fall 1 würde dies bedeuten, dass § 932 II BGB entsprechend anzuwenden wäre mit der Maßgabe, dass sich die Gutgläubigkeit des D lediglich auf die Rechtshängigkeit beziehen muss. Da bei der Veräußerung keine Anhaltspunkte für den Prozess zwischen K und B vorhanden waren, war D hinsichtlich der Rechtshängigkeit gutgläubig, sodass gem. § 325 II ZPO keine Rechtskrafterstreckung gegen ihn eintreten würde.

> In dem neuen Prozess könnte das Gericht entgegen der Feststellung im ersten Urteil zu dem Ergebnis kommen, dass K nicht Eigentümer des Fahrzeugs war, sodass D von B als Berechtigtem Eigentum erworben hat. Wenn das Gericht feststellen sollte, dass K Eigentümer war, so könnte es ferner zu dem Ergebnis kommen, dass D von B als Nichtberechtigtem gutgläubig Eigentum erworben hat.

h.M.:
„doppelte Gutgläubigkeit"

Nach der Gegenansicht, die wohl h.M. ist, hat § 325 II ZPO materiell-rechtliche und prozessrechtliche Bedeutung.[524] Die Rechtskrafterstreckung auf den Rechtsnachfolger tritt nach dieser Ansicht nur dann nicht ein, wenn dieser sowohl **hinsichtlich** der **materiellen Berechtigung** des Rechtsvorgängers **als auch hinsichtlich** der **Rechtshängigkeit** nach Maßgabe der jeweils anzuwendenden Gutglaubenserwerbsvorschriften gutgläubig ist. § 325 II ZPO erhöht also die Anforderungen an die nach materiellem Recht erforderliche Gutgläubigkeit des Erwerbers insofern, als sich diese auch auf die Rechtshängigkeit beziehen muss.

> In Fall 1 hätte dies Rechtskrafterstreckung auf D zur Folge. D war zwar hinsichtlich der Rechtshängigkeit gutgläubig, aber nicht hinsichtlich der Berechtigung des B, weil er sich den Kfz-Brief nicht hatte vorlegen lassen.

Der h.M. ist zu folgen. Derjenige, der wegen fehlender Gutgläubigkeit hinsichtlich der materiellen Berechtigung des Rechtsvorgängers nicht gutgläubig erwerben konnte, ist nicht schutzwürdig.

Er darf deshalb nicht die Möglichkeit erhalten, eine neue, für ihn günstige, aber der materiellen Rechtslage widersprechende Entscheidung herbeizuführen.

(2) Rechtsnachfolger der materiell-rechtlich berechtigten Partei

> *Fall 2:* Wie Fall 1, aber in Wirklichkeit ist B materiell-rechtlich Berechtigter, das zugunsten des K ergangene Urteil also fehlerhaft.

Fraglich ist, welche Bedeutung § 325 II ZPO hat, wenn der Rechtsnachfolger von dem in Wirklichkeit materiell-rechtlich Berechtigten erworben hat.

e.A.:
nur bzgl. Rechtshängigkeit

Nach einer Ansicht bildet in diesen Fällen nur die Rechtshängigkeit den Bezugspunkt des guten Glaubens.[525] Da der Erwerber vom materiell-rechtlich Berechtigten erwerbe, existiere keine Nichtberechtigung, hinsichtlich derer der Erwerber bösgläubig sein könnte.

557

---

523 Nachweise bei Stein/Jonas, § 325 ZPO, Rn. 34.

524 Stein/Jonas, § 325 ZPO, Rn. 36 ff.; Zöller, § 325 ZPO, Rn. 44; Schlosser, Rn. 233; Th/P, § 325 ZPO, Rn. 8.

525 Jauernig, § 63 IV 2; TH/P, § 325 ZPO, Rn. 8.

Nach dieser Ansicht kommt in Fall 2 keine Rechtskrafterstreckung in Betracht. Hinsichtlich der Rechtshängigkeit war D gutgläubig. Dass D bei Nichtberechtigung des B bösgläubig wäre, bleibt mangels Nichtberechtigung des B außer Betracht.

a.A.:
ebenfalls doppelte Gutgläubigkeit

Nach anderer Ansicht ist auch in diesen Fällen doppelte Gutgläubigkeit erforderlich.[526] Diese Ansicht bestimmt den Begriff der Berechtigung also nicht nach der tatsächlichen, materiell-rechtlichen Lage, sondern geht in Einklang mit den Feststellungen des rechtskräftigen Urteils stets von der Nichtberechtigung des unterlegenen Rechtsvorgängers aus.

In Fall 2 würde also wegen der Bösgläubigkeit des D, bezogen auf die durch das erste Urteil festgestellte Nichtberechtigung des B, Rechtskrafterstreckung eintreten.

(3) Rechtskrafterstreckung bei Fehlen von Vorschriften über den gutgläubigen Erwerb im materiellen Recht

Fall 3: K ist Inhaber einer Forderung gegen C. In einem Rechtsstreit zwischen K und B wird dies rechtskräftig festgestellt. Während des Prozesses hatte B die Forderung an D abgetreten.

Wirkt das rechtskräftige Urteil gegen D?

Wie ist es, wenn in Wirklichkeit B Inhaber der Forderung war?

§ 325 II ZPO nur, sofern Gutglaubensvorschriften vorhanden

Die vorstehenden Ausführungen haben deutlich gemacht, dass § 325 II ZPO der Rechtskrafterstreckung auf den Rechtsnachfolger nur entgegenstehen kann, wenn im materiellen Recht für den jeweiligen Erwerbstatbestand Vorschriften existieren, die einen gutgläubigen Erwerb ermöglichen.

558

Fehlen solche Vorschriften im materiellen Recht, beispielsweise im Bereich des Forderungserwerbs, so erstreckt sich das rechtskräftige Urteil stets gegen den Rechtsnachfolger der unterlegenen Partei.[527]

c) Rechtskrafterstreckung auf Dritte in sonstigen Fällen

aa) Gesetzliche Prozessstandschaft

§ 327 ZPO (+)

(1) Wird ein Rechtsstreit über ein fremdes Recht durch eine Partei kraft Amtes geführt, so wirkt ein rechtskräftiges Urteil auch für und gegen den Rechtsinhaber.[528]

559

Gesetzlich ist dies für den Testamentsvollstrecker in § 327 ZPO bestimmt, gilt aber auch in anderen Fällen der Prozessführung durch eine Partei kraft Amtes.

§ 265 II S. 1 ZPO (+)

(2) Bei Prozessführung durch den Veräußerer des streitbefangenen Gegenstandes, § 265 II S. 1 ZPO, tritt Rechtskrafterstreckung auf den Rechtsnachfolger unter den Voraussetzungen von § 325 I Alt. 2, II ZPO ein.

§§ 432, 1011, 2039 BGB nur bei Zustimmung

(3) Klagt ein an einem gemeinschaftlichen Recht Beteiligter als Prozessstandschafter der übrigen Mitberechtigten, so z.B. in den Fällen der §§ 432, 1011, 2039 BGB, so soll nach h.M. grds. keine Rechtskrafterstreckung auf die übrigen Mitberechtigten eintreten.

---

526 R/S/G, § 156 II 2 a (3); Stein/Jonas, § 325 ZPO, Rn. 36; Schlosser, ZPO II, Rn. 82.

527 Jauernig, § 63 IV 2; Musielak, Rn. 181.

528 Zöller, vor § 50 ZPO, Rn. 34.

> **hemmer-Methode:** Etwas anderes soll ausnahmsweise (aber auch nur dann) gelten, wenn die anderen der Prozessführung zugestimmt haben.[529]

bb) Gewillkürte Prozessstandschaft

grds. Rechtskrafterstreckung (+)

Beruht die Führung eines Rechtsstreits über fremde Rechte im eigenen Namen auf einer Vereinbarung mit dem Rechtsinhaber, so wirkt ein rechtskräftiges Urteil grundsätzlich ebenfalls für und gegen diesen.[530]

560

bei unzulässiger Prozessstandschaft (-)

Ist die gewillkürte Prozessstandschaft unzulässig, weil der Inhaber des behaupteten Rechts dieser nicht zugestimmt hat oder der Prozessstandschafter kein eigenes schutzwürdiges Interesse an der Geltendmachung des behaupteten, fremden Rechts vorweisen kann, so ist die Klage als unzulässig abzuweisen. Geschieht dies fälschlicherweise nicht, so wirkt das Urteil nicht für und gegen den Inhaber des behaupteten Rechts, sondern nur zwischen den Parteien.[531]

cc) Rechtskrafterstreckung auf den Nacherben

§ 326 ZPO ergänzt § 325 ZPO

§ 326 ZPO bestimmt, unter welchen Voraussetzungen ein Urteil zwischen dem Vorerben und einem Dritten für und gegen den Nacherben wirkt. Die Regelung ist als Ergänzung zu § 325 ZPO erforderlich, weil der Nacherbe nicht Rechtsnachfolger des Vorerben, sondern des Erblassers ist, §§ 2100, 2139 BGB.

561

dd) Rechtskrafterstreckung auf alle

Ausnahme: Rechtskraft inter omnes kraft Gesetzes

Für bestimmte Urteile ordnet das Gesetz Rechtskrafterstreckung auf alle an, vgl. § 856 IV ZPO; § 248 I S. 1 AktG bzw. § 184 II FamFG.

562

Unterscheide:
Gestaltungsurteil

Hiervon zu unterscheiden ist die Wirkung von Urteilen, die einer Gestaltungsklage stattgeben. An die dadurch bewirkte Änderung der materiellen Rechtslage ist jedermann aufgrund der Gestaltungswirkung des Urteils gebunden.[532]

ee) Rechtskrafterstreckung infolge materiell-rechtlicher Abhängigkeit[533]

akzessorische Haftung

Insbesondere im Bereich akzessorischer Schuld und Haftung wird teilweise eine Rechtskrafterstreckung auf Dritte über die gesetzlich geregelten Fälle hinaus angenommen:

563

> **Bsp.:** *G klagt auf Feststellung einer ihm gegen S zustehenden Forderung und obsiegt/unterliegt.*
>
> *Ist das Gericht in einem zweiten Prozess gegen den Bürgen B an das rechtskräftige Urteil gebunden?*
>
> *Wie ist zu entscheiden, wenn sich der erste Prozess gegen eine OHG, der zweite gegen einen der OHG-Gesellschafter richtet?*

Rechtskrafterstreckung gegen Bürgen?

Hinsichtlich des Bürgen bzw. des OHG-Gesellschafters liegt keiner der gesetzlich geregelten Fälle von Rechtskrafterstreckung vor.

564

---

529 Th/P, § 325 ZPO, Rn. 4; a.A. Zöller, vor § 50 ZPO, Rn. 39.

530 Musielak, Rn. 474; Th/P, § 51 ZPO, Rn. 40.

531 Jauernig, § 22 V.

532 Zöller, § 325 ZPO, Rn. 29.

533 Th/P § 325 Rn. 5.

e.A.:
(+) wegen mat.-rechtl. Abhängigkeit

Im Hinblick auf die Akzessorietät von Haupt- und Bürgenverbindlichkeit, § 767 I S. 1 BGB, wird von einer Ansicht trotzdem eine Rechtskrafterstreckung auf den Bürgen angenommen, sog. Rechtskrafterstreckung infolge materiell-rechtlicher Abhängigkeit.[534]

Lit.: (-)

Nach überwiegender Ansicht in der Literatur liegt ein Fall der Rechtskrafterstreckung hingegen nicht vor. Die Vorschriften über die Rechtskrafterstreckung werden für nicht erweiterungsfähig gehalten. Eine Berufung auf den Wortlaut von § 767 I S. 1 BGB scheide aus, da der tatsächliche Bestand der Hauptverbindlichkeit durch ein rechtskräftiges Urteil nicht berührt werde.[535]

Rspr.:
nur zugunsten des Bürgen

Die Rechtsprechung unterscheidet nach dem Ausgang des Vorprozesses: Wird im ersten Prozess das Bestehen der Hauptverbindlichkeit festgestellt, so wird eine Wirkung des rechtskräftigen Urteils gegen den Bürgen verneint.[536] Umgekehrt wird dem im Prozess gegen den Hauptschuldner unterlegenen Gläubiger die Möglichkeit verwehrt, in einem Folgeprozess gegen den Bürgen feststellen zu lassen, dass die Forderung doch besteht.[537] Der Gläubiger hätte bereits rechtliches Gehör gefunden, sodass ihm für den Folgeprozess das Rechtsschutzbedürfnis fehle.

§ 129 HGB:
h.M. (+)

Anders als bei der Bürgenhaftung geht die überwiegende Ansicht hinsichtlich der Haftung des Gesellschafters für Verbindlichkeiten der Gesellschaft unter Berufung auf den Wortlaut von § 129 I HGB von Rechtskrafterstreckung für und gegen den Gesellschafter aus: Da die im Vorprozess unterlegene Gesellschaft wegen des rechtskräftigen Urteils nicht mehr einwenden könne, die Forderung bestehe nicht, könne es der Gesellschafter ebenfalls nicht.[538]

565

Wird hingegen ein Gesellschafter einer Gesellschaft bürgerlichen Rechts bzw. einer OHG aus seiner persönlichen Haftung für eine Gesellschaftsschuld in Anspruch genommen, entfaltet die Rechtskraft eines in diesem Prozess ergangenen Urteils keine Wirkung in einem weiteren Prozess gegen die Gesellschaft. § 129 I HGB ist Ausdruck und Folge der in § 128 I HGB geregelten akzessorischen Haftung der Gesellschafter für die Schuld der Gesellschaft. Die Gesellschaft haftet aber für die Schuld der Gesellschafter nicht akzessorisch.[539]

> **hemmer-Methode:** Das Problem der Rechtskrafterstreckung infolge materiell-rechtlicher Abhängigkeit ist sehr umstritten. Wegen des materiell-rechtlichen Bezugs bietet es sich jedoch als „prozessualer Anhang" einer Examensklausur an.
>
> Zeigen Sie dem Korrektor zunächst, dass ein gesetzlich geregelter Fall der Rechtskrafterstreckung nicht vorliegt. Lösen Sie dann das Spannungsverhältnis zwischen der grundsätzlich abschließenden Regelung der subjektiven Rechtskraftgrenzen und einem im Einzelfall bestehenden Bedürfnis nach Rechtskrafterstreckung auf. Auf das Ergebnis wird es in aller Regel nicht ankommen.

d) Erweiterung der subjektiven Grenzen der materiellen Rechtskraft

Nebenintervention/Streitverkündung

Der vorstehende Abschnitt hat gezeigt, dass auch die subjektiven Grenzen der materiellen Rechtskraft im Einzelfall unbefriedigend sein können.

566

---

534 Zöller, § 325 ZPO, Rn. 34 m.w.N.

535 Zeiss, Rn. 589 m.w.N.

536 BGHZ 107, 92.

537 BGH, NJW 1970, 279.

538 Zöller, § 325 ZPO, Rn. 35 m.w.N.

539 BGH, Life&Law 2011, 549 ff. = WM 2011, 1036 ff. = **juris**byhemmer.

Nebeninterventions- und Streitverkündungswirkung gem. §§ 68, 74 I, III ZPO werden zwar systematisch nicht dem Bereich der Rechtskrafterstreckung zugeordnet, stellen aber in tatsächlicher Hinsicht Fälle der Rechtskrafterstreckung dar.

4. Zeitliche Grenzen der materiellen Rechtskraft

letzte mündliche Verhandlung

Eine Entscheidung wird auf diejenigen Tatsachen gestützt, die bis zum Schluss der letzten mündlichen Verhandlung entstanden sind und von den Parteien spätestens bis zu diesem Zeitpunkt vorgebracht wurden, §§ 296, 296a ZPO.

567

Die letzte mündliche Verhandlung vor Erlass eines Urteils begrenzt die materielle Rechtskraft also in zeitlicher Hinsicht.[540]

Einwendungen, die auf Tatsachen gestützt werden, die erst **nach** diesem Zeitpunkt entstanden sind, können im Wege der Vollstreckungsgegenklage gem. § 767 ZPO geltend gemacht werden. Mit schon davor bestehenden Einwendungen ist man präkludiert, vgl. § 767 II ZPO!

hemmer-Methode: Auf Einzelheiten wird im Rahmen der Darstellung der zwangsvollstreckungsrechtlichen Rechtsbehelfe eingegangen werden. Vgl. dazu Hemmer/Wüst, ZPO II, Rn. 249.

Zeitliche Grenze der Rechtskraft

↳ Das Urteil entscheidet über den Streitgegenstand, den die Parteien unter Berücksichtigung der §§ 296, 296a ZPO bis zum Zeitpunkt der letzten mündlichen Verhandlung vorgebracht haben

Die Rechtskraft umfasst also solche Tatsachen, die die Partei gekannt hat und unterlassen hat, vorzubringen als auch die Tatsachen, von denen die Partei keine Kenntnis hatte

Die Rechtskraft erstreckt sich lediglich nicht auf die Tatsachen, die erst nach Schluss der letzten mündlichen Verhandlung entstanden sind
⇨ Vollstreckungsgegenklage § 767 ZPO

---

540 Musielak, Rn. 475.

§ 9 RECHTSBEHELFE

Überprüfungsmöglichkeit richterlicher Entscheidungen

Der Gesetzgeber hat durch Einrichtung von Rechtsbehelfen dem Einzelnen die Möglichkeit gegeben, möglicherweise unrichtige Entscheidungen überprüfen zu lassen.

568

Rechtsmittel:
Devolutiv- und Suspensiveffekt

Eine herausgehobene Stellung unter den Rechtsbehelfen nehmen Berufung, Revision und Beschwerde, die sog. Rechtsmittel, ein. Sie unterscheiden sich von anderen Rechtsbehelfen dadurch, dass sie das Verfahren in eine höhere Instanz bringen (sog. Devolutiveffekt) und verhindern, dass die angefochtene Entscheidung rechtskräftig wird (sog. Suspensiveffekt).

I. Rechtsmittel (Devolutiv- und Suspensiveffekt)

1. Berufung

Überprüfung in tatsächlicher und rechtlicher Hinsicht

Das Rechtsmittel der Berufung dient der Überprüfung einer erstinstanzlichen Entscheidung sowohl in tatsächlicher als auch in rechtlicher Hinsicht. Berufungskläger kann grundsätzlich sowohl der Kläger als auch der Beklagte erster Instanz sein.

569

hemmer-Methode: Einschneidende Veränderungen hat die ZPO-Reform für die Berufung gebracht. Sie soll zukünftig in erster Linie nur eine Rechtskontrolle gewährleisten und keine neue Tatsacheninstanz sein. Dafür können aber auch Streitigkeiten, die unterhalb der Berufungssumme bleiben zur Berufung zugelassen werden.

a) Zulässigkeit der Berufung

Prüfung v.A.w.

Die Zulässigkeit der Berufung prüft das Berufungsgericht von Amts wegen, § 522 I S. 1 ZPO. Fehlt eine Zulässigkeitsvoraussetzung, so ist die Berufung als unzulässig zu verwerfen, nach mündlicher Verhandlung durch Urteil, andernfalls durch Beschluss, § 522 I S. 3 ZPO.

570

hemmer-Methode: Ist in einer Klausur nach den Erfolgsaussichten einer Berufung gefragt, so ist zwischen deren Zulässigkeit und Begründetheit zu unterscheiden.
1. Im Rahmen der Zulässigkeit der Berufung sind Statthaftigkeit, Form, Frist und Beschwer zu prüfen.
2. In der Begründetheitsprüfung ist festzustellen, ob das angefochtene Urteil richtig ist, das erstinstanzliche Gericht der Klage also zu Recht stattgegeben bzw. diese abgewiesen hat.
Die Zulässigkeit der Berufung darf keinesfalls mit der Zulässigkeit der Klage verwechselt werden. Diese ist erst im Rahmen der Begründetheit der Berufung zu erörtern!

aa) Statthaftigkeit

gegen Urteil

Die Berufung ist statthaft:

571

⇨ gegen alle erstinstanzlichen Endurteile, §§ 511 I, 300, 301 ZPO,

⇨ gegen Urteile, die hinsichtlich der Rechtsmittel als Endurteile anzusehen sind, §§ 280 II, 304 II, 302 III ZPO, sowie

⇨ gegen zweite Versäumnisurteile, § 514 II ZPO.

Entscheidung über die Zulassung

Nach der früheren Fassung des § 511 II, IV ZPO war unklar, ob das Gericht erster Instanz bei der Entscheidung über die Zulassung der Berufung stets zu prüfen habe, ob die Rechtssache von grundlegender Bedeutung ist, unabhängig vom Wert des Beschwerdegegenstandes.

Die Neufassung des § 511 IV ZPO durch das Justizmodernisierungsgesetz[541] stellt klar, dass eine Berufung stets zulässig ist, wenn eine Partei durch das Urteil mit mehr als 600,- € beschwert ist.

Nur wenn dies nicht der Fall ist, darf das Gericht prüfen, ob es sich um eine Rechtssache von grundsätzlicher Bedeutung handelt und daher die Berufung zuzulassen ist, § 511 IV Nr. 1 ZPO.

bb) Form und Begründung

schriftliche Einlegung bei judex ad quem

(1) Die Berufung wird durch Einreichung einer Berufungsschrift[542] beim Berufungsgericht eingelegt, sog. judex ad quem, § 519 I ZPO.

572

Die inhaltlichen Anforderungen an die Berufungsschrift ergeben sich aus § 519 II - IV ZPO. Die Einlegung der Berufung ist Prozesshandlung, sodass die Prozesshandlungsvoraussetzungen vorliegen müssen. Die Berufungsschrift muss als bestimmender Schriftsatz von einem bei dem Berufungsgericht zugelassenen Rechtsanwalt unterschrieben sein, vgl. § 78 I ZPO.

beim Berufungsgericht

Als Berufungsgericht instanziell zuständig ist grundsätzlich

573

⇨ bei erstinstanzlichen Urteilen des Amtsgerichts das übergeordnete Landgericht, § 72 GVG,

⇨ bei erstinstanzlichen Urteilen des Landgerichts das übergeordnete Oberlandesgericht, § 119 I Nr. 2 GVG,

⇨ zu den Ausnahmen in Kindschaftssachen und bei familiengerichtlichen Entscheidungen, vgl. §§ 72, 119 I Nr. 1°GVG.

schriftliche Begründung

(2) Die Berufung ist zusammen mit der Berufungseinlegung oder in einem besonderen Schriftsatz zu begründen, § 520 I, III S. 1 ZPO.

574

Die inhaltlichen Anforderungen an die Berufungsbegründung ergeben sich aus § 520 III S. 2, IV, V ZPO [543].

Durch die Berufungsanträge, § 520 III S. 2 Nr. 1 ZPO, wird bestimmt, in welchem Umfang der Rechtsstreit von neuem zu verhandeln ist und eine abändernde Entscheidung ergehen kann, vgl. § 528 ZPO.

In der Berufungsbegründung muss der Berufungskläger die Umstände bezeichnen, aus denen sich die Rechtsverletzung und deren Erheblichkeit für die angefochtene Entscheidung ergibt, § 520 III S. 2 Nr. 2, die Bezeichnung konkreter Anhaltspunkte, die Zweifel an der Richtigkeit der Tatsachenfeststellung begründen, § 520 III S. 2 Nr. 3 ZPO, oder die neuen Angriffs- und Verteidigungsmittel bezeichnen, § 520 III S. 2 Nr. 4 ZPO.

---

541   Das Justizmodernisierungsgesetz ist mit Wirkung zum 01.09.2004 in Kraft getreten.

542   Vgl. hierzu nochmals Rn. 99 – 102.

543   Zu den Anforderungen an die Berufungsbegründung nach dem seit dem 01.01.2002 geltenden Recht vgl. BGH 2003, 2531 f.

Geschieht dies nicht bereits in der Berufungsbegründungsschrift, droht Präklusion gem. § 530 ZPO.[544]

Die Berufung kann insoweit nicht darauf gestützt werden, dass der Zivilrechtsweg nicht gegeben war, § 17a GVG. Auch ist es nicht möglich sich darauf zu berufen, dass das Gericht des ersten Rechtszuges unzuständig gewesen sei, § 513 II ZPO.

cc) Frist

Einlegungsfrist ein Monat ab Zustellung

(1) Die Berufungsschrift muss grundsätzlich einen Monat nach Zustellung des erstinstanzlichen Urteils eingereicht werden, § 517 ZPO. Hierbei handelt es sich um eine Notfrist, sodass bei unverschuldeter Fristversäumung eine Wiedereinsetzung in den vorigen Stand in Betracht kommt, § 233 ZPO.

575

Begründung zwei Monate ab Zustellung

(2) Die Berufungsbegründung muss grundsätzlich zwei Monate nach Zustellung des angegriffenen Urteils eingereicht werden, § 520 II S. 1 u. 2 ZPO. Auch insoweit kommt Wiedereinsetzung in den vorigen Stand in Betracht, § 233 ZPO.

Zu beachten ist, dass Berufungs- und Berufungsbegründungsfrist für jede Partei erster Instanz gesondert laufen, also jeweils vom Zustellungszeitpunkt abhängen.

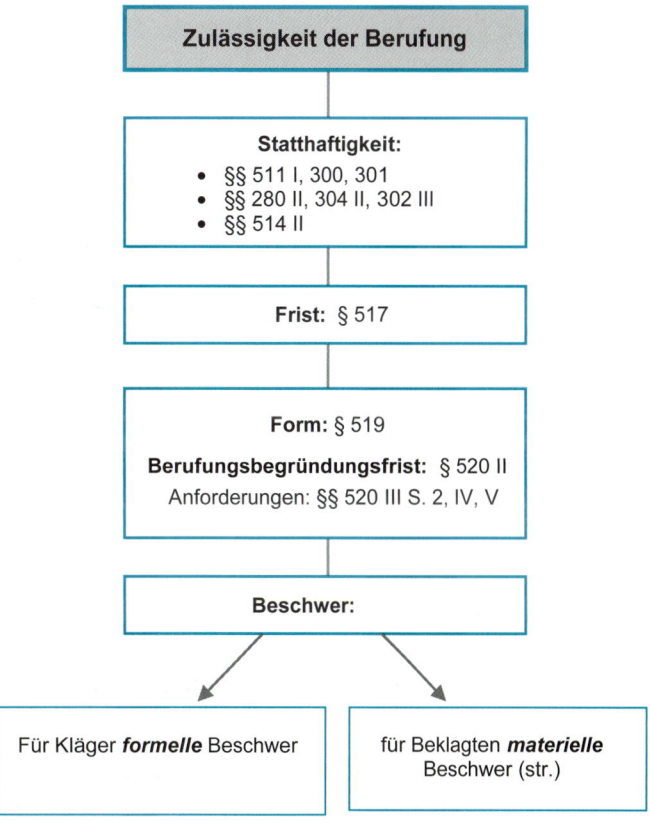

dd) Beschwer

Beschwer durch angefochtene Entscheidung

Die Berufung ist grundsätzlich nur zulässig, wenn der Berufungskläger beschwert ist.

576

---

544 Die Präklusion spielt insbesondere nach der ZPO-Reform im Berufungsrecht eine entscheidende Rolle. Hier besteht eine große Gefahr für den Anwalt, in Regress genommen zu werden, wenn er nicht rechtzeitig vorträgt, was in der jeweiligen Situation vorzutragen ist, vgl. Sie dazu Schneider, „Verspätungsrecht im Berufungsverfahren", NJW 2003, 1434 f.

Diese ungeschriebene Zulässigkeitsvoraussetzung ist eine Ausprägung des allgemeinen Rechtsschutzbedürfnisses: Der Gesetzgeber hat es als selbstverständlich vorausgesetzt, dass Rechtsmittel nur demjenigen zur Verfügung stehen, der durch eine Entscheidung benachteiligt ist.

Kläger:
formelle Beschwer

(1) Hat der Kläger erster Instanz Berufung eingelegt, so ist auf dessen formelle Beschwer abzustellen. Diese liegt vor, wenn dem Kläger in dem erstinstanzlichen Urteil weniger zugesprochen wurde, *als* er in seinem Sachantrag beantragt hat.[545] Dies ist auch dann zu bejahen, wenn der Hauptantrag des Klägers abgewiesen wurde und dieser nur mit dem Hilfsantrag Erfolg hatte.

577

Beklagter:
materielle Beschwer

(2) Eine materielle Beschwer liegt hingegen bei jeder für den Betroffenen nachteiligen Wirkung des erstinstanzlichen Urteils vor.[546]

578

Nach einer Auffassung ist für den Beklagten erster Instanz stets auf diese materielle Beschwer abzustellen.[547] Da der Antrag des Beklagten auf Klageabweisung keinen Sachantrag darstelle, der Beklagte noch nicht einmal verpflichtet sei, einen solchen Antrag zu stellen, könne dieser auch nicht formell beschwert sein.

Nach anderer Auffassung kommt es jedenfalls dann auf die formelle Beschwer an, wenn der Beklagte einen Antrag auf Klageabweisung gestellt hat.[548]

Eine Entscheidung dieses Meinungsstreits muss regelmäßig nicht erfolgen, da der Beklagte stets auch materiell beschwert ist, wenn die Klage zumindest teilweise Erfolg hatte.

Auf die materielle Beschwer ist jedoch dann abzustellen, wenn die Klage zwar abgewiesen wurde, aber nur deshalb, weil der Anspruch des Klägers durch die hilfsweise Aufrechnung mit einer Gegenforderung erloschen ist,[549] oder weil die Klage als unzulässig, statt richtigerweise als unbegründet abgewiesen wurde!

> **Bsp.:** *Der Kläger nimmt den Beklagten auf Schmerzensgeld wegen Verletzungen in Anspruch. Mit seinem erstinstanzlichen Klageantrag hat er einen in das Ermessen des Gerichts gestellten Betrag gefordert, wenigstens aber 4.000,- €. Das Amtsgericht hat den Beklagten in Höhe des angegebenen Mindestbetrages verurteilt.*
>
> *Hiergegen hat sich der Kläger mit seiner Berufung gewandt und beantragt, ihm unter teilweiser Abänderung des angefochtenen Urteils einen über das bereits zuerkannte Schmerzensgeld hinausgehenden, in das Ermessen des Gerichts gestellten Betrag zuzusprechen, mindestens jedoch weitere 6.000,- €.*
>
> *Zu Recht?*
>
> Die Berufung ist mangels Beschwer als unzulässig zu verwerfen, § 522 I S. 2 ZPO.
>
> Der vom Amtsgericht zugesprochene Schmerzensgeldanspruch hat der Größenordnung entsprochen, die sich der Kläger vorgestellt und in seinem Vortrag zum Ausdruck gebracht habe.

---

545 Th/P, vor § 511 ZPO, Rn. 18.

546 Th/P, vor § 511 ZPO, Rn. 19.

547 BGH, NJW 1955, 545.

548 R/S/G, § 136 II 3c); Schlosser, Rn. 385.

549 Musielak, Rn. 431.

Bei einem unbezifferten Klageantrag, mit dem ein Schmerzensgeld in Höhe eines bestimmten Mindestbetrages begehrt werde (vgl. dazu Rn. 93 f.), liegt eine Beschwer erst bei Unterschreiten der vom Kläger genannten Mindestsumme vor.

Wenn die Verletzungen des Klägers tatsächlich erheblicher gewesen wäre, als bei Klageeinreichung zunächst angenommen und ein Schmerzensgeld von 4.000,- € daher nach seiner Auffassung zum Zeitpunkt der letzten mündlichen Verhandlung nicht mehr angemessen gewesen wäre, so hätte er diesem Umstand durch eine Erhöhung des Mindestbetrages oder durch dessen Weglassung Rechnung tragen müssen.

Eine nachträgliche Korrektur in der Berufungsinstanz ist damit mangels Beschwer nicht mehr möglich[550].

Berufungssumme, § 511 II Nr. 1	**(3)** Die Berufung ist ferner nur dann zulässig, wenn der Wert des Beschwerdegegenstandes[551] 600,- € übersteigt, § 511 II Nr. 1, vgl. aber § 514 II S. 2 ZPO, oder das Gericht des ersten Rechtszuges die Berufung im Urteil zugelassen hat, § 511 II Nr. 2 ZPO.

579

> **hemmer-Methode:** Beachten Sie bitte, dass es eine Nichtzulassungsbeschwerde bei der Berufung nicht gibt und auch § 544 ZPO nicht analog angewendet werden kann. Stattdessen gibt es gem. § 321a I Nr. 1 ZPO die Möglichkeit, die Verletzung rechtlichen Gehörs zu rügen (vgl. dazu Rn. 612a).

ee) Verzicht und Rücknahme

Verzicht möglich:	**(1)** Die Parteien haben die Möglichkeit, auf das Recht der Berufung gegen ein Urteil zu verzichten.

Keine Zustimmung des Gegners nötig, § 515 ZPO	Der Verzicht einer Partei bedarf nicht der Zustimmung des Gegners, § 515 ZPO. Der früher gesetzlich nicht geregelte Fall des Verzichts vor Erlass des Urteils, für den die h.M. einen Prozessvertrag zwischen den Parteien verlangte, wird jetzt von § 515 ZPO miterfasst. Wird der Verzicht dem Gericht gegenüber erklärt, so ist er als Prozesshandlung unwiderruflich. Eine trotzdem eingelegte Berufung ist von Amts wegen als unzulässig zu verwerfen. Wird der Verzicht dem Gegner gegenüber erklärt, so steht er der Zulässigkeit der Berufung nur entgegen, wenn der Gegner die Einrede des Verzichts erhebt.

580

Rücknahme einer eingelegten Berufung	**(2)** Unter den Voraussetzungen von § 516 I, II ZPO kann eine bereits **eingelegte** Berufung zurückgenommen werden. Die Rücknahme bedarf - anders als nach altem Recht - zu keinem Zeitpunkt der Zustimmung des Berufungsbeklagten. Die Zurücknahme der Berufung hat den Verlust der eingelegten Berufung zur Folge, § 516 III S. 1 ZPO. Die Berufung kann also erneut eingelegt werden, solange die Berufungsfrist nicht abgelaufen ist.

Abgrenzung zur Klagerücknahme	Die Rücknahme der Berufung ist nicht mit der Klagerücknahme zu verwechseln. Diese ist auch noch in der Berufungsinstanz möglich, bedarf dann aber der Zustimmung der gegnerischen Partei, da bereits in erster Instanz mündlich verhandelt wurde, § 269 I ZPO. Die Klagerücknahme führt dazu, dass der gesamte Rechtsstreit von Anfang an als nicht anhängig geworden angesehen wird. Das noch nicht rechtskräftige Urteil der ersten Instanz wird wirkungslos, § 269 III S. 2 ZPO. Wird die Klage erneut erhoben, wird ein neues Verfahren in der ersten Instanz aufgenommen, vgl. auch Rn. 255 ff.

581

---

550 Vgl. zuletzt BGH VI ZR 25/03 - Urteil vom 30.03.2004; im Übrigen ständige Rechtsprechung, vgl. bspw. BGHZ 140, 335, 340; BGHZ 132, 341, 352; BGH, NJW 1993, 2875.

551 Zur Abgrenzung der Begriffe Beschwer und Beschwerdegegenstand vor dem Hintergrund des § 511 II Nr. 1 ZPO, vgl. Jauernig, NJW 2003, 465 ff.

b) Begründetheit der Berufung

aa) Verfahren

Eingeschränkter Prüfungsmaßstab,
§ 529 ZPO

Ist die Berufung zulässig, wird das erstinstanzliche Urteil überprüft. **582** Das Berufungsgericht prüft im Rahmen der in der Berufungsschrift gestellten Anträge, § 528 S. 2 ZPO, das angefochtene Urteil hinsichtlich Zulässigkeit und Begründetheit.

Das Berufungsverfahren ist keine vollwertige Tatsacheninstanz. Das Berufungsgericht soll sich bei der Prüfung der Erfolgsaussichten grundsätzlich an den Tatsachen orientieren, welche durch das Gericht erster Instanz festgestellt wurden. Das Urteil soll im Wesentlichen nur in rechtlicher Hinsicht auf seine Richtigkeit überprüft werden.

Allerdings kann das Berufungsgericht nicht nur Rechtsfehler sondern im Rahmen des § 529 I ZPO auch Fehler bei der Tatsachenfeststellung überprüfen.

Grds.: Bindung an Tatsachen-
feststellung der 1. Instanz

Grundsätzlich hat das Berufungsgericht dabei die Tatsachen zu- **583** grunde zu legen, die in der ersten Instanz festgestellt wurden, vgl. § 529 I Nr. 1 HS 1 ZPO.

Hiervon kann es nur abweichen, soweit konkrete Anhaltspunkte Zweifel an der Richtigkeit oder Vollständigkeit der entscheidungserheblichen Feststellung begründen und deshalb eine neue Tatsachenfeststellung geboten ist, § 529 I Nr. 1 HS 2 ZPO. Da es sich dabei um eine Ausnahme handelt, ist diese eng auszulegen, sodass an das Gebot einer erneuten Feststellung strenge Anforderungen zu knüpfen sind.

Neue Angriffs- und Verteidigungs-
mittel in 2. Instanz

Neue Angriffs- und Verteidigungsmittel[552] können nach §§ 529 I Nr. 2, 531 II ZPO in zweiter Instanz nur noch dann in den Rechtsstreit unter den dort genannten Voraussetzungen eingebracht werden:

§ 531 II Nr. 1 ZPO greift insbesondere in Fällen ein, in denen das erstinstanzliche Gericht einen Fall materiell-rechtlich abweichend beurteilt und deshalb auf vorgebrachte Tatsachen gar nicht eingeht.

§ 531 II Nr. 2 ZPO erfasst Fälle fehlerhafter Prozessleitung, insbesondere Konstellationen, in denen ein richterlicher Hinweis im Sinne des § 139 ZPO zu Unrecht unterbleibt und deshalb kein Vortrag der betroffenen Partei erfolgt.

§ 531 II Nr. 3 ZPO setzt voraus, dass schuldlos ein Angriffs- und Verteidigungsmittel nicht geltend gemacht wurde.

hemmer-Methode: § 531 II Nr. 3 ZPO will die sog. Flucht in die Berufung unterbinden. Es soll also nicht möglich sein, den Tatsachenvortrag in die Berufung zu verschieben, weil man befürchtet, erstinstanzlich nicht mehr gehört zu werden, vgl. § 296 II ZPO.

Daraus ergibt sich aber im Umkehrschluss, dass die in erster Instanz rechtmäßig zurückgewiesenen Angriffs- und Verteidigungsmittel auch für die Berufung ausgeschlossen bleiben.

---

552 Neue Tatsachen sind solche, die – egal aus welchem Grund – nicht Gegenstand der erstinstanzlichen Verhandlung waren, vgl. Th/P, § 531 ZPO, Rn. 13.

hemmer-Methode: Durch diese Neuregelungen sind die Anforderungen an die Parteien, alle Gesichtspunkte bereits in erster Instanz in den Prozess einzuführen, deutlich erhöht worden, da schon leichte Nachlässigkeit eine Präklusion bewirkt.

Allerdings steht sie bei einem Fehler des Gerichts besser als früher da, weil ihr dann ein neuer Vortrag erlaubt ist. Dies ist konsequent, da die Fehlerkontrolle auch Verfahrensfehler mitumfasst.

Ein Vorbringen kann gemäß § 531 II Nr. 1 dann _nicht_ als verspätet _zurückgewiesen_ werden, wenn es einen Gesichtspunkt betrifft, der vom Gericht des ersten Rechtszuges für unerheblich gehalten worden ist und dessen Zurückhaltung durch das erstinstanzliche Verfahren veranlasst worden ist[553]**.**

Sonderfall: Unstreitige Tatsachen, die eine Einrede begründen	Unstreitige Tatsachen werden unabhängig von den Voraussetzungen des § 531 II Nr. 1 bis 3 ZPO in der Berufungsinstanz berücksichtigt. Dabei ist es unerheblich, ob sich diese Tatsachen auf Einreden oder Einwendungen beziehen.

Der den Wortlaut der Norm des § 531 II ZPO einschränkenden Auslegung bei unstreitigen Tatsachen liegt die Erwägung zugrunde, dass das geltende Präklusionsrecht keine Entscheidung in der Berufungsinstanz verhindern will, die auf unstreitiger Tatsachengrundlage ergehen müsste. Dies gilt auch dann, wenn der Vortrag mit einer Einrede verbunden ist.

Die Differenzierung zwischen Einwendungen und Einreden ist dem Prozessrecht im Übrigen fremd. Beiden liegen Tatsachen zugrunde. Es ist zwar prozessrechtlich richtig, dass Einreden erst dann berücksichtigt werden, wenn sie erhoben werden. Das bedeutet umgekehrt aber nicht, dass bzgl. Einwendungen der Amtsermittlungsgrundsatz gelten würde. Auch hier gilt der Beibringungsgrundsatz, sodass ein Gericht auch hier erst eine Berücksichtigung vornimmt, wenn entsprechende Tatsachen in den Prozess eingeführt wurden. Der Unterschied ist rein materiell-rechtlich. Denn die Wirkung einer Einwendung tritt unabhängig von einer Rechtsausübung des Einwendungsinhabers ein.

Erstmalige Geltendmachung der Einrede der Verjährung in der Berufungsinstanz daher zulässig	Die erstmals in der Berufungsinstanz erhobene Verjährungseinrede ist unabhängig von den Voraussetzungen des § 531 II Nr. 1 bis 3 ZPO zuzulassen, wenn die Erhebung der Verjährungseinrede und die den Verjährungseintritt begründenden tatsächlichen Umstände zwischen den Prozessparteien unstreitig sind.[554]

Nach überzeugender Ansicht soll dies auch für die erstmals in der Berufungsinstanz erfolgte Ausübung des verbraucherschützenden Widerrufsrechts gelten.

Lesen Sie dazu bei Interesse Rohlfing, Präklusion des erstmals im Berufungsrechtszug ausgeübten Widerrufsrechts, NJW 2010, 1787 ff.

Ein in erster Instanz abgelegtes Geständnis kann auch in der Berufungsinstanz nur gem. § 290 ZPO widerrufen werden, § 535 ZPO.

bb) Entscheidung

Prüfung Statthaftigkeit/Form/Frist v.A.w.	**(1)** Das Berufungsgericht hat von Amts wegen zu prüfen, ob die Berufung statthaft ist und form- sowie fristgerecht eingelegt wurde, § 522 I ZPO. Falls diese Prüfung negativ verläuft, ist die Berufung als unzulässig zu verwerfen.

584

---

553 Vgl. BGH, NJW-RR 2004, 927 f.; zuletzt BGH, NJW-RR 2005, 167 ff.

554 Lesen Sie dazu unbedingt BGH, **Life&Law 2009, Heft 2, 96 ff.** = NJW 2008, 3434 ff.

Zurückweisung durch einstimmigen Beschluss, § 522 II S. 1 ZPO

(2) Wenn es bei einer zulässigen Berufung überzeugt ist, dass die Berufung offensichtlich keine Aussicht auf Erfolg hat oder der Rechtssache keine grundsätzliche Bedeutung zukommt und eine Entscheidung des Berufungsgerichts nicht notwendig ist, um die Fortbildung des Rechts oder die Sicherung einer einheitlichen Rechtsprechung zu gewährleisten und eine mündliche Verhandlung nicht geboten ist, soll das Berufungsgericht die Berufung unverzüglich einstimmig zurückweisen, § 522 II S. 1 Nr. 1 bis 4 ZPO.[555]

Nach § 522 III ZPO gibt es die Nicht-zulassungsbeschwerde

Nach § 522 III ZPO steht dem Berufungsführer gegen den Zurückweisungsbeschluss nun das Rechtsmittel zu, das bei einer Entscheidung durch Urteil zulässig wäre.

Noch kryptischer hätte der Gesetzgeber diesen Absatz nicht formulieren können.

Gemeint ist Folgendes: Hätte das Berufungsgericht nach mündlicher Verhandlung ein Urteil gesprochen, so hätte es hierin über die Zulassung der **Revision** entscheiden müssen, § 543 I Nr. 1 ZPO.

Wäre im Urteil die Revision nicht zugelassen worden, so unterliegt diese Nichtzulassung gem. § 544 ZPO der Beschwerde.

> **hemmer-Methode:** Der Gesetzgeber hätte daher § 522 III ZPO einfach auch so formulieren können: „Der Beschluss nach Absatz 2 Satz 1 unterliegt der Nichtzulassungsbeschwerde entsprechend § 544 ZPO."
> Wegen § 26 Nr. 8 EGZPO gilt dies aber nur, wenn der Beschwerdewert 20.000,00 € übersteigt.
> Kommentieren Sie sich daher – soweit dies die Prüfungsordnung in Ihrem Bundesland zulässt - § 544 ZPO und § 26 Nr. 8 EGZPO an den Rand von § 522 III ZPO.

Zurückweisung durch Endurteil

(3) Kommt das Berufungsgericht später zu dem Ergebnis, dass die angefochtene Entscheidung im Ergebnis richtig ist, das erstinstanzliche Gericht der Klage also zu Recht stattgegeben oder sie abgewiesen hat, so ist die Berufung durch Endurteil als unbegründet zurückzuweisen.

(4) Soweit das angefochtene Urteil unter Berücksichtigung des eingeschränkten Prüfungsmaßstabes des § 529 ZPO hingegen fehlerhaft ist, muss dieses aufgehoben werden. Grundsätzlich muss das Berufungsgericht dann in der Sache selbst entscheiden und gegebenenfalls dazu die nötigen Beweise erheben, § 538 I ZPO. Nur in den Ausnahmefällen des § 538 II ZPO kann es die Sache an das Ausgangsgericht zurückverweisen.

Verbot der reformatio in peius, § 528 ZPO

Bei der Aufhebung und Abänderung ist das Gericht an die gestellten Anträge gebunden, § 528 ZPO. Dies bedeutet, dass das Urteil grundsätzlich nicht zum Nachteil des Berufungsführers abgeändert werden darf, sog. Verbot der reformatio in peius.[556] Der Berufungsführer bestimmt also durch seinen Berufungsantrag sowohl den Umfang der Überprüfung des erstinstanzlichen Urteils als auch den Umfang seiner Aufhebung und Abänderung.

585

---

555 Zur Neufassung des § 522 ZPO vgl. auch Meller-Hannich, Die Neufassung von § 522 ZPO, NJW 2011, 3393 ff.

556 Th/P, § 528 ZPO, Rn. 3 ff.

c) Sonderprobleme

586

aa) Meistbegünstigungsprinzip

Ausgangsfälle

Fall 1: *Was kann der Berufungskläger B unternehmen, wenn seine Berufung vor dem Oberlandesgericht nach einer mündlichen Verhandlung durch Beschluss als unzulässig verworfen wird?*

Fall 2: *Der Beklagte B stellt im Termin zur mündlichen Verhandlung unter Bezugnahme auf seine Klageerwiderung den Antrag, die Klage abzuweisen. Anschließend verlässt er den Sitzungssaal. Das Gericht gibt der Klage durch Versäumnisurteil statt. Welche Möglichkeiten hat B?*

587

inkorrekte Form der Entscheidung: nicht zum Nachteil des Rechtsmittelführers

Hat ein Gericht eine ihrer Art nach falsche Entscheidung (z.B. Beschluss statt Urteil) getroffen oder kann nicht zweifelsfrei geklärt werden, in welcher Form ein Gericht eine Entscheidung erlassen hat (z.B. Urteil in Form eines Versäumnis- oder Endurteils), so soll der Betroffene nicht mit der Frage belastet werden, welches Rechtsmittel statthaft ist. In diesen Fällen sind deshalb sowohl der gegen die erlassene Entscheidung als auch der gegen die korrekte Entscheidung gegebene Rechtsbehelf statthaft, sog. **Meistbegünstigungsprinzip**.[557]

Ausnahme: kein Rechtsmittel gegen korrekte Entscheidung möglich

Eine Ausnahme gilt nur dann, wenn gegen die korrekte Entscheidung kein Rechtsbehelf gegeben wäre. In diesem Fall soll der Betroffene keinen Vorteil aus der vom Gericht gewählten inkorrekten Entscheidungsform erlangen.[558]

588

Unterscheide: inhaltlich fehlerhafte Entscheidung

In Fall 1) hätte die Berufung wegen der mündlichen Verhandlung nur durch Urteil als unzulässig verworfen werden dürfen, § 522 I S. 3 ZPO. Gegen die ihrer Art nach falsche Entscheidung ist deshalb sowohl die Rechtsbeschwerde (§§ 522 I S. 4, 574 I Nr. 1 ZPO) als auch die Revision (§ 542 ZPO) statthaft.

Von den ihrer Art nach falschen oder der Form nach zweifelhaften Entscheidungen müssen solche unterschieden werden, die inhaltlich fehlerhaft, ihrer Art nach aber eindeutig sind.

589

In diesen Fällen besteht für den Betroffenen gerade kein Zweifel, welche Entscheidungsform das Gericht gewählt hat, sodass das Meistbegünstigungsprinzip nicht eingreift.[559]

In Fall 2 ist es eindeutig, dass das Gericht ein Versäumnisurteil erlassen hat und auch erlassen wollte. Dass das Gericht zu Unrecht die Säumnis des B angenommen hat, weil dieser verhandelt hat, bedeutet nur, dass dieses Versäumnisurteil nicht ergehen durfte. Statthafter Rechtsbehelf ist daher lediglich der Einspruch, nicht die Berufung.

bb) Anschlussberufung

Beschwer beider Parteien ⇨ gegenläufige Rechtsmittel

Durch ein Urteil, das einer Klage nur teilweise stattgibt, sind beide Parteien formell bzw. materiell beschwert, sodass beide Parteien die Möglichkeit haben, Berufung einzulegen.

Wegfall des Verbots der reformatio in peius

Dass in diesem Fall beide Parteien die für sie jeweils günstige Abänderung der Entscheidung beantragen, führt insbesondere zu einem Wegfall des Verbots der reformatio in peius: § 528 ZPO gestattet dann jeweils eine Abänderung zugunsten der einen und damit zu Lasten der anderen Partei.

590

---

557 R/S/G, § 135 II 2, 3.

558 BGH, NJW 1988, 49.

559 R/S/G, § 135 II 1.

Privilegierung d. Berufungsbeklagten:

Der Gesetzgeber hat darüber hinaus für den Berufungsbeklagten, also für die Partei, die zunächst keine Berufung einlegt, eine besondere Privilegierung geschaffen:

– *verfristete Berufung als unselbstständige Anschlussberufung (+)*

(1) Hat eine Partei Berufung eingelegt, so kann sich die andere Partei der Berufung auch dann noch anschließen, wenn die Berufungsfrist für sie verstrichen ist, § 524 II S. 1 ZPO. Keine Partei ist also gezwungen, nur deshalb Berufung innerhalb der Berufungsfrist einzulegen, weil möglicherweise die andere Partei unter Ausschöpfung der Frist Berufung einlegt.

Allerdings muss die Anschlussberufungsfrist des § 524 II S. 2 ZPO beachtet werden.

– *h.M.: Beschwer nicht erforderlich*

(2) Nach h.M. hat der Berufungsbeklagte ferner die Möglichkeit, auch dann Berufung einzulegen, wenn er nicht beschwert ist.[560]

Dies wird insbesondere relevant, wenn der Kläger in erster Instanz nur einen Teil seiner Forderung eingeklagt und obsiegt hat. Legt in diesem Fall der Beklagte Berufung ein, so hat der Kläger die Möglichkeit, sich trotz fehlender formeller Beschwer der Berufung anzuschließen.

592

> **hemmer-Methode: Auch er ist dann Berufungskläger und hat als solcher die Möglichkeit, den in erster Instanz nicht geltend gemachten Restbetrag seiner Forderung in der Berufungsinstanz einzuklagen, §§ 525, 263, 264 Nr. 2 Alt. 1 ZPO.**

cc) Klageänderung, Aufrechnungserklärung, Widerklage, § 533 ZPO

§ 533 Nr. 1 ZPO

Eine Klageänderung bzw. Aufrechnungserklärung bzw. Widerklage, ist gemäß § 533 Nr. 1 ZPO zulässig, wenn der Gegner einwilligt oder das Gericht dies für sachdienlich hält.

592a

Wegen der Verweisung des § 525 ZPO auch auf § 267 ZPO kann die Einwilligung des Gegners stillschweigend erteilt werden, indem er sich rügelos auf die Widerklage einlässt[561].

§ 533 Nr. 2 ZPO

Als zweite Voraussetzung darf eine Widerklage nur auf Tatsachen gestützt werden, die das Berufungsgericht seiner Verhandlung und Entscheidung über die Berufung ohnehin nach § 529 ZPO zugrunde zu legen hat (§ 533 Nr. 2 ZPO).

2. Revision

Überprüfung nur in rechtlicher Hinsicht

Die Revision dient ausschließlich der rechtlichen Überprüfung der angefochtenen Entscheidung.

593

> **hemmer-Methode: Auch die Revision ist durch die ZPO-Reform in weiten Teilen grundlegend geändert worden. Sie findet zukünftig nur noch als reine Zulassungsrevision statt, d.h. die Revision muss im angegriffenen Urteil oder nach erfolgreichem Einlegen einer Nichtzulassungsbeschwerde vom BGH zugelassen worden sein. Dafür ist die Revision auch gegen Berufungsurteile des Landgerichts möglich. Dies führt dazu, dass zukünftig auch Streitigkeiten, die in erster Instanz vom Amtsgericht entschieden wurden, bis zum BGH gelangen können.**

---

560 Th/P, § 524 ZPO, Rn. 17.

561 Vgl. BGHZ 21, 13 [18]; Zöller, § 533 ZPO, Rn. 9; Musielak, § 533 ZPO, Rn. 19.

a) Zulässigkeit

Prüfung v.A.w.

Die Zulässigkeit wird von Amts wegen geprüft, § 552 ZPO.   *594*

aa) Statthaftigkeit

Die Revision ist statthaft gegen

gg. Urteile in der 2. Instanz bzw. Sprungrevision, § 566 ZPO

⇨ Endurteile der Berufungsinstanz, § 542 I ZPO; zu den Ausnahmen vgl. § 542 II ZPO,   *595*

⇨ zweitinstanzliche Urteile gem. §§ 280 II, 304 II, 302 III ZPO,

⇨ zweitinstanzliche, technisch zweite Versäumnisurteile, §§ 565, 514 II ZPO,

⇨ erstinstanzliche Endurteile unter den besonderen Voraussetzungen des § 566 ZPO, sog. Sprungrevision.

bb) Zulassung der Revision; Rechtsbehelf gegen die Nichtzulassung

Grds. streitwertunabhängig

⇨ *Voraussetzung: Zulassung*

(1) Die Revision ist streitwertunabhängig nur noch dann zulässig, wenn sie vom Berufungsgericht im Urteil zugelassen worden ist, § 543 I Nr. 1 ZPO, oder das Revisionsgericht (BGH, vgl. § 133 Nr. 1 GVG) auf die Beschwerde gegen die Nichtzulassung die Revision zulässt.   *596*

Gem. § 543 II S. 1 ZPO muss das Berufungsgericht die Revision immer dann zulassen, wenn die Rechtssache grundsätzliche Bedeutung hat oder die Fortbildung des Rechts oder die Sicherung einer einheitlichen Rechtsprechung eine Entscheidung des Revisionsgerichtes erfordert. Das Revisionsgericht ist an die Zulassung gebunden, § 543 II S. 2 ZPO.

Nichtzulassungsbeschwerde, § 544 ZPO

(2) Gegen die Nichtzulassung steht dem Beschwerten die Nichtzulassungsbeschwerde gem. § 544 ZPO zu.   *597*

hemmer-Methode: Wegen § 26 Nr. 8 EGZPO gilt dies aber nur, wenn der Beschwerdewert 20.000,00 € übersteigt.

Wenn diese fristgerecht innerhalb eines Monats nach Zustellung des Urteils eingelegt (§ 544 I S. 2 ZPO) und innerhalb von zwei Monaten nach Zustellung begründet wurde (§ 544 II ZPO), muss das Revisionsgericht durch Beschluss entscheiden, ob die Voraussetzungen des § 543 II S. 1 ZPO vorliegen.

Ist dies der Fall lässt es die Revision zu und das Beschwerdeverfahren wird als Revisionsverfahren fortgesetzt, § 544 VI ZPO.

cc) Form und Frist

schriftliche Einlegung beim Revisionsgericht

Die Revision ist innerhalb eines Monats nach Urteilszustellung schriftlich beim Revisionsgericht einzulegen, §§ 548, 549 ZPO.   *598*

Als Revisionsgericht instanziell zuständig ist grundsätzlich der BGH, § 133 GVG.

Form und Frist der Revisionsbegründung sind in § 551 II, III, IV ZPO geregelt. **599**

b) Begründetheit

Verfahren wie vor LG, § 555 ZPO

aa) Für das Revisionsverfahren gelten die Vorschriften für das Verfahren vor den Landgerichten entsprechend, § 555. **600**

Bindung an tatsächliche Feststellungen

bb) Ist die Revision zulässig, so überprüft das Revisionsgericht die angefochtene Entscheidung lediglich auf ihre rechtliche Richtigkeit. Es ist dabei an die tatsächlichen Feststellungen des Berufungsgerichts gebunden, § 559 I S. 1 ZPO.

Neue Tatsachen können nur vorgetragen werden, um Verfahrensrügen zu begründen, §§ 559 I S. 2, 551 III Nr. 2 ZPO; zu weiteren Ausnahmen, vgl. Vertiefungshinweis. **601**

Begrenzung der rechtlichen Überprüfung

cc) Die rechtliche Überprüfung des Revisionsgerichts ist in dreifacher Hinsicht begrenzt. Sie erfolgt nur

– *Streitgegenstand*

⇨ soweit das Berufungsgericht über den Streitgegenstand entschieden hat, **602**

– *Anträge*

⇨ im Rahmen der gestellten Anträge, § 557 I ZPO, sowie

– *Revisibilität, § 545 I ZPO*

⇨ hinsichtlich des in § 545 I ZPO bezeichneten, sog. revisiblen Rechts.

Gesetzesverletzung, § 546 ZPO

dd) Eine Gesetzesverletzung liegt vor, wenn eine Rechtsnorm nicht oder nicht richtig angewendet wurde, § 546 ZPO.

„Beruhen auf Gesetzesverletzung"

ee) Das Urteil muss auf der Gesetzesverletzung beruhen. Dies ist nicht der Fall, wenn das Urteil trotz der Gesetzesverletzung aus anderen Gründen richtig ist, § 561 ZPO. Etwas anderes gilt bei Vorliegen eines absoluten Revisionsgrundes gem. § 547 ZPO. **603**

Zurückweisung bei Unbegründetheit, § 561 ZPO

ff) Ist die Revision unbegründet, so hat sie das Revisionsgericht zurückzuweisen, § 561 ZPO. **604**

Aufhebung bei Begründetheit, § 562 ZPO

Soweit die Revision begründet ist, sind das angefochtene Urteil sowie ggf. das mangelhafte Verfahren aufzuheben, § 562 I, II ZPO. **605**

u.U. eigene Sachentscheidung, § 563 ZPO

Ob das Revisionsgericht eine eigene Sachentscheidung trifft oder die Sache an das Berufungsgericht zurückverweist, beurteilt sich nach § 563 ZPO.

3. Beschwerde

Überprüfung von Beschlüssen und Verfügungen

Die Beschwerde dient der Überprüfung von Beschlüssen, Verfügungen und Zwischenurteile im Zwischenstreit mit Dritten.

hemmer-Methode: Auch der Rechtsbehelf der Beschwerde ist grundlegend geändert worden. Durch die ZPO-Reform wurde der Rechtsmittelzug gegen Nebenentscheidungen dem dreigliedrigen Instanzenaufbau angeglichen. Außerdem wurde die Unterscheidung zwischen der einfachen und der sofortigen Beschwerde aufgegeben. **606**

Unterscheide: sofortige Beschwerde und Rechtsbeschwerde

Es sind die sofortige Beschwerde, gem. § 567 ZPO und die Rechtsbeschwerde nach § 574 ZPO zu unterscheiden.

a) Sofortige Beschwerde, § 567 ZPO

Sofortige Beschwerde, § 567 ZPO

aa) Die sofortige Beschwerde ist statthaft gegen die im ersten Rechtszug ergangenen Entscheidungen der Amts- und Landgerichte in den im Gesetz ausdrücklich genannten Fällen sowie gegen Entscheidungen, die keine mündliche Verhandlung erfordern und durch die ein das Verfahren betreffendes Gesuch zurückgewiesen wird, § 567 I ZPO. *607*

Darüber hinaus wird nach h.M. die Beschwerde auch zugelassen gegen eigentlich unanfechtbare Entscheidungen, die **„greifbar gesetzeswidrig"** sind (sog. außerordentliche Beschwerde). Insoweit wird vorausgesetzt, dass die Entscheidung jeder gesetzlichen Grundlage entbehrt und als schlechthin unvereinbar mit der geltenden Rechtsordnung erscheint. Ein lediglich offensichtlicher Rechtsverstoß ist also nicht ausreichend.[562] *608*

Einschränkungen und Ausnahmen

Einschränkungen und Ausnahmen ergeben sich aus § 567 II ZPO sowie in weiteren Fällen, in denen das Gesetz die Unanfechtbarkeit einer Entscheidung bestimmt, z. B. §§ 268, 281 II S. 2 ZPO.

bb) Die sofortige Beschwer ist innerhalb eine Notfrist von zwei Wochen einzulegen, § 569 I S. 1 ZPO. Diese beginnt regelmäßig mit Zustellung der Entscheidung. *609*

cc) Hinsichtlich der für den Beschwerdeführer erforderlichen Beschwer ergeben sich keine Besonderheiten.

Einlegung beim iudex ad quo oder iudex ad quem

dd) Die Beschwerde kann wahlweise bei dem Gericht eingereicht werden, das die angefochtene Entscheidung erlassen hat (sog. iudex ad quo) oder direkt beim Beschwerdegericht (sog. iudex ad quem), § 569 I S. 1 ZPO. Dabei ist die Form des § 569 II S. 2 ZPO zu beachten. Eine Begründung ist gem. § 571 I ZPO im Gegensatz zu Berufung und Revision keine Zulässigkeitsvoraussetzung („soll"). Jedoch kann eine Frist zur Begründung nach § 571 III S. 2 ZPO gesetzt werden, deren verstreichen lassen zur Präklusion führt.

Wenn das Ausgangsgericht die Beschwerde für begründet erachtet, hilft es ihr ab, andernfalls hat es die Beschwerde unverzüglich dem Beschwerdegericht vorzulegen, § 572 I S. 1 ZPO. Die Regelung des § 318 ZPO bleibt davon jedoch unberührt, § 572 I S. 2 ZPO. *610*

Beschwerdegericht

ee) Beschwerdegericht ist das jeweils nächst höhere Gericht. Gem. § 568 ist ein Einzelrichter zur Entscheidung berufen, wenn die angefochtene Entscheidung von einem solchen[563] oder einem Rechtspfleger erlassen wurde.

b) Rechtsbeschwerde, § 574 ZPO

Rechtsbeschwerde gem. § 574 ZPO

aa) Mit der Rechtsbeschwerde gem. § 574 ZPO wird auch für Nebenentscheidungen der Weg zum BGH frei gemacht. Dies war nach altem Recht nur in eng begrenzten Ausnahmefällen möglich. *611*

Sie ist statthaft gegen Beschlüsse, sofern dies im Gesetz ausdrücklich zugelassen ist (§ 574 I S. 1 Nr. 1 ZPO), oder das Beschwerdegericht, das Berufungsgericht oder das OLG im ersten Rechtszug sie in dem Beschluss zugelassen hat (§ 574 I S. 1 Nr. 1 ZPO). Dabei ist die Rechtsbeschwerde nach Nr. 1 auf die Fälle beschränkt, die auch für die Zulassung von Berufung und Revision maßgeblich sind, § 574 II ZPO. Auch im Fall der Zulassung nach Nr. 2 hat das Gericht dieser Wertung zu folgen, § 574 III ZPO.

---

562 Th/P, § 567 ZPO, Rn. 7

563 Damit ist auch der Amtsrichter gemeint, § 22 IV GVG

§ 574 I S. 2 ZPO, der auf § 542 II ZPO verweist, stellt Gerichtsbeschlüsse im Verfahren des einstweiligen Rechtsschutzes mit Urteilen in diesem gleich. Für beide gilt nunmehr, dass eine Revision gegen sie nicht zulässig ist.

> **hemmer-Methode: § 574 I S. 2 ZPO ist mit Wirkung zum 01.09.2004 durch das Justizmodernisierungsgesetz in Kraft getreten. Diese Vorschrift führt die im ZPO-Reformgesetz vom 01.01.2002 begonnene Reform zu Ende.**

Notfrist: ein Monat, § 575 I S. 1 ZPO

bb) Die Rechtsbeschwerde ist an eine Notfrist von einem Monat nach Zustellung des Beschlusses gebunden, § 575 I S. 1 und muss innerhalb derselben Frist begründet werden, § 575 II, III ZPO. Sie muss beim BGH eingelegt werden (§ 133 GVG), sodass eine Abhilfeentscheidung ausscheidet. Gegen eine Nichtzulassung ist ein Rechtsmittel nicht gegeben.

612

4. Anhörungsrüge, § 321a ZPO

Anhörungsrüge seit 01.01.2002

Seit dem 01.01.2002 gibt es mit § 321a ZPO ein völlig neues Instrument zur Selbstkorrektur eines mit der Berufung nicht anfechtbaren Urteils bei entscheidungserheblicher Verletzung des Anspruchs auf rechtliches Gehör (Art. 103 I GG).

612a

> **hemmer-Methode: Die Anhörungsrüge ist ein besonderer Rechtsbehelf im deutschen Prozessrecht, der es erlaubt, Verstöße einer Entscheidung gegen den Anspruch auf rechtliches Gehör (Art. 103 I GG) geltend zu machen, wenn gegen die Entscheidung sonst ein Rechtsmittel oder ein anderer Rechtsbehelf nicht gegeben ist.**

Ein wichtiger Anwendungsfall des § 321a ZPO ist die nicht zugelassene Berufung. Wird eine Revision nicht zugelassen, gibt es in § 544 ZPO die Möglichkeit der Nichtzulassungsbeschwerde.

Für die Berufung gibt es dagegen keine Nichtzulassungsbeschwerde. Diese Lücke schließt nun § 321a ZPO [564].

Voraussetzungen

Voraussetzung ist eine beim Gericht des ersten Rechtszuges eingereichte, fristgerechte und den Anforderungen des § 321a II S. 1 ZPO entsprechende Rügeschrift.

612b

Die Rügeschrift ist gem. § 321a II S. 2 ZPO innerhalb einer Notfrist von zwei Wochen nach Zustellung des Urteils (§ 321a II S. 3 ZPO) bei dem Gericht, dessen Entscheidung angegriffen wird, einzureichen.

Ist die Rüge begründet, wurde also das rechtliche Gehör verletzt, wird gem. § 321a V ZPO das Verfahren in die Lage zurückversetzt, in der es sich vor der Entscheidung befand.

Andernfalls wird die Rüge durch unanfechtbaren Beschluss verworfen oder zurückgewiesen, § 321a IV ZPO [565].

Änderung durch Anhörungsrügegesetz zum 01.01.2005

Die Anhörungsrüge wurde durch Gesetz vom 09.12.2004 über die Rechtsbehelfe bei Verletzung des Anspruchs auf rechtliches Gehör („Anhörungsrügengesetz") mit Wirkung ab 01.01.2005 neu gestaltet.

612c

---

564   Vgl. dazu Musielak, „Neue Fragen im Zivilverfahrensrecht", in JuS 2002, 1203 ff.

565   Gegen eine Entscheidung über eine Rüge nach § 321a ZPO findet ein Rechtsmittel auch dann nicht statt, wenn ein Berufungsgericht sie als unzulässig verwirft, weil es diese Vorschrift im Berufungsrechtszug (hier: gegen einen Zurückweisungsbeschluss nach § 522 II S. 1 ZPO) für nicht entsprechend anwendbar hält; vgl. BGH Beschluss vom 06.10.2004, Az.: XII ZB 137/03, download unter www.bundesgerichtshof.de.

> **hemmer-Methode:** Hintergrund der Neuregelung war eine Forderung des Bundesverfassungsgerichts, wonach wegen des Grundsatzes der Subsidiarität der Verfassungsbeschwerde der Schutz gegen Verletzungen des rechtlichen Gehörs in erster Linie durch die Fachgerichte selbst erfolgen müsse. Hierzu müssten entsprechende Rechtsbehelfe im Gesetz vorgesehen werden.

Am 01.01.2005 ist das Gesetz in Kraft getreten. Mit diesem Gesetz wurden ähnliche Vorschriften über Anhörungsrügen auch in allen anderen Verfahrensgesetzen geschaffen.

Im Einzelnen sind dies die folgenden Vorschriften: *612d*

⇨ §§ 33a,356 StPO

⇨ § 152 VwGO

⇨ § 78a ArbGG

⇨ § 178a SGG,

⇨ § 133a FGO.

> **hemmer-Methode:** Zum Anhörungsrügengesetz vgl. auch Huber, Anhörungsrüge bei Verletzung des Anspruchs auf rechtliches Gehör, in JuS 2005, 109 ff.

II. Sonstige Rechtsbehelfe (Durchbrechung der materiellen Rechtskraft)

in Ausnahmefällen Korrektur bereits rechtskräftiger Entscheidungen

Ist gegen eine Entscheidung kein Rechtsmittel mehr gegeben, die Entscheidung also in Rechtskraft erwachsen, so hat diese grundsätzlich Bestand.   *613*

In besonderen Fällen kann jedoch ein Bedürfnis bestehen, eine rechtskräftige Entscheidung zu korrigieren. Hierfür stellt das Gesetz besondere Rechtsbehelfe zur Verfügung, die zu einer Durchbrechung der Rechtskraft führen können.

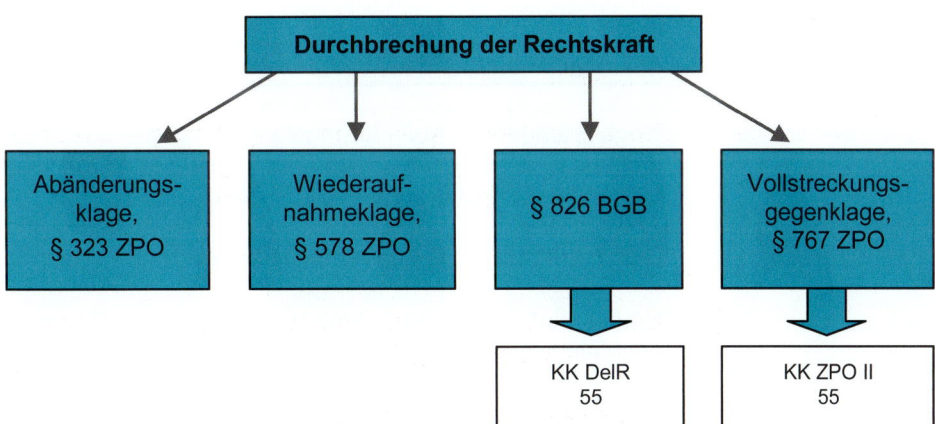

1. Abänderungsklage

a) Einführung   *614*

Ausgangsfall

> **Fall:** Der Maurermeister K wurde bei einem von B verschuldeten Verkehrsunfall so schwer verletzt, dass er seinen bisherigen Beruf nicht mehr ausüben konnte. Er war nur noch in der Lage, als Nachtportier in einem Hotel zu arbeiten. B wurde gem. §§ 823 I, 842, 843 I BGB verurteilt, an K monatlich eine Rente in bestimmter Höhe zu zahlen.

Infolge einer auf den Unfall zurückzuführenden Verschlechterung seines Gesundheitszustandes musste K ein Jahr nach dem Urteil auch seine neue Stelle aufgeben. Was ist K zu raten?

Änderung tats. Grundlage wiederkehrender Leistungen

Einem Urteil zu künftig fällig werdenden, wiederkehrenden Leistungen gem. § 258 ZPO liegt eine Prognose der künftigen Entwicklung der tatsächlichen Verhältnisse zugrunde. Verläuft diese Entwicklung wesentlich anders als zum Zeitpunkt der letzten mündlichen Verhandlung erwartet, so ist die nunmehr rechtskräftige Entscheidung unter Umständen nicht mehr mit dem materiellen Recht vereinbar.

615

Im Familienrecht ist § 238 FamFG als lex specialis zu beachten

hemmer-Methode: Die Abänderungsklage ist im Zweiten Examen häufig mit materiellen Fragen des Familienrechts (Unterhalt!) kombiniert. Lesen Sie daher auch die Ausführungen bei Hemmer/Wüst, Familienrecht, Rn. 475 ff.

Einer erneuten Klage steht in diesen Fällen die Rechtskraft des Urteils entgegen; diese ist bei der Verurteilung zu künftigen, wiederkehrenden Leistungen nicht durch die letzte mündliche Verhandlung begrenzt, sondern erstreckt sich in zeitlicher Hinsicht auch auf die dem Urteil zugrunde gelegte, künftige Entwicklung.[566]

616

Möglichkeit der Abänderung rechtskräftiger Entscheidungen, § 323 ZPO

Die durch die Veränderung benachteiligte Partei des Vorprozesses hat jedoch die Möglichkeit durch Erhebung einer Abänderungsklage gem. § 323 ZPO eine neue Entscheidung herbeizuführen, die den veränderten Verhältnissen Rechnung trägt und die materielle Gerechtigkeit wieder herstellt.

proz. Gestaltungsklage

Die Abänderungsklage ist eine prozessuale Gestaltungsklage, da sie auf die Abänderung des ersten Urteils und auf die Beseitigung von dessen Vollstreckbarkeit abzielt.[567]

617

b) Zulässigkeit der Abänderungsklage

bes. Prozessvoraussetzungen:

Eine Abänderungsklage ist nur zulässig, wenn neben den allgemeinen Prozessvoraussetzungen, für die keine Besonderheiten gelten, folgende besondere Prozessvoraussetzungen erfüllt sind:

618

aa) Gegenstand: Urteil, Vergleich oder Urkunde

– Verurteilung zu wiederkehrenden Leistungen

Gegenstand einer Abänderungsklage ist gem. § 323 I ZPO ein Leistungsurteil mit einer Verurteilung zu künftig fällig werdenden, wiederkehrenden Leistungen i.S.v. § 258 ZPO.

Dies betrifft i.d.R. Rentenverpflichtungen.

Rechtskraft nicht erforderlich

Häufig wird ein solches Urteil bereits rechtskräftig sein. Dies ist jedoch nicht zwingend erforderlich.

619

Gegen ein noch nicht rechtskräftiges Urteil besteht also wahlweise die Möglichkeit der Berufung oder der Abänderungsklage.[568]

Erst nach Einlegung der Berufung kommt eine Abänderungsklage nicht mehr in Betracht.

---

566 Zöller, § 323 ZPO, Rn. 2; Jauernig, § 63 VI.
567 Th/P, § 323 ZPO, Rn. 1.
568 Zöller, § 323 ZPO, Rn. 13.

Vorrang des Einspruchs gegen VU	Etwas anderes gilt für ein noch nicht rechtskräftiges Versäumnisurteil. Hier muss der Betroffene Einspruch einlegen, § 323 II ZPO. Tut er dies nicht, so ist er bei einer nach Rechtskraft erhobenen Abänderungsklage hinsichtlich aller Gründe präkludiert, die im Einspruch hätten vorgetragen werden können.[569]
Abänderung kann von beiden Parteien begehrt werden	Gleichgültig ist es, ob der Kläger des Vorprozesses eine Erhöhung oder der Beklagte des Vorprozesses eine Verminderung der Leistung begehrt. Auch einer Leistungsklage mit dem Ziel der Erhöhung der Leistung steht aus oben genannten Gründen die Rechtskraft des Urteils entgegen. **620**
auch bei Prozessvergleich, vollstr. Urkunden, § 323a ZPO	Auch Prozessvergleiche und vollstreckbare Urkunden können Gegenstand einer Abänderungsklage sein, wenn diese eine Verpflichtung zu künftigen, wiederkehrenden Leistungen enthalten, § 323a ZPO.[570] **621**

bb) Behauptung einer nachträglichen, wesentlichen Veränderung

– *Behauptung nachträglicher wesentlicher Änderungen der maßgeblichen Umstände*	Der Kläger muss behaupten, dass nach dem Schluss der letzten mündlichen Verhandlung eine wesentliche Veränderung der für das abzuändernde Urteil maßgeblichen Verhältnisse eingetreten ist, vgl. § 323 I, II ZPO. Ob dies tatsächlich der Fall ist, ist eine Frage der Begründetheit.[571] **622**

623

c) Begründetheit

aa) Wesentliche Veränderung der maßgeblichen Verhältnisse

Änderung in Person d. Berechtigten/Verpflichteten oder allg. Art	Eine neue Entscheidung setzt voraus, dass sich die tatsächlichen Verhältnisse, die das Gericht seiner Entscheidung zugrunde gelegt hat, wesentlich verändert haben, § 323 I S. 2 ZPO.
	Die maßgeblichen Verhältnisse können sowohl in der Person des Berechtigten oder Verpflichteten liegen, als auch allgemeiner Art sein. **624**
	Bspe.: Erhöhung oder Verminderung des Einkommens des Berechtigten oder Verpflichteten; Erhöhung der allgemeinen Lebenshaltungskosten; Gesetzesänderung.
Unterscheide: Änderung rechtl./tats. Bewertung bereits bekannter Umstände	Von den veränderten Tatsachen zu unterscheiden ist die veränderte rechtliche oder tatsächliche Bewertung dieser Tatsachen, die eine neue Entscheidung nicht rechtfertigt.
	Bspe.: Änderung der Rechtsprechung; neue Beweismöglichkeiten des Berechtigten oder Verpflichteten; veränderte Prognose der künftigen Verhältnisse aus nachträglicher Sicht. **625**
10 %-Regel	Wesentlich ist eine Veränderung dann, wenn ihre Berücksichtigung im Vorprozess zu einer wesentlich anderen Entscheidung geführt hätte. Als Faustregel kann hierbei von einem um mindestens 10 % geringeren oder höheren Betrag ausgegangen werden.[572]

---

569 Musielak, Rn. 478.

570 Im Familienverfahren regelt dies § 239 FamFG.

571 Th/P, § 323 ZPO, Rn. 24.

572 Th/P, § 323 ZPO, Rn. 28.

bb) Nachträgliche Veränderung

nach Schluss der letzten mdl. Verhandlung

Die wesentliche Veränderung muss nach dem Schluss der letzten mündlichen Verhandlung im Vorprozess eingetreten sein, § 323 II ZPO. Durch diese zeitliche Grenze soll die Rechtskraftwirkung der Entscheidung im Vorprozess gesichert werden. **626**

Die Abänderungsklage kann also nicht darauf gestützt werden, dass die maßgeblichen Verhältnisse bereits zu diesem Zeitpunkt andere waren als die, die das Gericht seiner Entscheidung zugrunde gelegt hat. Gleichgültig ist hierbei, ob die jeweiligen Tatsachen nicht vorgetragen, nicht bewiesen oder vom Gericht fälschlicherweise nicht berücksichtigt wurden.[573] **627**

§ 323 II ZPO nicht auf Prozessvergleich u. vollstreckb. Urkunden anwendbar

Fraglich ist, ob diese zeitliche Grenze auch für Prozessvergleiche und vollstreckbare Urkunden gilt.

Im Gegensatz zu Urteilen sind diese Schuldtitel nicht rechtskraftfähig und setzen nicht in gleicher Weise einen Vertrauenstatbestand. Die zeitliche Grenze ist daher nicht auf Prozessvergleiche und vollstreckbare Urkunden anwendbar. Dies folgt im Umkehrschluss aus § 323a ZPO, der diese zeitliche Grenze gerade nicht aufgreift und auch nicht auf § 323 II ZPO verweist. **628**

> **hemmer-Methode: Ähnlich ist dies bei der Vollstreckungsabwehrklage. Hier regelt § 797 IV ZPO, der bei Prozessvergleichen analog angewendet wird, dass die bei der Vollstreckungsgegenklage maßgebliche zeitliche Grenze des § 767 II ZPO, die mit der des § 323 II ZPO identisch ist, nicht für vollstreckbare Urkunden gilt.**

d) Entscheidung

Aufhebung und Neuentscheidung

Ist die Abänderungsklage zulässig und begründet, so muss das erste Urteil aufgehoben und über den Anspruch neu entschieden werden, soweit dies aufgrund der veränderten Verhältnisse erforderlich ist. § 323 I ZPO spricht insoweit von einer „entsprechenden Abänderung".[574]

Das Gericht muss seiner Entscheidung also sowohl die veränderten und unveränderten Verhältnisse als auch die zu erwartende künftige Entwicklung zugrunde legen. Die erneute Berücksichtigung der unverändert gebliebenen Verhältnisse gewährleistet, dass die Rechtskraft des ersten Urteils insoweit fortwirkt. **629**

Abänderung nur für die Zukunft, § 323 III ZPO

Eine zeitliche Grenze für die Abänderung des ersten Urteils setzt § 323 III ZPO, wonach eine Abänderung nur für die Zeit nach Rechtshängigkeit der Abänderungsklage möglich ist.

> **hemmer-Methode: Dies gilt allerdings nicht in familienrechtlichen Unterhaltsstreitigkeiten, soweit hier nach den genannten Vorschriften des BGB eine Abänderung zu einem früheren Zeitpunkt verlangt werden kann, vgl. § 238 III S. 2 FamFG.**

Auch die zeitliche Grenze des § 323 III ZPO gilt nicht für die in § 323a ZPO genannten Schuldtitel. Hier bestimmt § 323a II ZPO, dass sich der Umfang der Änderung nach den Vorschriften des bürgerlichen Rechts richtet. **630**

---

573 Th/P, § 323 ZPO, Rn. 29.
574 Th/P, § 323 ZPO, Rn. 34.

e) Verhältnis zur Vollstreckungsgegenklage

§ 767 ZPO bei Einwendungen gg. Anspruch, § 323 ZPO bei Änderung anspruchsbegründender Tatsachen

Umstritten ist das Verhältnis von Abänderungsklage gem. § 323 ZPO und Vollstreckungsgegenklage gem. § 767 ZPO, die sich gegenseitig ausschließen. Als Faustregel für die Abgrenzung kann gelten, dass eine Veränderung des anspruchsbegründenden Tatbestands durch Abänderungsklage geltend zu machen ist, rechtsvernichtende und rechtshemmende Einwendungen hingegen durch Vollstreckungsgegenklage.

631

Nach der heute h.M. besteht der Unterschied darin, ob der geltend gemachte Umstand eher ein punktuelles Ereignis ist (dann Vollstreckungsabwehrklage) oder ob der Umstand in den stets wandelbaren wirtschaftlichen Verhältnissen begründet liegt, auf denen der Titel beruht (dann Abänderungsklage).

hemmer-Methode: Zur Abgrenzung zwischen Abänderungsklage gem. § 238 FamVG zur Vollstreckungsabwehrklage gem. § 120 I FamFG i.V.m. § 767 ZPO im Familienrecht vgl. Hemmer/Wüst, Familienrecht, ab 10. Auflage, Rn. 479 ff.

2. Wiederaufnahme des Verfahrens

Nichtigkeits- oder Restitutionsklage

Die Aufhebung eines rechtskräftigen Urteils im Wege einer Wiederaufnahmeklage kann begehrt werden, wenn das Urteil unter Verstoß gegen besonders wichtige Verfahrensvorschriften zustande gekommen (Nichtigkeitsklage, § 579 ZPO) oder die Beweisgrundlage des Urteils grob fehlerhaft ist (Restitutionsklage, § 580 ZPO).

632

drei-stufiges Verfahren:

Im Falle einer Wiederaufnahmeklage vollzieht sich das Verfahren in drei Stufen:

633

Prüfung der Zulässigkeit

a) Die Zulässigkeit einer Wiederaufnahmeklage, die das Gericht von Amts wegen prüft, § 589 I ZPO, setzt voraus:

Vorliegen der allgemeinen Prozessvoraussetzungen:

⇨ Statthaftigkeit, §§ 578 I, 584 II ZPO

⇨ Zuständigkeit, § 584 I, II ZPO

⇨ Frist, § 586 ZPO (zu beachten ist insbesondere die zeitliche Grenze des § 586 II S. 2 ZPO)

⇨ Form, §§ 587 f. ZPO

⇨ Beschwer des Klägers

Voraussetzungen des § 581 I ZPO bei einer Restitutionsklage gem. § 580 Nr. 1 - 5 ZPO

634

Prüfung der Begründetheit/Wiederaufnahmegrund

b) Die Wiederaufnahmeklage ist begründet, wenn das Gericht feststellt, dass der behauptete Wiederaufnahmegrund besteht.

In den Fällen der §§ 579 I Nr. 1 u. 3, 580 ZPO ist zusätzlich erforderlich, dass der Wiederaufnahmegrund nicht in dem früheren Verfahren, insbesondere durch ein Rechtsmittel, geltend gemacht werden konnte, §§ 579 II, 582 ZPO.

635

Neuverhandlung des alten Rechts-streits

c) Soweit die Wiederaufnahmeklage begründet ist, hebt das Gericht das angefochtene Urteil auf und entscheidet erneut über den Rechtsstreit, § 590 I ZPO. Das rechtskräftige Urteil ist auch dann aufzuheben, wenn es sich im Rahmen der neuen Entscheidung aus anderen Gründen als richtig erweist.

3. Klage nach § 826 BGB

hemmer-Methode: Lesen Sie dazu auch Hemmer/Wüst, Deliktsrecht I, Rn. 152 ff.

a) Einführung

636

Durchbrechung der Rechtskraft bei sittenwidriger Urteilserschleichung

Die Darstellung der Abänderungs- und Wiederaufnahmeklage hat gezeigt, dass das Gesetz eine Durchbrechung der Rechtskraft nur in wenigen Ausnahmefällen vorgesehen hat.

Insbesondere die enge Fassung der Wiederaufnahmegründe der §§ 579 f. ZPO sowie die fünfjährige Sperrfrist des § 586 II S. 2 ZPO haben die Rechtsprechung dazu veranlasst, bei Vorliegen einer sittenwidrigen Urteilserschleichung oder Urteilsausnutzung eine Rechtskraftdurchbrechung zuzulassen.

637

Verhinderung der Vollstreckung

Der Betroffene habe in diesen Fällen zwar nicht die Möglichkeit, eine Aufhebung des rechtskräftigen Urteils zu erwirken. Durch eine auf § 826 BGB gestützte Klage könne er aber die Vollstreckung aus einem rechtskräftigen Urteil verhindern oder Schadensersatz nach bereits erfolgter Vollstreckung verlangen[575].

b) Voraussetzungen

aa) Sittenwidrige Urteilserschleichung oder Urteilsausnutzung

sittenwidriges Parteiverhalten

Eine sittenwidrige Urteilserschleichung liegt nach der Rechtsprechung vor, wenn ein unlauteres, gegen die guten Sitten verstoßendes Verhalten einer Partei zu einem sachlich falschen Urteil geführt hat.[576]

Eine sittenwidrige Urteilsausnutzung setzt voraus, dass eine Partei Kenntnis von der sachlichen Unrichtigkeit eines rechtskräftigen Urteils hat und besondere Umstände eine Vollstreckung aus diesem Urteil als sittenwidrig erscheinen lassen.[577]

638

Ob diese Voraussetzungen erfüllt sind, muss unter Berücksichtigung aller Umstände des Einzelfalles festgestellt werden.[578]

bb) Einschränkungen

Darlegungsumfang

Um das Vorliegen einer Urteilserschleichung oder -ausnutzung darzulegen, muss der Kläger nach der Rechtsprechung andere Tatsachen, Beweismittel oder Rechtsauffassungen angeben als im Vorprozess.[579]

---

575 Th/P, § 322 ZPO, Rn. 50.

576 BGH, NJW 1956, 505.

577 BGH, NJW 1987, 3256; BGH, NJW 1998, 2818 = **Life&Law 1998, 777 ff.**

578 Einzelfälle bei Musielak, Rn. 485; Zöller, vor § 322 ZPO, Rn. 74.

579 BGH, NJW 1987, 3256.

Nicht erforderlich ist hingegen, dass der Kläger das fehlerhafte Urteil im Wege eines Wiederaufnahmeverfahrens hätte angreifen können. Insoweit soll keine Subsidiarität bestehen.[580]

639

c) Bedenken

keine Erweiterung abschließend geregelter Möglichkeiten zur Rechtskraftdurchbrechung

In der Literatur wird die Ansicht vertreten, die gesetzliche Regelung der Rechtskraftdurchbrechung sei abschließend, die Möglichkeit einer Rechtskraftdurchbrechung mittels eines materiell-rechtlichen Rechtsbehelfs deshalb abzulehnen.[581]

Wegen der präjudiziellen Rechtskraftwirkung sei das Gericht im Rahmen der Unterlassungs- oder Schadensersatzklage an das rechtskräftige Urteil gebunden und schon aus diesem Grunde daran gehindert, das Urteil auf seine sachliche Richtigkeit zu überprüfen.

640

ber: richterliche Rechtsfortbildung

In der Literatur wird jedoch auch erkannt, dass nur eine Neuregelung der gesetzlichen Wiederaufnahmegründe eine Fortsetzung der richterlichen Rechtsfortbildung verhindern kann.[582]

---

580 BGH, NJW 1968, 1275.

581 Jauernig, § 64 II.

582 R/S/G, § 162 III 3.

§ 10 BESONDERE VERFAHRENSARTEN

I. Mahnverfahren

1. Einführung

schnelle Titelerlangung

Das Mahnverfahren, §§ 688 ff. ZPO, bietet dem Antragsteller die Möglichkeit, ohne den aufwendigen Weg eines Klageverfahrens einen Vollstreckungstitel gegen den Schuldner zu erlangen, den sog. Vollstreckungsbescheid, §§ 700, 794 I S. 1 Nr. 4 ZPO.

641

Übergang in Urteilsverfahren

Soweit allerdings der Antragsgegner gegen den Mahnbescheid Widerspruch, § 694 ZPO, oder gegen den Vollstreckungsbescheid Einspruch, §§ 700 I, 338 ZPO, einlegt, beginnt im Anschluss ein normales Urteilsverfahren, sodass sich das Verfahren insgesamt verlängert. Die Einleitung des Mahnverfahrens bietet sich deshalb in den Fällen an, in denen der Gläubiger nicht damit rechnet, dass der Schuldner die geltend gemachte Forderung bestreiten wird.

2. Zulässigkeit des Mahnverfahrens

Anspruch auf Zahlung einer bestimmten Geldsumme

Das Mahnverfahren ist nur bei Ansprüchen zulässig, die die Zahlung einer bestimmten Geldsumme in Euro zum Gegenstand haben, § 688 I ZPO. Eine sog. Mahnverfahrenssperre besteht in den Fällen des § 688 II ZPO, insbesondere wenn die Leistung von einer noch nicht erbrachten Gegenleistung abhängt, § 688 II Nr. 2 ZPO.

642

3. Überblick über den Gang des Mahnverfahrens

Zuständigkeit der AGe

a) Zuständig für die Durchführung des Mahnverfahrens ist ausschließlich das Amtsgericht, bei dem der Antragsteller seinen allgemeinen Gerichtsstand hat, § 689 I, II ZPO. Funktionell zuständig ist der Rechtspfleger, § 20 Nr. 1 RPflG.

643

> **hemmer-Methode:** Beachten Sie aber, dass viele Bundesländer von dieser Ermächtigung des § 689 III ZPO Gebrauch gemacht und in Rechtsverordnungen zentrale Mahngerichte für die maschinelle Bearbeitung von Mahnanträgen eingerichtet haben.
> **Baden Württemberg** ⇨ **AG Stuttgart.**
> **Bayern** ⇨ **Amtsgericht Coburg.**
> **Berlin** ⇨ **AG Wedding (für Auslandssachen** ⇨ **AG Schöneberg)**
> **Bremen** ⇨ **AG Bremen**
> **Hamburg** ⇨ **AG Hamburg**
> **Hessen** ⇨ **AG Hünfeld**
> **Nordrhein Westfalen für die OLG-Bezirke:**
> • **Köln** ⇨ **AG Euskirchen**
> • **Düsseldorf/Hamm** ⇨ **AG Hagen**
> **Rheinland Pfalz** ⇨ **AG Mayen**
> **Prägen Sie sich wenigstens für die mündliche Prüfung das für Ihr Bundesland zuständige Mahngericht ein. So etwas gehört zur juristischen Allgemeinbildung!**

Form, Inhalt des Mahnantrags

b) Dort muss der Mahnantrag in der in § 690 ZPO bestimmten Form und mit dem dort genannten Inhalt eingereicht werden.

644

– Art, Grund, Höhe des Anspruchs

Insbesondere muss zur Individualisierung des geltend gemachten Anspruchs dieser nach Art, Grund und Höhe dargestellt werden, damit der Umfang der Rechtskraftwirkung eines möglichen späteren Vollstreckungsbescheids eindeutig festgestellt werden kann, § 690 I Nr. 3 ZPO.

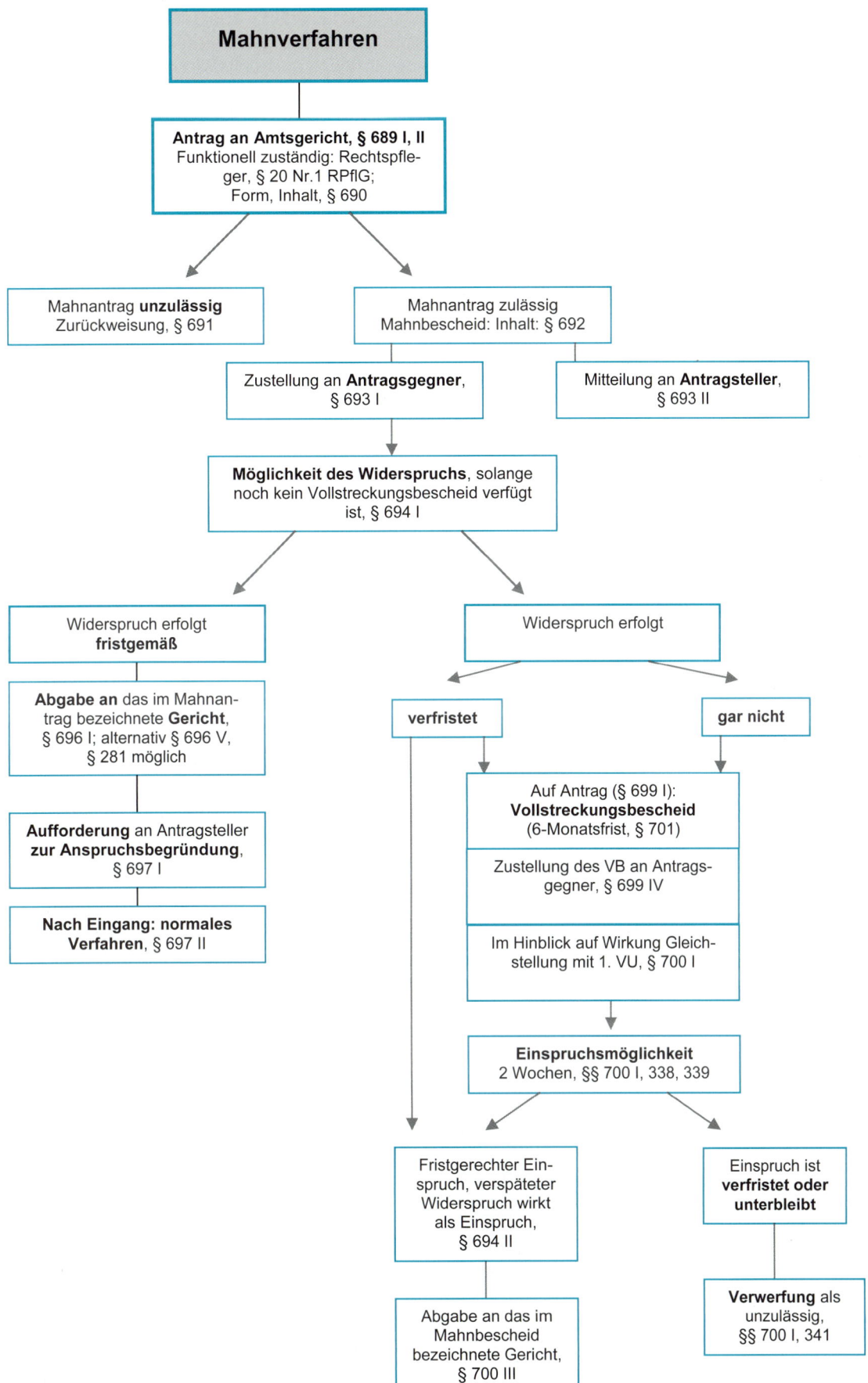

– *Angabe des zust. Gerichts für streitiges Verfahren*	Ferner hat der Antragsteller das Gericht anzugeben, das für ein streitiges Verfahren sachlich und örtlich zuständig wäre, § 690 I Nr. 5 ZPO. Dies richtet sich nach den allgemeinen Vorschriften, d.h., besondere Gerichtsstände können, ausschließliche Gerichtsstände müssen berücksichtigt werden.[583]
– *eigenhändige Unterschrift*	Der Mahnantrag muss zudem eigenhändig unterschrieben sein, § 690 II ZPO.
– *Prozesshandlungsvoraussetzungen*	Da der Mahnantrag Prozesshandlung ist, müssen außerdem die Prozesshandlungsvoraussetzungen erfüllt sein.
Rücknahme des Antrages	Der Mahnantrag kann vor Rechtshängigkeit auch jederzeit zurückgenommen werden, vgl. § 269 I ZPO[584].

Zurückweisung bei Unzulässigkeit

c) Ist das Mahnverfahren unzulässig oder entspricht der Mahnantrag nicht den vorgeschriebenen Anforderungen, so wird der Mahnantrag zurückgewiesen, § 691 I ZPO.   *645*

keine Prüfung der Berechtigung des Anspruchs

Zwar findet eine Schlüssigkeitsprüfung vor Erlass des Mahnbescheids nicht statt. Aus § 692 I Nr. 2 ZPO ergibt sich nämlich, dass die Berechtigung des geltend gemachten Anspruchs nicht geprüft wird. Eine Zurückweisung soll aber jedenfalls dann erfolgen, wenn evident unbegründete oder undurchsetzbare Ansprüche durch Mahnbescheid geltend gemacht werden sollen, z.B. Zinseszinsen, § 289 BGB.[585]   *646*

Mahnbescheid

d) Wird der Mahnantrag nicht zurückgewiesen, so erlässt das Gericht einen Mahnbescheid mit dem in § 692 ZPO festgelegten Inhalt. Dieser wird dem Antragsgegner zugestellt, § 693 I ZPO. Der Antragsteller erhält diesbezüglich eine Mitteilung, § 693 II ZPO.   *647*

Widerspruch bis zum Erlass des Vollstreckungsbescheids

e) Der Antragsgegner hat nunmehr Gelegenheit, gegen den Mahnbescheid Widerspruch einzulegen. Zwar enthält der Mahnbescheid die Aufforderung, den Widerspruch binnen zwei Wochen einzulegen, § 692 I Nr. 3 ZPO. Hierbei handelt es sich jedoch um keine echte Ausschlussfrist. Vielmehr kann ein Widerspruch eingelegt werden, solange der Vollstreckungsbescheid nicht verfügt ist, § 694 I ZPO.[586]   *648*

Widerspruch führt zu Abgabe an Streitgericht

f) Wird der Widerspruch rechtzeitig eingelegt, so erfolgt **auf Antrag** einer Partei die Abgabe an das im Mahnantrag bezeichnete Gericht, ohne dass dessen Zuständigkeit vom Mahngericht geprüft wird, § 696 I ZPO. Alternativ können die Parteien übereinstimmend ein anderes Gericht als künftiges Streitgericht benennen. Durch diese Abgabe ist das bezeichnete Gericht nicht gebunden, § 696 V ZPO. Eine Verweisung gem. § 281 ZPO bleibt also möglich, soweit sich das Gericht für unzuständig hält.   *649*

Anspruchsbegründung binnen zwei Wochen

g) Gem. § 697 I ZPO fordert das mit der Streitsache befasste Gericht den Antragsteller zur Anspruchsbegründung binnen zwei Wochen auf. Diese muss nach Form und Inhalt den Anforderungen einer Klageschrift entsprechen. Insbesondere ist eine Substantiierung des geltend gemachten Anspruchs erforderlich, da dies im Mahnantrag gerade unterblieben ist.   *650*

---

583 Th/P, § 690 ZPO, Rn. 15.

584 <u>Vertiefungshinweis für Referendare und Praktiker</u>: Wird der Mahnantrag zurückgenommen, so kann auch im Mahnverfahren § 269 III ZPO, grundsätzlich angewendet werden. Macht der Antragsteller allerdings geltend, dass der Anlass zur Einreichung des Mahnantrags vor Rechtshängigkeit entfallen sei, und dass er deswegen den Mahnantrag zurückgenommen habe (§ 269 III S. 3 ZPO), so hat über die Kosten des Mahnverfahrens nach Abgabe das für das streitige Verfahren zuständige Gericht zu entscheiden. Lesen Sie dazu BGH, NJW 2005, 512 f.

585 Zöller, § 691 ZPO, Rn. 1.

586 Th/P, § 694 ZPO, Rn. 3.

Nach Eingang der Anspruchsbegründung verfährt das Gericht wie nach Eingang einer Klage, § 697 II ZPO.

ohne Widerspruch: Vollstreckungs-bescheid auf Antrag

h) Legt der Antragsgegner keinen oder verspätet Widerspruch ein, so ergeht auf Antrag Vollstreckungsbescheid, § 699 I ZPO. Der Vollstreckungsbescheid wird dem Antragsgegner zugestellt, § 699 IV ZPO.

651

hemmer-Methode: Das Recht, einen Vollstreckungsbescheid zu beantragen, verfällt sechs Monate nach Zustellung des Mahnbescheids, § 701 ZPO.

VB Gleichstellung mit VU ⇨ Möglichkeit des Einspruchs binnen zwei Wochen

i) Hinsichtlich der Wirkungen wird der Vollstreckungsbescheid gem. § 700 I ZPO einem ersten Versäumnisurteil gleichgestellt, vgl. Rn. 406 ff., (420). Daraus folgt, dass gegen den Vollstreckungsbescheid binnen zwei Wochen Einspruch eingelegt werden kann, §§ 700 I, 338, 339 ZPO. Als Einspruch ist auch ein verspätet eingelegter Widerspruch zu behandeln, § 694 II ZPO. Erfolgt der Einspruch rechtzeitig, so wird wie beim Widerspruch gegen den Mahnbescheid die Streitsache an das im Mahnbescheid bezeichnete Gericht abgegeben, jedoch von Amts wegen, ohne dass es hierfür eines Antrags bedarf.

652

Ist der Einspruch verspätet, so ist er als unzulässig zu verwerfen, §§ 700 I, 341 I ZPO.

4. Rechtshängigkeit im Mahnverfahren

mit Zustellung des Mahnbescheids, § 696 III ZPO

a) Gem. § 696 III ZPO wird bei Abgabe nach erfolgtem Widerspruch gegen einen Mahnbescheid der Rechtshängigkeitszeitpunkt durch eine Fiktion auf den Zeitpunkt der Zustellung des Mahnbescheids zurückdatiert, soweit die Abgabe alsbald nach Widerspruch erfolgt. Alsbald ist begrifflich mit „demnächst" i.S.v. § 167 ZPO gleichzusetzen. Die bei § 167 ZPO dargestellten Grundsätze gelten also auch hier. Der Antragsteller muss also unverzüglich nach Kenntnis vom Widerspruch Antrag auf Durchführung des streitigen Verfahrens stellen.

653

ansonsten: Zustellung der Anspruchsbe-gründung

Erfolgt die Abgabe nicht alsbald, so ist der Zeitpunkt der Rechtshängigkeit umstritten.[587] Nach einer Ansicht fallen dann Rechtshängigkeit und Anhängigkeit, § 696 I S. 4 ZPO, zeitlich zusammen. Die Rechtshängigkeit tritt also mit Zugang der Akten beim Streitgericht ein. Nach anderer Ansicht tritt Rechtshängigkeit erst mit Zustellung der Anspruchsbegründung ein. Argument für letztere Auffassung ist § 697 II S. 1 ZPO, der die Anspruchsbegründung der Klageschrift gleichstellt.

im Fall des VB mit Zustellung des Mahnbescheids

b) Ergeht mangels rechtzeitigen Widerspruchs ein Vollstreckungsbescheid, so tritt gem. § 700 II ZPO kraft gesetzlicher Fiktion Rechtshängigkeit rückwirkend mit Zustellung des Mahnbescheids ein.

654

§ 167 ZPO: Vorverlagerung auf Zeitpunkt der Antragstellung

c) Zu beachten ist, dass gem. § 167 ZPO eine Vorwirkung der Rechtshängigkeit auf den Zeitpunkt der Antragstellung nur eintritt, soweit es sich um die Wahrung einer Frist oder die Verjährungshemmung gem. § 204 I Nr. 3 BGB handelt.

655

---

587 Zöller, § 696 ZPO, Rn. 5 m.w.N.

II. Einstweilige Verfügung[588]

1. Systematische Einordnung der einstweiligen Verfügung

summarisches Erkenntnisverfahren

Bei der einstweiligen Verfügung (im Folgenden: eV) handelt es sich um ein summarisches Erkenntnisverfahren, das im achten Buch der ZPO über die Zwangsvollstreckung geregelt ist. **656**

Grund hierfür ist, dass auf die eV gem. § 936 ZPO im Wesentlichen die Arrestvorschriften, §§ 916 - 934 ZPO, Anwendung finden, wobei der Arrest der Sicherung der Zwangsvollstreckung wegen einer Geldforderung dient. Die Qualifizierung der eV als summarisches Erkenntnisverfahren hat allerdings zur Konsequenz, dass die allgemeinen Vorschriften über das Erkenntnisverfahren ergänzend Anwendung finden.[589]

2. Sinn und Zweck der einstweiligen Verfügung

Sicherung eines Individualanspruchs bzw. vorläufige Regelung

Die eV dient der Sicherung eines Individualanspruchs, der nicht auf Geld gerichtet ist, § 935 ZPO, bzw. der vorläufigen Regelung eines Rechtsverhältnisses, § 940 ZPO. Eine solche Sicherung oder Regelung ist notwendig, weil oftmals die Gefahr eines Rechtsverlusts bestünde, wenn der Rechtsinhaber auf die Rechtsverfolgung im normalen, häufig sehr langwierigen Erkenntnisverfahren verwiesen würde. **657**

grds. keine Vorwegnahme der Hauptsache

Aus diesem Zweck der vorläufigen Sicherung ergibt sich auch, dass durch eine Entscheidung im Verfahren der eV die Hauptsache grundsätzlich nicht vorweggenommen werden darf. Eine vollständige Realisierung des zu sichernden Rechts bleibt also grundsätzlich dem Hauptsacheverfahren vorbehalten. **658**

> **Bsp.:** *A hat gegen B einen Anspruch auf Herausgabe eines Pkw gem. § 985 BGB. Es besteht die Gefahr, dass sich B mit dem Pkw ins Ausland absetzt.*
>
> *Hier kann A im Wege der eV nicht erwirken, dass zur Sicherung seines Herausgabeanspruchs der Pkw an ihn herauszugeben ist. Dies entspräche einer vollständigen Erfüllung seines Anspruchs aus § 985 BGB, also einer Vorwegnahme der Hauptsache. Vielmehr ist in so gelagerten Fällen die Herausgabe an einen Sequester (Gerichtsvollzieher) anzuordnen, § 938 II ZPO, der den Pkw bis zur endgültigen Klärung im Hauptsacheverfahren in Verwahrung zu halten hat.*

Eine Vorwegnahme der Hauptsache ist nur ausnahmsweise in den Fällen der sog. Leistungsverfügung zulässig, vgl. Rn. 666.

3. Prüfung durch das Gericht

Zulässigkeit und Begründetheit

Ist in einer Klausur nach den Erfolgsaussichten eines Antrags auf eV gefragt, so ist, da es sich lediglich um ein summarisches Erkenntnisverfahren handelt, zwischen Zulässigkeit und Begründetheit zu unterscheiden. **659**

a) Zulässigkeit

Besonderheiten

Im Rahmen der Zulässigkeitsprüfung sind gegenüber dem normalen Erkenntnisverfahren folgende Besonderheiten zu beachten: **660**

---

588 Vgl. auch Hemmer/Wüst, ZPO II Rn. 314 ff.
589 Zöller, vor § 916 ZPO, Rn. 3.

hemmer-Methode: Beachten Sie bitte, dass der Vorrang des Schlichtungsverfahrens gem. § 15a EGZPO (vgl. dazu bereits Rn. 232a bis 232d) nur „vor Erhebung der Klage" und nicht vor der Beantragung einer eV gilt. Ein anderes Ergebnis wäre mit der durch den einstweiligen Rechtsschutz bezweckten Schnelligkeit des Verfahrens unvereinbar. Der Antrag auf Erlass einer eV ist demnach ohne vorherigen Einigungsversuch vor der Gütestelle zulässig.

ausschließlicher Gerichtsstand, § 802 ZPO

aa) Sachlich und örtlich zuständig ist grundsätzlich das Gericht der Hauptsache, §§ 937 I, 943 ZPO. Hierbei handelt es sich um einen ausschließlichen Gerichtsstand, § 802 ZPO.

Ausnahmsweise ist unter den Voraussetzungen des § 942 ZPO eine sog. Dringlichkeitszuständigkeit gegeben.

Behauptung eines Verfügungsanspruches

bb) Der Antragsteller muss behaupten, dass ihm ein durch eV sicherbarer Anspruch zusteht.[590]

b) Begründetheit

Glaubhaftmachung:

Der Antrag auf Erlass einer eV ist begründet, wenn der Antragsteller das Bestehen eines Verfügungsanspruchs und eines Verfügungsgrundes glaubhaft macht, §§ 936, 920 II ZPO. Zum Beweis von Verfügungsanspruch und -grund kann sich der Antragsteller also neben den im Strengbeweisverfahren zulässigen Beweismitteln, insbesondere der Versicherung an Eides Statt bedienen, § 294 ZPO, vgl. Rn. 501.

661

Verfügungsanspruch

aa) Verfügungsanspruch ist der zu sichernde, materiell-rechtliche Anspruch des Antragstellers.

662

hemmer-Methode: An dieser Stelle können Sie in der Klausur systematisches Verständnis zeigen! Die Prüfung des Verfügungsanspruchs ist das „Einfallstor" für die gewohnte, materiell-rechtliche Anspruchsprüfung. Lassen Sie sich also durch die Falleinkleidung nicht irritieren!

Verfügungsgrund

bb) Verfügungsgrund ist, allgemein formuliert, die bestehende Gefahr einer Rechts- oder Interessensbeeinträchtigung beim Antragsteller für den Fall, dass eine vorläufige Regelung des Rechtsverhältnisses oder eine Sicherung des bestehenden Zustandes unterbleibt.

663

4. Arten der einstweiligen Verfügung

Sicherungsverfügung

a) Die Sicherungsverfügung, § 935 ZPO, dient der Sicherung eines Anspruchs auf eine nicht in Geld bestehende Individualleistung, z.B. Herausgabe von Sachen, Bestellung von Rechten, Abgabe von Willenserklärungen.

664

Regelungsverfügung

b) Die Regelungsverfügung, § 940 ZPO, dient hingegen der vorläufigen Regelung eines streitigen Rechtsverhältnisses, z.B. vorläufige Entziehung der Geschäftsführungs- und Vertretungsbefugnis eines Gesellschafters.

665

Die Abgrenzung zwischen Sicherungs- und Regelungsverfügung kann im Einzelfall schwierig sein. Die Praxis unterscheidet zwischen den beiden Formen der eV häufig nicht und nennt die §§ 935, 940 ZPO zusammen als Rechtsgrundlage.[591]

---

590 Th/P, § 935 ZPO, Rn. 1.
591 Th/P, § 935 ZPO, Rn. 3.

Ausn.:
Leistungsverfügung bei gesteigerter
Dringlichkeit

c) Die Leistungsverfügung, die gesetzlich nicht geregelt ist, führt ausnahmsweise zu einer Befriedigung des Antragstellers, also zu einer Vorwegnahme der Hauptsache im Rahmen einer eV. Als Verfügungsgrund ist hierfür allerdings eine gesteigerte Dringlichkeit erforderlich.[592]

666

III. Sonstige besondere Verfahrensarten

1. Urkunden-, Wechsel- und Scheckprozess, §§ 592 - 605a ZPO

Beweisbarkeit eines Geldanspruches
allein im Urkundsbeweis

Im Urkundenprozess kann ein Anspruch auf Zahlung einer bestimmten Geldsumme geltend gemacht werden, wenn sämtliche zur Begründung des Anspruchs erforderlichen Tatsachen durch Urkunden bewiesen werden können, § 592 ZPO.

667

Gem. § 598 ZPO werden nur Einwendungen zugelassen, die mittels Urkunden bewiesen werden können.

> **hemmer-Methode: Auf dieser prozessualen Ebene zeigt sich insbesondere die Bedeutung und der prozessuale Vorteil, einen Anspruch auf ein abstraktes, konstitutives Schuldanerkenntnis (§§ 780, 781 BGB) zu stützen.**

besondere Vorschriften für Wechsel-
und Scheckprozess

Gem. §§ 602, 605a ZPO kann der Nachweis auch durch Wechsel oder durch einen Scheck erfolgen, sog. Wechsel- bzw. Scheckprozess, für den zusätzlich noch besondere Vorschriften gelten, §§ 602 - 605 ZPO.

668

Verteidigung ebenfalls nur im Ur-
kundsbeweis

Der Beklagte kann in diesen Fällen sein Verteidigungsvorbringen nur auf Urkunden und Parteivernehmung als Beweismittel stützen, § 595 II ZPO.

669

regelm. Vorbehalt der Rechte des
Beklagten im Urteil

Das Urteil im Urkundenprozess ergeht, soweit der Beklagte dem geltend gemachten Anspruch widerspricht, unter dem Vorbehalt der Rechte des Beklagten, § 599 I ZPO.

670

Nachverfahren: unbeschränktes
Beweisführungsrecht

Der Rechtsstreit bleibt in diesem Fall gem. § 600 I ZPO bis zu seinem Abschluss im ordentlichen Verfahren anhängig. In diesem sog. Nachverfahren sind dann alle Beweismittel zulässig.

2. Verfahren in Familiensachen, §§ 111 ff. FamFG

Unterscheide: Ehesachen/andere
FamSachen

In Familiensachen ist zwischen Ehesachen, § 111 Nr. 1 FamFG, und anderen Familiensachen, § 112 FamFG, zu unterscheiden.

671

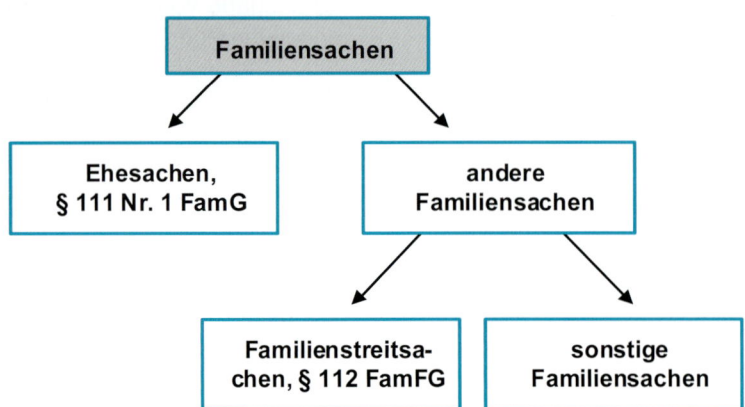

---

592 Vgl. hierzu AG Hamburg, NJW 2013, 548 f. zum Anspruch des Mieters auf vorübergehenden Überlassung eines Zimmers einer Mietwohnung, wenn der Mieter infolge Veränderung seiner wirtschaftlichen Situation ohne teilweise Untervermietung die Miete nicht mehr bezahlen könnte.

ausschließliche Zust. d. AGe als FamGe, § 23a GVG

Zuständig ist sachlich ausschließlich das Amtsgericht, § 23a GVG. Innerhalb des Amtsgerichts ist das Familiengericht zuständig, § 23b GVG. Dies ist ein Fall gesetzlicher Geschäftsverteilung, also keine Frage der sachlichen Zuständigkeit.

3. Ehesachen

Ehesachen ⇨ abgewandeltes ZPO-Verfahren

Sie sind in § 121 FamFG abschließend aufgezählt. Es gilt ein stark abgewandeltes ZPO-Verfahren, § 113 I, IV FamFG (allgemeine Vorschriften für Ehesachen), §§ 133 ff. FamFG (besondere Vorschriften für die Scheidungs- und Folgesachen).   672

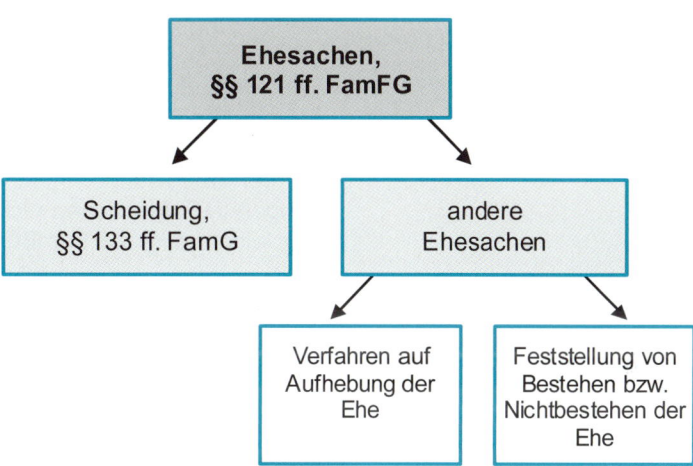

Untersuchungsgrundsatz, § 127 FamFG

Bei Verfahren in Ehesachen gilt grds. der eingeschränkte Untersuchungsgrundsatz, § 127 I FamFG. In bestimmten Ehesachen (Scheidung; Aufhebung) gilt jedoch gem. § 127 II, III FamFG ein auf ehefreundliche Tatsachen beschränkter Untersuchungsgrundsatz. Die Beschaffung des Prozessstoffs unterliegt also grundsätzlich nicht dem Beibringungsgrundsatz.   673

beschränkter Dispositionsgrundsatz, § 113 IV FamFG

Aufgrund des öffentlichen Interesses an familienrechtlichen Statusfragen sind die Parteien in Ehesachen grds. auch in ihrer Dispositionsfreiheit über den Streitgegenstand beschränkt: 674

a) § 113 IV FamFG:

⇨ Nr. 6: Ein Anerkenntnis des Beklagten hat in Ehesachen nie die Wirkung des § 307 ZPO, sondern ist nur bei der freien Beweiswürdigung zu berücksichtigen; ebenso verhält es sich mit einem Geständnis (§ 288 ZPO) und § 138 III ZPO.

⇨ Ein „Klageverzicht", § 306 ZPO, ist dagegen grundsätzlich wirksam.

b) Ein Prozessvergleich über den Streitgegenstand der Ehesache kann den Prozess nicht unmittelbar beenden, sondern nur dazu führen, dass er durch Rücknahme der Klage bzw. des Antrags oder durch Rechtsmittelverzicht beendet wird.

c) Im Interesse der Aufrechterhaltung der Ehe muss das Gericht in bestimmten Fällen von Amts wegen das Verfahren aussetzen, § 136 FamFG

d) Ein Versäumnisurteil gegen den Beklagten bzw. Antragsgegner ist unzulässig, § 130 II FamFG.

e) Die Zurückweisung von Angriffs- und Verteidigungsmitteln, richtet sich nicht nach den allgemeinen Vorschriften der §§ 296 f. ZPO, sondern nach § 115 FamFG.

Scheidungsverfahren, §§ 133 ff. FamFG

Weitere Besonderheiten gelten im Scheidungsverfahren, §§ 133 ff. FamFG:

Antragsverfahren, Antrags- und Zwangsverbund

§ 137 FamFG schafft einen Antragsverbund („wenn eine Entscheidung für den Fall der Scheidung zu treffen ist") der Scheidungssache mit bestimmten anderen Familiensachen, die zur Folgesache werden. Voraussetzung ist allerdings, dass der Antrag zwei Wochen vor der ersten mündlichen Verhandlung zur Scheidungssache anhängig gemacht wird. § 137 I S. 3 FamFG schafft einen Zwangsverbund („bedarf es keines Antrags") der Scheidungssache mit dem Versorgungsausgleich in den Fällen der §§ 6 - 19, 28 VersAusglG.

675

Wird dem Scheidungsantrag stattgegeben, so ist grds. gleichzeitig über die Folgesachen zu entscheiden, § 142 FamFG (grds. der Entscheidungskonzentration). Jedenfalls darf über Folgesachen nicht vor der Hauptsache entschieden werden. Zudem werden Entscheidungen in Folgesachen nicht vor der Rechtskraft des Scheidungsurteils wirksam, § 148 FamFG.

4. Andere Familiensachen

„andere" Familiensachen: Differenzierung zwischen Familienstreitsachen und übrigen Familiensachen

Die anderen Familiensachen des § 111 FamFG lassen sich in Familienstreitsachen, für die weitgehend die Regeln des Normalprozesses der ZPO gelten, vgl. § 113 FamFG, und in andere Familiensachen einteilen.

676

a) Familienstreitsachen

Familienstreitsachen sind die Sachen nach § 112 FamFG. Sie folgen vorbehaltlich besonderer Regelungen im FamFG den Vorschriften der ZPO über das Verfahren vor den Landgerichten, vgl. § 113 I FamFG. Wichtig ist insbesondere, dass §§ 138 III, 288, 296, 307, 308, 331 ff. ZPO hier Anwendung finden.

677

b) Sonstige Familiensachen

Für die übrigen, nicht in § 112 FamFG erwähnten Familiensachen i.S.d. § 111 FamFG gelten die Vorschriften des FamFG und nicht die der ZPO. So gilt insbesondere der Amtsermittlungsgrundsatz des § 26 FamFG.

678

hemmer-Methode: Lesen Sie ausführlich zum Familienprozessrecht Hemmer/Wüst, Familienrecht, ab 10. Auflage, Rn. 397 ff.

WIEDERHOLUNGSFRAGEN:

1.   Was umschreibt der "Dispositionsgrundsatz"? 2

2.   Welche konkreten Auswirkungen hat dieser Grundsatz? .... 4 f.

3.   Wo liegt die Grenze richterlicher Hinweispflicht? 14

4.   Was meint der "Verhandlungsgrundsatz"? .... 16 f.

5.   Gibt es im Zivilprozess ein "Recht zur Lüge"? .... 24 ff.

6.   Besteht im Zivilprozess eine Amtsaufklärungspflicht? .... 31 ff.

7.   Was bedeutet "Anspruch auf rechtliches Gehör"? .... 34 ff.

8.   Warum spielen im Zivilprozess Schriftsätze eine zentrale Rolle,
     obwohl der Grundsatz der Mündlichkeit gilt? .... 41 ff.

9.   Kann sich ein Richter in der mündlichen Verhandlung kurzzeitig von seinem Kollegen
     vertreten lassen? .... 45 ff.

10. Wie "öffentlich" muss/darf eine Gerichtsverhandlung sein? .... 48 ff.

11. Welchem Zweck dient der "Beschleunigungsgrundsatz"? .... 51 ff.

12. Was steht am Anfang jedes Zivilverfahrens? .... 60 ff.

13. Was ist eine Leistungsklage? .... 62 ff.

14. Kann man auf Feststellung einer Verpflichtung klagen? .... 66 ff.

15. Was ist eine Gestaltungsklage? Nennen Sie Beispiele. .... 77 ff.

16. Welche inhaltlichen Anforderungen sind an eine Klageschrift zu stellen? .... 84 ff.

17. Welchen Zweck erfüllt die "Stufenklage"? 90

18. Was regelt § 287? .... 93 f.

19. Warum ist die Einreichung einer Klage per Telefax problematisch? .... 99 ff.

20. Was ist der Unterschied zwischen Anhängigkeit und Rechtshängigkeit? .... 106 ff.

21. Welche Theorien zum Streitgegenstand gibt es? .... 117 ff.

22. Welche Alternativen gibt es für den Richter bei der Vorbereitung des Haupttermins? ... 126 ff.

23. Was bedeutet "streitige Verhandlung"? 131

24. Kann der Richter einen Rechtsstreit für "unentschieden" erklären? 134

25. Was meint man mit "Prozessvoraussetzungen"? .... 137 ff.

26. Wie unterscheiden sie sich von Prozesshindernissen? 141

27. Welche Zuständigkeiten des Gerichts unterscheidet man? .... 149 ff.

28. Welche Arten von Gerichtsständen kennen Sie? .... 160 ff.

29. Was ist eine Gerichtsstandsvereinbarung? .... 172 ff.

30. Welche Voraussetzungen sind an diese zu stellen? 174

31. Kann durch bloßes Schweigen ein Gerichtsstand begründet werden? .... 175 f.

32. Welcher Parteibegriff gilt im Zivilprozess? .... 177 ff.

33. Was bezeichnet man mit "Parteifähigkeit"? .... 181 ff.

34. Kann ein nichtrechtsfähiger Verein vor Gericht auftreten? 185

35. Was versteht man unter Prozessfähigkeit? .... 191 ff.

36. Was geschieht bei der Klage eines Prozessunfähigen? .... 193 f.

37. Was meint "Prozessführungsbefugnis"? .... 199 ff.

38. Kann man vor Gericht Rechte Dritter einklagen? .... 202 ff.

39. Wo liegt das Problem bei der Veräußerung des streitbefangenen Gegenstandes? ... 205 ff.

40. Unter welcher Voraussetzung ist die gewillkürte Prozessstandschaft zulässig? ... 220 ff.

41.   Was unterscheidet den Parteiprozess vom Anwaltsprozess? .... 226 f.

42.   Gibt es vor dem Amtsgericht einen Anwaltszwang? 229

43.   Was ist für eine ordnungsgemäße Klageerhebung erforderlich? .... 231 f.

44.   Worauf ist bei der Zulässigkeit einer Feststellungsklage zu achten? .... 238 f.

45.   Wie unterscheidet man Prozesshandlungen? 243

46.   Was ist ein Prozessvertrag? .... 247 f.

47.   Kann eine Prozesshandlung unter einer Bedingung erfolgen? 251

48.   Kann sie widerrufen werden? .... 252 ff.

49.   Nennen Sie die Voraussetzungen einer wirksamen Klagerücknahme! .... 259 ff.

50.   Welche Wirkungen sind an die Klagerücknahme geknüpft? .... 268 ff.

51.   Wie unterscheidet sich das Anerkenntnis vom Geständnis im Prozess? .... 273 f.

52.   Wann darf ein Anerkenntnisurteil ergehen? .... 275 ff.

53.   Wovon ist der prozessuale Verzicht abzugrenzen? 286

54.   Was ist eine übereinstimmende Erledigungserklärung? 291

55.   Welche Wirksamkeitsvoraussetzungen hat diese? .... 293 ff.

56.   Welche Wirkungen sind an diese geknüpft? 298

57.   Was ist ein Prozessvergleich? .... 300 ff.

58.   Nennen Sie die Voraussetzungen eines Prozessvergleichs! .... 303 ff.

59.   Wie ist ein Widerrufsvorbehalt beim Prozessvergleich einzuordnen? .... 306 f.

60.   Wie wird die Unwirksamkeit eines Prozessvergleichs geltend gemacht? .... 310 ff.

61.   Welche Bedeutung hat ein Klagerücknahmeversprechen? 314

62.   Welche Arten der Klagenhäufung unterscheidet man? 315

63.   Nennen Sie die Voraussetzungen der objektiven Klagenhäufung! 321

64.   Wann spricht man von Klageänderung? 331

65.   Wie muss man § 264 verstehen? .... 333 ff.

66.   Wann ist eine Klageänderung zulässig? .... 340 f.

67.   Wieso gibt es die "einseitige Erledigterklärung"? .... 343 ff.

68.   Was prüft das Gericht in diesem Fall? .... 348 ff.

69.   Was geschieht bei Erledigung nach Anhängigkeit, aber vor Rechtshängigkeit der Klage? .... 352a - c

70.   Kann sich eine negative Feststellungsklage durch die Erhebung einer Widerklage
      erledigen? .... 353 f.

71.   Wie ist auf einen "Erledigungsantrag" hin zu entscheiden? .... 355f.

72.   Welche Verteidigungsmöglichkeiten stehen dem Beklagten generell offen? 357

73.   Was ist die Besonderheit der Prozessaufrechnung? .... 358 ff.

74.   Wird die Gegenforderung bei Aufrechnung im Prozess rechtshängig? 363

75.   Welche Fälle erfasst § 322 II? .... 364 f.

76.   Was sind die Voraussetzungen einer Widerklage? .... 371 ff.

77.   Welche Bedeutung hat die "Konnexität"? .... 377 f.

78.   Gibt es eine Eventualwiderklage? 385

79.   Was sind die Voraussetzungen eines Versäumnisurteils gegen den Beklagten? ... 389 ff.

80.   Kann gegen einen erschienenen Beklagten Versäumnisurteil ergehen? .... 394 f.

81.   Welche Besonderheit gilt für die Prorogation bei Säumnis des Beklagten? 397

82.   Welche Folge hat die Geständnisfiktion des § 331 I S. 1? 399

83. Welche Entscheidungsmöglichkeiten des Gerichts gibt es bei Säumnis des Beklagten? .... *402 ff.*

84. Was kann der Beklagte gegen ein Versäumnisurteil unternehmen?................................. *407*

85. Kann gegen ein "unechtes VU" Einspruch eingelegt werden? *409*

86. Wozu führt ein zulässiger Einspruch?... *413*

87. Welcher Rechtsbehelf ist gegen ein zweites VU statthaft? *418*

88. Wird in der Berufung gegen das zweite VU auch die Zulässigkeit und Schlüssigkeit der Klage geprüft? .... *420 f.*

89. Was gilt bei Säumnis beider Parteien? *427*

90. Welcher Verzögerungsbegriff gilt i.R.d. § 296 I? *432*

91. Was meint man mit "Flucht in die Säumnis"? *438*

92. Was bezeichnet man mit "Streitgenossenschaft" und welche Arten gibt es?................... *440 ff.*

93. Was sind deren Zulässigkeitsvoraussetzungen?.. *443 ff.*

94. Was meint der Grundsatz der "Selbständigkeit der Prozessrechtsverhältnisse"? .... *449 ff.*

95. Kann gegen einen säumigen Streitgenossen Versäumnisurteil ergehen? *451*

96. Welche Bedeutung hat die "notwendige Streitgenossenschaft"? .... *452 ff.*

97. Welche Arten der nSG unterscheidet man? .... *453 ff.*

98. Muss bei der nSG immer gegen oder durch alle Streitgenossen gemeinsam Klage erhoben werden? .... *462 f.*

99. Ist nach Klageerhebung eine Änderung der Parteien möglich? *469*

100. Unter welchen Voraussetzungen? .... *469 ff.*

101. Was sind die Folgen einer Parteiänderung? *474*

102. Kann man eine Klage auch auf Dritte ausweiten? .... *475 ff.*

103. Können Dritte in den Rechtsstreit eingreifen? Unter welchen Voraussetzungen?.......... *479 ff.*

104. Mit welchen Folgen? .... *482 f.*

105. Kann man Dritte zum Eingreifen zwingen?... *485 ff.*

106. Erläutern Sie die Begriffe "Darlegungslast", "Beweisbedürftigkeit" und "Beweisführungslast"!... *489 ff.*

107. Welche Beweisarten gibt es? .... *499 ff.*

108. Nennen Sie die verschiedenen Beweismittel! .... *502 ff.*

109. Was ist bei der Beweiswürdigung zu beachten? .... *507 ff.*

110. Was gilt beim "non liquet"?.. *511 f.*

111. Was ist der Unterschied zwischen Beweislastumkehr und Anscheinsbeweis? .... *513 ff.*

112. Welche Urteilsarten unterscheidet man? .... *518 ff.*

113. Was ist der Unterschied zwischen formeller und materieller Rechtskraft?........... *530 ff.*

114. Wie weit geht die materielle Rechtskraft? .... *534 ff.*

115. Erstreckt sich die Rechtskraft auch auf das sog. "kontradiktorische Gegenteil"? *540*

116. Welche Erweiterungen der Rechtskraft kennen Sie? .... *541 ff.*

117. Wann empfiehlt sich die Erhebung einer Teilklage? .... *544 ff.*

118. Welche Besonderheiten gelten bei der "Zwischenfeststellungsklage"? .... *547 f.*

119. Wirkt ein Urteil auch für und gegen den Rechtsnachfolger? .... *552 ff.*

120. Kann sich der Bürge auf das die Klage des Gläubigers gegen den Hauptschuldner abweisende Urteil berufen? *564*

121. Was ist für ein Rechtsmittel charakteristisch? *568*

122. Welcher Unterschied besteht zwischen Berufung und Revision? *569, 594*

123. Welche Zulässigkeitsvoraussetzungen hat eine Berufung? .... *570 ff.*

124. Was ist der Unterschied zwischen formeller und materieller Beschwer? .... *576 ff.*

125. Unter welchen Voraussetzungen ist ein Verzicht auf die Berufung möglich? *580*

126. Wann ist die Berufung erfolgreich? .... *582 ff.*

127. Was umschreibt das "Meistbegünstigungsprinzip"? .... *587 ff.*

128. Unter welchen Voraussetzungen ist eine sog. Anschlussberufung möglich? .... *590 ff.*

129. Wann ist eine Revision statthaft? *595*

130. Was ist eine "Zulassungsrevision"? *596*

131. Was überprüft das Revisionsgericht? .... *600 ff.*

132. Wann empfiehlt sich die Erhebung einer Beschwerde? .... *606 ff.*

133. Ist die Einlegung einer Beschwerde fristgebunden? *608, 613*

134. Welcher Rechtsbehelf ist bei Verletzung des Anspruchs auf rechtliches Gehör möglich, wenn gegen das Urteil kein Rechtsmittel statthaft ist? *612a*

135. Was ist die Besonderheit der Abänderungsklage und an welche Voraussetzungen ist diese geknüpft? .... *616 ff.*

136. Wann und wie erfolgt ein Wiederaufnahmeverfahren? .... *633 ff.*

137. Gibt es eine Durchbrechung der Rechtskraft über § 826 BGB? .... *640 ff.*

138. Beschreiben Sie den Gang des Mahnverfahrens! .... *641 ff.*

139. Wann wird im Mahnverfahren der Anspruch rechtshängig? .... *653 ff.*

140. Welchen Zweck hat die einstweilige Verfügung? *657*

141. Welche Arten der einstweiligen Verfügung unterscheidet man? .... *664 ff.*

142. Was ist die Besonderheit im Urkundenprozess? .... *667 ff.*

Die Zahlen verweisen auf die Randnummern des Skripts

A

Abänderungsklage	614 ff.
Amtermittlungsgrundsatz	17
Anderweitige Rechtshängigkeit	233 f.
Anerkenntnis	273 ff.
Voraussetzungen	275 ff.
Anfechtung	252 ff.
Anhängigkeit	106 ff.
Anhörungsrüge	612a ff.
Anscheinsbeweis	515
Anschlussberufung	590 ff.
Anspruchsgrund	95 ff.
Antrag	
Bestimmtheit	86
Ausnahmen	87 ff.
Aufrechnung (siehe Prozessaufrechnung)	
Aufruf zur Sache	130a

B

Bedingungen	251
Befristungen	251
Beratungshilfe	54 ff.
Berufung	569 ff.
(siehe auch unter Rechtsmittel)	
Beschleunigungsgrundsatz	51 ff.
Beschlüsse	528
Beschwerde	606 ff.
Beweisaufnahme	131
Beweisbedürftigkeit	490 ff.
bestrittene Tatsachen	492
entscheidungserhebliche Tatsachen	491
offenkundige Tatsachen	496
Beweiserhebung	498 ff.
Beweisarten	499 ff.
Freibeweis	500
Glaubhaftmachung	501
Strengbeweis	499
Beweismittel	502 ff.
Augenscheinsbeweis	502
Parteivernehmung	506
Sachverständigen-Beweis	504
Urkundenbeweis	505
Zeugenbeweis	503
Beweisverfahren	498
Beweisführungslast	497
Beweislastumkehr	513
Beweistermin	391
Beweiswürdigung	507 ff.
Beweismaß	508
Gegenbeweis	510
Hauptbeweis	510
Freie Beweiswürdigung	509
Bewirkungshandlungen	243, 253

D

Darlegungslast	489
Devolutiveffekt	568
Dispositionsgrundsatz	2 ff.
Drittwiderklage	385a ff.
Durchbrechung der Rechtskraft	613 ff.

E

Einführung in den Sach- und Streitstand	130a
Eingliedriger Streitgegenstandsbegriff	121
Einspruch	
gegen ein Versäumnisurteil	
(siehe unter Versäumnisverfahren)	
Einstweilige Verfügung	656 ff.
Leistungsverfügung	666
Regelungsverfügung	665
Sicherungsverfügung	664
Verfügungsanspruch	662
Verfügungsgrund	663
Erledigterklärung	
einseitige	292, 343 ff.
Klageänderungstheorie	345
übereinstimmende	291 ff.
Erledigung vor Rechtshängigkeit	352a ff.
Erwirkungshandlungen	243, 254
Eventualaufrechnung	361f.
Eventualwiderklage	385

F

Familiensachen	
Verfahren in F.	671f.
Feststellungsklage	66 ff., 125, 238 f.
Fortsetzungstermin	391
Früher erster Termin	128

G

Gerichtsstände	160 ff.
allgemeine	160
ausschließliche	162
besondere	161
Gestaltungsklage	77 ff.
Grundsatz der Mündlichkeit	41 ff.
Grundsatz der Öffentlichkeit	48 ff.
Grundsatz der Unmittelbarkeit	45 ff.
Güteverhandlung	130

H

Haupttermin	
Vorbereitung des Haupttermins	126 ff.
Aufruf zur Sache	130a
Beweisaufnahme	131
Einführung i. d. Sach- u. Streitstand	130a

früher erster Termin 128

schriftliches Vorverfahren 129

Hinweispflicht, richterliche 11 ff., 23, 35

K

Klageänderung 328 ff., 592a

Klageeinreichung 83 ff.

Klageerhebung 60, 231f.

Klagenhäufung 315 ff.

anfängliche 318

eventuelle 325 f.

kumulative 322 ff.

nachträgliche 319

objektive 316 ff.

subjektive 327, 447

Klagerücknahme 255 ff.

Voraussetzungen 259 ff.

vor Rechtshängigkeit, § 269 III S.3 263a, b

Wirkungen 268 ff.

Klagerücknahmeversprechen 272, 314

Klageschrift 5, 61, 83 ff.

Konnexität (siehe unter Widerklage)

Kontradiktorisches Gegenteil 234 f., 540

L

Ladung 392

Lehre

von der allgem. proz. Aufklärungspflicht 28 ff.

Leistungsklage 62 ff., 73

Leistungsverfügung 666

(siehe auch unter Einstweilige Verfügung)

M

Mahnverfahren 641 ff.

Meistbegünstigungsprinzip 587 ff.

(siehe auch unter Berufung)

Mündlichkeitsprinzip 41 ff.

N

Nebenintervention 479 ff.

Wirkung 482 ff.

Stellung des Nebenintervenienten 481

Nebenparteien 479 ff.

Non-liquet 511f.

O

Offizialgrundsatz 3

Örtliche Zuständigkeit 156

P

Parteiänderung 469 ff.

gesetzliche Parteierweiterung 478

gesetzlicher Parteiwechsel 478

gewillkürte Parteierweiterung 475 ff.

gewillkürter Parteiwechsel 470 ff.

Parteibegriff 177 ff.

Parteifähigkeit 181 ff.

Partei kraft Amtes 218 f.

Postulationsfähigkeit 226 ff.

Präklusion 428 ff.

Verzögerungsbegriff 432 f.

Prorogation 172 ff.

Prozessanträge 244 ff.

Prozessaufrechnung 358 ff., 592a

Prozessfähigkeit 191 ff.

Prozessführungsbefugnis 199 ff.

Prozesshandlung

Lehren 241 ff.

Voraussetzungen 249

Prozesskostenhilfe 54 ff.

Prozessstandschaft 202 ff.

gesetzliche 203 ff., 559

gewillkürte 220 ff., 560

Prozessurteil 145

Prozessvergleich 300 ff.

Prozessverträge 247f.

Prozessvoraussetzungen 138 ff., 177 ff., 237 ff.

R

Rechtliches Gehör 34 ff.

Anspruch auf r. G. 34 ff.

Rechtsbehelfe 135, 568 ff.

Rechtshängigkeit 106 ff.

anderweitige 233 f.

prozessrechtliche Wirkungen 114

Rechtskraft 530 ff.

formelle 533

materielle 534 ff.

Fehlende rechtskräftige Entscheidung 235

Feststellungswirkung der mat. R. 534 ff.

objektive Grenzen der mat. R. 537 ff.

subjektive Grenzen der mat. R. 550 ff.

zeitliche Grenzen der mat. R. 567

Reichweite bei VU gegen Kläger 424

Rechtsmittel 569 ff.

Berufung 569 ff.

Beschwerde 606 ff.

Revision 594 ff.

Rechtsschutzbedürfnis

allgemeines R. 236

Regelungsverfügung 665

Revision 594 ff.

Richterliche Hinweispflicht (siehe Hinweispflicht)

Rücknahme 252 ff.

S

Sachanträge 244 ff.

Sachdienlichkeit 341

(siehe auch unter Klageänderung)

Sachliche Zuständigkeit 151 ff.

Sachurteil	**145**
Säumnis (siehe unter Versäumnisverfahren)	
Scheckprozess	**667 ff.**
Schlichtungsverfahren	**232a ff.**
Schlüssigkeit	
S. der Klage (siehe unter Versäumnisverfahren)	
Schmerzensgeld	
Unbestimmter Klageantrag zulässig	93 f.
Offene Teilklage	546a
Beschwer bei Berufung	578
Schriftliches Vorverfahren	**129**
Sicherungsverfügung	**664**
Streitgegenstand	**117 ff.**
Bestimmung des S.	120 ff.
eingliedriger S.-Begriff	121
materiell-rechtliche Theorie	123
zweigliedriger S.-Begriff	122
Streitgenossenschaft	**440 ff.**
einfache S.	441 ff.
materiell-rechtliche notwendige S.	454 ff.
notwendige S.	452 ff.
prozessrechtliche notwendige S.	462 ff.
Streitige Verhandlung	**131**
Streitverkündung	**485 ff.**
Stufenklage	**90 ff.**
Suspensiveffekt	**568**

T

Tatsachenbeweis	**19 ff.**
Tatsachenvortrag	**18, 20, 489 ff.**
Teilklage	**544 ff.**
offene/verdeckte Teilklage	545 f.
Teilklage im Schmerzensgeldprozess	546a

U

Unterschriftserfordernis	**99 ff.**
Untersuchungsgrundsatz	**17**
Urkundenprozess	**667 ff.**
Urteil	**5,177 ff., 517 ff.**
Urteilsarten	518 ff.
Urteilsmodalitäten	525
Urteilswirkungen	526 f.
Urteilsausnutzung	**638 ff.**
Urteilserschleichung	
sittenwidrige Urteilserschleichung	638 ff.

V

Verfügungen	**529**
Verhandlungsgrundsatz	
Ausnahmen vom V.	20 ff.
Bedeutung des V. i.e.	18

Begriff	16
Versäumnisverfahren	**387 ff.**
Einspruch	407 ff.
Flucht in die Säumnis	438
Kosten der Säumnis	415
Nichterscheinen	394 f.
Nichtverhandeln	394 f.
Reichweite der Rechtskraft bei VU gegen den Kläger	424
Schlüssigkeit der Klage	399 ff.
Zweites Versäumnisurteil	417 ff.
Verteidigungsmöglichkeiten	
V. des Beklagten	357 ff.
Verweisung	
nach § 281	163 f.
Verzicht	**286 ff.**
VSS für den Erlass eines V.urteils	287 ff.
Wirkungen d. V.urteils	290

W

Wahrheitspflicht der Parteien	**24 ff.**
Wechselprozess	**667 ff.**
Widerklage	**368 ff., 592a**
Eventualwiderklage	385
Flucht in die Widerklage	438 f.
Konnexität	374 ff.
Drittwiderklage	385a ff.
Widerruf	**252 ff.**
Wiederaufnahme des Verfahrens	**633 ff.**
Wiedereinsetzung in den vorigen Stand	**410a ff.**

Z

Zulässigkeit der Klage	**137 ff., 142 ff.**
Prozesshindernisse	140 f.
Prozessvoraussetzungen	138 ff., 177 ff., 237 ff.
"echte" P.	138 f.
"unechte" P.	139
Zulässigkeitseinreden	**141, 314**
Zuständigkeit	**149 ff.**
funktionelle Zuständigkeit	170
gewillkürte Zuständigkeit	172 ff.
instanzielle Zuständigkeit	171
örtliche Zuständigkeit	156 ff.
rügeloses Einlassen	175 f.
sachliche Zuständigkeit	151 ff.
Zustellung der Klageschrift	**104 f.**
Zwangsvollstreckung	**136**
Zweigliedriger Streitgegenstandsbegriff	**122**
Zweites Versäumnisurteil	**417 ff.**
Zwischenfeststellungsklage	**547 f.**

2014

PRODUKTLISTE
Seite 1

REIHE INTELLIGENTES LERNEN

hemmer/wüst
Verlagsgesellschaft mbH

Mergentheimer Str. 44 / 97082 Würzburg
Tel.: 09 31 /7 97 82 38 / Fax: 09 31/7 97 82 40

Internet: www.hemmer-shop.de

ISBN 978-3-86193

Auflage/Jahr/Euro

Grundwissen für Anfangssemester

GW10 (-222-2)___	BGB-AT Theorieband zu den wicht. Fällen	6.A/13 · 7,80
GW11 (-276-5)___	SchuldR-AT Theorieband zu den wicht. Fällen	6.A/14 · 7,80
GW12 (-257-4)___	SchuldR-BT I Theorieband zu den wicht. Fällen	6.A/13 · 7,80
GW13 (-194-2)___	SchuldR-BT II Theoriebd. zu den wicht. Fällen	5.A/13 · 7,80
GW14 (-184-3)___	Sachenrecht I Theorieband zu den wicht. Fällen	5.A/12 · 7,80
GW15 (-256-7)___	Sachenrecht II Theorieband zu den wicht. Fällen	5.A/14 · 7,80
GW20 (-294-9)___	Strafrecht AT Theorieband zu den wicht. Fällen	6.A/14 · 7,80
GW21 (-131-7)___	Strafrecht BT Theorieband zu den wicht. Fällen	4.A/12 · 7,80
GW30 (-160-7)___	StaatsR Theorieband zu den wicht. Fällen	5.A/12 · 7,80
GW31 (-269-7)___	VerwaltungsR Theorieband zu den wicht. Fällen	6.A/14 · 7,80

Die wichtigsten Fälle

DF0 (-198-0)_____	**Sonderband:** Der Streit- und Meinungsstand im neuen Schuldrecht	5.A/13 · 14,80
DF1 (-231-4)____	76 Fälle - BGB AT	7.A/13 · 12,80
DF2 (-241-3)____	55 Fälle - Schuldrecht AT	8.A/13 · 12,80
DF3 (-273-4)____	51 Fälle - Schuldrecht BT - Kauf/WerkV	8.A/14 · 12,80
DF4 (-172-0)____	42 Fälle - GoA/Bereicherungsrecht	7.A/12 · 12,80
DF5 (-171-3)____	45 Fälle - Deliktsrecht	6.A/12 · 12,80
DF6 (-304-5)_____	44 Fälle - Verwaltungsrecht	8.A/14 · 12,80
DF25 (-238-3)___	30 Fälle - Verwaltungsrecht BT Bayern	3.A/13 · 12,80
DF7 (-253-6)_____	32 Fälle - Staatsrecht	9.A/13 · 12,80
DF8 (-230-7)_____	34 Fälle - Strafrecht AT	8.A/13 · 12,80
DF9 (-199-7)_____	44 Fälle Strafrecht BT I - Vermögensd.	8.A/13 · 12,80
DF10 (-178-2)____	44 Fälle Strafrecht BT II - Nicht-Vermögensd.	7.A/12 · 12,80
DF11 (-263-5)___	50 Fälle - Sachenrecht I	7.A/13 · 12,80
DF12 (-187-4)___	43 Fälle - Sachenrecht II - ImmobiliarSR	7.A/13 · 12,80
DF13 (-189-8)___	40 Fälle - ZPO I - Erkenntnisverfahren	6.A/13 · 12,80
DF14 (-283-3)___	25 Fälle - ZPO II - ZwangsvollstreckungsV	6.A/14 · 12,80
DF15 (-233-8)___	35 Fälle - Handelsrecht	6.A/13 · 12,80
DF16 (-154-6)___	36 Fälle - Erbrecht	5.A/12 · 12,80
DF17 (-274-1)___	26 Fälle - Familienrecht	7.A/14 · 12,80
DF18 (-174-4)___	32 Fälle - Gesellschaftsrecht	5.A/12 · 12,80
DF19 (-190-4)___	39 Fälle - Arbeitsrecht	5.A/13 · 12,80
DF20 (-159-1)___	35 Fälle - Strafprozessrecht	4.A/12 · 12,80
DF21 (-237-6)___	23 Fälle - Europarecht	4.A/13 · 12,80
DF22 (-280-2)___	10 Fälle - Musterkl. Examen ZivilR	6.A/14 · 14,80
DF23 (-079-2)___	10 Fälle - Musterkl. Examen StrafR	5.A/11 · 14,80
DF24 (-175-1)___	8 Fälle - Musterkl. Examen SteuerR	7.A/12 · 14,80

Skripten Basics (110)

BI/1 (-165-2)_____	Zivilrecht I - BGB AT u.vertragl. SchuldV	9.A/12 · 15,80
BI/2 (-251-2)_____	Zivilrecht II - Sachenrecht/gesetzl. SV	7.A/13 · 15,80
BI/3 (-277-2)_____	Zivilrecht III - FamilienR/ErbR	7.A/14 · 15,80
BI/4 (-145-4)_____	Zivilrecht IV - ZivilprozessR	7.A/12 · 15,80
BI/5 (-112-6)_____	Zivilrecht V - Handels-/GesellschR	6.A/12 · 15,80
BI/6 (-258-1)_____	Zivilrecht VI - ArbeitsR	5.A/13 · 15,80
BII (-122-5)_____	Strafrecht	6.A/12 · 15,80
BIII/1 (-268-0)_____	Öffentliches Recht I - VerfassR/StaatsHR	6.A/14 · 15,80
BIII/2 (-111-9)_____	Öffentliches Recht II - VerwaltungsR	6.A/12 · 15,80
BIV (-140-9)_____	Steuerrecht - EstG & AO	8.A/12 · 15,80
BV (-193-5)_____	Europarecht	7.A/13 · 15,80

ISBN 978-3-86193

Auflage/Jahr/Eu

Skripten Zivilrecht (120)

1 (-284-0) _____	BGB-AT I, Ensteh.d.Primäranspruchs	13.A/14 · 16,80
2 (-296-3) _____	BGB-AT II, Scheitern des Primäranspr.	13.A/14 · 16,80
3 (-234-5) _____	BGB-AT III, Erlösch.d. Primäranspruchs	12.A/13 · 16,80
4 (-278-9) _____	Schadensersatzrecht I	8.A/14 · 16,80
5 (-109-6) _____	Schadensersatzrecht II	6.A/12 · 16,80
6 (-108-9) _____	Schadensersatzrecht III (§§ 249 ff.)	10.A/12 · 16,80
7 (-179-9) _____	Verbraucherschutzrecht	3.A/12 · 16,80
51 (-279-6) _____	Schuldrecht AT	9.A/14 · 16,80
52 (-156-0) _____	Schuldrecht BT I	8.A/12 · 16,80
53 (-260-4) _____	Schuldrecht BT II	8.A/13 · 16,80
8 (-115-7) _____	Bereicherungsrecht	13.A/12 · 16,80
9 (-039-6) _____	Deliktsrecht I	11.A/11 · 16,80
10 (-203-1) _____	Deliktsrecht II	9.A/13 · 16,80
11 (-265-9) _____	Sachenrecht I	12.A/14 · 16,80
12 (-264-2) _____	Sachenrecht II	10.A/14 · 16,80
12A (-196-6)_____	Sachenrecht III	11.A/13 · 16,80
13 (-124-9) _____	Kreditsicherungsrecht	10.A/12 · 16,80
14 (-259-8) _____	Familienrecht	12.A/13 · 16,80
15 (-266-6) _____	Erbrecht	12.A/14 · 16,80
16 (-106-5) _____	Zivilprozessrecht I	11.A/12 · 16,80
17 (-083-9) _____	Zivilprozessrecht II	10.A/11 · 16,80
18 (-255-0) _____	Arbeitsrecht	14.A/13 · 16,80
19A (-155-3) _____	Handelsrecht	10.A/12 · 16,80
19B (-185-0)_____	Gesellschaftsrecht	12.A/12 · 16,80
31 (-128-7) _____	Herausgabeansprüche	6.A/12 · 16,80
32 (-254-3) _____	Rückgriffsansprüche	7.A/13 · 16,80

Skripten Strafrecht (120)

20 (-126-3) _____	Strafrecht AT I	11.A/12 · 16,80
21 (-197-3) _____	Strafrecht AT II	11.A/13 · 16,80
22 (-141-6) _____	Strafrecht BT I	11.A/12 · 16,80
23 (-224-6) _____	Strafrecht BT II	11.A/13 · 16,80
30 (-142-3) _____	Strafprozessordnung	10.A/12 · 16,80

Skripten Öffentliches Recht (120/130)

24 (-285-7) _____	Verwaltungsrecht I	12.A/14 · 16,80
25 (-227-7) _____	Verwaltungsrecht II	11.A/13 · 16,80
26 (-144-7) _____	Verwaltungsrecht III	11.A/12 · 16,80
27 (-300-7) _____	Staatsrecht I	11.A/14 · 16,80
28 (-287-1) _____	Staatsrecht II	9.A/14 · 16,80
29 (-240-6) _____	Europarecht	11.A/13 · 16,80
40 (-045-7) _____	Staatshaftungsrecht	3.A/11 · 16,80
33 (-163-8) _____	Baurecht/Bayern	10.A/12 · 16,80
33 (-086-0) _____	Baurecht/Nordrhein-Westfalen	8.A/11 · 16,80
33 (-143-0) _____	Baurecht/Baden-Württembg.	3.A/12 · 16,80
33 (-910-1) _____	Baurecht/Hessen	1.A/09 · 16,80
33 (-847-0) _____	Baurecht/Saarland	1.A/08 · 16,80
34 (-062-4) _____	Polizei- u. Sicherheitsrecht/Bayern	9.A/14 · 16,80
34 (-097-6) _____	Polizei- u. Ordnungsrecht/NRW	5.A/12 · 16,80
34 (-023-5) _____	Polizeirecht/Baden-Württembg.	3.A/11 · 16,80
34 (-005-1) _____	Polizei- u. Ordnungsrecht/Hessen	1.A/10 · 16,80
34 (-028-0) _____	Polizei- u. Ordnungsrecht/Rheinl.-Pfalz	1.A/11 · 16,80
34 (-877-7) _____	Polizei- u. Sicherheitsrecht/Saarland	1.A/09 · 16,80
35 (-176-8) _____	Kommunalrecht/Bayern	9.A/12 · 16,80
35 (-076-1) _____	Kommunalrecht/NRW	8.A/11 · 16,80
35 (-261-1) _____	Kommunalrecht/Baden-Württembg.	4.A/13 · 16,80

hemmer/wüst
Verlagsgesellschaft mbH
Mergentheimer Str. 44 / 97082 Würzburg
Tel.: 09 31 /7 97 82 38 / Fax: 09 31/7 97 82 40

Internet: www.hemmer-shop.de

ISBN 978-3-86193 | Auflage/Jahr/Euro

Lexikon/Definitionen

D1 (-064-8) ____	Definitionen Strafrecht - schnell gemerkt	3.A/11 · 16,80
D1 (-065-5) ____	Legal terms für Juristen - Fachwörterbuch Englisch - Deutsch	1.A/11 · 19,80

Skripten Schwerpunkt (120)

P1 (-239-0) _____	Kriminologie	6.A/13 · 19,80
P2 (-245-1) _____	Völkerrecht	8.A/13 · 19,80
P7 (-243-7) _____	Rechtsgeschichte I	3.A/13 · 19,80
P8 (-119-5) _____	Rechtsgeschichte II	2.A/12 · 19,80
P11 (-085-3) _____	Rechts- und Staatsphilosophie sowie Rechtssoziologie	2.A/11 · 19,80
P12 (-183-6) _____	Insolvenzrecht	3.A/12 · 19,80
P13 (-805-0) ___	Wasser- und ImmissionsschutzR	1.A/08 · 19,80

Skripten Steuerrecht (120)

S2 (-173-7) _____	Abgabenordnung	8.A/12 · 16,80
S3 (-027-3) _____	Einkommensteuerrecht	7.A/11 · 21,80

Skripten für BWL´er, WiWi & Steuerberater

V1 (-061-7) _____	PrivatR f. BWL'er, WiWi & Steuerberat	7.A/11 · 14,80
V2 (-102-7) _____	Ö-Recht f. BWL'er, WiWi & Steuerberat	4.A/12 · 14,80
V3 (-480-9) _____	Musterkl. für´s Vordiplom PrivatR	2.A/04 · 14,80
V4 (-197-6) _____	Musterkl. für´s Vordiplom Ö-R	1.A/00 · 14,80
VF1 (-250-5) ___	Die 74 wicht. Fälle (BGB AT, SchuldR AT/BT)	4.A/13 · 14,80
VF2 (-247-5) ___	Die 44 wicht. Fälle (GoA, BerR, GesR, ...)	2.A/13 · 14,80

Skripten Fachbegriffe & Erläuterungen

G1 (-146-1) _____	Mikroökonomie & Makroökonomie	1.A/12 · 19,80
G2 (-147-8) _____	Buchführung/Jahresabschl./Rechnungsw.	1.A/12 · 19,80
G6 (-151-5) _____	HandelsR/GesellschaftsR/WirtschaftsR	1.A/12 · 19,80
G7 (-152-2) _____	Öffentl. Recht/EuropaR/VölkerR	1.A/12 · 19,80

Basics Karteikarten

BK1 (-945-3) ___	Basics - Zivilrecht	5.A/10 · 13,80
BK2 (-914-9) ___	Basics - Strafrecht	3.A/09 · 13,80
BK3 (-695-7) ___	Basics - Öffentliches Recht	3.A/07 · 13,80

Karteikarten Zivilrecht

K1 (-262-8) ____	BGB-AT I	8.A/13 · 15,80
K2 (-305-2) ____	BGB-AT II	7.A/14 · 15,80
K3 (-169-0) ____	Schuldrecht AT I	8.A/12 · 15,80
K4 (-271-0) ____	Schuldrecht AT II	7.A/14 · 15,80
K5 (-252-9) ____	Schuldrecht BT I (Kauf-u.WerkVR)	7.A/13 · 15,80
K6 (-201-7) ___	Schuldrecht BT II	6.A/13 · 15,80
K7 (-202-4) ___	Arbeitsrecht	4.A/13 · 15,80
K8 (-117-1) ___	Bereicherungsrecht	6.A/12 · 15,80
K9 (-306-9) ___	Deliktsrecht	6.A/14 · 15,80
K11 (-286-4) __	Sachenrecht I	8.A/14 · 15,80
K12 (-244-4) __	Sachenrecht II	7.A/13 · 15,80
K13 (-947-7) __	Kreditsicherungsrecht	3.A/10 · 15,80
K14 (-832-6) __	Familienrecht	3.A/08 · 15,80
K15 (-188-1) __	Erbrecht	4.A/13 · 15,80
K16 (-225-3) __	ZPO I	6.A/13 · 15,80
K17 (-168-3) __	ZPO II	5.A/12 · 15,80
K18 (-034-1) __	Handelsrecht	4.A/11 · 15,80
K19 (-095-2) ___	Gesellschaftsrecht	5.A/11 · 15,80

ISBN 978-3-86193 | Auflage/Jahr/Euro

Die Shorties (Minikarteikarten) inkl. Box

SH1 (-246-8) ____	**Box 1:** BGB AT, Schuldrecht AT	7.A/13 · 21,80
SH2/I (-090-7)___	**Box 2/1:** vertragliches Schuldrecht	4.A/11 · 21,80
SH2/II (-078-5) __	**Box 2/2:** gesetzliches Schuldrecht	4.A/11 · 21,80
SH3 (-249-9) ____	**Box 3:** Sachenrecht, ErbR, FamR	6.A/13 · 21,80
SH4 (-182-9) ____	**Box 4:** ZPO I/II, GesellschaftsR, HGB	5.A/12 · 21,80
SH5 (-192-8) ____	**Box 5:** Strafrecht	7.A/13 · 21,80
SH6 (-248-2) ____	**Box 6:** Grundrecht, StaatsOrgR, BauR, ...	6.A/13 · 21,80

Karteikarten Strafrecht

KK20 (-120-1) ___	Strafrecht AT I	7.A/12 · 15,80
KK21 (-164-5) ___	Strafrecht-AT II	7.A/12 · 15,80
KK22 (-275-8) ___	Strafrecht-BT I	8.A/14 · 15,80
KK23 (-167-6) ___	Strafrecht-BT II	7.A/13 · 15,80
KK24 (-186-7) ___	StPO	5.A/12 · 15,80

Karteikarten Öffentliches Recht

KK25 (-123-2) ___	Verwaltungsrecht I	7.A/12 · 15,80
KK26 (-118-8) ___	Verwaltungsrecht II	5.A/12 · 15,80
KK27 (-071-6) ___	Verwaltungsrecht III	5.A/11 · 15,80
KK28 (-177-5) ___	Staats- u. Verfassungsrecht	8.A/12 · 15,80
KK29 (-161-4) ___	Europarecht	3.A/12 · 15,80

Überblickskarteikarten

ÜK I (-228-4) ___	BGB im Überblick I	10.A/13 · 30,00
ÜK II (-282-6) ___	BGB im Überblick II (Nebengebiete)	7.A/14 · 30,00
ÜK III (-236-9) ___	StrafR im Überblick	7.A/13 · 30,00
ÜK IV (-181-2) ___	Öffentl.-R im Überblick	8.A/12 · 16,80
ÜK V (-289-5) ___	Öffentl.-R im Überblick II Bayern	7.A/14 · 16,80
ÜK VI (-787-9) ___	Öffentl.-R im Überblick II NRW	2.A/08 · 16,80
ÜK VII (-242-0) __	Europarecht	5.A/13 · 16,80

Assessor-Basics/Theoriebände (410)

A IV (-229-1) ___	Die zivilrechtl. Anwaltsklausur/Teil 1	10.A/13 · 18,60
A VII (-235-2) ___	Das Zivilurteil	10.A/13 · 18,60
A VIII (-270-3) ___	Die Strafrechtskl. im Assessorexamen	7.A/14 · 18,60
A IX (-104-1) ____	Die Assessorklausur Öffentl. Recht	5.A/12 · 18,60

Assessor-Basics/Klausurentraining

A I (-281-9) _____	Zivilurteile	16.A/14 · 18,60
A II (-298-7) ____	Arbeitsrecht	14.A/14 · 18,60
A III (-191-1) ____	Strafrecht	11.A/13 · 18,60
A V (-226-0) ____	Zivilrechtl. Anwaltsklausuren/Teil 2	10.A/13 · 18,60
A VI (-009-9) ___	Öff.rechtl. u. strafrechtl.Anwaltskl.	5.A/10 · 18,60

Assessorkarteikarten

AK I (-166-9) ____	Zivilprozessrecht im Überblick	5.A/12 · 19,80
AK II (-170-6) ____	Strafprozessrecht im Überblick	6.A/12 · 19,80
AK III (-158-4) ___	Öffentliches Recht im Überblick	4.A/12 · 19,80
AK IV (-195-9) ____	Familien- und Erbrecht im Überblick	2.A/13 · 19,80

hemmer/wüst
Verlagsgesellschaft mbH

Mergentheimer Str. 44 / 97082 Würzburg
Tel.: 09 31 /7 97 82 38 / Fax: 09 31/7 97 82 40

Internet: www.hemmer-shop.de

Sonderartikel

		Euro
	Lernkarteikartenbox (28.01)	
LB _____	Die praktische Lernbox für die Karteikarten	1,99
S 810 _____	Din A4, 80 Blatt 10er Pack	17,50
S1 _____	**Der Referendar (70.01)** 1. Aufl. 2003	
	Meine größten Rein-) Fälle (Format A6)	9,80
S2 _____	**Der Rechtsanwalt (70.02)** 1. Aufl. 2006	
	24 Monate zwischen Genie und Wahnsinn (Format A6)	9,80
S3 _____	**Der Jurist (70.03)** 1. Aufl. November 2009	
	Ein Lehrbuch für Leader (Format A6)	9,80
S5 _____	**Coach dich! (70.05)**	
	Psychologischer Ratgeber, 1. Auflage, 2004	19,80
S6 _____	**Lebendiges Reden (70.06)**	
	Psychologischer Ratgeber inkl. Audio-CD, 2. Auflage, 2008	21,80
S7 _____	**NLP für Einsteiger (71.01)**	
	Psychologischer Ratgeber, 12. neugestaltete Auflage, 2008	12,80
S8 _____	**Prüfungen als Herausforderung (70.08)**	
	Psychologischer Ratgeber, 1. Auflage 2011	14,80
_____	**Wiederholungsmappe (75.01)**	9,90
	Intelligentes Lernen	
	inkl. Übungsbuch, Mind Mapps und Kurzskript	
_____	**Ordner hemmer.group (88.20)**	2,50
	Ringbuchmappe für Einlagen, DIN A4	
(100.201) ___	**AudioCards auf CD:** BGB AT I - III	59,95
	Das Frage-Antwort-System der hemmer-Skripten zum Hören	

(-200-0) ____ **Die wahren Paradiese** - 15 traumhafte Gärten 39,80
Gebunden (Hardcover) mit Schutzumschlag, 208 Seiten
(275 x 255 mm), 1. Auflage 2013
Dieses Buch begleitet Sie durch 15 wunderschöne Gärten in Deutschland und Österreich. Die beschreibenden Texte wurden von den Gartenbesitzern selbst verfasst. So individuell wie die Gartengeschichten sind auch die gezeigten Gärten. Vom eleganten Landhausgarten und überbordende Rosengärten bis hin zum verwunschenen Waldgarten - den Leser erwartet eine lustvolle grüne Reiseroute.

Life&Law

		Euro
_____	Einzelheft der Life&LAW	6,80
AboLL_____	Abonnement der Life&LAW	
	Life&Law 3 Monate kostenfrei,	
	danach erhalten Sie die Life&Law zum Preis von	5,80
LLJ _____	Life&LAW Jahrgangsband 1999 - 2012	
_____	bitte Jahrgang eintragen	je 50,00
LLJ13 _____	Life&LAW Jahrgangsband 2013	80,00
LLE _____	Einband für Life&LAW Jahrgang	je 6,00

Die AnwaltsBasics

Herausgeber: hemmerVerlag für Anwälte GmbH

978-3-9813969-0-4 _____ **Die AnwaltsBasics Erbrecht**
1. Auflage, November 2010, 429 S. 39,90

978-3-9813969-5-9 _____ **Die AnwaltsBasics Mediation**
erweiterte 2. Auflage, November 2013, 237 S. 23,90

978-3-9813969-4-2 _____ **Die AnwaltsBasics Mietrecht**
1. Auflage, November 2013, 401 S. 39,90

Endsumme:

Lieferung erfolgt in aktueller Auflage

Kundennummer **D** [ ][ ][ ][ ][ ]

Name: _____ Vorname: _____

Adresse: _____

Telefon: _____ e-mail-adresse: _____

Buchen Sie die Endsumme von meinem Konto ab:

Konto-Nr.: _____ Bankleitzahl: _____

Bank: _____ BIC: _____

IBAN: _____

Ort, Datum: _____ Unterschrift: _____

Die Studentenskripten

■ Das Grundwissen

Die Grundwissenskripten sind für den Studenten in den ersten Semestern gedacht. In den Theoriebänden Grundwissen werden leicht verständlich und kurz die wichtigsten Rechtsinstitute vorgestellt und das notwendige Grundwissen vermittelt. Die Skripten werden durch den jeweiligen Band unserer Reihe „Die wichtigsten Fälle" ergänzt.

■ Die Basics

Das Grundwerk für Studium und Examen. Es schafft schnell Einordnungswissen und mittels der hemmer-Methode richtiges Problembewusstsein für Klausur und Hausarbeit. Wichtig ist, wann und wie Wissen in der Klausur angewendet wird. Umfangreicher als die Grundwissenreihe und knapper als die Hauptskriptenreihe.

■ Die Hauptskripten

Das Prüfungswissen:

In den Hauptskripten werden die für die Prüfung nötigen Zusammenhänge umfassend aufgezeigt und wiederkehrende Argumentationsketten eingeübt. Die Hauptskripten sind die Bibliothek der Studenten - vom 1. Semester bis zum 2. Staatsexamen das ideale Nachschlagewerk.

■ Die wichtigsten Fälle

Vom Fall zum Wissen:

An Grundfällen werden die prüfungstypischen Probleme übersichtlich in Musterlösungen dargestellt. Eine Kurzgliederung erleichtert den Einstieg in die Lösung. Der jeweilige Fallschwerpunkt wird grafisch hervorgehoben. Die Reihe „Die wichtigsten Fälle" ist ideal geeignet, schnell in ein Themengebiet einzusteigen. So werden Zwischenprüfung und Scheine leicht.

hemmer/wüst Verlag

DIE KARTENSÄTZE

■ DIE ÜBERBLICKSKARTEIKARTEN

ÜBER PRÜFUNGSSCHEMATA ZUM WISSEN:

Ihr Begleiter vom 1. Semester bis zum 2. Staatsexamen! In den Überblickskarteikarten sind die wichtigsten Problemfelder im Zivil-, Straf- und Öffentlichen Recht knapp, präzise und übersichtlich dargestellt. Sie erfassen effektiv auf einen Blick das Wesentliche. Die grafische Aufbereitung der Prüfungsschemata auf der Vorderseite schafft Überblick über den Prüfungsaufbau. Die Kommentierung mit der hemmer-Methode auf der Rückseite schafft deshalb das nötige Einordnungswissen für die Klausur und erwähnt die wichtigsten Definitionen.

■ DIE BASICS KARTEIKARTEN

DAS PENDANT ZU DEN BASICS SKRIPTEN:

Mit dem Frage- und Antwortsystem zum notwendigen Wissen. Die Vorderseite der Karteikarte ist unterteilt in Einordnung und Frage. Der Einordnungstext erklärt den Problemkreis und führt zur Frage hin. Die Frage trifft dann den Kern der prüfungsrelevanten Thematik. Auf der Rückseite schafft der Antworttext Wissen.

■ DIE HAUPTKARTEIKARTEN

DAS PENDANT ZU DEN HAUPTSKRIPTEN:

Das Prüfungswissen in Karteikartenform für den, der es bevorzugt, mit Karteikarten zu lernen. Im Frage- und Antwortsystem zum Wissen. Auf der Vorderseite der Karteikarte führt ein Einordnungsteil zur Frage hin. Die Frage trifft die Kernproblematik des zu Erlernenden. Auf der Rückseite schafft der Antworttext Wissen.

■ DIE SHORTIES - IN 20 STUNDEN ZUM ERFOLG
IN DER HEMMER LERNBOX

Die kleinen Karteikarten in der hemmer Lernbox enthalten auf der Vorderseite jeweils eine Frage, welche auf der Rückseite grafisch aufbereitet beantwortet wird. Die bildhafte Darstellung ist lernpädagogisch sinnvoll. Die wichtigsten Begriffe und Themenkreise werden anwendungsspezifisch erklärt. Knapper geht es nicht - die Sounds der Juristerei! In Kürze verhelfen die Shorties so zum Erfolg.